计算机系列教材

周 苏 刘冬梅 主编

项目管理与应用

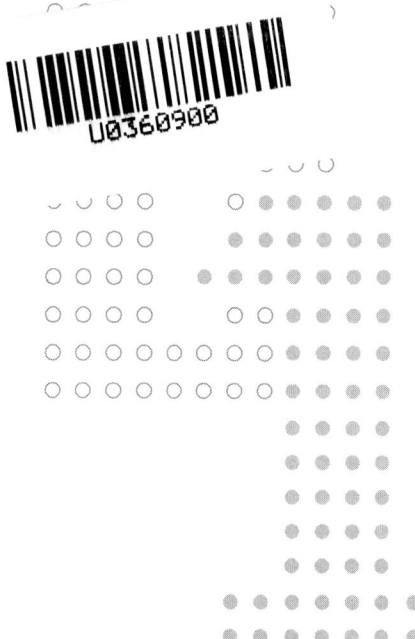

清华大学出版社
北京

内 容 简 介

作为一种先进的管理模式,项目管理已越来越被人们所认识、重视和应用。社会发展对项目管理专门人才的需求不断,且急剧增长,项目管理方法有全球化的知识标准,其管理知识技能被广泛应用于各行各业,并发挥着重要作用。拥有较为全面的项目管理知识,是今天应用领域对专业人才的迫切要求。

本书以《项目管理知识体系指南》(PMBOK® 指南)第 6 版(2018)为基准,共 14 章,内容涵盖项目管理基本概念和十大知识领域,较为全面地介绍了规范的项目管理知识,是项目管理的一本理论与实践相结合的教材。

本书每章都包含课程知识、习题、实验与思考等内容。通过一系列紧密结合课程内容的具有典型意义的项目案例,引导实际开展项目管理实践,并有针对性地精心准备了 26 份实用项目管理表格,实操性强。把项目管理的概念、理论和技术知识融入实践中,帮助读者加深对项目管理知识的认识和理解,并掌握项目管理的基本和实际应用方法。作为学习辅助,书后附录提供了各章习题的参考答案。

本书可作为高等院校相关专业"项目管理"或者"IT 项目管理"等课程的应用型主教材,也可作为有一定实践经验的软件开发人员、管理人员的参考书,还可作为继续教育的教材。

图书在版编目(CIP)数据

项目管理与应用/周苏,刘冬梅主编. —北京:清华大学出版社,2022.10
计算机系列教材
ISBN 978-7-302-61761-7

Ⅰ. ①项… Ⅱ. ①周… ②刘… Ⅲ. ①项目管理—高等学校—教材 Ⅳ. ①F224.5

中国版本图书馆 CIP 数据核字(2022)第 161830 号

责任编辑:张 玥 常建丽
封面设计:常雪影
责任校对:徐俊伟
责任印制:朱雨萌

出版发行:清华大学出版社
　　　　　网　　　址:http://www.tup.com.cn,http://www.wqbook.com
　　　　　地　　　址:北京清华大学学研大厦 A 座　　　　　邮　　编:100084
　　　　　社 总 机:010-83470000　　　　　　　　　　　　邮　　购:010-62786544
　　　　　投稿与读者服务:010-62776969,c-service@tup.tsinghua.edu.cn
　　　　　质量反馈:010-62772015,zhiliang@tup.tsinghua.edu.cn
　　　　　课件下载:http://www.tup.com.cn,010-83470236
印 装 者:三河市龙大印装有限公司
经　　销:全国新华书店
开　　本:185mm×260mm　　　　印　　张:26.25　　　　字　　数:625 千字
版　　次:2022 年 11 月第 1 版　　　　　　　　　　　印　　次:2022 年 11 月第 1 次印刷
定　　价:79.80 元

产品编号:097196-01

前　言

　　良好的项目管理实践一直都是取得优质业务成果的关键推动因素。项目管理方法具有持续发展的全球化标准知识体系,其管理技能被广泛应用于各行各业,发挥着重要作用。拥有较为全面的项目管理知识,是今天应用领域对专业人才的迫切要求,项目管理作为一种先进、实用的管理技能越来越为社会所重视。

　　本人 2000 年开始在高校教授项目管理课程。从 2004 年出版《系统集成与项目管理》(周苏,科学出版社)起,近 20 年来,与时俱进,持续发展,先后出版 5 本项目管理课程的高校教材,即《项目管理与实践》(周苏,科学出版社,2009)、《项目管理与应用》(周苏,中国铁道出版社,2012)、《项目管理与应用》(周苏,机械工业出版社,2015,浙江省普通高校"十二五"优秀教材)和《软件项目管理与实践》(周苏,清华大学出版社,2018),对项目管理课程有深刻理解。

　　本书以《项目管理知识体系指南》(PMBOK®指南)第 6 版为基准,从项目管理的概念和项目管理十大知识领域出发,系统、全面地介绍项目管理知识。本书共 14 章,是项目管理的一本理论与实践相结合的教材。

　　高等教育的大众化对强调应用型的相关专业课程的教学提出了很高的要求,需要我们积极研究和探索新的教学方法。在长期的教学实践中,我们体会到,"因材施教"是教育教学的重要原则之一,把实验实践环节与理论教学相融合,抓应用实践促进理论知识的学习,是有效地改进教学效果和提高教学水平的重要方法之一。

　　本书每章都包含课程知识、习题、实验与思考等内容,通过一系列紧密结合课程内容的具有典型意义的项目案例引导实际开展项目管理实践,并有针对性地精心准备了 26 份实用项目管理表格,实操性强,把项目管理的概念、理论和技术知识融入实践中,帮助读者加深对项目管理知识的认识和理解,掌握项目管理实际应用方法。作为学习辅助,书后附录提供了各章习题的参考答案。

　　本书可供下载的电子版教学资源丰富,包括以下内容。

　　(1) 全书配套的 PPT 教学课件。

　　(2) 课程建设相关资料,如课程简介表、教学进度计划表、教学大纲、实验项目卡等。

　　(3) 实验讲义(共 13 项和 1 个课程学习与实验总结)。

　　(4) 各章的周周测试练习卷。

　　(5) 各章附加的习题及答案(即题库,共 14 章)。

　　(6) 多份综合模拟试卷及答案。

　　(7) 实用项目管理表格(共 26 份 Excel 表)。

　　参加本书编写工作的还有朱准、王贵鑫、章小华、刘彩玲、王文等。本书的编撰得到温州商学院、浙江安防职业技术学院、浙大城市学院等多所院校师生的支持。本书的持续发展得到浙大城市学院精品课程建设项目、浙大城市学院"课堂教学方法改革"项目的支持,

十大知识领域 五大过程组	项目整合管理								
	项目范围管理	项目进度管理	项目成本管理	项目质量管理	项目资源管理	项目沟通管理	项目风险管理	项目采购管理	项目相关方管理
启动	4.2 制定项目章程				13.2 识别相关方				
规划	4.3 制订项目管理计划	5.2 规划范围管理			5.3 收集需求			5.4 定义范围	
	5.5 创建工作分解结构	6.2 规划进度管理			6.3 定义活动			6.4 排列活动顺序	
	6.5 估算活动持续时间	6.6 制订进度计划			7.2 规划成本管理			7.3 估算成本	
	7.4 制定预算	8.2 规划质量管理			9.2 规划资源管理			9.3 估算活动资源	
	10.2 规划沟通管理	11.2 规划风险管理			11.3 识别风险			11.4 实施定性风险分析	
	11.5 实施定量风险分析	11.6 规划风险应对			12.2 规划采购管理			13.4 规划相关方参与	
执行	4.4 指导与管理项目工作				4.5 管理项目知识				
	8.3 管理质量	9.4 获取资源			9.5 建设团队			9.6 管理团队	
	10.3 管理沟通	11.7 实施风险应对			12.3 实施采购			13.5 管理相关方参与	
监控	4.6 监控项目工作	4.7 实施整体变更控制			5.6 确认范围			5.7 控制范围	
	6.7 控制进度	7.5 控制成本			8.4 控制质量			9.7 控制资源	
	10.4 监督沟通	11.8 监督风险			12.4 控制采购			13.6 监督相关方参与	
收尾	14. 结束项目或阶段								

注：图中不同过程的底色不同，表示分处不同知识领域。表中过程名之前的数字为本书中的章节。

图 项目管理五大过程组、十大知识领域与49个过程

在此一并表示感谢！

周 苏

2022年春节于杭州西湖

目　　录

第 1 章　项目管理概述

项目是指一系列独特的、复杂的并相互关联的活动,这些活动有着一个明确的目标或目的,必须在特定的进度、预算、资源限定内,依据规范完成。项目经理运用一系列关键技能和知识来满足客户和参与项目或受项目影响的其他人的要求。今天,企业或者组织都认识到,要想获得成功,就必须熟悉并运用现代项目管理方法。应用适当的知识、过程、技能、工具和技术,能显著促进项目的成功,因此,项目管理正日益得到广泛认可。

1.1　项目管理的基本概念

任何工作,只要涉及以下几个方面,都可以看作项目。

- **明确的结果(目的)**。项目应该有一个定义明确的目标,例如,一个期望的产品或服务,或者谋求利润和创造有益的变化等。
- **资源(一般包括人力和其他要素)**。项目需要使用资源。资源的类型和来源有很多种,包括人、硬件设施、软件配置等。为了实现项目的特定目标,许多项目都是跨部门(或其他类型的边界)的。例如,对于信息技术项目来说,需要信息技术、营销、销售、渠道等不同部门群策群力,研究方略。也许还要输入外部资源。各种资源必须有效地加以利用,以满足项目的需要和组织的其他目标。
- **一段时间**。项目具有临时性,每个项目都有明确的开始和结尾。

某些比较复杂的项目可能涉及成百上千的工作人员、耗费好几年的时间和上亿的预算支出;而有些项目则只需要几周的时间、一个同事的帮助,甚至没有正式的预算,这些项目都适用同样的项目管理原则。

1.1.1　什么是项目

项目是为创造独特的产品、服务或成果而进行的临时性工作。当项目目标达成时,或当项目因不能达到目标而中止时,或当项目需求不复存在时,项目就结束了。项目因客户(顾客、发起人或项目倡导者)的意愿也可能被终止。临时性并不一定意味项目的持续时间短,是指项目的参与程度及其长度。项目所创造的产品、服务或成果一般不具有临时性,大多数项目都是为了创造持久性的结果。项目所产生的社会、经济和环境影响也往往比项目本身长久得多。

项目的产出可能是有形的,也可能是无形的。尽管某些项目可交付成果或活动中可能存在重复的元素,但这种重复并不会改变项目工作本质上的独特性。例如,即便采用相同或相似的材料,由相同或不同的团队来建设,但每个建筑项目都因不同的位置、不同的设计、不同的环境和情况、不同的相关方等,而具备独特性。

由于项目的独特性,所以其创造的产品、服务或成果可能存在不确定性或差异性。项目活动对于项目团队成员来说可能是全新的,需要比其他例行工作进行更精心的规划。此外,项目可以在组织的任何层次上开展。一个项目可能只涉及一个人,也可能涉及很多人;可能只涉及一个组织单元,也可能涉及多个组织的多个单元。

项目可以创造以下价值。

- 一种独特的产品,可以是其他产品的组成部分、某个产品的升级,也可以本身就是最终产品。
- 一种独特的能力或提供某种服务的能力(如支持生产或配送的业务职能)。
- 对现有产品线或服务线的改进(如实施六西格玛项目以降低缺陷率)。
- 一种独特的成果,如某个结果或文件(例如,某研究项目所创造的知识,可据此判断某种趋势是否存在,或判断某个新过程是否有益于社会)。

下面是项目的一些例子。

- 南车集团刚刚获得墨西哥建造新一代高速轻轨火车的政府合同。
- 夏普打印机公司的战略管理层制定了一个目标,为消费者和小企业市场开发一种售价低于 300 美元的彩色激光打印机。
- 银琴建筑公司承诺杜彪一家在 5 个月内建造一座高质量的,成本不超过 300 万人民币的别墅。
- 汇萃智能公司为平江一家辣条食品企业设计和安装自动检测流水线。
- 周正被指定为项目经理,负责设计、建造和测试下一年度参加韦氏环球帆船赛使用的帆船并培训船员。
- 王宁负责执行"夜莺"项目,开发手持电子医疗参考指南仪。
- 王文主持某大型公司的会计软件安装。

此外,项目要有一个主要发起人或客户。一般由项目发起人对项目提供方向和资助,大部分项目都会有许多利益相关人员。大型项目是一些相互联系、协调管理的项目组合。大型项目的负责人集中领导这些项目,但发起人可能来自不同的部门。

项目还具有不确定性。因为每一个项目都是唯一的,有时很难确切地定义项目的目标,或准确估计完成项目所需的时间和成本支出。这种不确定性是项目管理如此具有挑战性的主要原因之一,这种情况在新技术项目中更为突出。

1.1.2　项目的三要素

建立项目时,重要的是把握项目的三个基本要素,即进度、成本和范围。

- 进度:指完成项目所需的时间。进度在大多数项目里都是一个很重要的因素,它反映在项目的日程中。而项目的"日程",就是项目中任务的进度和顺序安排。日程主要由任务、任务相关性、工期、限制和面向进度的项目信息所构成。
- 成本:即项目预算,是指通过比较基准计划所设定的预计项目成本,它取决于资源的成本。项目中的资金,不单是指金钱,广泛的解释,应该包括人力、原材料与设备等。

- 范围：包含产品范围和项目范围，即项目的目标和任务以及完成这些目标和任务所需的工时。产品范围是指产品应有的功能与特性，项目范围是依据所要生产出来的产品或要服务的内容来定义项目，例如，"研制开发、生产出来的产品必须具备抗菌功能"，这句话就规定了项目范围，同时也可看出产品范围。

范围对于任务来说，是所有资源完成某项任务所需的总劳动量或"人-小时"（以分钟、小时、天、周或月为单位）；对于工作分配来说，是资源在特定任务上排定的工作量。例如，某个资源可能需要工作32小时完成某项任务，但该任务排定的工期可能是2天。这表示需要给此任务分配多个资源，即两个人每人每天在此任务上工作8小时，以在2天内完成这项任务。

进度、成本和范围这三个因素构成了项目三角形，图1-1所示，调整其中任何一个因素都会影响其他两个因素。虽然这三个因素都非常重要，但通常有一个因素会对项目产生决定性的影响。这些因素之间的关系随着项目的不同而有所变化，它们决定了会出现的问题以及可能的解决方案。了解什么地方会有限制、什么地方可以灵活掌握，将有助于规划和管理项目。

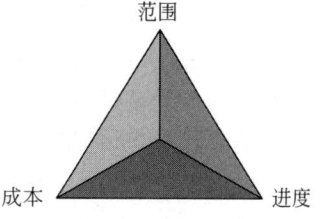

图1-1 项目三角形

在管理项目时，项目三角形在最初是平衡的，但由于有许多限制条件，在执行过程中，平衡的状况会发生改变。例如，在项目进行时，因为某种原因，造成时间缩短，预算（即资金）可能就要增加；假如预算无法增加，那么只好缩减项目的范围。另一方面，如果预算（资金）缩减，那么要完成该项目，可能需要花费较多的时间，如果无法延长项目完成的时间，那么就只好缩减项目范围，因为在资金有限的情况下，实在无法在期限内完成这多工作。此外，如果项目的范围扩大，那么就必须增加执行项目的时间，或是要增加项目的成本才能完成。

因此，在规划项目时，一个成功的项目经理对这三个要素都必须慎重考虑，才能够以最佳的状态和最高的效率完成项目。

1.1.3 项目的约束关系

管理一个项目通常要做好以下几项工作。

（1）识别需求。

（2）在规划和执行项目时，处理相关方的各种需要、关注和期望。

（3）在相关方之间建立、维护和开展积极、有效和合作性的沟通。

（4）为满足项目需求和创建项目可交付成果而管理相关方。

（5）平衡相互竞争的项目制约因素，包括范围、质量、进度、预算、资源和风险。

与项目三角形类似，项目管理中的"约束关系"是指项目受到范围、进度、成本（三条边）和质量（在中间）的因素制约。在四个传统的制约因素之外，再加上风险和资源因素，

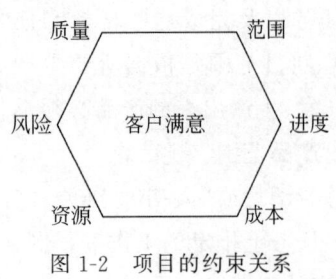

图 1-2　项目的约束关系

形成了项目的约束关系六边形,如图 1-2 所示,并且最终要让客户满意(在中间)。这些制约因素之间的关系是:任何一个因素发生变化,都会影响至少一个其他因素。

由于可能发生变更,项目管理计划需要在整个项目生命周期中反复修正、渐进明细,即随着信息越来越详细和估算越来越准确而持续改进和细化计划,使项目管理团队能随项目的进展而进行更加深入的管理。

1.1.4　项目管理的定义

尽管项目是临时性的,但必须在一个广泛的组织环境中运行,项目经理需要在一个更大的组织视野下考虑项目。为了有效地应对复杂的环境,项目经理需要对项目有一个全盘的考虑,并且认清项目在更大的组织环境中所处的位置。以整体视角看待项目和项目运营的组织环境就是所谓的系统思维。

所谓项目管理,是指对于一个项目要实现的目标,所要执行的任务与进度及资源所做的管理,它包含如何制定目标,安排日程以及跟踪管理等。按照 PMBOK® 指南(见本书 1.4.1 节)的定义,项目管理就是:"将知识、技能、工具与技术应用于项目活动,以满足项目的要求。"项目管理通过合理运用与整合 49 个项目管理过程来实现,可以根据其逻辑关系,把这 49 个过程归类成五大过程组,即启动、规划、执行、监控和收尾。

项目管理是"管理科学与工程"学科的一个分支,是介于自然科学和社会科学之间的一门边缘学科。而所谓"管理科学与工程"是综合运用系统科学、管理科学、数学、经济和行为科学及工程方法,结合信息技术研究解决社会、经济、工程等方面的管理问题的一门学科。这一学科覆盖面广,包含资源优化管理、公共工程组织与管理、不确定性决策研究和项目管理等众多研究领域,是国内外研究的热点。

1.1.5　知识领域及其作用

项目管理的知识领域是指按所需知识内容来定义的项目管理领域,并用其所含的过程、实践、输入、工具和技术、输出进行描述。在 PMBOK® 指南中,49 个项目管理过程被进一步归组于十大知识领域,即项目整合管理、项目范围管理、项目进度管理、项目成本管理、项目质量管理、项目资源管理、项目沟通管理、项目风险管理、项目采购管理和项目相关方管理。知识领域是一套完整的概念、术语和活动的集合,它们联合构成某个专业领域、项目管理领域或其他特定领域,如图 1-3 所示。

图 1-3 中间的**项目整合管理**,包括为识别、定义、组合、统一和协调各项目管理过程组的各个过程和活动而开展的过程与活动。要发挥项目管理整体上的支撑作用,项目整合管理与其他项目管理知识领域互相影响。

图 1-3 上方的四大知识领域是范围管理、进度管理、成本管理和质量管理(因其形成具体的项目目标,也称核心知识领域)。

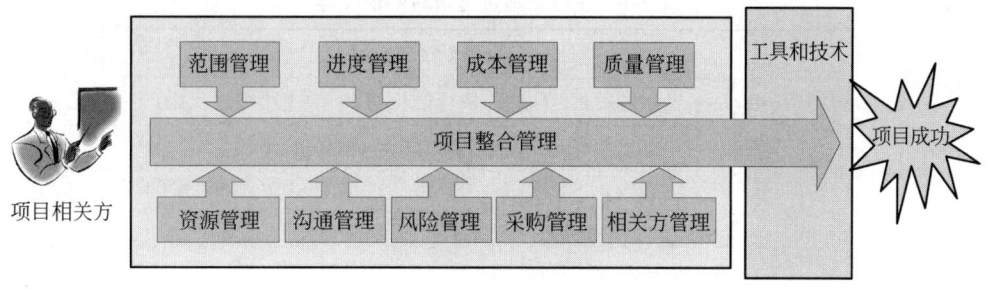

图 1-3 项目管理知识框架

- 项目范围管理：包括确保项目做且只做所需的全部工作，以成功完成项目的各个过程。
- 项目进度管理：包括为管理项目按时完成所需的各个过程，如所需时间的估算，制订可以接受的项目进度计划，并确保项目及时完工。
- 项目成本管理：包括为使项目在批准的预算内完成而对成本进行规划、估算、预算、融资、筹资、管理和控制的各个过程。
- 项目质量管理：包括把组织的质量政策应用于规划、管理、控制项目和产品质量要求，以满足相关方的期望的各个过程。

其他五大知识领域（又称辅助知识领域）包括资源管理、沟通管理、风险管理、采购管理和相关方管理，项目目标是通过它们来实现的。

- 项目资源管理：包括识别、获取和管理所需资源，以成功完成项目的各个过程。
- 项目沟通管理：包括为确保项目信息被及时且恰当地规划、收集、生成、发布、存储、检索、管理、控制、监督和最终处置所需的各个过程。
- 项目风险管理：包括规划风险管理、识别风险、开展风险分析、规划风险应对、实施风险应对和监督风险的各个过程。
- 项目采购管理：包括根据项目的需要从项目外部采购或获取所需产品、服务或成果的各个过程。
- 项目相关方管理：包括识别影响或受项目影响的人员、团队或组织，分析相关方对项目的期望和影响，制定合适的管理策略来有效调动相关方参与项目决策和执行。

项目管理的工具和技术用来帮助项目经理和项目组人员进行范围、进度、成本和质量的管理。另外也有一些工具可以帮助项目经理和项目组人员进行资源、沟通、风险、采购和相关方等方面的管理以及实现项目整合管理。例如，常用的进度管理工具和技术有甘特图、网络图示法和关键路径法等。

PMBOK® 指南定义每个知识领域的重要方面，以及每个知识领域与五大过程组的整合关系。在各知识领域中，详细描述各项目管理过程的输入和输出以及常用的工具和技术。

表 1-1 把 49 个项目管理过程归入五大项目管理过程组和十大项目管理知识领域。

表 1-1　项目管理过程组与知识领域

知识领域	项目管理过程组				
	启动过程组	规划过程组	执行过程组	监控过程组	收尾过程组
4. 项目整合管理	4.2 制定项目章程	4.3 制订项目管理计划	4.4 指导与管理项目工作 4.5 管理项目知识	4.6 监控项目工作 4.7 实施整体变更控制	14. 结束项目或阶段
5. 项目范围管理		5.2 规划范围管理 5.3 收集需求 5.4 定义范围 5.5 创建工作分解结构		5.6 确认范围 5.7 控制范围	
6. 项目进度管理		6.2 规划进度管理 6.3 定义活动 6.4 排列活动顺序 6.5 估算活动持续时间 6.6 制订进度计划		6.7 控制进度	
7. 项目成本管理		7.2 规划成本管理 7.3 估算成本 7.4 制定预算		7.5 控制成本	
8. 项目质量管理		8.2 规划质量管理	8.3 管理质量	8.4 控制质量	
9. 项目资源管理		9.2 规划资源管理 9.3 估算活动资源	9.4 获取资源 9.5 建设团队 9.6 管理团队	9.7 控制资源	
10. 项目沟通管理		10.2 规划沟通管理	10.3 管理沟通	10.4 监督沟通	
11. 项目风险管理		11.2 规划风险管理 11.3 识别风险 11.4 实施定性风险分析 11.5 实施定量风险分析 11.6 规划风险应对	11.7 实施风险应对	11.8 监督风险	
12. 项目采购管理		12.2 规划采购管理	12.3 实施采购	12.4 控制采购	
13. 项目相关方管理	13.3 识别相关方	13.4 规划相关方参与	13.5 管理相关方参与	13.6 监督相关方参与	

注：表中序号为本书中的章节编号。

1.1.6　应用领域的扩展

如果某个应用领域中有一些在其领域内普遍接受的知识和做法,而这些又并非其他大多数应用领域中的项目所普遍接受的,就要进行应用领域扩展。应用领域扩展主要反映以下内容。

(1) 项目环境中独特的方面。为了有效地管理项目,项目管理团队必须了解这些方面。

(2) 常用的知识和做法(如标准的工作分解结构),以提高项目的效率与效果。

应用领域的知识和做法可因多种因素而产生,包括文化规范、技术术语、社会影响或项目生命周期等方面的差异。

- 建筑业中,几乎所有的工作都是按照合同完成的,其与采购有关的常识和做法不一定适用于其他类型的项目。
- 生物科学中有些由法规决定的常识和做法,不一定适用于其他类型的项目。
- 政府采购项目中,由采购条例决定的一些常识和做法,不一定适用于其他类型的项目。
- 咨询服务中,因项目经理的销售和营销职责而形成的一些常识和做法,不一定适用于其他类型的项目。

应用领域扩展包括以下内容。

(1) 对项目管理的核心内容进行补充,而非取代。

(2) 指出该应用领域中所特有的项目管理过程并加以说明。

(3) 为核心材料添加独特内容,如添加新过程或修改现有过程等。

1.2　项目管理中的关系

组织级项目管理是组织的一种战略执行框架。通过应用项目、项目集和项目组合管理及组织驱动实践,不断地以可预见的方式取得更好的绩效及可持续的竞争优势,从而实现组织战略。

在成熟的项目管理组织中,项目管理会处于一个由项目集管理和项目组合管理所治理的更广阔的环境中,如图 1-4 所示。组织战略与优先级相关联,项目组合与项目集之间以及项目集与单个项目之间都存在联系。组织规划通过对项目的优先级排序来影响项目,而项目的优先级排序则取决于风险、资金和与组织战略规划相关的其他考虑。指定组织规划时,可以根据风险的类型、具体的业务范围或项目的一般分类,如基础设施项目和内部流程改进项目,来决定对项目组合中各个项目的资金投入和支持力度。

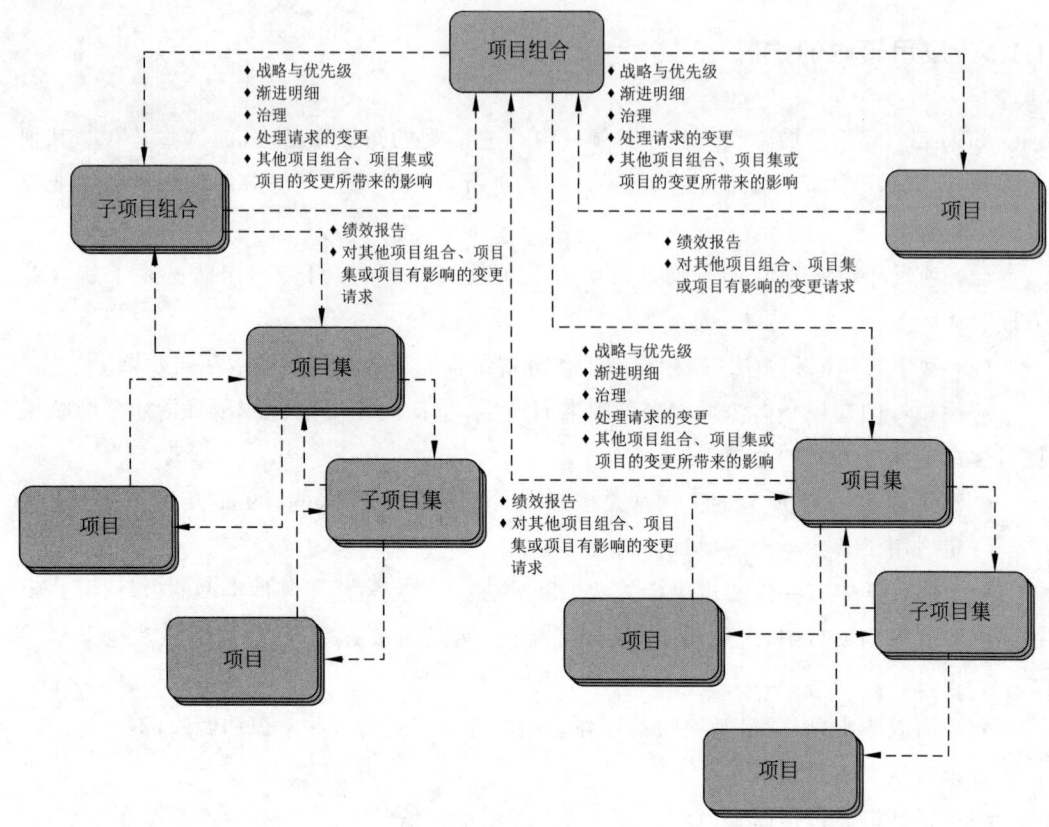

图 1-4　项目组合、项目集与项目管理间的关系

1.2.1　项目集管理

　　项目集是一组相互关联且被协调管理的项目、子项目集活动,其中也可能包括所属单个项目范围之外的相关工作。一个项目可以是独立的,也可能属于某个项目集。

　　项目集管理是在项目集中应用知识、技能、工具与技术来满足项目集的要求,获得分别管理各项目所无法实现的利益和控制。项目集中的项目通过产生共同的结果或整体能力而相互联系。如果项目间的联系仅限于共享雇主、供应商、技术或资源,那么这些项目就应作为一个项目组合而非项目集来管理。

　　项目集管理重点关注项目间的依赖关系,有助于找到管理这些依赖关系的最佳方法。具体管理措施包括以下几方面内容。

　　(1) 解决影响项目集内多个项目的资源制约或冲突。

　　(2) 调整对项目和项目集的目的和目标有影响的组织/战略方向。

　　(3) 处理同一个治理结构内的相关问题和变更管理。

　　例如,建立一个新的通信卫星系统就是一个项目集,其所辖项目包括卫星与地面站的设计、卫星与地面站的建造、系统整合和卫星发射等。

1.2.2 项目组合管理

项目组合是为了实现战略目标而组合在一起管理的项目、项目集、子项目组合和运营工作的集合。项目集包含在项目组合中,其自身又包含需协调管理的子项目集、项目或其他工作,以支持项目组合。单个项目无论是否属于项目集,都是项目组合的组成部分。虽然项目组合中的项目或项目集不一定彼此依赖或直接相关,但通过项目组合与组织战略规划联系在一起。例如,以投资回报最大化为战略目标的某基础设施公司,可以把油气、供电、供水、道路、铁路和机场等项目混合成一个项目组合。在这些项目中,公司又可以把相互关联的项目作为项目集来管理。例如,所有供电项目可以组成供电项目集,所有供水项目组成供水项目集。因此,供电项目集和供水项目集就是该基础设施公司企业级项目组合中的组成部分。

项目组合管理重点关注的是通过审查项目和项目集,来确定资源分配的优先顺序,并确保对项目组合的管理与组织战略协调一致。

1.2.3 项目与战略规划

组织经常直接或间接地利用项目,去实现战略规划中的目标。项目的批准通常出于以下一项或多项战略考虑。

- 市场需求(例如,为应对汽油紧缺,某汽车公司批准一个低油耗车研发项目)。
- 战略机会/业务需求(例如,为提高收入,某培训机构批准一个新课开发项目)。
- 社会需求(例如,某非洲国家的某非政府组织批准一个项目,向埃博拉传染病高发社区提供饮用水系统、厕所设施和卫生教育)。
- 环境考虑(例如,为降低污染,某上市公司批准一个建立共享电动小轿车的新服务项目)。
- 客户要求(例如,为了给新工业园区供电,某电力公司批准一个变电站建设项目)。
- 技术进步(例如,基于计算机存储技术和电子技术的发展,某电子公司批准一个更快速、更便宜、更小巧的笔记本电脑开发项目)。
- 法律要求(例如,某化学制品企业批准一个项目,研发新型有毒物质处理指南)。

作为一种实现组织目的与目标的手段,项目集或项目组合中的项目通常处于战略计划的大环境之中。尽管项目集中的单个项目都有各自的利益,但它们也能为项目集的整体利益、项目组合的整体目标和组织的战略目标做出贡献。

各组织根据其战略计划来管理项目组合,这就可能需要对项目组合、项目集或相关项目划分层级。项目组合管理的一个目的是:通过深入审查项目组合的所有组成部分(项目集、项目和其他相关工作),来实现项目组合的价值最大化。因此,组织的战略计划就成为决定项目投资的主要因素。同时,项目则通过状态报告和变更请求来向项目集和项目组合提供反馈。应该逐层汇集项目需求,并上报给项目组合层,用于指导组织规划工作。

1.2.4　项目管理数据和信息

在整个项目生命周期需要收集、分析和转化大量的数据。从各个过程收集项目数据，经过结合相关背景的分析、汇总，在项目团队内分享，并转化成项目信息。项目信息通过口头形式进行传达，或以各种格式的报告存储和分发。

在整个项目生命周期中需要定期收集和分析项目数据。项目数据和信息的主要术语如下。

（1）工作绩效数据。在执行项目工作的过程中，从每个正在执行的活动中收集的原始观察结果和测量值。例如，工作完成百分比、质量和技术绩效测量值、进度活动的开始和结束日期、变更请求的数量、缺陷数量、实际成本和实际持续时间等。

（2）工作绩效信息。从各控制过程中收集并结合相关背景和跨领域关系，进行整合分析而得到的绩效数据。例如，可交付成果的状况、变更请求的执行状况、预测的完工估算。

（3）工作绩效报告。为制定决策、提出问题、采取行动或引起关注，而汇编工作绩效信息，所形成的实物或电子项目文件。例如，状况报告、备忘录、论证报告、信息札记、电子报表、推荐意见或情况更新。

图 1-5 展示了项目管理各个过程中的项目信息流。

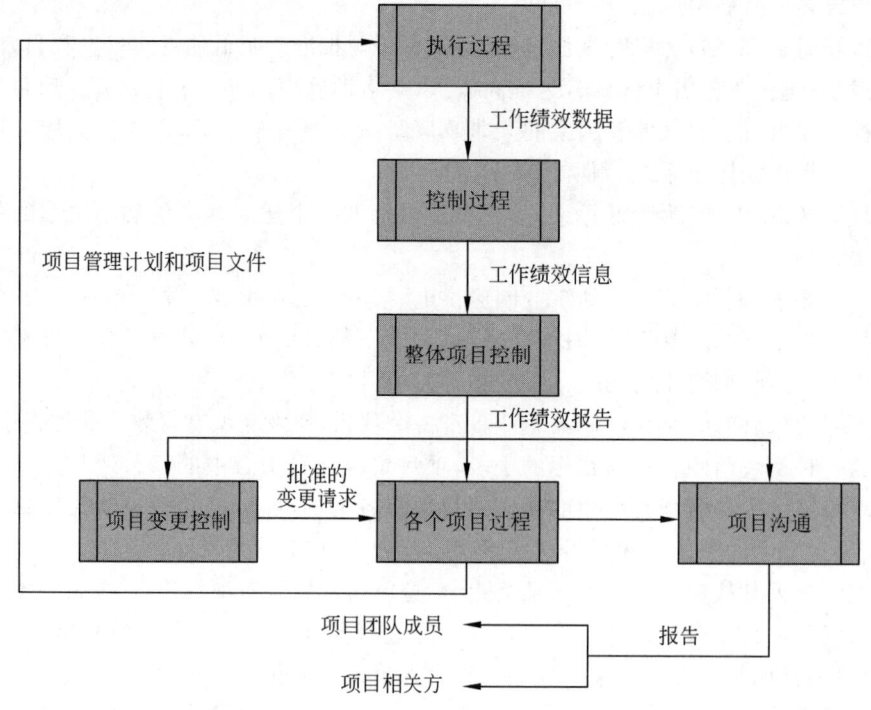

图 1-5　项目数据、信息和报告流向

1.2.5　项目的裁剪

项目经理通常将项目管理方法论应用于工作。方法论是由专门的从业人员所采用的实践、技术、程序和规则所组成的体系。项目管理方法论可能由组织内的专家开发,从供应商采购而来,从专业协会获取,或者从政府机构获取。

应选择恰当的项目管理过程、输入、工具、技术、输出和生命周期阶段以管理项目。这一选择活动就是把项目管理裁剪成适合于特定项目。项目经理与项目团队、发起人或组织管理层合作进行裁剪。

由于每个项目都是独特的,所以有必要进行裁剪。裁剪应处理关于范围、进度、成本、资源、质量和风险的相互竞争的制约因素。各个制约因素对不同项目的重要性不一样,项目经理应根据项目环境、组织文化、相关方需求和其他变量裁剪管理这些制约因素的方法。

在裁剪项目管理时,项目经理还应考虑运行项目所需的各个治理层级,并考虑组织文化。此外,项目的客户来自组织内部还是外部,也可能影响裁剪决定。

1.2.6　项目管理商业文件

项目经理需要确保项目管理方法紧扣商业文件(见表 1-2)的意图,在整个项目生命周期中,这两种文件相互依赖并需迭代开发和维护。

表 1-2　项目商业文件

项目商业文件	定　　义
项目商业论证	文档化的经济可行性研究报告,用来对尚缺乏充分定义的所选方案的收益进行有效性论证,是启动后续项目管理活动的依据
项目效益管理计划	对创造、提高和保持项目效益的过程进行定义的书面文件

项目发起人通常负责项目商业论证文件的制定和维护。项目经理负责提供建议和见解,使项目商业论证、项目管理计划、项目章程和项目效益管理计划中的成功标准相一致,并与组织的目的和目标保持一致。

项目经理应适当地为项目裁剪上述项目管理文件。某些组织会维护项目集层面的商业论证和效益管理计划。项目经理应与相应的项目集经理合作,确保项目管理文件与项目集文件保持一致。图 1-6 说明了这些关键项目管理商业文件与需求评估之间的相互关系。

1. 项目商业论证

项目商业论证是指文档化的经济可行性研究报告,用来对尚缺乏充分定义的所选方案的收益进行有效性论证,是启动后续项目管理活动的依据。商业论证列出了项目启动的目标和理由。它有助于在项目结束时根据项目目标衡量项目是否成功。商业论证是一种

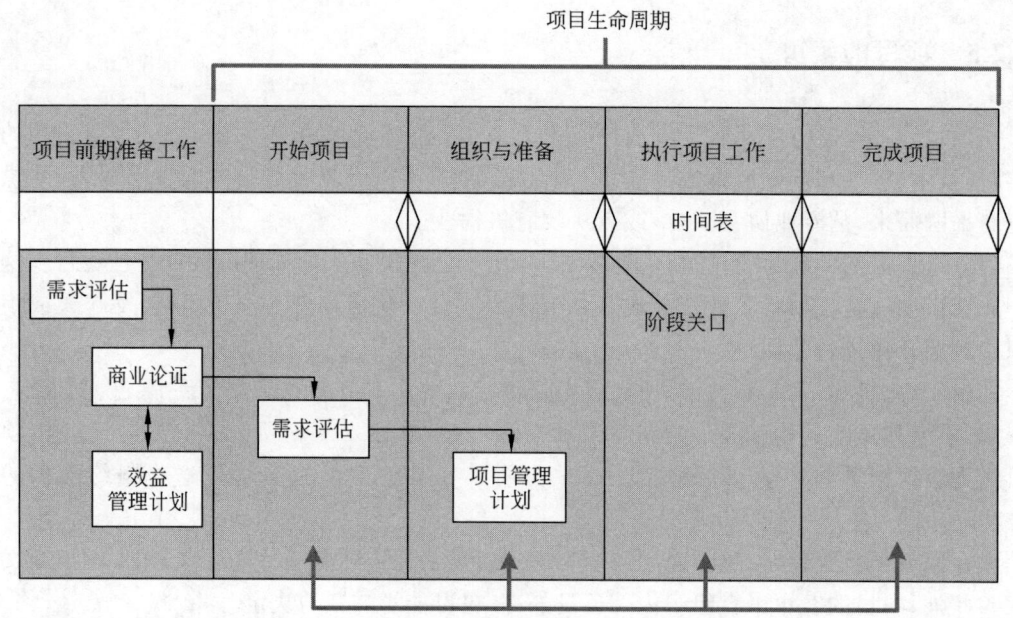

图 1-6 需求评估与关键业务/项目文件的相互关系

项目商业文件,可在整个项目生命周期中使用。在项目启动之前通过商业论证,可能会做出继续/终止项目的决策。

需求评估通常在商业论证之前进行,包括了解业务目的和目标、问题及机会,并提出处理建议。需求评估结果可能会在商业论证文件中进行总结。

定义业务需要、分析形势、提出建议和定义评估标准的过程,适用于任何组织的项目。商业论证可能包括记录以下内容。

(1) 业务需要。

● 确定促进采取行动的动机。

● 情况说明,记录待处理的业务问题或机会,包括能够为组织创造的价值。

● 确定受影响的相关方。

● 确定范围。

(2) 形势分析。

● 确定组织战略、目的和目标。

● 确定问题的根本原因或机会的触发因素。

● 分析项目所需能力与组织现有能力之间的差距。

● 识别已知风险。

● 识别成功的关键因素。

● 确定能用于评估各种行动方案的决策准则。

用于形势分析的准则可分为以下 3 种。

① 必须。必须践行的准则,可处理问题或机会。

② 预期。希望践行的准则,可处理问题或机会。

③ 可选。非必要的准则,这一准则的践行情况可能成为区分备选行动方案的因素。

建立一些可选方案,用于处理业务问题或机会。可选方案指组织可能采取的备选行动方案。例如,商业论证可提供以下 3 种可选方案。

① 不采取任何行动。这样,会使项目未被授权。

② 尽最小努力处理问题或机会。最小努力可能指确定一系列对处理问题或机会而言极为关键的既定准则。

③ 以超过最低限度的努力处理问题或机会。这一方案可满足最低限度的准则以及一些或所有其他在案准则。

商业论证可能会提供上述多个方案。

2. 项目效益管理计划

项目效益管理计划描述了项目实现效益的方式和时间,以及应制定的效益衡量机制。项目效益是指为发起组织和项目预期受益方创造价值的行动、行为、产品、服务或成果的结果。项目生命周期早期应确定目标效益,并据此制订效益管理计划。效益管理计划描述了效益的关键要素,可能包括记录以下内容。

- 目标效益(例如,预计通过项目实施可以创造的有形价值和无形价值,财务价值体现为净现值)。
- 战略一致性(例如,项目效益与组织业务战略的一致程度)。
- 实现效益的时限(例如,阶段效益、短期效益、长期效益和持续效益)。
- 效益责任人(例如,在计划确定的整个时限内负责监督、记录和报告已实现效益的负责人)。
- 测量指标(例如,用于显示已实现效益的直接测量值和间接测量值)。
- 假设(例如,预计存在或显而易见的因素)。
- 风险(例如,实现效益的风险)。

制订效益管理计划需要使用商业论证和需求评估中的数据和信息,例如,成本效益分析数据。在成本效益分析中已经把成本估算与项目拟实现的效益进行了比较。效益管理计划和项目管理计划描述了项目创造的商业价值如何能够成为组织持续运营的一部分,包括使用的测量指标。测量指标可核实商业价值并确认项目成功与否。

项目效益管理计划的制订和维护是一项迭代活动。它是商业论证、项目章程和项目管理计划的补充性文件。项目经理与发起人共同确保项目章程、项目管理计划和效益管理计划在整个项目生命周期内始终保持一致。

3. 项目章程和项目管理计划

项目章程是由项目发起人发布的,正式批准项目成立,并授权项目经理动用组织资源开展项目活动的文件。

项目管理计划是描述如何执行、监督和控制项目的一份文件。

4. 项目成功标准

确定项目是否成功是项目管理中最常见的挑战之一。进度、成本、范围和质量等项目管理测量指标历来被视为确定项目成功的最重要的因素,确定项目是否成功还应考虑项目目标的实现情况。

关于项目成功的定义和最重要因素,项目相关各方可能有不同的看法。对此,明确记录项目目标且目标可测量是项目成功的关键。主要相关方和项目经理应思考以下 3 个问题并就这些问题达成共识和予以记录。

(1) 怎样才是项目成功?

(2) 如何评估项目成功?

(3) 哪些因素会影响项目成功?

项目成功可能涉及与组织战略和业务成果交付有关的其他标准,包括以下内容。

- 完成项目效益管理计划。
- 达到商业论证中记录的已商定的财务测量指标。包括净现值(NPV)、投资回报率(ROI)、内部报酬率(IRR)、回收期(PBP)、效益成本比率(BCR)。
- 达到商业论证的非财务目标。
- 完成组织从“当前状态”转到“将来状态”。
- 履行合同条款和条件。
- 达到组织战略、目的和目标。
- 使相关方满意。
- 可接受的客户/最终用户的采纳度。
- 将可交付成果整合到组织的运营环境中。
- 满足商定的交付质量。
- 遵循治理规则。
- 满足商定的其他成功标准或准则(如过程产出率)。

为了取得项目成功,项目团队必须能够正确评估项目状况,平衡项目要求,并与相关方保持积极主动的沟通。在业务环境中,如果项目能够与组织的战略方向持续保持一致,那么项目成功的概率就会显著提高。有可能一个项目从范围、进度或预算来看是成功的,但从商业角度来看并不成功。这是因为业务需要和市场环境在项目完成之前发生了变化。

1.3 管理与组织战略的关系

运营是一种生产重复性结果的持续性工作,是通过开展持续的活动来生产同样的产品或提供重复的服务的一种组织职能,如生产运营、制造运营和会计业务等。运营管理负责监督、指导和控制业务运作。运营根据产品生命周期中的制度化的标准,利用配给的资源,执行基本不变的持续性作业。

虽然项目具有临时性,但符合组织战略的项目能促进组织目标的实现。有时,组织会通过项目来建立战略业务举措,改变其运营、产品或系统。项目需要项目管理活动和技能,而运营则需要业务流程管理、运营管理活动和技能。

1.3.1 运营与项目管理

业务运营的改变也许就是某个特定项目的关注焦点,尤其当项目交付的新产品或新服务将导致业务运营的实质性改变时。持续运营不属于项目的范畴,但项目与运营可以在产品生命周期的不同时点交叉,例如以下各个时点。

- 在项目的收尾阶段。
- 在新产品开发、产品升级或提高产量时。
- 在改进运营或产品开发流程时。
- 在产品生命周期结束之前。

在每个交叉点,可交付成果及知识在项目与运营间转移,以完成工作交接。随着项目趋于结束,项目资源被转移到运营中;而在项目开始时,运营资源被转移到项目中。项目管理和运营间的共性表现为二者都是由人执行,受有限资源的约束,并且都需要规划、执行和控制(见表 1-3)。

表 1-3　运营和项目管理的区别

运　　营	项 目 管 理
强调效率和效果	面向目标
维持现状	变更的环境管理
标准化的产品或服务	独特的产品或服务
相同的管理团队	不同的管理团队
持续	确定的开始和结束日期

运营管理是另外一个专业领域,它关注产品的持续生产或服务的持续运作,它通过使用优质资源和满足客户要求,来保证业务运作的持续高效。运营管理重点管理那些把各种输入(如材料、零件、能源和劳力)转变为输出(如产品、商品或服务)的过程。

虽然运营管理不同于项目管理,但是,如果项目将对运营工作人员的工作和事业产生影响,那么应该在项目中认真考虑这些运营相关方(如设备操作员、生产线主管、销售人员、客户代表等)的需求。项目经理需要邀请运营相关方适当参与项目的所有阶段,以便获取他们的见解,防止因忽视他们的意见而导致不必要的麻烦。

1.3.2 组织与项目管理

组织在其治理框架中确定战略方向,设定绩效指标。战略方向规定了用于指导业务工作的目的、期望、目标和行动,战略方向应该与业务目标相协调。项目管理活动应该服从总体战略方向。如果战略方向发生变化,就应该相应调整项目目标。在项目环境中,调整项目目标会影响项目效率甚至项目成功。但在业务环境中,如果项目能够与组织的战略方向持续保持一致,那么项目成功的概率就会显著提高。因此,如果战略方向发生变化,项目就应随之进行调整。

(1) 基于项目的组织(PBO)。PBO 是指建立临时机构来开展工作的各种组织形式。在各种组织结构中(如职能型、矩阵型或项目型),都可以建立 PBO。在 PBO 中,考核工作成败的依据是最终结果,与职位或政治因素无关。

在 PBO 中,大部分工作都被当作项目来做,或按项目方式而非职能方式进行管理。可以在整个组织层面采用 PBO,例如,在电信、油气、建筑、咨询和专业服务等行业中,可以在多公司财团或网络组织中采用 PBO,也可以仅在组织的某个部门或分支机构内部采用 PBO。

(2) 项目管理和组织治理之间的联系。开展项目或项目集是为了实现战略业务目标。很多组织都采用正式的组织治理流程和程序来管理战略业务目标。组织治理规则对项目有强制性的制约作用,当项目所交付的服务将受制于严格的组织治理时,情况尤其如此。

项目产品或服务能够在多大程度上支持组织治理,这可能是判断项目成败的依据。所以,项目经理必须了解与项目产品或服务相关的组织治理政策和程序。

(3) 项目管理和组织战略之间的关系。组织战略应该为项目管理提供指导和方向,特别是当项目就是为支持组织战略而存在时尤其如此。通常由项目发起人或项目组合经理或项目集经理来识别组织战略与项目目标的一致性或潜在冲突,并向项目经理通报情况。在项目中,如果项目目标与既定的组织战略存在冲突,项目经理有责任尽早记录并确认冲突。有时,制定组织战略就是项目本身的目标。在这种情况下,明确定义什么才能构成支持组织发展的合理战略,对项目来说就非常重要。

1.4 指南与认证

行业认证是行业内承认和确保质量的重要因素之一。

1.4.1 项目管理知识体系指南

美国项目管理协会(Project Management Institute,PMI)成立于 1969 年,是项目管理领域中最大的由研究人员、学者、顾问和经理组成的全球性专业组织。PMI 成立的前提是在不同应用领域(如建筑业和制药业)的项目中存在许多通用的管理实践。在 1976 年 PMI 蒙特利尔年会上,人们开始广泛讨论通用实践标准化的问题,推动了对项目管理职业化的讨论。1981 年,PMI 正式立项来开发支持项目管理职业化的程序和概念,提出 3 个重点,即识别职业从业人员的特征(即职业道德)、项目管理知识体系的内容和结构(即标准),以及对项目管理职业成就的认可(即认证)。

1987 年 8 月,PMI 发行了名为《项目管理知识体系》的单行本;1996 年《项目管理知识体系指南》(PMBOK®指南)出版,历经 2000 年、2004 年的第 2 和第 3 版,直至 2008 年出版《PMBOK®指南》第 4 版。《PMBOK®指南》已成为公认的全球项目管理的权威标准。2013 年《PMBOK®指南》出版第 5 版,2017 年出版了最新的第 6 版。

《PMBOK®指南》用在大多数时候管理大多数项目上,主要针对单个项目,适用于很多行业,旨在描述为获得项目成功所需的项目管理过程、工具和技术。该标准是项目管理领域特有的,并与其他项目管理学科(如项目集管理和项目组合管理)存在相互关系。

1.4.2　项目管理资格认证 PMP

PMI 已成为全球项目管理的权威机构,其制定出的项目管理方法得到全球公认,它组织的项目管理资格认证考试(PMP——项目管理人员)是项目管理领域的权威认证,目的是为项目管理人员提供一个行业标准,使全球的项目管理人员都能够得到科学的项目管理知识。要想获得 PMP 证书,必须满足教育与资历方面的要求,同意并坚持职业道德规范,通过 PMP 考试。许多公司要求组织内部晋升或从外部雇佣的人员拥有 PMP 证书。

PMP 认证规定:持有学士学位证书的申请者有 4 500 小时的项目管理工作经验,没有学士学位的申请者需要有 7 500 小时的项目管理工作经验。这段工作经验必须在PMP 申请日之前的 3~6 年时间里获得。

PMP 考试的内容涉及《项目管理知识体系》(PMBOK®指南)提供的整个资料,包括项目管理五大过程组(启动、规划、执行、监控和收尾)以及十大知识领域(整合管理、范围管理、进度管理、成本管理、资源管理、风险管理、质量管理、沟通管理、采购管理和相关方管理)。PMP 考试题型为中英文对照,单项选择题,共 200 道题,考试时间为 4 小时。

1.4.3　项目管理专业资质认证 IPMP

国际项目管理学科还有一项相关的认证考试,即国际项目管理专业资质认证(International Project Management Professional,IPMP),这是国际项目管理协会(International Project Management Association,IPMA)在全球推行的四级项目管理专业资质认证体系的总称。依据国际项目管理专业资质标准(ICB),针对项目管理人员专业水平的不同,IPMA 将其资质认证划分为 A、B、C、D 四个等级,每个等级分别授予不同级别的证书,是对项目管理人员知识、经验和能力水平的综合评估证明。获得 IPMP 各级项目管理认证的人员将分别具有负责大型国际项目、大型复杂项目、一般复杂项目或具有从事项目管理专业工作的能力。

A 级证书是认证的高级项目经理。这一级项目管理专业人员有能力指导一个公司(或一个分支机构)的包括有诸多项目的复杂规划,有能力管理该组织的所有项目,或者管理一项国际合作的复杂项目。这类等级称为 CPD(即认证的高级项目经理)。

B 级证书是认证的项目经理。这一级项目管理专业人员可以管理大型复杂项目。这类等级称为 CPM(即认证的项目经理)。

C 级证书是认证的项目管理专家。这一级项目管理专业人员能够管理一般复杂项目,也可以在所有项目中辅助项目经理进行管理。这类等级称为 PMP(即认证的项目管理专家)。

D 级证书是认证的项目管理专业人员。这一级项目管理人员具有项目管理从业的基本知识,并可以将它们应用于某些领域。这类等级称为 PMF(即认证的项目管理专业人员)。

IPMA 允许各成员国的项目管理专业组织结合本国特点,参照 ICB 制定在本国认证国际项目管理专业资质的国家标准,这一工作授权于代表本国加入 IPMA 的项目管理专业组织完成。中国项目管理研究委员会(PMRC)是 IPMA 的成员国组织,是我国唯一的跨行业的项目管理专业组织,PMRC 代表中国加入 IPMA 成为 IPMA 的成员国组织,IPMA 已授权 PMRC 在中国进行 IPMP 的认证工作。PMRC 作为 IPMA 在中国的授权机构于 2001 年 7 月开始全面在中国推行国际项目管理专业资质认证工作。

习题

1. 项目管理的定义是(　　)。
   A. 在一定期限内完成一项任务的能力
   B. 在一定的预算限制内完成一项任务的能力
   C. 自始至终管理一系列任务,最终达到期望目标的能力
   D. 在一定期限、一定的预算限制内,自始至终管理一系列任务的能力

2. (　　)最能表现某个项目的特征。
   A. 运用进度计划技巧　　　　　　B. 整合范围与成本
   C. 确定的期限　　　　　　　　　D. 利用网络进行跟踪

3. 对项目来说,"临时"的意思是(　　)。
   A. 项目的工期短　　　　　　　　B. 每个项目都有确定的开始和结束点
   C. 项目未来完成时间未定　　　　D. 项目随时可以取消

4. 关于项目与运营,下面(　　)的描述是正确的。
   A. 项目受到有限资源的制约,而运营没有资源的制约
   B. 运营工作不会被定义为项目
   C. 项目和运营的目标是根本不同的
   D. 项目和运营不同的是,当特定目标实现时项目就结束了;而日常运营是重复进行的

5. 市场的需求、客户的要求和技术的改进都是(　　)的例子。
   A. 项目变更原因　　　　　　　　B. 启动项目的原因
   C. WBS 的组成部分　　　　　　　D. 对项目的要求

6. 下面(　　)标志着项目的开始。
   A. 确定项目发起人　　　　　　　B. 确定项目预算
   C. 确定项目结束日期　　　　　　D. 确定项目结果

7. 以下关于项目的描述都是正确的,除了(　　)。

A. 产生独特的产品   B. 独特的运营方式

C. 跨职能部门工作   D. 划分阶段进行控制

8. 项目有 6 个制约因素,即范围、进度、预算、资源、质量、风险,优先关系为(　　　)。

A. 预算第一   B. 范围第一

C. 进度第一   D. 根据项目需求制定

9. 在组织中管理项目时使用的政策、方法和模板由(　　　)来提供。

A. 项目出资人   B. 职能部门

C. 项目管理办公室   D. 项目经理

10. 所有的项目应该支持执行组织的长期目标。这种类型目标的最佳描述是(　　　)。

A. 运行的   B. 战术的   C. 战略的   D. 自下而上的

11. A 公司是一家基础设施公司,为了实现投资回报最大化的战略目标,现在有油气、电力、供水、公路、铁路和机场等项目需要建设,为了有效管理,可以将这些项目作为一个(　　　)来管理。

A. 项目集   B. 项目组合   C. 大项目   D. 多项目

12. 人力资源部想在公司内部聘用一位新项目经理。他们可以从下面候选人中挑选,(　　　)是最佳人选。

A. 具有丰富的管理知识

B. 具有丰富的项目管理知识

C. 具有扎实的技术知识

D. 具有通用管理和项目管理的技术技能

13. 产品的重要方面包括维修和日常运作,这些应当(　　　)。

A. 不作为项目的一部分

B. 当作一个大型项目的一部分

C. 作为活动包含在项目的工作分解结构中

D. 不从项目生命周期中分离出来称为单独的阶段

14. 以下(　　　)不属于项目组合管理的工作。

A. 识别可进入项目组合管理的项目

B. 为项目组合内的项目进行排序

C. 对各个项目进行授权、管理和控制

D. 制定组织的战略业务目标

15. (　　　)负责为具体项目选择适用的知识。

A. 组织   B. 项目管理团队

C. 发起人   D. A 和 B

16. 项目可能涉及的组织层次是(　　　)。

A. 一个人   B. 一个组织单元

C. 多个组织单元   D. 所有的组织层次上

17. 为了有效地管理项目,项目经理需要具备(　　　)。

A. 指导项目团队所需的领导力等个人素质

B. 项目管理的知识

C. 运用项目管理知识实现目标的执行能力

D. 以上皆是

18. 在多个项目中,为了实现有效的资源分配,应该采用(　　)方法。

　　A. 项目管理　　　　B. 运营管理　　　　C. 项目集管理　　　　D. 项目组合管理

19. 下面(　　)正确定义了等级关系。

　　A. 战略计划,项目,项目集和项目组合

　　B. 项目,项目集,战略计划和项目组合

　　C. 战略计划,项目组合,项目集和项目

　　D. 项目组合,项目集,战略计划和项目

20. 除了具备特定应用领域技能和通用管理方面的能力外,项目经理还需要具备以下各项,除了(　　)。

　　A. 知识　　　　　　B. 实践　　　　　　C. 个人素质　　　　　D. 学历

实验与思考：在线支持项目管理

1. 实验目的

本节"实验与思考"的目的包括以下内容。

(1) 理解和熟悉项目管理的基本概念。

(2) 通过因特网搜索与浏览,了解网络环境中的项目管理专业网站,掌握通过网络不断丰富项目管理最新知识的学习方法,尝试通过专业网站的辅助与支持来开展项目管理应用实践。

(3) 浏览"项目管理职业资格认证"网站,了解 PMP 考试与证书获取,提升自己的就业和从业能力。

2. 工具/准备工作

在开始本实验之前,请回顾教科书的相关内容。

需要准备一台能够访问因特网的计算机。

3. 实验内容与步骤

(1) 概念理解：什么是项目？

与绝大多数组织工作类似,项目的主要目标是满足客户的需要。除此之外,项目的一些特征有助于将它与组织的其他工作区分开来。项目的主要特征包括以下内容。

① 具有明确的目标。

② 具有起点和终点的确定生命周期。

③ 通常涉及多个部门和专业。

④ 一般情况下,要做以往从未做过的事。

⑤ 特定的时间、成本和性能要求。

下面是一些典型的例子,请区分它们并将其序列填入表 1-4 中。

表 1-4　例行工作与项目的比较

例 行 工 作	项　　目

A. 对供应链需求的回复

B. 谱写一首新的钢琴曲

C. 每天将销售进款登记在分类账上

D. 设计一台 2.5 英寸(1 英寸＝0.254 米)屏幕,能接入 PC 并存储 1 万首歌曲的 iPod

E. 写一篇学术论文

F. 开发供应链信息系统

G. 做课堂笔记

H. 在钢琴上练习音阶

I. 苹果 iPod 的日常制造

J. 为专业会计会议设立信息亭

(2)浏览项目管理专业网站。

看看哪些网站在做项目管理的技术支持工作? 请在表 1-5 中记录搜索结果。

你习惯使用的网络搜索引擎是:＿＿＿＿＿＿＿＿＿＿＿＿＿＿＿＿

你在本次搜索中使用的关键词主要是:＿＿＿＿＿＿＿＿＿＿＿＿＿

表 1-5　项目管理专业网站实验记录

网 站 名 称	网　　址	内 容 描 述

请记录在本实验中你感觉比较重要的 2 个项目管理专业网站。

① 网站名称:＿＿＿＿＿＿＿＿＿＿＿＿＿＿＿＿＿＿＿＿＿＿＿

＿＿＿＿＿＿＿＿＿＿＿＿＿＿＿＿＿＿＿＿＿＿＿＿＿＿＿＿＿

② 网站名称:＿＿＿＿＿＿＿＿＿＿＿＿＿＿＿＿＿＿＿＿＿＿＿

综合分析,你认为各项目管理专业网站当前的专业知识热点。

① 名称:_____

主要内容:_____

_____

② 名称:_____

主要内容:_____

_____

③ 名称:_____

主要内容:_____

_____

(3) 浏览"项目管理职业资格认证"网站。

请记录以下信息。

① 什么是 PMP 考试?_____

_____

② 在我国,负责组织 PMP 考试培训和报名的机构是:_____

_____

相应的官方网站的网址是:_____

_____

4. 实验总结

_____

_____

_____

_____

5. 实验评价(教师)

_____

_____

_____

第2章 项目运行环境

项目管理正在成为管理和社会活动的一种常态,许多组织或企业把越来越多的精力投入到项目中。项目与项目管理是在比项目本身更大的环境中进行的,理解这个大环境,有助于确保项目的执行符合组织目标,项目管理符合组织既有的实践。

项目所处的环境可能会对项目的开展产生有利或不利的影响,这些影响的两个主要来源是事业环境因素和组织过程资产,如图 2-1 所示。事业环境因素源于项目外部(如企业外部)环境,可能对整个企业、项目组合、项目集或项目产生影响;组织过程资产源于组织内部,可能来自组织自身、项目组合、项目集、其他项目或这些的组合。此外,组织系统也对项目的生命周期有重要影响。

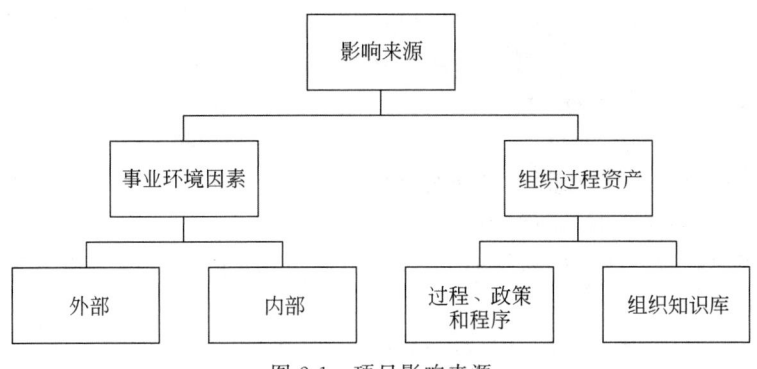

图 2-1 项目影响来源

2.1 事业环境因素

组织文化、风格和结构会对项目实施产生影响。组织的项目管理成熟度及其项目管理系统也会影响项目。涉及外部企业(如作为合资方或合伙方)的项目,会受到不止一家组织的影响。

组织对人员和部门系统化安排,以便通过开展项目等方式实现某种目的。大多数组织都形成了自己独特的文化,其表现形式包括以下内容。

- 共同的愿景、使命、价值观、信念和期望。
- 规章、政策、方法和程序。
- 激励和奖励制度。
- 风险承受能力。
- 对领导力、层级体系和职权关系的看法。
- 行为准则、职业道德和工作时间。
- 运营环境。

2.1.1 关于事业环境因素

事业环境因素是指项目团队不能控制的,将对项目产生影响、限制或指令作用的各种条件。事业环境因素是很多项目管理过程,尤其是大多数规划过程的输入,这些因素可能会提高或限制项目管理的灵活性,并可能对项目结果产生积极或消极的影响。

组织文化是一种事业环境因素,可能对项目达成目标的能力有很大影响。因此,项目经理应该了解可能对项目产生影响的不同的组织风格和文化,知道谁是组织中的决策者或影响者,并通过与他们的合作来提高项目成功的可能性。

在一个组织中,项目管理的成功高度依赖于有效的组织沟通,沟通能力对项目的执行方式有很大的影响,在项目管理专业日趋全球化的背景下尤其如此。项目经理可以通过使用电子沟通工具(如电子邮件、短信、即时信息、社交媒体、视频和网络会议及其他电子媒介形式),与组织结构内所有相关方进行正式或非正式的有效沟通,促进决策。

从性质或类型上讲,事业环境因素多种多样,包括以下内容。

- 组织文化、结构和治理。
- 设施和资源的地理分布。
- 政府或行业标准(如监管机构条例、行为准则、产品标准、质量标准和工艺标准)。
- 基础设施(如现有的设施和固定资产)。
- 人力资源状况(如人员在设计、开发、法律、合同和采购等方面的技能、素养与知识)。
- 人事管理制度(如人员招聘和留用指南、员工绩效评价与培训记录、奖励与加班政策,以及考勤制度)。
- 公司的工作授权系统。
- 市场条件。
- 相关方风险承受力。
- 政治氛围。
- 组织已有的沟通渠道。
- 商业数据库(如标准化的成本估算数据、行业风险研究资料和风险数据库)。
- 项目管理信息系统(如自动化工具,包括进度计划软件、配置管理系统、信息收集与发布系统或进入其他在线自动系统的网络界面)。

2.1.2 组织内、外部的事业环境因素

事业环境因素可能来自组织的内部或外部。组织内部的事业环境因素包括以下内容。

(1) 组织文化、结构和治理。例如,愿景、使命、价值观、信念、文化规范、领导风格、等级制度和职权关系、组织风格、道德和行为规范。

（2）设施和资源的地理分布。例如,位置、虚拟团队、共享系统和云计算。

（3）基础设施。例如,现有设施、设备、组织通信渠道和信息技术硬件的可用性和功能。

（4）信息技术软件。例如,进度计划软件工具、配置管理系统、其他在线自动化系统的网络界面和工作授权系统。

（5）资源可用性。例如,合同和采购制约因素、经批准的供应商和分包商以及合作协议。

（6）员工能力。例如,现有人力资源的专业知识、技能、胜任力和特定知识。

组织外部的事业环境因素包括以下内容。

（1）市场条件。例如,竞争对手、市场份额、品牌认知度和商标。

（2）社会和文化影响与问题。例如,政治氛围、行为规范、道德和观念。

（3）法律限制。例如,与安全、数据保护、商业行为、雇佣和采购有关的国家或地方法律法规。

（4）商业数据库。例如,标杆对照成果、标准化的成本估算数据、行业风险研究资料和风险数据库。

（5）学术研究。例如,行业研究、出版物。

（6）政府或行业标准。例如,与产品、生产、环境、质量和工艺有关的监管机构条例和标准。

（7）财务考虑因素。例如,货币汇率、利率、通货膨胀率、关税和地理位置。

（8）物理环境要素。例如,工作环境、天气和制约因素。

2.1.3　项目管理软件

在开展项目管理活动的时候,常常需要使用辅助的项目管理软件。一般来说,如果没有软件工具的支持,项目管理技术和方法的实现是困难的,因为不仅需要用模型来描述它们,还需要进行大量的计算。通常,项目管理软件具有预算、成本控制、计算进度计划、分配资源、分发项目信息、项目数据的转入和转出、处理多个项目和子项目、制作报表、创建工作分解结构(Work Breakdown Structure,WBS)、计划跟踪等功能,将项目整合管理的各个要素集成在一起。这些工具可以帮助项目管理者完成很多工作,是项目经理的得力助手。

在项目开始前,上级部门或者项目经理就需要建立项目管理信息系统(Project Management Information System,PMIS)。一个高效的PMIS应对信息进行结构化处理,建立信息编码系统,使每一条信息都有唯一的编码。

PMIS包括下面两个子系统。

（1）变更控制系统:是正式形成文件的全部过程,用于确定控制、改变和批准项目可交付成果和文件的方法。

（2）配置管理系统:是PMIS的一个子系统。该系统包括的过程用于提交变更建议,追踪变更建议的审查与批准制度,确定变更的批准级别,以及确认批准的变更方法。在大多数应用领域,配置管理系统包含变更控制系统。

配置管理为了确保项目成果的统一完整,而对项目成果(即产品组成部分、文档)进行统一管理。首先,要准确完备地记录产品的各项特征;其次,项目需要变更时,必须对项目的方方面面做相应的变更。一个正式的配置管理流程是标准化和程序化的。

Microsoft Project(简称 Project)和 Microsoft Excel(简称 Excel)是常用的项目管理工具软件。使用 Excel 的主要目的是进行成本预算、成本分析、方差分析、跟踪和报表,以及创建工作分解结构。

Project 可以从所有十大项目管理知识领域的角度来帮助用户辅助实施项目管理,可以创建并管理整个项目,它的数据库中保存了有关项目的详细数据,可以利用这些信息计算和维护项目的日程、成本以及其他要素,创建项目计划并对项目进行跟踪控制。Project 的配套软件 Microsoft Project Server 可以用来给整个项目团队提供任务汇报、日程更新、每个项目耗时记录等协同工作方式。人们使用 Project 的目的是进行项目控制和跟踪、详细的时间安排、早期的项目计划、沟通、报告、高级计划、甘特图、CPM 和 PERT。Project 为项目管理提供了灵活的协作计划与项目追踪的能力,并且可以将项目的所有信息有效地传达给与项目有关的人员。但用户能用好 Project 的条件是,必须理解项目管理的基本概念。

2.2 组织过程资产

组织过程资产是执行组织所特有的计划、过程、政策、程序和知识库,可用于执行或治理项目的任何工件、实践或知识,还包括来自组织以往项目的经验教训和历史信息,可能还包括完成的进度计划、风险数据和挣值数据。组织过程资产是许多项目管理过程的输入。由于组织过程资产存在于组织内部,在整个项目期间,项目团队成员可以进行必要的更新和增补。

2.2.1 过程、政策和程序

这类资产的更新通常不是项目工作的一部分,而是由项目管理办公室(Project Management Office,PMO)或项目以外的其他职能部门完成。更新工作仅需遵循与过程、政策和程序更新相关的组织政策。有些组织鼓励团队裁剪项目的模板、生命周期和核对单。在这种情况下,项目管理团队应根据项目需求裁剪这类资产。

组织用于执行项目工作的流程与程序包括以下内容。

(1)启动和规划。

● 指南和标准,用于裁剪组织标准流程和程序以满足项目的特定要求。

● 特定的组织标准,如政策(如人力资源政策、健康与安全政策、安保与保密政策、质量政策、采购政策和环境政策)。

● 产品和项目生命周期,以及方法和程序(如项目管理方法、评估指标、过程审计、改进目标、核对单、组织内使用的标准化的过程定义)。

● 模板(如项目管理计划、项目文件、项目登记册、报告格式、合同模板、风险分类、风险描述模板、概率与影响的定义、概率和影响矩阵,以及相关方登记册模板)。

- 预先批准的供应商清单和各种合同协议类型(如总价合同、成本补偿合同和工料合同)。

（2）执行和监控。

- 变更控制程序,包括修改组织标准、政策、计划和程序(或任何项目文件)所须遵循的步骤,以及如何批准和确认变更。
- 跟踪矩阵。
- 财务控制程序(如定期报告、必需的费用与支付审查、会计编码及标准合同条款等)。
- 问题与缺陷管理程序(如定义问题和缺陷控制、识别与解决问题和缺陷,以及跟踪行动方案)。
- 资源的可用性控制和分配管理。
- 组织对沟通的要求(如可用的沟通技术、许可的沟通媒介、记录保存政策、视频会议、协同工具和安全要求)。
- 确定工作优先顺序、批准工作与签发工作股权的程序。
- 模板(如风险登记册、问题日志和变更日志)。
- 标准化的指南、工作指示、建设者评价准则及绩效测量准则。
- 产品、服务或成果的核实和确认程序。

（3）收尾。

项目收尾指南或要求(如项目终期审计、项目评价、可交付成果验收、合同收尾、资源分配,以及向生产或运营部门转移知识)。

2.2.2　组织知识库

这类资产是在整个项目期间结合项目信息而更新的。例如,整个项目期间会持续更新与财务绩效、经验教训、绩效指标和问题以及缺陷相关的信息。

组织用来存取信息的知识库包括以下几种。

（1）配置管理知识库,包括软件和硬件组件版本以及所有执行组织的标准、政策、程序和任何项目文件的基准。

（2）财务数据库,包括人工时、实际成本、预算和成本超支等方面的信息。

（3）历史信息与经验教训知识库(如项目记录与文件、完整的项目收尾信息与文件、关于以往项目选择决策的结果及以往项目绩效的信息,以及从风险管理活动中获取的信息)。

（4）问题与缺陷管理数据库,包括问题与缺陷的状态、控制信息、解决方案以及相关行动的结果。

（5）测量指标数据库,用来收集与提供过程和产品的测量数据。

（6）以往项目的项目档案(如范围、成本、进度与绩效测量基准,项目日历,项目进度网络图,风险登记册,风险报告以及相关方登记册)。

2.2.3 裁剪项目工件

所谓"工件"，包括项目管理过程、输入、工具、技术、输出、事业环境因素和组织过程资产。项目经理和项目管理团队需要选择和调整合适的工件，用于其特定项目。这种选择和调整活动称为裁剪。每个项目的独特性决定其必须进行裁剪，因此，并非每个项目都需要每个过程、输入、工具、技术或输出。

项目管理计划是最常用也最主要的工件之一，包括子管理计划、基准和项目生命周期描述等。子管理计划是与项目特定方面或知识领域相关的计划，如进度管理计划、风险管理计划和变更管理计划。进行裁剪时，需要确定特定项目所需的项目管理计划组件。项目管理计划是一种输入，而项目管理计划更新是许多过程的输出。在开展每个特定过程时，项目经理既非必须、也非限于用到哪些输入或输出。

另外，还有不属于项目管理计划但也可用于管理项目的其他文件。这些其他文件称为项目文件。与项目管理计划组件类似，过程所需的项目文件会因具体项目而异。项目经理负责确定过程所需的项目文件，以及将作为过程输出的项目文件更新。表 2-1 列出了项目管理计划的主要组件和主要的项目文件。

表 2-1 项目管理计划和项目文件

项目管理计划	项 目 文 件	
1. 范围管理计划	1. 活动属性	19. 质量控制测量结果
2. 需求管理计划	2. 活动清单	20. 质量测量指标
3. 进度管理计划	3. 假设日志	21. 质量报告
4. 成本管理计划	4. 估算依据	22. 需求文件
5. 质量管理计划	5. 变更日志	23. 需求跟踪矩阵
6. 资源管理计划	6. 成本估算	24. 资源分解结构
7. 沟通管理计划	7. 成本预算	25. 资源日历
8. 风险管理计划	8. 持续时间估算	26. 资源需求
9. 采购管理计划	9. 问题日志	27. 风险登记册
10. 相关方参与计划	10. 经验教训登记册	28. 风险报告
11. 变更管理计划	11. 里程碑清单	29. 进度数据
12. 配置管理计划	12. 实物资源分配单	30. 进度预测
13. 范围基准	13. 项目日历	31. 相关方登记册
14. 进度基准	14. 项目沟通记录	32. 团队章程
15. 成本基准	15. 项目进度计划	33. 测试与评估文件
16. 绩效测量基准	16. 项目进度网络图	
17. 项目生命周期描述	17. 项目范围说明书	
18. 开发方法	18. 项目团队派工单	

商业文件通常是在项目之外创建的文件,用作项目的输入。商业文件包括商业论证和效益管理计划。如何应用商业文件,取决于公司文化和项目启动过程。

2.3 组织系统与结构

运行项目时需要应对组织结构和治理框架带来的制约因素。为有效且高效地开展项目,项目经理需要了解组织内的职责、终责和职权的分配情况。这有助于项目经理有效地利用其权力、影响力、能力、领导力和政治能力成功完成项目。

单个组织内多种因素的交互影响创造出一个独特的系统,会对在该系统内运行的项目造成影响。这种组织系统决定了组织系统内部人员的权力、影响力、利益、能力和政治能力。系统因素包括管理要素、治理框架和组织结构类型。

2.3.1 系统因素

系统是各种组件的集合,可以实现单个组件无法实现的成果。组件是项目或组织内的可识别要素,提供了某种特定功能或一组相关的功能。各种系统组件的相互作用创造出组织文化和能力。系统有以下几个原则。

(1)系统是动态的。

(2)系统是能优化的。

(3)系统组件是能优化的。

(4)系统及其组件不能同时优化。

(5)系统呈现非线性响应(输入的变更并不会产生可预测的输出)。

系统内部以及系统与其环境之间可能会发生多个变更。出现这些变更时,各组件内部发生的适应性行为反过来会增加系统的动态特性。这种特性取决于组件之间的联系和依赖关系的相互作用。

系统通常由组织管理层负责。组织管理层检查组件与系统之间的优化权衡,以便采取合适的措施为组织实现最佳结果。这一检查工作的结果将对相应的项目造成影响。因此,项目经理在确定如何达成项目目标时务必要考虑这些结果。此外,项目经理应考虑组织的治理框架。

2.3.2 组织治理框架

研究表明,治理是多维度概念,是在组织各个层级上的组织性或结构性安排,旨在决定和影响组织成员的行为。

(1)考虑人员、角色、结构和政策。

(2)要求通过数据和反馈提供指导和监督。

在组织内行使职权的框架,治理的内容包括规则、政策、程序、规范、关系、系统和过程。这个框架会影响组织目标的设定和实现方式,风险监控和评估方式,及绩效优化方式。

2.3.3　管理要素

管理要素是组织中的关键职能或一般管理原则。组织根据其选择的治理框架和组织结构类型来确定一般的管理要素。关键职能或管理原则包括以下内容。

- 基于专业技能及其可用性的工作分工。
- 组织授予的工作职权。
- 工作职责,开展组织根据技能和经验等属性合理分派的工作任务。
- 行动纪律,例如,尊重领导、员工和规则。
- 统一命令,例如,对于一项行动或活动,仅由一个人向另一个人发布指示。
- 统一方向,例如,对服务于同一目标的一组活动,只能有一份计划或一个领导人。
- 组织的总体目标优先于个人目标。
- 支付合理的薪酬。
- 资源的优化使用。
- 畅通的沟通渠道。
- 在正确的时间让正确的人使用正确的材料做正确的事情。
- 公正、平等地对待所有员工。
- 明确的工作职位保障。
- 员工在工作场所的安全。
- 允许任何员工参与计划和实施。
- 保持员工士气。

组织会将这些管理要素分配给相应的员工负责落实,他们可以在不同的组织结构中落实这些管理要素。例如,在层级式组织结构中,员工之间存在横向关系和纵向关系。纵向关系从一线管理层一直向上延伸到高级管理层。分配给所在层级的职责、终责和职权,决定员工将如何在特定的组织结构之内落实相应的管理要素。

2.3.4　组织结构类型

组织需要权衡两个关键变量之后才可确定合适的组织结构类型。这两个变量指可以采用的组织结构类型以及针对特定组织如何优化组织结构类型的方式。不存在一种结构类型适用于任何特定组织。因为要考虑各种可变因素,特定组织的最终结构是独特的。

组织结构的形式或类型是多种多样的。确定组织结构时,每个组织都需要考虑大量的因素。在最终分析中,每个因素的重要性也各不相同。综合考虑因素及其价值和相对重要性为组织决策者提供了正确的信息,以便进行分析。

选择组织结构时应考虑以下因素。

- 与组织目标的一致性。
- 专业能力。
- 控制的幅度、效率与效果。

- 明确的决策升级渠道。
- 明确的职责权限和范围。
- 授权方面的能力。
- 终责分配。
- 职责分配。
- 设计的灵活性。
- 设计的简单性。
- 实施效率。
- 成本考虑。
- 物理位置(如集中办公、区域办公和虚拟远程办公)。
- 清晰的沟通(如政策、工作状态和组织愿景)。

2.3.5 项目管理办公室

项目管理办公室(PMO)是对与项目相关的治理过程进行标准化,并促进资源、方法论、工具和技术共享的一种组织结构。PMO 的职责范围可大可小,从提供项目管理支持服务,到直接管理一个或多个项目。

PMO 有几种不同类型,它们对项目的控制和影响程度各不相同,例如下面 3 种类型。

(1) 支持型。担当顾问的角色,向项目提供模板、最佳实践、培训、信息通道,以及来自其他项目的经验教训。这种 PMO 其实就是一个项目资源库,对项目的控制程度很低。

(2) 控制型。不仅给项目提供支持,而且通过各种手段要求项目服从,这种 PMO 对项目的控制程度属于中等。它可能要求项目采用项目管理框架或方法论,使用特定的模板、格式和工具,以及遵从治理框架。

(3) 指令型。指令型 PMO 直接管理和控制项目。项目经理由 PMO 指定并向其报告。这种类型的 PMO 对项目的控制程度很高。

PMO 可能会承担整个组织范围的职责,在支持战略调整和创造组织价值方面发挥重要的作用。PMO 从组织战略项目中获取数据和信息,进行综合分析,评估高层战略目标的实现情况。PMO 在组织的项目组合、项目集、项目与组织考评体系(如平衡计分卡)之间建立联系。

除了被集中管理以外,PMO 所支持或管理的项目不一定彼此关联。PMO 的具体形式、职能和结构取决于所在组织的需要。为了保证项目符合组织的业务目标,PMO 可能有权在每个项目的生命周期中充当重要相关方和关键决策者。PMO 可以提出建议,领导知识传递,终止项目,以及根据需要采取其他行动。

PMO 的一个主要职能是通过各种方式向项目经理提供支持,这些方式包括以下几种。

- 对 PMO 所辖的全部项目的共享资源进行管理。
- 识别和制定项目管理方法、最佳实践和标准。
- 指导、辅导、培训和监督。

- 通过项目审计,监督对项目管理标准、政策、程序和模板的遵守程度。
- 制定和管理项目政策、程序、模板和其他共享的文件(组织过程资产)。
- 对跨项目的沟通进行协调。

2.4 项目和开发生命周期

项目的规模和复杂性各不相同,但不论其大小繁简,所有项目都呈现下列通用的生命周期结构,即开始项目→组织与准备→执行项目工作→结束项目,如图 2-2 所示。

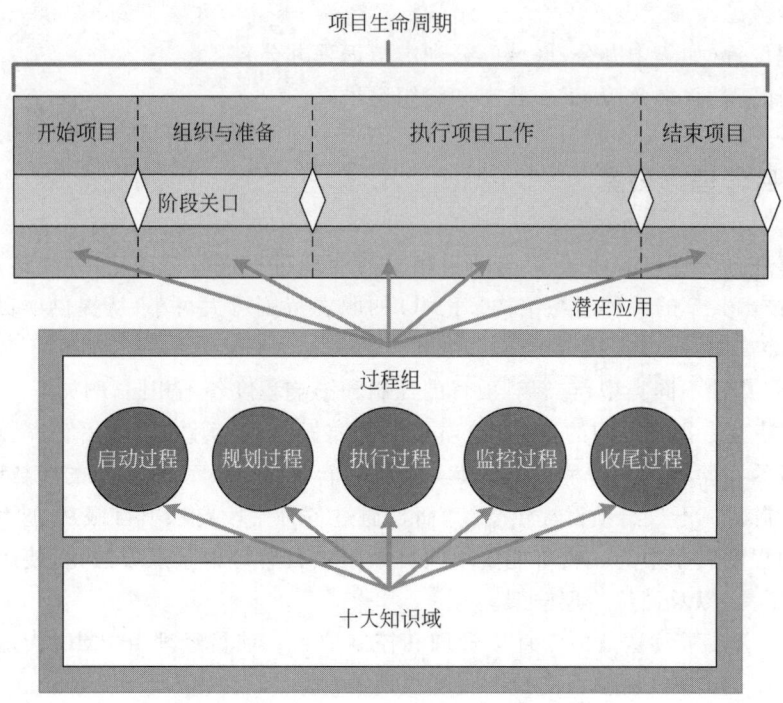

图 2-2 关键组成部分在项目中的相互关系

2.4.1 产品生命周期

产品生命周期通常包含顺序排列且不相互交叉的一系列产品阶段。产品阶段由组织的制造和控制要求决定。产品生命周期的最后阶段通常是产品的退出。一般而言,项目生命周期包含在一个或多个产品生命周期中。任何项目都有自己的目的或目标。

如果项目产出的是一种产品,那产品与项目之间就有许多种可能的关系。例如,新产品的开发本身就可以是一个项目;或者,现有的产品可能得益于某个为之增添新功能或新特性的项目,或可以通过某个项目来开发产品的新型号。产品生命周期中的很多活动都可以作为项目来实施,例如,进行可行性研究,开展市场调研,开展广告宣传,安装产品,召集焦点小组会议,试销产品等。在这些例子中,项目生命周期都不同于产品生命周期。由于一个产品可能包含多个相关项目,所以可通过对这些项目的统一管理来提高效率。例如,新车的开发可能涉及许多单独的项目。虽然每个项目都是不同的,但最终都是为了将这款新车推向市场。

2.4.2 项目生命周期

项目生命周期是指项目从启动到收尾所经历的一系列阶段,它为项目管理提供了一个基本框架。不论项目涉及的具体工作是什么,这个基本框架都适用。这些阶段之间的关系可以顺序、迭代或交叠进行。

项目阶段通常按顺序排列,阶段的名称和数量取决于参与项目的一个或多个组织的管理与控制需要、项目本身的特征及其所在的应用领域。可以在总体工作范围内或根据财务资源的可用性,按职能目标或分项目标、中间结果或可交付成果或者特定的里程碑来划分阶段。阶段通常都有时间限制,有一个开始点、结束点或控制点。

可以根据所在组织或行业,或者所用技术的特性来确定或调整项目生命周期。虽然每个项目都有明确的起点和终点,但具体的可交付成果及项目期间的活动会因项目的不同而有很大差异。不论项目涉及的具体工作是什么,生命周期都可以为管理项目提供基本框架。

通用的生命周期结构常被用来与高级管理层或其他不太熟悉项目细节的人员进行沟通。不应把通用生命周期与项目管理过程组相混淆,因为过程组中的过程所包含的活动,可以在每个项目阶段执行和重复执行,也可以在整体项目层面执行和重复执行。项目生命周期独立于项目所生产(或改进)的产品的生命周期。但项目应该考虑该产品当前所处的产品生命周期阶段。

2.4.3 开发生命周期

项目生命周期内通常有一个或多个阶段与产品、服务或成果的开发相关,这些阶段称为开发生命周期。开发生命周期可以是预测型、迭代型、增量型、适应型或混合型的模式。

(1)预测型生命周期:也称为瀑布型生命周期,如图 2-3 所示,是在生命周期的早期阶段确定项目范围、时间和成本。对任何范围的变更都要进行仔细管理。

(2)迭代型生命周期:项目范围通常在项目生命周期的早期确定,但时间及成本估算将随着项目团队对产品理解的不断深入而定期修改。迭代方法是通过一系列重复的循环活动来开发产品,而增量方法是渐进地增加产品的功能。

(3)增量型生命周期:是通过在预定的时间区间内渐进增加产品功能的一系列迭代来产出可交付成果。只有在最后一次迭代之后,可交付成果具有了必要和足够的能力,才能被视为完整的生命周期。

(4)适应型生命周期:也称为敏捷或变更驱动型生命周期,属于敏捷型、迭代型或增量型。详细范围在迭代开始之前就得到定义和批准。

(5)混合型生命周期:是预测型生命周期和适应型生命周期的组合。充分了解或有

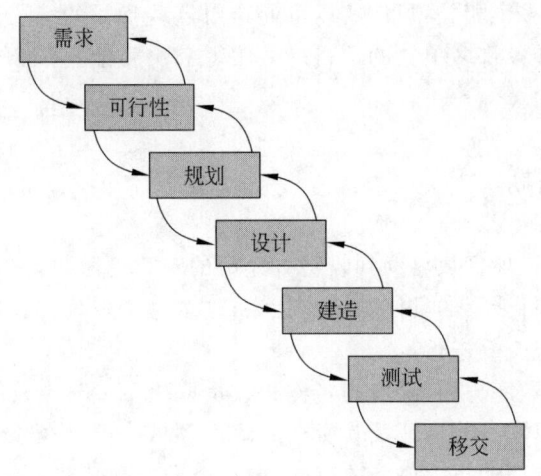

图 2-3　预测型生命周期的例子

确定需求的项目要素遵循预测型开发生命周期,而仍在发展中的要素遵循适应型开发生命周期。

由项目管理团队确定各个项目最适合的生命周期。项目生命周期需要足够灵活,能够应对项目包含的各种因素。可以通过以下方法实现生命周期的灵活性。

- 确定需要在各个阶段实施的一个或多个过程。
- 在合适的阶段实施确定的一个或多个过程。
- 调整阶段的各种属性(如名称、持续时间、退出标准和准入标准)。

项目生命周期与产品生命周期相互独立,后者可能由项目产生。产品生命周期指一个产品从概念、交付、成长、成熟到衰退的整个演变过程的一系列阶段。

2.5　项目阶段与关口

一个项目可以划分为若干个阶段。项目阶段是一组具有逻辑关系的项目活动的集合,通常以一个或多个可交付成果的完成为结束。如果待执行的工作具有某种独特性,就可以把它们当作一个项目阶段。项目阶段通常都与特定的主要可交付成果的形成相关。一个阶段可能着重执行某个特定项目管理过程组中的过程,但是也会不同程度地执行其他多数或全部项目管理过程。项目阶段通常按顺序进行,但在某些情况下也可重叠。各阶段的持续时间或所需投入通常都有所不同。具备这种宏观特性的项目阶段是项目生命周期的组成部分。

2.5.1　项目阶段的特征

所有的项目阶段都具有以下类似特征。
- 各阶段的工作重点不同,通常涉及不同的组织,处于不同的地理位置,需要不同的技能组合。

- 为了成功实现各阶段的主要可交付成果或目标,需要对各阶段及其活动进行独特的控制或采用独特的过程。重复执行全部五大过程组中的过程,可以提供所需的额外控制,并定义阶段的边界。
- 阶段的结束以作为阶段性可交付成果的工作产品的转移或移交为标志。阶段结束点是重新评估项目活动,并变更或终止项目的一个当然时点,称为阶段关口、里程碑、阶段审查、阶段门或关键决策点。在很多情况下,阶段收尾需要得到某种形式的批准,阶段才算结束。

有些项目仅有一个阶段,如图 2-4 所示,有些项目则有两个或多个阶段。

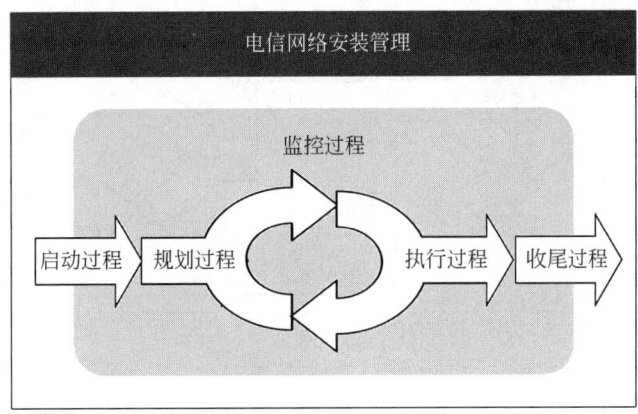

图 2-4　单阶段项目的例子

当项目包含一个以上的阶段时,这些阶段通常按顺序排列,用来保证对项目的适当控制,并产出所需的产品、服务或成果。然而,在某些情况下,阶段交叠或并行可能有利于项目。

2.5.2　项目阶段关系的类型

阶段与阶段的关系有以下 3 种基本类型。

(1) 顺序关系:即一个阶段只能在前一阶段完成后开始。图 2-5 中,项目的三个阶段完全按顺序排列,其特点是减少了项目的不确定性,但也排除了缩短项目总工期的可能性。

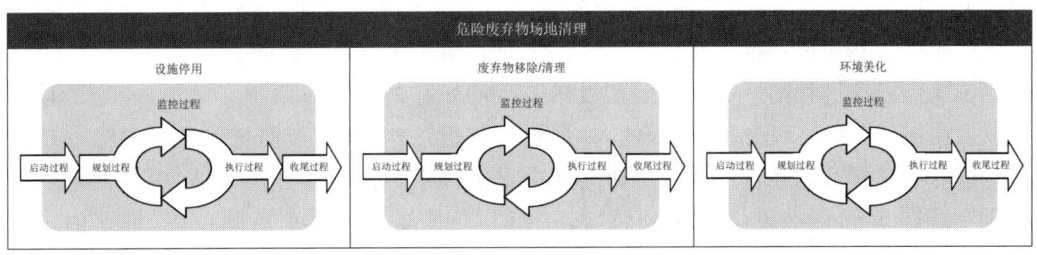

图 2-5　三阶段项目的例子

（2）交叠关系：即一个阶段在前一阶段完成前就开始，如图 2-6 所示。这有时可作为进度压缩的一种技术，被称为"快速跟进"。阶段交叠可能需要增加额外的资源来并行开展工作，可能增加风险，也可能因尚未获得前一阶段的准确信息就开始后一阶段工作而造成返工。

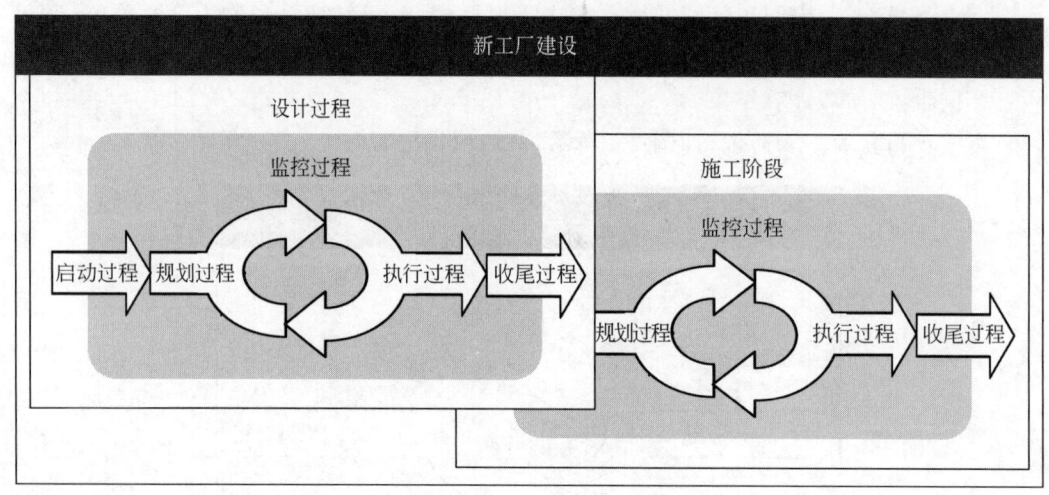

图 2-6　阶段交叠项目的例子

多阶段项目的各个阶段之间可能存在不同的关系（如交叠、顺序、并行）。所需达到的控制水平和效果，以及所存在的不确定性程度，决定应该采用何种阶段与阶段的关系。

（3）阶段关口：阶段关口设在阶段结束点。在该时点，把项目的绩效及进展与各种项目文件及业务文件进行比较。

在不同的组织、行业或工作类型中，阶段关口可能被称为阶段审查、阶段门、关键决策点和阶段入口或阶段出口。组织可以通过这些审查来检查本指南范围之外的其他相关项，如产品相关文件或模型。

2.6　项目管理过程组

任何项目的项目管理过程都分属启动、规划、执行、监控和收尾这五大过程组，各过程组之间有清晰的相互依赖关系，彼此之间有很强的相互作用，并且与具体的应用领域或行业无关。在项目完成之前，往往需要反复实施各过程组及其过程。各过程可能在同一过程组内或跨越不同过程组相互作用。过程之间的相互作用因项目而异。

各项目管理过程都被归入其大多数相关活动所在的那个过程组。例如，一个过程通常发生在规划阶段，就把这个过程放入"规划过程组"。项目管理的迭代性质意味着任何过程组的过程都可能在整个项目生命周期中重复使用。例如，为应对风险事件而采取风险应对措施，就可能引发进一步的风险，从而又会重复执行识别风险过程，来评估风险影响。

在项目期间，应该在项目管理过程组及其过程的指导下，恰当地应用项目管理知识和技能。需要迭代地应用项目管理过程,在一个项目中,很多过程要反复多次。项目管理的整合性要求监控过程组与其他所有过程组相互作用,如图 2-7 所示。监控过程随着其他过程组的过程同时进行。

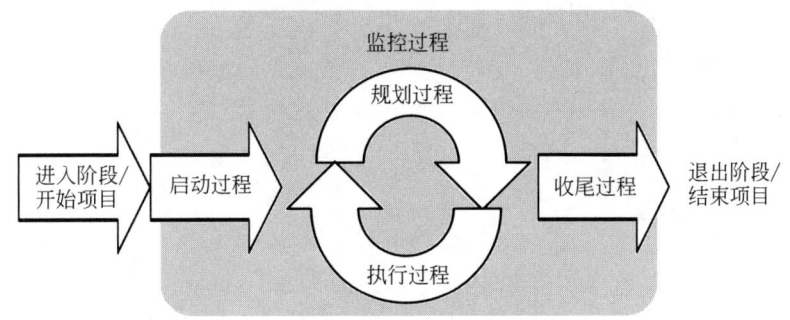

图 2-7　项目管理过程组

各项目管理过程组以它们所产生的输出相互联系。一个过程的输出通常成为另一个过程的输入,或者成为项目、子项目或项目阶段的可交付成果。在子项目或项目层级上的可交付成果可能被称为增量可交付成果。规划过程组为执行过程组提供项目管理计划和项目文件,并随项目进展不断更新这些计划和文件。图 2-8 显示了各过程组如何相互作用以及在不同时间的重叠程度。如果将项目划分为若干个阶段,各过程组会在每个阶段内相互作用。

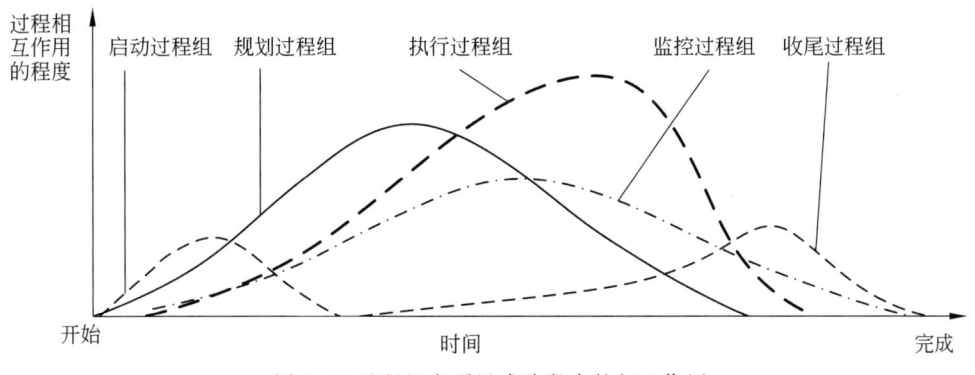

图 2-8　过程组在项目或阶段中的相互作用

当项目被划分成若干个阶段时,应该合理采用过程组,有效推动项目以可控的方式完成。在多阶段项目上,这些过程会在每个阶段内重复进行,直到符合阶段完成标准。

2.6.1　启动过程组

启动过程组包含定义一个新项目或项目的一个新阶段,授权开始该项目或阶段的一组过程。在启动过程中,定义初步范围和落实初步财务资源,识别那些将相互作用并影响项目总体结果的内外部相关方,选定项目经理。这些信息应反映在项目章程和相关方登记册中。一旦项目章程获得批准,项目就得到正式授权。

虽然项目管理团队可以协助编写项目章程,但我们假定商业论证评估、批准和出资都是在项目边界之外进行的,如图 2-9 所示。项目边界指的是一个项目或项目阶段从获得授权的时间点到得以完成的时间点。

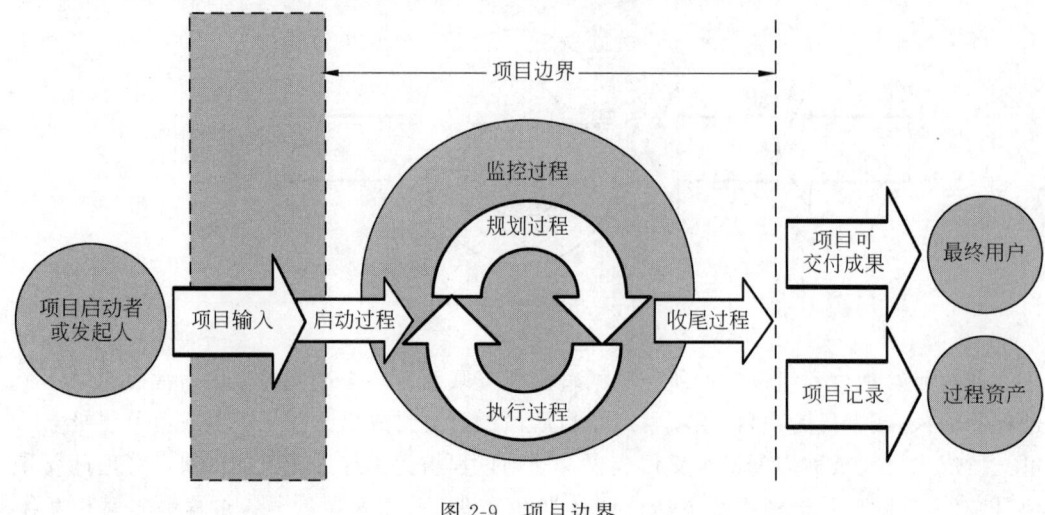

图 2-9　项目边界

本过程组的主要目的是保证相关方期望与项目目的的一致性,让相关方明了项目范围和目标,同时让相关方明白他们在项目和项目阶段中的参与,有助于实现他们的期望。本组过程有助于设定项目愿景,即需要完成什么。

大型复杂项目应该被划分为若干阶段。在此类项目中,随后各阶段也要进行启动过程,以便确认在最初的制定项目章程和识别相关方过程中所做出的决定是否依然有效。在每个阶段开始时进行启动过程,有助于保证项目符合其预定的业务需要,核实成功标准,审查项目相关方的影响、动力和目标。然后,决定该项目是继续、推迟还是中止。

让发起人、客户和其他相关方参与启动过程,可以建立对成功标准的共同理解,降低参与费用,提升可交付成果的可接受性,提高客户和其他相关方的满意度。

2.6.2　规划过程组

规划过程组包含明确项目范围,定义和优化目标,为实现目标制定行动方案的一组过程。规划过程组制订用于指导项目实施的项目管理计划和项目文件。由于项目管理的复杂性,可能需要通过多次反馈来做进一步分析。随着收集和掌握的项目信息或特性不断增多,项目很可能需要进一步规划。项目生命周期中发生的重大变更可能会引发重新进行一个或多个规划过程,甚至是某些启动过程。这种项目管理计划的逐渐细化叫作"渐进明细",表明项目规划和文档编制是反复进行的持续性过程。

规划过程组的主要作用是,为成功完成项目或阶段确定战略、战术及行动方案或路线,对规划过程组进行有效管理,可以更容易地获取相关方的认可和参与。

作为规划过程组的输出,项目管理计划和项目文件将对项目范围、时间、成本、质量、人力资源、沟通、风险、采购和相关方参与等所有方面做出规定。

由经批准的变更导致的各种更新(一般发生在各监控过程中,也可发生在指导与管理项目工作过程中),可能从多方面对项目管理计划和项目文件产生影响。对这些文件的更新意味着对进度、成本和资源的要求更加精确,以实现既定的项目范围。

2.6.3　执行过程组

执行过程组包含完成项目管理计划中确定的工作,以满足项目规范要求的一组过程。这个过程组需要按照项目管理计划来协调人员和资源,管理相关方期望,以及整合并实施项目活动。

项目执行的结果可能引发计划更新和基准重建,包括变更预期的活动持续时间,变更资源生产率与可用性,以及考虑未曾预料到的风险。执行中的偏差可能影响项目管理计划或项目文件,需要加以仔细分析,并制定适当的项目管理应对措施。分析的结果可能引发变更请求。变更请求一旦得到批准,就可能需要对项目管理计划或其他项目文件进行修改,甚至还要建立新的基准。

2.6.4　监控过程组

监控过程组包含跟踪、审查和调整项目进展与绩效,识别必要的计划变更并启动相应变更的一组过程。这一过程组的关键作用是,定期(或在特定事件发生时、在异常情况出现时)对项目绩效进行测量和分析,从而识别与项目管理计划的偏差。

监控过程组涉及以下内容。

- 控制变更,推荐纠正措施,或者对可能出现的问题推荐预防措施。
- 对照项目管理计划和项目绩效测量基准,监督正在进行中的项目活动。
- 对导致规避整体变更控制或配置管理的因素施加影响,确保只有经批准的变更才能付诸执行。

持续的监督使项目团队得以洞察项目的健康状况,并识别需要格外注意的方面。监控过程组要监控整个项目的工作。在多阶段项目中,监控过程组要对各项目阶段进行协调,以便采取纠正或预防措施,使项目实施符合项目管理计划。监控过程组也可能提出并批准对项目管理计划的更新。例如,未按期完成某项活动,可能导致对预算和进度目标的调整和平衡。为了降低或控制管理费用,应该合理运用异常管理程序和其他技术。

2.6.5　收尾过程组

收尾过程组包含为完成项目管理过程组的所有活动,正式结束项目或阶段或合同责任的一组过程。当本过程组完成时,表明为完成某一项目或项目阶段所需的所有过程组的所有过程均已完成,标志着项目或项目阶段正式结束。

本过程组也用于正式处理项目提前结束的情形。提前结束的项目可能包括中止的项目、取消的项目或有严重问题的项目。在特定情况下,如果合同无法正式关闭(如因索赔、终止条款等原因),或者需要向其他部门转移某些活动,可能需要安排和落实具体的交接手续。

项目或阶段收尾时,可能需要进行以下工作。

- 获得客户或发起人的验收,以正式结束项目或阶段。
- 进行项目后评价或阶段结束评价。
- 记录裁剪任何过程的影响。
- 记录经验教训。
- 对组织过程资产进行适当更新。
- 将所有相关项目文件在项目管理信息系统中归档,以便作为历史数据使用。
- 结束所有采购活动,确保所有相关协议的完结。
- 对团队成员进行评估,释放项目资源。

习题

1. 下列关于组织文化的说法不正确的是( )。
   A. 组织文化可能对项目实现产生强烈的影响
   B. 组织文化不是事业环境因素的一种
   C. 共同的愿景、价值观是组织文化的一种表现形式
   D. 对于职权的看法是组织文化的体现

2. 以下( )属于项目生命周期的一部分。
   A. 项目成果　　　　B. 项目阶段　　　　C. 管理计划　　　　D. 项目控制系统

3. 关于项目生命周期和产品生命周期的表述,不正确的是( )。
   A. 产品生命周期各阶段是不相互交叉的
   B. 一个产品生命周期可能包含多个项目生命周期
   C. 产品生命周期中的很多活动都可以作为项目来实现
   D. 项目生命周期就是该项目所产生的产品生命周期

4. 以下( )不是项目与运营在产品生命周期交叉的时点。
   A. 在项目收尾阶段
   B. 在新产品开发、产品升级或提高产量时
   C. 在改善运营或产品开发过程时
   D. 任命运营经理为项目经理时

5. 成本与人力投入在项目的( )达到最高。
   A. 启动阶段　　　　　　　　　　　B. 组织和准备阶段
   C. 执行阶段　　　　　　　　　　　D. 结束项目阶段

6. 关于项目阶段的说法,以下( )是正确的。
   A. 在项目生命周期中各阶段的顺序可以任意打乱

B. 各阶段间是没有交叉的

C. 不同项目的项目阶段名称和数量都是相同的

D. 项目生命周期通过划分阶段来为管理提供基本框架

7. 在项目的(　　)进行变更的代价最小。

    A. 启动阶段　　　　　　　　　　B. 组织与准备阶段

    C. 执行阶段　　　　　　　　　　D. 收尾阶段

8. 事业环境因素包括(　　)。

    A. 组织文化　　　　　　　　　　B. 基础设施

    C. 政治氛围和相关方风险承受力　　D. 以上皆是

9. 项目管理信息系统属于(　　)。

    A. 事业环境因素　　　　　　　　B. 组织过程资产

    C. 变更控制系统　　　　　　　　D. 配置管理系统

10. 以下(　　)不是组织过程资产。

    A. 项目收尾指南　　　　　　　　B. 风险控制程序

    C. 人事管理制度　　　　　　　　D. 过程测量数据库

11. 项目相关方可能包括(　　)。

    A. 最终用户　　　B. 供应商　　　C. 市民　　　　　D. 所有上述选项

12. 相关方对项目的影响力在(　　)最大。

    A. 启动阶段　　　　　　　　　　B. 组织与准备阶段

    C. 执行阶段　　　　　　　　　　D. 收尾阶段

13. 项目经理对(　　)负有最终责任。

    A. 项目审批

    B. 设计和测试规范

    C. 一旦项目被批准,确保没有项目变更

    D. 团队发展

14. 项目发起人作为重要的相关方之一,他一般为项目提供(　　)。

    A. 合同定义　　　B. 范围　　　　C. 资金来源　　　D. 风险管理

15. 你负责一个跨地区的项目,启动阶段在本地区进行,其他阶段在另一个地区,该项目目前有50多个相关方,项目成员来自5个地区。以下(　　)需要特别注意。

    A. 努力拓宽沟通渠道　　　　　　B. 确保每个地区要有一个发起人

    C. 平衡许多相互冲突的需求和目标　D. 利益冲突要尽量公开

16. (　　)是项目成果的直接受益人。

    A. 客户　　　　　B. 项目相关方　　C. 发起人　　　　D. 项目经理

17. 在项目开始阶段,以下(　　)相关方会起核心相关方和关键决策者的作用。

    A. 项目经理　　　　　　　　　　B. 项目团队成员

    C. 职能经理　　　　　　　　　　D. PMO

18. 项目经理拥有的权利与什么有关?(　　)

    A. 项目经理的沟通技能　　　　　B. 组织结构

C. 项目经理的领导所拥有的权利　　　D. 项目经理的影响能力

19. 可交付成果是一些独特的、可验证的产品、结果或执行服务的能力,它在完成( )后被产生。

A. 过程　　　　B. 阶段　　　　C. 项目　　　　D. 上面任意一项

20. 你作为项目经理负责一项可交付成果的开发与交付工作,这个项目共有 5 个部门参与。但是目前在一些内部技术规格上这些部门难以达成一致,不达成一致的话项目没有办法继续进行。如果为了达成一致而提出折中方案的话,所产生的可交付成果将无法令客户满意。这时你首先应该( )。

A. 停止考虑折中方案,要求各部门继续根据客户的技术规格进行讨论

B. 向上级请示应该如何处理

C. 在内部状态报告中记录这一情况,并在以后继续进行讨论

D. 与客户沟通,请客户根据交付团队所考虑的折中方案改变自己对可交付成果的要求

实验与思考:多拉莱公司的业务流程与项目管理应用

1. 实验目的

本节"实验与思考"的目的如下。

(1) 理解和熟悉项目管理有关组织影响和生命周期的基本概念。

(2) 通过多拉莱公司案例,尝试研究其业务流程与项目管理应用,由此了解项目管理方法的运用。

2. 工具/准备工作

在开始本实验之前,请回顾教科书的相关内容。

需要准备一台能够访问因特网的计算机。

3. 实验内容与步骤

(1) 多拉莱案例研究(A)——关于业务流程。

案例背景

多拉莱公司刚刚建立了一个开发新产品的项目管理方法,尽管这是特意为新产品的开发设计的,执行副经理(即发起人 VP)认为也能用在其他项目中。主管项目管理方法的项目经理(PM)和 VP 之间展开了讨论。

会议(对话)

VP:公司为了这个项目管理方法花费了大量的时间和资金,因此,如果这套方法不能用于其他组织,这显然是不合算的。例如,在新产品开发和信息系统项目之间有很多相同之处,我们是否能利用这个系统或者部分系统到其他项目中呢?

PM:我不敢肯定,因为项目信息系统的需求和生命周期都不相同。一个通用的项目

管理方法需要有足够的普遍性。

VP：难道你是说我们应该花费更多的时间和资金来发展若干个管理系统吗？

PM：我们已有的项目管理方法可以运用到除信息技术以外的所有活动中。因为我们所有的项目都极其相似，但IT项目除外。IT项目会有自己的方法。

VP：从你的谈话中我们可以推测，我们现存的理论方法可以与应用在项目中一样应用于业务流程中。毕竟，业务流程是项目的延续，不是吗？

PM：我并不这样认为，我仔细考虑一下，以后再答复你。

问题

请根据上述资料，尝试回答下面问题。

① 你认为一个项目管理方法和一个系统发展管理方法一同使用是高效的吗？

答：_____

_____

_____

② 业务流程的定义是什么？它和项目的定义有什么区别？

答：_____

_____

_____

③ 项目管理方法会与应用在项目中一样应用于业务流程中吗？

答：_____

_____

_____

（2）多拉莱案例研究（B）——项目管理应用。

案例背景

多拉莱公司刚刚建立的项目管理方法已经被运用到新产品的开发上，但这套管理方法也被希望运用到其他项目中。

会议（对话）

VP：对我们的项目管理方法应该应用在何种项目中有明确的限制吗？

PM：我觉得答案既可以说是也可以说不是。无论何种领域、何种功能，公司的每个活动都可以看作是项目，但并不是所有的项目都需要这套管理方法，甚至项目管理。

VP：1个月以前，当我们谈论开始立项时，你说服我说，我们是应该把每件事都当作项目去看待，这不是自相矛盾吗？

PM：不是这样的，我们的项目管理所需的主要职能是整体管理。整合需求越强烈，那么项目就越需要项目管理。

VP：我现在越来越糊涂了，开始时你告诉我所有的项目都需要项目管理，但现在你告诉我不是所有的项目都需要使用项目管理方法。我到底是哪里理解错了？

问题

请根据上述资料，尝试回答下面问题。

① 所有的项目都需要使用项目管理方法吗？

答：_____

_____

② 哪种项目应该或不应该使用项目管理方法？

答：_____

_____

③ 前面的答案和项目集成的规模有关吗？

答：_____

_____

④ 关于项目管理应用，你能得出什么结论？

答：_____

_____

4. 实验总结

_____

_____

_____

5. 实验评价（教师）

_____

_____

第3章 项目经理角色

一般而言,职能经理专注于对某个职能领域或业务单元的管理和监督,而运营经理负责保证业务运营的高效性。与职能经理或运营经理不同,项目经理是执行组织委派,领导团队实现项目目标的个人。

基于组织结构,项目经理可能向职能经理报告。而在其他情况下,项目经理可能与其他项目经理一起,向 PMO、项目组合或项目集经理报告。PMO、项目组合或项目集经理对整个企业范围内的项目承担最终责任。在这类组织结构中,为了实现项目目标,项目经理还需要与其他相关角色紧密合作,确保项目管理计划符合所在项目集的整体计划。

各个领域的应用或者产品开发项目,对项目的管理者——项目经理提出了越来越高的要求。优秀的项目经理是由经验、时间、才能和培训一起创造出来的。对工作进行充分的准备和知识储备,对于驾驭和完成变化环境下的项目是非常有价值和非常关键的。

3.1 项目治理

项目相关方是指能影响项目决策、活动或结果的个人、群体或组织,以及会受项目决策、活动或结果影响的个人、群体或组织。项目治理提供了一个框架,便于项目经理和发起人制定既满足相关方需要和期望、又符合组织战略目标的决策,也便于他们及时发现和应对偏离的情况,确保项目符合相关方的需要或目标,对成功管理相关方参与和实现组织目标都非常重要。采用项目治理,组织就能够规范地管理项目,最大化项目价值,保证项目符合业务战略。

项目治理是一种符合组织治理模式的项目监管职能,覆盖整个项目生命周期。项目治理框架向项目经理和团队提供管理项目的结构、流程、决策模式和工具,同时对项目进行支持和控制,以实现项目的成功交付。对于任何项目,项目治理都非常关键,尤其是对于复杂和高风险的项目。通过定义、记录和沟通可靠的、可复用的项目实践,项目治理为控制项目并确保项目成功提供了一套全面的、一致的方法。它提供项目决策框架,定义项目角色、职责和追责机制,评价项目经理的有效性。项目治理由项目组合、项目集或发起组织来定义,并要与其相适应,但需要与组织治理分开。

在项目治理中,PMO 也可以做出部分决策。项目治理需要相关方的参与,需要依据书面政策、流程和标准,需要规定职责和职权。项目治理框架中的主要内容如下。

- 项目成功标准和可交付成果验收标准。
- 用于识别、升级和解决项目期间的问题的流程。
- 项目团队、组织团体和外部相关方之间的关系。
- 信息沟通的流程和程序。
- 项目决策流程。

- 项目生命周期方法。
- 阶段关口或阶段审查流程。
- 对超出项目经理权限的预算、范围、质量和进度变更的审批流程。
- 保证内部相关方遵守项目过程要求的流程。

项目经理和项目团队应该在项目治理框架和时间、预算等因素的限制之下，确定最合适的项目实施方法，要负责项目的规划、执行、控制和收尾。应该在项目管理计划中阐述项目治理方法，例如，谁应该参与、升级流程、需要什么资源，以及通用的工作方法。

3.2 项目经理及其影响力

项目经理在其影响力范围内担任多种角色。这些角色反映了项目经理的能力，体现了项目经理这一职业的价值和作用。图 3-1 描述了项目经理的各种影响力范围。

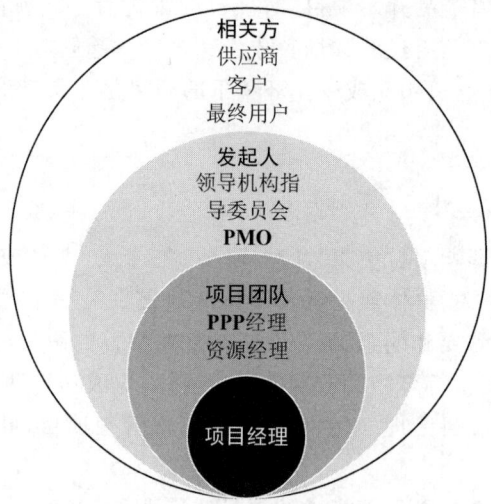

图 3-1　项目经理的影响力范围示例

3.2.1 项目经理的作用

项目经理利用可用资源，以平衡相互竞争的项目制约因素，领导项目团队实现项目目标和相关方的期望。项目经理还充当项目发起人、团队成员与其他相关方之间的沟通者，包括提供指导和展示项目成功的愿景。项目经理使用软技能（如人际关系技能和人员管理技能）来平衡项目相关方之间相互冲突和竞争的目标，以达成共识。这种情况下的共识指即便不是 100％赞同，相关方还会支持项目决定和行动。

研究表明，成功的项目经理可以持续和有效地使用某些基本技能。在由上级和团队成员指定的项目经理中，一些项目经理之所以脱颖而出，是因为他们展现出了超凡的人际关系和沟通技能以及积极的态度。

与团队和发起人等相关方沟通的能力适用于项目的各个方面，包括以下几种能力。

- 通过多种方法（如口头、书面和非口头）培养完善的技能。
- 创建、维护和遵循沟通计划和进度计划。
- 以可预见且一致的方式进行沟通。
- 寻求了解项目相关方的沟通需求（沟通可能是某些相关方在最终产品或服务完成之前获取信息的唯一渠道）。
- 以简练、清晰、完整、简单、相关和经过裁剪的方式进行沟通。
- 包含重要的正面消息和负面消息。
- 合并反馈渠道。
- 人际关系技能，即通过项目经理的影响力范围拓展广泛的人际网络。这些人际网络包括正式的人际网络，如组织架构图；但项目经理发展、维护和培养的非正式人际网络更加重要。非正式人际网络包括与主题专家和具有影响力的领导者建立的个人人际关系。通过这些正式和非正式的人际网络，项目经理可以让很多人参与解决问题并探询项目中遇到的官僚主义障碍。

3.2.2 项目经理与组织

项目经理需要积极地与其他项目经理互动。其他独立项目或同一项目集的其他项目可能会对项目造成影响，原因如下。

- 对相同资源的需求。
- 资金分配的优先顺序。
- 可交付成果的接受或发布。
- 项目与组织的目的和目标的一致性。

与其他项目经理互动有助于产生积极的影响，以满足项目的各种需求。这些需求可能是团队为完成项目而需要的人力、技术或财力资源和可交付成果。项目经理需要寻求各种方法来培养人际关系，从而帮助团队实现项目目的和目标。

此外，项目经理在组织内部充当强有力的倡导者的角色。在项目进行过程中，项目经理积极地与组织中的各位经理互动。此外，项目经理应与项目发起人合作处理内部的政治和战略问题，这些问题可能会影响团队或项目的可行性或质量。

项目经理可以致力于提高自己在组织内的总体项目管理能力和技能，并参与隐性和显性知识的转移或整合计划。项目经理还应致力于以下方面。

- 展现项目管理的价值。
- 提高组织对项目管理的接受度。
- 提高组织内现有 PMO 的效率。

3.2.3 项目经理与行业

项目经理应时刻关注行业的最新发展趋势，获得并思考这一信息对当前项目是否有影响或可用。这些趋势包括以下内容。

- 产品和技术开发。
- 新兴且正在变化的市场空间。
- 标准(如项目管理标准、质量管理标准、信息安全管理标准)。
- 技术支持工具。
- 影响当前项目的经济力量。
- 影响项目管理学科的各种力量。
- 过程改进和可持续发展战略。

对项目经理而言,持续的知识传递和整合非常重要。项目管理专业和项目经理担任主题专家的其他领域都在持续推进相应的专业发展。知识传递和整合包括以下内容。

(1) 当地、全国和全球层面(如实践社区、国际组织)向其他专业人员分享知识和专业技能。

(2) 参与培训、继续教育和发展,包括以下专业。

- 项目管理专业(如大学、PMI)。
- 相关专业(如系统工程、配置管理)。
- 其他专业(如信息技术)。

专业的项目经理可以选择指导和教育其他专业人员了解项目管理方法对组织的价值。项目经理还可以担任非正式的宣传大使,让组织了解项目管理在及时性、质量、创新和资源管理方面的优势。

3.3 项目经理的责任

项目对于组织的生存与发展至关重要。项目可以用改进业务流程的方式创造价值,对新产品和新服务的研发不可或缺,能使组织更容易应对环境、竞争和市场变化。项目管理是一门重要的战略性学科,项目经理是战略与团队之间的联系纽带。因此,项目经理的角色在战略上越来越重要。

作为对项目成功负责的个人,项目经理掌管项目的以下所有方面。

- 制订项目管理计划和所有相关的子计划。
- 使项目始终符合进度和预算要求。
- 识别、监测和应对风险。
- 准确、及时地报告项目指标。
- 计划、刺激、组织和控制团队成员。

项目经理负责项目的日常运作。他们处于交流沟通关系的核心,项目的成功很大程度上依赖于他们的能力和热情。项目经理应该参与项目的"界定"过程,并有机会与客户和最终用户接触。有经验的项目经理会在项目开始的时候就确定关键的利益相关者,并采取积极的步骤,利用正面的利害关系,努力减小消极因素的影响。

项目经理的职责包括以下内容。

- 准备项目计划。

- 组建强大的项目团队。
- 激励每一个人。
- 为团队成员确定角色并设定目标。
- 规划进行控制的时间点和阶段性的标志。
- 监控工作按计划进展的情况。
- 与主办者一直保持联系。
- 根据要求准备进展报告。
- 确保信息在项目团队的等级结构中顺畅地传播。
- 在与相关利益者的关系中代表项目的需要。
- 用原始材料记录所有的变化。
- 进行定期的经验总结。

其中最主要的职责是计划、组织和控制。

3.4　项目经理的能力

要有效管理项目,除了应具备特定应用领域的技能和通用管理能力以外,项目经理还需具备以下几种能力。

(1) 知识能力——项目经理对项目管理了解多少。

(2) 实践能力——项目经理能够应用所掌握的项目管理知识做什么、完成什么。

(3) 个人能力——项目经理在执行项目或相关活动时的行为方式。个人态度、主要性格特征和领导力,决定项目经理指导项目团队平衡项目制约因素、实现项目目标的能力,决定项目经理的行为的有效性。

项目经理要有较强的适应能力、良好的判断能力、优秀的领导能力和谈判技能,并熟练掌握项目管理知识。项目经理必须能理解项目的细节,但又能从项目全局的角度进行管理。项目经理需要具备的技能中,需要重点关注 3 个关键技能的组合。

(1) 技术项目管理。与项目、项目集和项目组合管理特定领域相关的知识、技能和行为,即角色履行的技术方面。

(2) 领导力。指导、激励和带领团队所需的知识、技能和行为,帮助组织达成业务目标。

(3) 战略和商务管理。关于行业和组织的知识和专业技能,有助于提高绩效并取得更好的业务成果。

虽然技术项目管理技能是项目集和项目管理的核心,但研究指出,当今全球市场越来越复杂,竞争也越来越激烈,只有技术项目管理技能是不够的。各个组织正在寻求其他有关领导力与战略和商务管理技能。来自不同组织的成员均提出,这些能力可以有助于支持更长远的战略目标,以实现赢利。为了最有效地开展工作,项目经理需要平衡这 3 种技能。

3.4.1　技术项目管理技能

技术项目管理技能指有效运用项目管理知识实现项目集或项目的预期成果的能力。项目经理经常会依赖专家判断来有效地开展工作。要获得成功,重要的是项目经理必须了解个人专长以及如何找到具备所需专长的其他人员。

研究表明,顶尖的项目经理会具备以下几种关键技能。

(1)重点关注所管理的各个项目的关键技术项目管理要素。简单来说,就是随时准备好合适的资料。最主要的是项目成功的关键因素、进度计划、指定的财务报告和问题日志。

(2)针对每个项目裁剪传统和敏捷工具、技术和方法。

(3)花时间制订完整的计划并谨慎排定优先顺序。

(4)管理项目要素,包括进度、成本、资源和风险。

3.4.2　战略和商务管理技能

战略和商务管理技能包括纵览组织概况并有效协商和执行有利于战略调整和创新的决策和行动的能力。这项能力可能涉及其他职能部门的工作知识,如财务、市场和运营部门。战略和商务管理技能可能还包括发展和运用相关的产品和行业专业知识,即领域知识。项目经理应掌握足够的业务知识,以便能够解决以下问题。

(1)向其他人解释关于项目的必要商业信息。

(2)与项目发起人、团队和主题专家合作制定合适的项目交付策略。

(3)以实现项目商业价值最大化的方式执行策略。

为制定关于项目成功交付的最佳决策,项目经理应咨询具备关于组织运营的专业知识的运营经理。这些经理应了解组织的工作以及项目计划会对工作造成的影响。为确保一致性,项目经理应将以下关于组织的知识和信息运用到项目中。

- 战略。
- 使命。
- 目的和目标。
- 优先级。
- 策略。
- 产品或服务(如可交付成果)。
- 运营(如位置、类型、技术)。
- 市场和市场条件,如客户、市场状况(发展或萎缩)和上市时间因素等。
- 竞争(如竞争什么、与谁竞争、市场地位)。

战略和商务管理技能有助于项目经理确定应为其项目考虑哪些商业和战略因素,确定这些因素会对项目造成的影响,同时了解项目与组织之间的相互关系。这些因素包括以下方面内容。

- 风险和问题。
- 财务影响。
- 成本效益分析(如净现值、投资回报率),包括各种可选方案。
- 商业价值。
- 效益预期实现情况和战略。
- 范围、预算、进度和质量。

通过运用这些商务知识,项目经理能够为项目提出合适的决策和建议。随着条件的变化,项目经理应与项目发起人持续合作,使业务战略和项目策略保持一致。

3.4.3 领导力技能

领导力技能包括指导、激励和带领团队的能力。这些技能可能包括协商、抗压、沟通、解决问题、批判性思考和人际关系技能等基本能力。随着越来越多的公司通过项目执行战略,项目变得越来越复杂。项目管理不仅仅涉及数字、模板、图表、图形和计算机系统方面的工作,人是所有项目中的共同点。

(1)人际交往。它占据项目经理工作的很大一部分。项目经理应研究人的行为和动机,尽力成为一个好的领导者,因为领导力对组织项目是否成功至关重要。项目经理需要运用领导力技能和品质与所有项目相关方合作,包括项目团队、团队指导和项目发起人。

(2)领导者的品质和技能,包括以下几个方面。

- 有远见(例如,帮助描述项目的产品、目的和目标,能够构建梦想并向他人诠释愿景)。
- 积极乐观。
- 乐于合作。
- 通过以下方式管理关系和冲突:建立信任,解决顾虑,寻求共识,平衡相互竞争和对立的目标,运用说服、协商、妥协和解决冲突的技能,发展和培养个人及专业网络,以长远的眼光把人际关系看成与项目本身同样重要,持续发展和运用政治敏锐性。
- 通过以下方式进行沟通:花大量的时间沟通(研究显示,顶尖的项目经理约有90%的时间花在沟通上),管理期望,诚恳地接受反馈,提出建设性的反馈,询问和倾听。
- 尊重他人(帮助他人保持独立自主),谦恭有礼,友善待人,诚实可信,忠诚可靠,遵守职业道德。
- 展现出诚信正直和文化敏感性,果断、勇敢,能够解决问题。
- 适时称赞他人。
- 终身学习,以结果和行动为导向。
- 关注重要的事情,包括以下几个方面。
  - ◆ 通过必要的审查和调整,不断调整工作优先级。
  - ◆ 寻求并采用适用于团队和项目的优先级排序方法。
  - ◆ 区分高层级战略优先级,尤其是与项目成功的关键因素相关的事项。

◆ 对项目的主要制约因素保持警惕。

◆ 在战术优先级上保持灵活。

◆ 能够从大量信息中筛选出最重要的信息。

● 以整体和系统的角度来看待项目,同等对待内部和外部因素。

● 运用批判性思维(如运用分析方法来制定决策)并将自己视为变革推动者。

● 创建高效的团队,以服务为导向,展现出幽默的一面,与团队成员有效地分享乐趣。

(3) 政治、权力和办好事情。领导和管理的最终目的是办好事情。这些技能和品质有助于项目经理实现项目目的和目标。很多技能和品质归根结底就是处理政治的能力。政治涉及影响、谈判、自主和权力。

政治及其相关要素不局限于"好"与"不好",以及"正面"与"负面"之分。项目经理对组织运行方式的了解越多,就越有可能获得成功。项目经理应观察并收集有关项目和组织概况的数据,从项目、相关人员、组织以及整个环境出发来审查这些数据,从而得出计划和执行大多数行动所需的信息和知识。这些行动是项目经理运用适当的权力影响他人和进行协商之后的成果。有了权力就有了职责,项目经理应体察并尊重他人。项目经理的有效行动保持相关人员的独立自主。项目经理的行动成果就是让合适的人执行必要的活动来实现项目目标。

权力可能体现个人或组织的特征。权力往往需要人们对领导者的看法来配合。因此,项目经理应注意自己与他人的关系是非常重要的。借助人际关系可以让项目相关事项得到落实。行使权力的方式有很多,项目经理可自行决定。由于权力的性质以及影响项目的各种因素,权力及其运用变得非常复杂。权力包括以下种类。

● 地位(有时称为正式的、权威的、合法权利的,如组织或团队授予的正式职位)。

● 信息(如对信息收集或分发的控制)。

● 参考(如因为他人的尊重和赞赏,获得的信任)。

● 情境(如在特别危机等特殊情况下获得的权力)。

● 个性或魅力(如魅力、吸引力)。

● 关系(如参与人际交往、联系和结盟)。

● 专家(如拥有的技能和信息、经验、培训、教育、证书)。

● 奖励相关的(如能够给予表扬、金钱或其他奖励)。

● 处罚或强制力(如给予纪律处分或施加负面后果的能力)。

● 迎合(如运用奉承或其他常用手段赢得青睐或合作)。

● 施加压力(如限制选择或活动自由,以符合预期的行动)。

● 愧疚(如强加的义务或责任感)。

● 说服力(如能够提供论据,使他人执行预期的行动方案)。

● 回避(如拒绝参与)。

在权力方面,顶尖的项目经理积极主动且目的明确。这些项目经理会在组织政策、协议和程序许可的范围内主动寻求所需的权力和职权,而不是坐等组织授权。

3.4.4 领导力与管理的比较

"领导力"和"管理"这两个词经常被互换使用,但它们并不是同义词。"管理"更接近于指挥一个人采取已知的预期行动从一个位置到另一个位置。相反,"领导力"指通过讨论或辩论与他人合作,带领他们从一个位置到另一个位置。项目经理所选择的方法体现了他们在行为、自我认知和项目角色方面的显著差异。表 3-1 从几个重要的层面对管理和领导力进行比较。

表 3-1 团队管理与团队领导力的比较

管　　理	领　导　力
直接利用职位权利	利用关系权力来指导、影响和合作
维护	发展
管理	创新
关注系统和架构	关注人际关系
依赖控制	激发信任
关注近期目标	关注长期愿景
了解方式和时间	了解情况和原因
关注赢利	关注前景
接受现状	挑战现状
正确地做事	做正确的事情
关注操作层面的问题及其解决	关注愿景、一致性、动力和激励

为获得成功,项目经理必须同时采用领导力和管理这两种方式。其技巧在于如何针对各种情况找到恰当的平衡点。项目经理的领导风格通常体现了他们所采用的管理和领导力方式。

1. 领导力风格

项目经理领导团队的方式可以分为很多种。项目经理可能会出于个人偏好或在综合考虑与项目有关的多个因素之后选择领导力风格。根据作用因素的不同,项目经理可能会随时改变风格。要考虑的主要因素如下。

(1)领导者的特点(如态度、心情、需求、价值观、道德观)。

(2)团队成员的特点(如态度、心情、需求、价值观、道德观)。

(3)组织的特点(如目标、结构、工作类型)。

(4)环境特点(如社会形势、经济状况和政治因素)。

研究显示项目经理可以采用多种领导力风格。在这些风格中,最常见的包括以下几种。

(1) 放任(甩手)型(例如,允许团队自主决策和设定目标)。

(2) 交易型(例如,根据目标、反馈和成就给予奖励,例外管理)。

(3) 服务型(例如,做出服务承诺,处处先为他人着想;关注他人的成长、学习、发展、自主性和福祉;关注人际关系、社区与合作;服务优先于领导)。

(4) 变革型(例如,通过理想化特质和行为、鼓舞性激励、促进创新和创造,以及个人关怀提高追随者的能力)。

(5) 魅力型(例如,能够激励他人;精神饱满,热情洋溢,充满自信;说服力强)。

(6) 交互型(例如,结合了交易型、变革型和魅力型领导力风格的特点)。

2. 个性

个性指人与人之间在思维、情感和行为的特征模式方面的差异。个人性格特点或特征可能包括以下几个方面。

- 真诚(例如,接受他人不同的个性,表现出包容的态度)。
- 谦恭(例如,能够举止得体、有礼貌)。
- 创造力(例如,抽象思维、不同看法、创新的能力)。
- 文化(例如,具备对其他文化的敏感性,包括价值观、规范和信仰)。
- 情绪(例如,能够感知情绪及其包含的信息并管理情绪,衡量人际关系技能)。
- 智力(例如,以多元智能理论测出的智商)。
- 管理(例如,管理实践和潜力)。
- 政治(例如,政治智商和把事办好的衡量)。
- 以服务为导向(例如,展现出愿意服务他人的态度)。
- 社会(例如,能够理解和管理他人)。
- 系统化(例如,了解和构建系统的驱动力)。

高效的项目经理在上述各个方面都具备一定程度的能力。每个项目、组织和情况都要求项目经理重视个性的不同方面。

3.5 执行整合

整合是项目经理的一项关键技能。执行项目整合时,项目经理承担双重角色。

(1) 项目经理扮演重要角色,与项目发起人携手合作,理解战略目标,并确保项目目标和成果与项目组合、项目集以及业务领域保持一致。项目经理以这种方式帮助实现战略层面的整合与执行。

(2) 在项目层面上,项目经理负责指导团队关注真正重要的事务并协同工作。为此,项目经理需要整合过程、知识和人员。

3.5.1 过程层面的整合

项目管理可被看作为实现项目目标而采取的一系列过程和活动。有些过程可能只发生一次(如项目章程的初始创建),但很多过程在整个项目期间会相互重叠并重复发生多次。这种重叠和多次出现的过程,比如需求变更,它会影响范围、进度或预算,并需要提出变更请求。控制范围过程和实施整体变更控制等若干项目管理过程可包括变更请求。在整个项目期间实施整体变更控制过程是为了整合变更请求。

虽然对项目过程的整合方式没有明确的定义,但如果项目经理无法整合相互作用的项目过程,那么实现项目目标的机会将会很小。

3.5.2　认知层面的整合

管理项目的方法有很多,而方法的选择通常取决于项目的具体特点,包括规模、项目或组织的复杂性,以及执行组织的文化。显然,项目经理的人际关系技能和能力与其管理项目的方法有紧密的关系。

项目经理应尽量掌握所有项目管理知识领域。熟练掌握这些知识领域之后,项目经理可以将经验、见解、领导力、技术以及商业管理技能运用到项目管理中。最后,项目经理需要整合这些知识领域所涵盖的过程才有可能实现预期的项目结果。

3.5.3　背景层面的整合

当今企业和项目所处的环境有了很大的变化,新技术不断涌现。社交网络、多元文化、虚拟团队和新的价值观都是项目所要面临的全新现实。例如,开展一个涉及多个组织的大型跨职能项目,就需要整合许多的知识和人员。项目经理在指导项目团队进行沟通规划和知识管理时需要考虑这个背景所产生的影响。

在管理整合时,项目经理需要充分认识项目背景和这些新因素,然后项目经理可以决定如何在项目中最好地利用这些新环境因素,以获得项目成功。

3.5.4　整合与复杂性

有些项目可能非常复杂,难以管理。简单来说,"复杂"一词通常被用来描述难以理解或错综复杂的事物。

项目的复杂性来源于组织的系统行为、人类行为以及组织或环境中的不确定性。《项目复杂性管理实践指南》将复杂性的 3 个维度定义如下。

(1)系统行为:组成部分与系统之间的依赖关系。

(2)人类行为:不同个体和群体之间的相互作用。

(3)模糊性:出现问题、缺乏理解或困惑引发的不确定性。

复杂性本身指个体基于自身经验、观察和技能的一种感知,更准确的描述应该是项目包含复杂性的要素,而不是项目本身复杂。项目组合、项目集和项目可能包含复杂性的要素。

项目整合之前,项目经理应考虑项目内外的要素。项目经理应检查项目的特征或属性。作为项目的一种特征或属性,复杂性通常被定义如下。

- 包含多个部分。
- 不同部分之间存在一系列连接。
- 不同部分之间有动态交互作用。
- 这些交互作用所产生的行为远远大于各部分简单的相加(如突发性行为)。

认真审查致使项目复杂性提高的各种因素,有助于项目经理在规划、管理和控制项目时可以识别关键领域,确保完成整合。

3.6 道德与专业行为规范

PMI认为:就行业而言,项目管理专业人员的工作将影响到整个社会成员的生活质量。因此,在工作中应遵循相应的职业道德,赢得和维持团队成员、同事、雇员、雇主、客户和公众的信任,这一点是至关重要的。

PMI制定的项目管理行业职业道德规范包括以下条款。

条款Ⅰ 项目管理专业人员应保持较高的个人和职业行为标准并且:

(1) 对自己的行为承担责任。

(2) 只有通过培训获得任职资格或具备经验或其有关资历获得雇主或客户认可的情况下,才能任职从事项目并承担责任。

(3) 保持最新专业技能并认识到持续的个人发展和继续教育的重要性。

(4) 以崇高的态度,扩展专业知识,提高专业威信。

(5) 遵守这个规范并鼓励同事、同行按照这个规范从事业务。

(6) 通过积极参与并鼓励同事、同行参与来维护本行业。

(7) 遵守工作所在国家的法律。

条款Ⅱ 在工作中,项目管理专业人员应:

(1) 发挥必要的项目领导才能去最大限度地提高生产率,同时努力最大限度地缩减成本。

(2) 应用当今先进的项目管理工具和技术,以保证达到项目计划设定的质量、费用和进度的控制目标。

(3) 不分种族、地区、性别、年龄和国籍,公平对待项目团队成员、同行和同事。

(4) 保护项目团队成员免受身心伤害。

(5) 为项目团队成员提供适当的工作条件和机会。

(6) 在工作中乐于接受他人的批评,善于提出诚恳的意见,并能正确地评价他人的贡献。

(7) 帮助团队成员、同行和同事提高专业知识。

条款Ⅲ 在与雇主和客户的关系中,项目管理专业人员应:

(1) 在专业和业务方面,做雇主和客户的诚实的代理人和受托人。

(2) 无论是在聘期间或离职之后,对雇主和客户没有被正式公开的业务和技术工艺信息应予以保密。

（3）应告知雇主、客户，自己已成为其成员的专业团体或公共机构可能导致利益冲突的各种情况。

习题

1. 识别相互作用的内外部相关方，选定项目经理应该在（　　）过程组实施。

    A. 启动   B. 规划   C. 实施   D. 监控

2. 项目管理的规划过程应该由（　　）负责。

    A. 项目经理   B. 团队成员   C. 职能经理   D. 发起人

3. 在项目启动中，项目经理希望做好沟通工作，请问他需要考虑（　　）过程的内容。

    A. 制定项目章程   B. 沟通规划

    C. 管理相关方期望   D. 识别相关方

4. 在项目过程中，项目经理正打电话通知相关方参加会议，请问这是在（　　）过程。

    A. 管理相关方期望   B. 信息发布

    C. 沟通规划   D. 绩效报告

5. 项目经理正在对照项目管理计划确认项目产品是否已经完成全部的工作。项目现在处在（　　）项目管理过程中。

    A. 规划过程组   B. 执行过程组

    C. 监控过程组   D. 收尾过程组

6. 在一次团队会议上，一个成员提出一些关于测量项目绩效的标准的问题，这些标准即将用来衡量分派给他的任务的绩效，但是该成员认为有些标准并不十分有效。这个项目处在（　　）项目管理过程。

    A. 收尾过程组   B. 监控过程组

    C. 执行过程组   D. 启动过程组

7. 在项目计划阶段让客户参与（　　）。

    A. 通常不予推荐，因为客户不了解足够的项目管理知识

    B. 由于他们更熟悉项目内情，这样能够带来更好的计划

    C. 仅能提供一些相互谅解，但是通常介入项目的客户仅有有限的权力

    D. 通常使情形混乱

8. 下列（　　）不是项目管理过程组的特点。

    A. 过程组通过它们的产出把目标联系起来

    B. 一个过程的输出通常成为其他过程的输入或者项目的一个可交付成果

    C. 所有的项目都需要所有的过程，而且所有的交互将应用于所有项目或项目阶段

    D. 当项目被分解为阶段时，项目过程组将重复与每个阶段和整个项目生命周期有效地推动项目的完成

9. 作为监控的部分，项目绩效必须根据计划有根据地进行监视和测量。下列都属于控制过程，除了（　　）。

    A. 核实范围   B. 风险监视与控制

C. 绩效报告　　　　　　　　　　　　D. 质量保证

10. 启动过程组包含的过程用来正式授权启动一个新项目或项目阶段,它通常由项目所在组织通过计划或项目组合管理过程组来提供项目边界的输入。在开始启动过程组之前(　　)。

　　A. 创建范围管理计划说明项目范围将如何被定义验证和控制

　　B. 完成项目管理计划

　　C. 定义出一些特定活动,用来产出不同的项目可交付成果

　　D. 上面的都不对

11. 你的公司是一家食品公司,目前正在实施一个项目,目的是完全消除产品中细菌的威胁。你是该项目的项目经理。你已经完成项目的概念阶段。概念阶段的成果是(　　)。

　　A. 项目管理计划　　　　　　　　　B. 工作说明

　　C. 项目章程　　　　　　　　　　　D. WBS

12. 项目管理过程确保项目自始至终顺利进行。产品导向过程说明并创造项目产品。因此,项目管理过程和产品导向过程(　　)。

　　A. 是重叠的并且在整个项目期间是交互影响的

　　B. 由项目的周期决定

　　C. 与对项目工作的描述和组织有关

　　D. 在每个应用领域都是类似的

13. 实施质量保证是一个(　　)。

　　A. 规划过程　　B. 执行过程　　C. 监控过程　　D. 收尾过程

14. 以下(　　)是在项目执行过程中从每个执行活动中收集到的原始观察结果和测量值?

　　A. 工作绩效信息　　　　　　　　　B. 工作绩效测量结果

　　C. 工作绩效数据　　　　　　　　　D. 工作绩效报告

15. 项目经理在项目进展一半时发现,尚未咨询在项目相关领域具有专业知识的某关键功能资源主管。应在(　　)确定该主管。

　　A. 规划过程组　　　　　　　　　　B. 启动过程组

　　C. 开展定性风险分析　　　　　　　D. 规划沟通

16. 下列(　　)不是项目管理过程组。

　　A. 可行性研究　　B. 实施　　　　C. 计划　　　　　D. 收尾

17. 执行过程组的主要目标是(　　)。

　　A. 跟踪并审查项目进度　　　　　　B. 管理利害关系者的期望

　　C. 满足项目规范　　　　　　　　　D. 监控进度表

18. 项目管理过程可以划分成5组。这5个过程组通过它们产生的结构衔接起来,一个过程组的成果变成了另一个过程组的依据。这5个管理过程组最恰当的排序是(　　)。

　　A. 启动—规划—监控—执行—收尾

　　B. 启动—执行—监控—规划—收尾

　　C. 启动—规划—执行—监控—收尾

D. 启动—监控—规划—执行—收尾

19. 开展实施后项目审查的目标是( )。

    A. 发出变更请求　　　　　　　　　　B. 分析项目是否达到其目标

    C. 审查项目风险　　　　　　　　　　D. 进行团队成员的绩效评估

20. 某项目在完工前一个月终止。项目经理调查了提前终止的原因。项目目前处于下列( )阶段。

    A. 启动　　　　　B. 收尾　　　　　C. 监控　　　　　D. 计划

实验与思考：奥立安系统的组织架构与项目计划

1. 实验目的

本节"实验与思考"的目的如下。

(1) 理解和熟悉与项目管理组织、结构与文化相关的知识概念。

(2) 通过对奥立安系统的案例研究,尝试探究性学习,理解项目管理的组织架构和项目计划。

2. 工具/准备工作

在开始本实验之前,请回顾教科书的相关内容。

需要准备一台能够访问因特网的计算机。

3. 实验内容与步骤

(1) A 部分:奥立安的项目管理。

当宣布奥立安刚刚获得建造新一代高速轻轨火车的政府合同时,办公室里欢声雷动。大家都围过来,与迈克·罗萨斯握手祝贺。大家知道,罗萨斯将成为这一代号为"美洲豹"的重大项目的项目经理。

庆祝高潮过后,罗萨斯凝视窗外,思考着他已涉入的这一新领域。美洲豹项目的影响力很大,它会影响到将来继续与政府签订合同的可能性。愈演愈烈的竞争提高了大家对绩效的预期,其中包括完成时间、质量、可靠性及成本。他认识到,有必要对奥立安组织与管理项目的方式进行重大调整,从而使其满足美洲豹项目的需要。

奥立安的项目管理

奥立安是一家大型航空公司的一个分部,它从一个项目组织逐渐演化为矩阵结构形式,目的是节约成本和更好地利用有限资源。在任何时候,奥立安都能同时从事 3～5 个大型项目,比如美洲豹项目,以及 30～50 个小型项目。各项目经理与主管运营的副总裁协商人力资源的分配,最终由副总裁决定项目的安排。在同一周内,一位工程师同时参与 2～3 个项目的工作这种情况并不罕见。图 3-2 表明了新产品开发项目是如何在奥立安组织起来的。项目的管理只限于新产品的设计与开发,一旦完成最后的设计与原型,它们将被送去生产,加工产品后推向市场。由 4 个人组成的管理团队监督项目的完成,他们的责任简述如下。

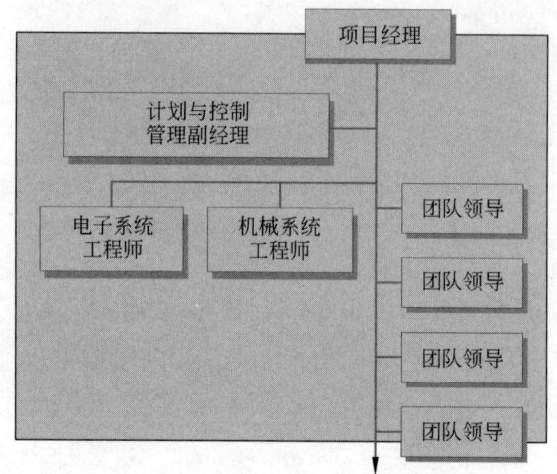

图 3-2　奥立安产品开发项目的组织

① 项目经理——总体负责产品设计与开发。

② 计划与控制管理副经理——负责建立一个全面的项目网络体系，制定时间表，管理预算，控制并评估设计和开发方案，以及准备状态报告。

③ 电子系统工程师——负责与电子系统有关事项。

④ 机械系统工程师——负责与机械系统有关事项。

核心工作由 12～20 个设计团队完成，每个团队有一位领导，负责设计、开发、创建及测试此产品的具体部分。团队的规模为 5～15 个工程师，这要取决于他们工作范围的大小，这些工程师将工作时间分配到多个项目上。

在奥立安，由设计工程师主持大局，而希望生产、营销及其他团体服从设计工程师的领导。设计工程师的特殊地位因为以下这一事实而得以加强：他们的实际收入比生产工程师高。

整个产品开发与生产过程在主计划表如图 3-3 所示中列出。新产品的设计与开发经由 5 次检查逐渐演化成型，这 5 次检查分别为系统设计检查（SDR）、初级设计检查（PDR）、关键设计检查（CDR）、测试准备就绪检查（TRR），以及生产准备就绪检查（PRR）。

设计与开发工作首先从实验室开始，然后再过渡到对具体部分甚至到最终产品原型的现场测试。设计与原型一旦完成，就送去生产，生产部门就开始建立新产品的生产线，生产部门还要开发必要的测试设备，保证生产出来的产品部件正常运行。与此同时，总务后勤支持（ILS）团队则准备好产品的记录、用户手册、维修方案，以及针对产品客户的培训计划。一般情况下，像美洲豹这样的项目，开发与生产一种新产品需要花费奥立安 6～7 年的时间。

奥立安刚刚完成了一次针对重大项目管理的评估，以下是对已确定的几个主要问题的简单描述。

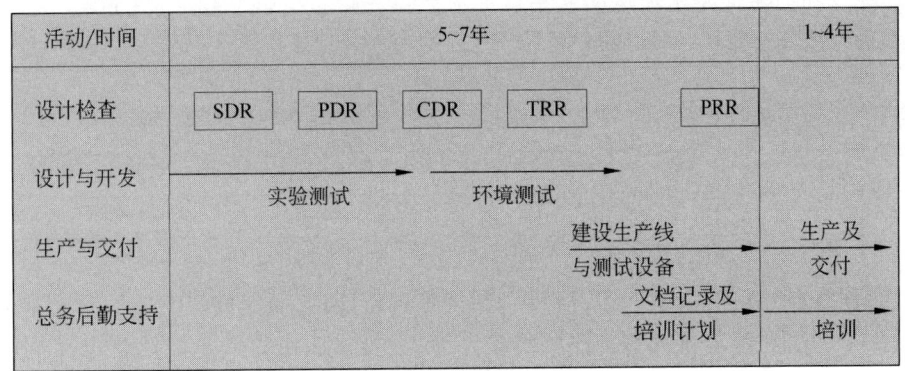

图 3-3 奥立安传统的主计划

① 生产成本高于预算。产品一旦设计出来,就会有这样一种趋势,即不顾一切地投入生产。由于缺少对生产能力的设计,产品的转化变得非常复杂,没有效率,给工厂的工人也造成很大压力。

② 质量问题。竞争的加剧提高了客户对产品质量的期望。客户希望产品的缺陷更少,而更新换代周期更长。奥立安的倾向是在事故发生后再处理质量问题,在生产过程确定以后再进行质量改进。在将质量与产品的最初设计结合起来这一方面,奥立安做得还不够。

③ 客户支持问题。用户手册和技术记录有时并不能解决所有客户关心的问题,而相应的培训也总准备得不够充分,这些问题都会导致客户服务成本的增加和客户满意度的下降。

④ 项目所有权不够强。因为人人都接受这一现实:矩阵安排是奥立安所有项目的唯一方式,人员在不同项目之间流动,他们对各项目的进展情况不甚了解,经常不能分辨出手头的工作属于哪个项目,因此也无法产生兴奋感,而这种兴奋感是优异成绩的必要源泉。人员在项目之间频繁转移拖延了工作的进程,因为必须花更多的时间使成员转换思维,以适应目前项目发展的速度。

⑤ 范围蔓延。奥立安因其工程技术而声名远扬,但是设计工程师们有一种倾向,即太注重项目的科学性,对其实践性的考虑太少。这导致代价不菲的拖延,甚至有时候因为与客户要求不一致而被迫修改产品设计。

在和团队成员坐在一起,探讨如何用最好的方式组织美洲豹项目时,罗萨斯对上述所有问题及其他事项已非常了解。

问题

① 你将为罗萨斯组织美洲豹项目提供什么建议,为什么?

② 你将如何改变组织架构图及主计划来反映这些变化？

_____

_____

_____

_____

（2）B部分：罗萨斯的计划。

罗萨斯及其成员努力工作了一星期，制订了一份计划，为完成奥立安的项目制定了一个新的标准。美洲豹项目的管理团队将扩展为7位经理，由他们负责监督产品从设计到交付给客户等一系列任务的完成。新添的3个职位的责任可以简述如图3-4所示。

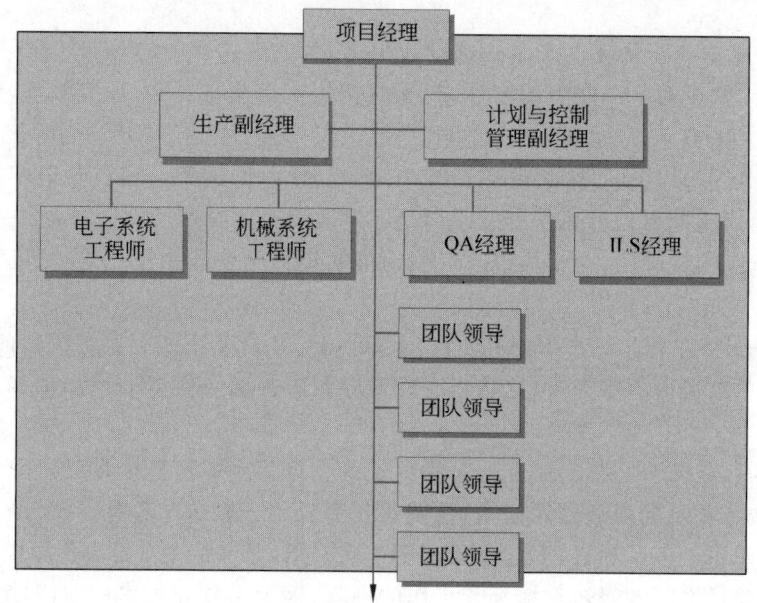

图3-4　为美洲豹项目提议的项目组织

① 生产经理——在设计阶段负责提出关于产品生产的事项，负责产品线的建设与管理。

② ILS（总务后勤支持）经理——负责产品交付后满足客户要求的所有活动，包括客户培训、记录和设备测试。

③ QA（质量保证）经理——负责质量方案的实施，保证产品的可靠性、可操作性和可维护性。

这7个经理（3个如上所述，另外4个在A部分已讨论过）将协调项目的完成，他们在各自领域的工作将对所有重大决策产生影响。罗萨斯作为项目经理，将致力于让大家取得一致意见，但在必要时，他有权干预并制定决策。

核心工作将由35个团队完成。每个团队都有一位"领导"，负责设计、开发、建造并测试项目的某一具体部分。他们还负责各部分的质量与生产效率，负责在预算范围内及时完成工作。

　　每个团队由 5～12 个队员组成,罗萨斯坚持认为每个团队至少一半为全职人员,这将有助于保证工作的连续性,有助于加强对项目的投入。

　　计划的第二个主要特征是制订项目的整个主计划,这涉及放弃传统的连续式产品开发方法,转而采用同步工程法如图 3-5 所示。

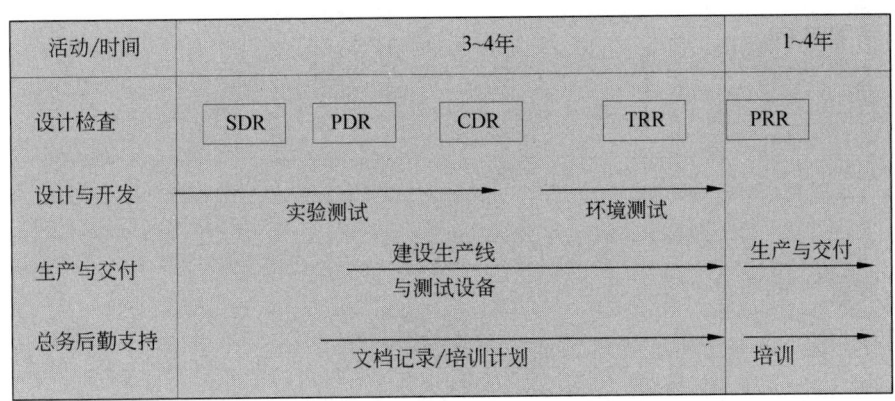

图 3-5　美洲豹主计划

　　一旦系统设计通过检查,不同的小组将在实验室里开始设计、开发、测试各个子系统和组成部件。不久之后,ILS 团队将着手搜集信息并准备产品的相关文档。PDR 一旦完成,生产团队将开始设计必要的生产线。CDR 不仅要负责重大技术问题的解决,还要负责产品生产的计划安排。CDR 一旦完成,项目团队就开始进行现场测试,这些测试要在各种各样的环境下进行,以满足政府的具体要求。而随后的设计改良要与生产及 ILS 团队密切配合,这样,理想的情况是,奥立安做好了充分准备,一旦完成 PDR,就着手投入生产。

　　罗萨斯相信,与核心开发工作同时进行生产和文档工作,会加速项目的完成,降低生产成本,并有利于提高客户的满意度。

　　问题

　　① 请分析:与奥立安过去管理项目的方式相比,这份计划有何重大变化?

_____

_____

_____

_____

　　② 你认为这些变化对处理 A 部分中所提到的问题的效果如何?

_____

_____

_____

_____

③ 哪些人可能支持此计划？哪些人可能不支持此计划？

_____

_____

_____

_____

4. 实验总结

_____

_____

_____

_____

5. 实验评价（教师）

_____

_____

第4章 项目整合管理

项目整合管理包括对隶属于项目管理过程组的各种活动(过程)和项目管理活动进行识别、定义、组合、统一和协调的各个过程,如图 4-1 所示。这些过程之间,并与其他知识领域中的过程相互作用。在项目管理中,整合兼具统一、合并、沟通和建立联系的性质,对受控项目从执行到完成、成功管理相关方期望和满足项目要求,都至关重要,这些行动应该贯穿项目始终。项目整合管理包括以下内容。

```
                              项目整合管理
```

4.2 制定项目章程
1 输入
· 商业文件
· 协议
· 事业环境因素
· 组织过程资产
2 工具与技术
· 专家判断
· 数据收集
· 人际关系与团队技能
· 会议
3 输出
· 项目章程
· 假设日志

4.3 制订项目管理计划
1 输入
· 项目章程
· 其他过程的输出
· 事业环境因素
· 组织过程资产
2 工具与技术
· 专家判断
· 数据收集
· 人际关系与团队技能
· 会议
3 输出
· 项目管理计划

4.4 指导与管理项目工作
1 输入
· 项目管理计划
· 项目文件
· 批准的变更请求
· 事业环境因素
· 组织过程资产
2 工具与技术
· 专家判断
· 项目管理信息系统
· 会议
3 输出
· 可交付成果
· 工作绩效数据
· 问题日志
· 变更请求
· 项目管理计划更新
· 项目文件更新
· 组织过程资产更新

4.5 管理项目知识
1 输入
· 项目管理计划
· 项目文件
· 可交付成果
· 事业环境因素
· 组织过程资产
2 工具与技术
· 专家判断
· 知识管理
· 信息管理
· 人际关系与团队技能
3 输出
· 经验教训登记 册
· 项目管理计划更新
· 组织过程资产更新

4.6 监控项目工作
1 输入
· 项目管理计划
· 项目文件
· 工作绩效信息
· 协议
· 事业环境因素
· 组织过程资产
2 工具与技术
· 专家判断
· 数据分析
· 决策
· 会议
3 输出
· 工作绩效报告
· 变更请求
· 项目管理计划更新
· 项目文件更新

4.7 实施整体变更控制
1 输入
· 项目管理计划
· 项目文件
· 工作绩效 信息
· 变更请求
· 事业环境因素
· 组织过程资产
2 工具与技术
· 专家判断
· 变更控制工具
· 数据分析
· 决策
· 会议
3 输出
· 批准的变更请求
· 项目管理计划更新
· 项目文件更新

14.0 结束项目或阶段
1 输入
· 项目章程
· 项目管理计划
· 项目文件
· 验收的可交付成果
· 商业文件
· 协议
· 采购文档
· 组织过程资产
2 工具与技术
· 专家判断
· 数据分析
· 会议
3 输出
· 项目文件更新
· 最终产品、服务或成果移交
· 最终报告
· 组织过程资产更新

图 4-1 项目整合管理概述

- 资源分配。
- 平衡竞争性需求。
- 研究各种备选方法。
- 为实现项目目标而裁剪过程。
- 管理各个项目管理知识领域之间的依赖关系。

(本知识领域的"结束项目或阶段"过程将在本书第 14 章介绍。)

4.1 项目整合管理概述

在实践中,项目管理各过程会以一定的方式相互交叠、相互作用,这时,项目整合管理就显得非常必要。项目整合管理还包括开展各种活动来管理项目文件,以确保项目文件和项目管理计划及可交付成果(产品、服务或能力)的一致性。

应用项目管理知识、技能和所需的过程,项目经理和项目团队需要考虑每个过程和项目环境,以决定在具体项目中各过程的实施程度。如果项目有不止一个阶段,那么各个项目阶段中所采用的严格程度应与该阶段相适应。通过考虑为完成项目而开展的其他类型的活动,可以更好地理解项目与项目管理的整合性质。

项目管理团队所开展的活动如下。

- 确定、审查、分析并理解范围:包括项目需求、产品需求、准则、假设条件、制约因素和可能影响项目的其他因素,以及决定如何管理和处理这些内容。
- 使用结构化方法,把收集到的项目信息转化为项目管理计划。
- 开展活动,以产生项目的可交付成果。
- 测量和监督项目进展,并采取适当措施来实现项目目标。

4.1.1 项目整合管理的核心概念

项目整合管理由项目经理负责。虽然其他知识领域可以由相关专家(如成本分析专家、进度规划专家、风险管理专家)管理,但是项目经理必须对整个项目承担最终责任,负责整合所有其他知识领域的成果,并掌握项目总体情况。

项目与项目管理本质上都具有整合性质,例如,为应急计划制订成本估算时,需要整合项目成本管理、项目进度管理和项目风险管理中的相关过程。在识别出与各种人员配备方案有关的额外风险时,可能需要再次进行上述某个或某几个过程。项目可交付成果可能也需要与执行组织、需求组织的持续运营活动相整合,并与考虑未来问题和机会的长期战略计划相整合。

项目管理过程组的各个过程之间多有联系。例如,在项目早期,规划过程组为执行过程组提供书面的项目管理计划;然后,随着项目的进展,还将根据变更情况,更新项目管理计划。

项目整合管理包括以下内容。

- 确保产品、服务或成果的交付日期,项目生命周期以及效益管理计划等方面保持一致。

- 编制项目管理计划以实现项目目标。
- 确保创造合适的知识并运用到项目中,并从项目中获取必要的知识。
- 管理项目管理计划中活动的绩效和变更。
- 做出针对影响项目的关键变更的综合决策。
- 测量和监督项目进展,并采取适当措施以实现项目目标。
- 收集关于已实现的成果的数据,分析数据以获取信息,并与相关方分享信息。
- 完成全部项目工作,正式关闭各个阶段、合同以及整个项目。
- 管理可能需要的阶段过渡。

项目越复杂,相关方的期望越多样化,就越需要全面的整合方法。

4.1.2 发展趋势和新兴实践

与整合管理过程相关的发展趋势包括以下几个方面。

(1) 使用自动化工具。项目经理需要整合大量的数据和信息,因此有必要使用项目管理信息系统(PMIS)和自动化工具来收集、分析和使用信息,以实现项目目标和项目效益。

(2) 使用可视化管理工具。以此来获取和监督关键的项目要素,便于直观地看到项目的实时状态,促进知识转移,提高团队成员和相关方识别和解决问题的能力。

(3) 项目知识管理。项目人员的流动性和不稳定性越来越高,要求采用更严格的过程,以积累知识并传达给目标受众,防止知识流失。

(4) 增加项目经理的职责。要求项目经理介入启动和结束项目,如开展项目商业论证和效益管理。项目经理需要频繁地与管理层和项目管理办公室合作处理这些事务,以便更好地实现项目目标以及交付项目效益。项目经理也需要更全面地识别相关方,并引导他们参与项目。

(5) 混合型方法。经实践检验的新做法会不断地融入项目管理方法,例如,采用敏捷或其他迭代做法,为开展需求管理而采用商业分析技术,采用相关工具分析项目复杂性,以及采用组织变革管理方法为在组织中应用项目成果。

4.1.3 裁剪时考虑的因素

项目经理可能需要裁剪项目整合管理过程。裁剪时应考虑的因素包括以下内容。

(1) 项目生命周期。合适的项目生命周期应包括哪些阶段?

(2) 开发生命周期。对特定产品、服务或成果而言,什么是合适的开发生命周期和开发方法?预测型、适应型还是混合型方法?如果是适应型,开发产品应采用增量还是迭代方式?

(3) 管理方法。考虑到组织文化和项目的复杂性,哪种管理过程最有效?

(4) 知识管理。在项目中如何管理知识以营造合作的工作氛围?

（5）变更。在项目中如何管理变更？

（6）治理。有哪些监控机构和其他相关方参与项目治理？对项目状态报告的要求是什么？

（7）经验教训。在项目期间收集哪些信息？历史信息和经验教训是否适用于未来的项目？

（8）效益。应该在项目结束时还是在每次迭代或阶段结束时以何方式报告效益？

4.1.4 敏捷或适应型环境的考虑因素

迭代和敏捷方法能够促进团队成员以相关领域专家的身份参与整合管理，团队成员自行决定计划及其组件的整合方式。

在适应型环境下，会把对具体产品的规划交付给团队来控制。项目经理的关注点在于营造一个合作的决策氛围，并确保团队有能力应对变更。团队成员若具备广泛的技能基础，则这种合作方法会更加有效。

4.2 制定项目章程

制定项目章程是编写一份正式批准项目并授权项目经理在项目活动中使用组织资源文件的过程，如图 4-2 所示。本过程的主要作用是，明确定义项目开始和项目边界，确立项目的正式地位，以及高级管理层明确表述他们对项目的支持。

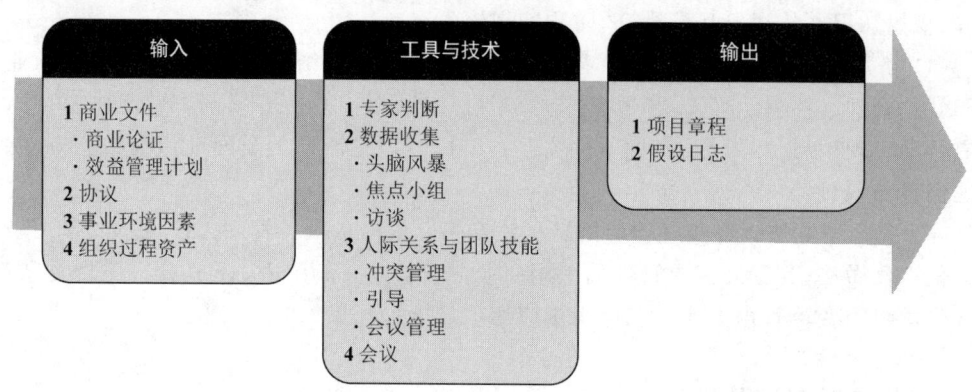

图 4-2　制定项目章程：输入、工具与技术和输出

项目章程在项目执行组织与需求组织之间建立伙伴关系。在执行外部项目时，通常需要用正式合同来达成合作协议。这种情况下，可能仍要用项目章程来建立组织内部的合作关系，以确保正确交付合同内容。项目章程一旦被批准，就标志着项目的正式启动。在项目中，应尽早确认并任命项目经理，最好在制定项目章程时就任命，至少应在规划开始之前任命。项目章程可由发起人编制，或者经项目经理与发起机构合作编制。通过这种合作，项目经理可以更好地了解项目目的、目标和预期效益，以便更有效地向项目活动分配资源。项目章程授权项目经理规划、执行和控制项目。

项目由项目以外的机构来启动,如发起人、项目集或 PMO、项目组合治理委员会主席或其授权代表。项目启动者或发起人应该具有一定的职权,能为项目获取资金并提供资源。项目可能因内部经营需要或外部影响而启动,故通常需要编制需求分析、可行性研究、商业论证或有待项目处理的情况描述。通过编制项目章程,来确认项目符合组织战略和日常运营的需要。项目章程不是合同,因为其中未承诺报酬、金钱或用于交换的代价。

4.2.1 过程输入

本过程的输入主要包括以下内容。

1. 商业文件

虽然商业文件是在项目之前制定的,但需要定期审核。可以在商业论证和效益管理计划中找到关于项目目标以及项目对业务目标的贡献的相关信息。

- 商业论证。经批准的类似文件是最常用于制定项目章程的商业文件。商业论证从商业视角描述必要的信息,并据此决定项目的期望结果是否值得投资,高管们通常使用该文件作为决策的依据。一般情况下,商业论证会包含商业需求和成本效益分析,以论证项目的合理性并确定项目边界。商业论证的编制可由以下一个或多个因素引发。
- 市场需求(例如,为应对汽油紧缺,某汽车公司批准一个低油耗车型的研发项目)。
- 组织需要(例如,因为管理费用太高,公司决定合并一些职能并优化流程以降低成本)。
- 客户要求(例如,为了给新工业园区供电,某电力公司批准一个新变电站建设项目)。
- 技术进步(例如,某航空公司批准一个新项目,来开发电子机票以取代纸质机票)。
- 法律要求(例如,某油漆制品厂批准一个项目,来编写有毒物质处理指南)。
- 生态影响(例如,某公司实施一个项目,来减轻对环境的影响)。
- 社会需要(例如,为应对霍乱频发,某发展中国家的非政府组织批准一个项目,为社区建设饮用水系统和公共厕所,并开展卫生教育)。

以上每个例子中都包含应该加以考虑的风险因素。在多阶段项目中,可通过对商业论证的定期审核,来确保项目能实现其商业利益。在项目生命周期的早期阶段,发起组织对商业论证的定期审核,有助于确认项目仍然与商业论证保持一致。项目经理负责确保项目能有效地满足在商业论证中规定的组织目的和广大相关方的需求。

2. 协议

协议定义了启动项目的初衷。协议有多种形式,包括合同、谅解备忘录、服务品质协议、意向书、口头协议、电子邮件或其他书面协议。通常,为外部客户做项目时就用合同。

此过程的输入还包括事业环境因素和组织过程资产(见本书第 2 章)。

4.2.2　过程工具与技术

本过程的工具与技术主要包括以下内容。

1. 专家判断

专家判断是指基于某应用领域、知识领域、学科和行业等的专业知识而做出的,关于当前活动的合理判断,这些专业知识可来自具有知识、技能、经验或培训经历的任何小组或个人。

本过程应该就以下主题考虑具备相关专业知识或接受过相关培训的个人或小组的意见:组织战略、效益管理、关于项目所在的行业以及项目关注的领域的技术知识、持续时间和成本估算、风险识别。

2. 数据收集

- 头脑风暴:用于在短时间内获得大量创意,适用于团队环境,需要主持人进行引导。头脑风暴由两个部分构成,即创意产生和创意分析。制定项目章程时可通过头脑风暴向相关方、主题专家和团队成员收集数据、解决方案或创意。
- 焦点小组:是召集预定的相关方和主题专家,了解他们对所讨论的产品、服务或成果的期望、态度和其他议题。由一位受过训练的主持人引导大家进行互动式讨论。焦点小组往往比"一对一"的访谈更热烈,更有利于互动交流。
- 访谈:是指通过与相关方直接交谈来了解高层级需求、假设条件、制约因素、审批标准以及其他信息。

3. 人际关系与团队技能

- 冲突管理:有助于相关方就目标、成功标准、高层级需求、项目描述、总体里程碑和其他内容达成一致意见。
- 引导:是指有效引导团队活动成功以达成决定、解决方案或结论的能力。引导者确保人员有效参与,互相理解,考虑所有意见,按既定决策流程全力支持得到的结论或结果,以及所达成的行动计划和协议在之后得到合理执行。
- 会议管理:包括准备议程、确保邀请每个关键相关方群体的代表,以及准备和发送后续的会议纪要和行动计划。

4. 会议

在本过程中,与关键相关方举行会议的目的是识别项目目标、成功标准、主要可交付成果、高层级需求、总体里程碑和其他概述信息。

4.2.3　过程输出

本过程的输出主要包括以下内容。

1. 项目章程

项目章程(见表 4-1)是由项目启动者或发起人发布的,正式批准项目成立并授权项目经理动用组织资源开展项目活动的文件,它记录业务需要、假设条件、制约因素、对客户需要和高层级需求的理解,以及需要交付的新产品、服务或成果。项目章程包括以下内容。

表 4-1　项目章程

项目名称:＿＿＿＿＿＿＿＿＿＿＿＿＿＿＿＿＿＿＿＿＿＿＿＿＿＿＿＿＿＿＿＿＿＿

项目发起人:＿＿＿＿＿＿＿＿＿＿＿＿＿＿＿＿　准备日期:＿＿＿＿＿＿＿＿＿＿

项目经理:＿＿＿＿＿＿＿＿＿＿＿＿＿＿＿＿　项目客户:＿＿＿＿＿＿＿＿＿＿

项目目的或批准项目的原因

项目开展的原因:从商业角度提供必要信息、组织的战略规划、外部因素、合同规定或者其他任何启动项目的原因

高层级项目描述

项目的总体描述,应该包含产品和项目可交付成果的高层级描述以及如何达到项目目标

高层级需求

要达成项目目标需要满足高层级的条件和性能,描述必须是产品的当前特性与功能,以满足相关方的需求和期望。这部分不需要像需求文件那样描述详细的需求

高层级风险

项目刚开始时的启动风险会有资金到位风险、新技术风险、缺少资源风险

项目目标	成功标准	批准人员
范围		
描述需要实现计划的项目收益的范围		
时间		
描述要及时完成项目的目标		
成本		
描述项目开销的目标		
其他		
额外目标,如质量目标、安全目标、相关方满意度目标		

总体里程碑	到期日
项目中的重大事件,如完成项目主要可交付成果、项目的开始或结束,或者产品得到验收	

总体里程碑	到期日

预算

项目预期的开销

相 关 方	角 色
在项目成功中有利益或者有影响力的人员列表	

项目经理职权层级（项目经理在人员配备、预算管理以及偏差、技术决策和冲突管理方面的职权）

人员配备决策

雇佣、解雇人员，制定团队规则，以及接收或不接收员工的职权

预算管理和偏差

指项目经理拥有调拨、管理、控制项目资金的权利，偏差是指为批准或重设基准而需要的偏差水平

技术决策

定义或限定项目经理对可交付成果或项目方法做出技术决定的权利

冲突解决
定义了项目经理在团队内、组织内以及在于外部相关方中解决冲突的程度

批准:

项目经理签字	发起人或委托人签字
日期	日期

- 项目目的。
- 可测量的项目目标和相关的成功标准。
- 高层级需求。
- 高层级项目描述、边界定义以及主要可交付成果。
- 整体项目风险。
- 总体里程碑进度计划。
- 预先批准的财物资源。
- 关键相关方清单。
- 项目审批要求(例如,评价项目成功的标准,对项目成功下结论和签署项目结束的人)。
- 项目退出标准(例如,在何种条件下关闭或取消项目或阶段)。
- 委派的项目经理及其职责和职权。
- 发起人或其他批准项目章程的人员的姓名和职权。

项目章程确保相关方在总体上就主要可交付成果、里程碑以及每个项目参与者的角色和职责达成共识。

2. 假设日志

通常,在项目启动之前编制商业论证时,识别高层级的战略和运营假设条件与制约因素。这些假设条件与制约因素应纳入项目章程。较低层级的活动和任务假设条件在项目期间随着诸如定义技术规范、估算、进度和风险等活动的开展而生成。假设日志用于记录整个项目生命周期中的所有假设条件和制约因素。

4.3 制订项目管理计划

作为所有项目工作的基础及其执行方式,制订项目管理计划是定义、编制、整合和协调所有子计划,并把它们整合为一份综合项目管理计划的过程,如图 4-3 所示。本过程的主要作用是生成一份综合文件。

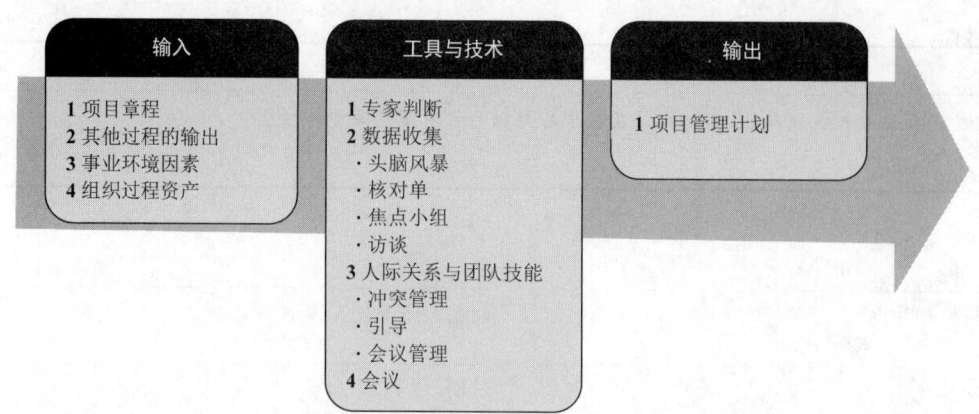

图 4-3　制订项目管理计划：输入、工具与技术和输出

项目管理计划确定项目的执行、监控和收尾方式，其内容会因项目的复杂程度和所在应用领域而异。本过程将产生一份项目管理计划，并通过不断更新来渐进明细。其更新需要由实施整体变更控制过程进行控制和批准。在项目集中的项目也应该制订项目集管理计划，而且这份计划需要与项目管理计划保持一致。

必须以特定项目需要为准来制订与其相符合的项目计划。由于需要用到各个方面的知识，为构建一个好的项目计划，项目经理必须懂得整合管理的艺术。与项目组成员及其他项目相关方一起制订项目计划，将有利于项目经理较好地理解项目的整体以及指导计划的实施工作。

4.3.1　过程输入

本过程的输入主要包括以下内容。

1. 项目章程

项目章程的内容取决于项目的复杂程度及所获取的信息数量，至少应该定义项目的高层级边界。在启动过程组中，项目经理把项目章程作为初始规划的始点。

2. 其他过程的输出

其他规划过程输出的任何基准和子管理计划都是本过程的输入。此外，对这些文件的变更都可能导致对项目管理计划的相应更新。

此过程的输入还包括事业环境因素和组织过程资产（见本书第 2 章）。

4.3.2　过程工具与技术

本过程的工具与技术主要包括以下内容。

1. 专家判断

应该就以下主题考虑具备相关专业知识的个人或小组的意见。

- 根据项目需要裁剪项目管理过程,包括这些过程间的依赖关系和相互影响,以及这些过程的主要输入和输出。
- 根据需要制订项目管理计划的附加组成部分。
- 确定这些过程所需的工具与技术。
- 编制应包括在项目管理计划中的技术与管理细节。
- 确定项目所需的资源与技能水平。
- 定义项目的配置管理级别。
- 确定哪些项目文件受制于正式的变更控制过程。
- 确定项目工作的优先级,确保把项目资源在合适的时间分配到合适的工作。

2. 数据收集

- 头脑风暴:经常以此形式来收集关于项目方法的创意和解决方案。
- 核对单:很多组织基于自身经验制定了标准化的核对单,或者采用所在行业的核对单。核对单可以指导项目经理制订计划或帮助检查项目管理计划是否包含所需全部信息。
- 焦点小组。
- 访谈:用于从相关方获取特定信息,以制订项目管理计划、任何子计划或项目文件。

3. 人际关系与团队技能

- 冲突管理:必要时可以通过冲突管理让具有差异性的相关方就项目管理计划的所有方面达成共识。
- 引导。
- 会议管理:有必要用来确保有效召开多次会议,以便制订、统一和商定项目管理计划。

4. 会议

可以通过会议讨论项目方法,确定为达成项目目标而采用的工作执行方式,以及制定项目监控方式。

项目开工会议通常意味着规划阶段结束和执行阶段开始,旨在传达项目目标、获得团队对项目的承诺,以及阐明每个相关方的角色和职责。开工会议可能在不同时间点举行,具体取决于项目的特征。

- 对于小型项目,通常由同一个团队开展项目规划和执行。这种情况下,项目在启动之后很快就会开工(即规划过程组)。
- 对于大型项目,通常由项目管理团队开展大部分规划工作。在初始规划工作完成、

开发(执行)阶段开始时,项目团队其他成员才参与进来。这种情况下,将随同执行
过程组的相关过程召开开工会议。

对于多阶段项目,通常在每个阶段开始时都要举行一次开工会议。

4.3.3 过程输出

项目管理计划(见表 4-2)是说明项目执行、监控和收尾方式的一份文件,它整合并综合了所有子管理计划和基准,以及管理项目所需的其他信息。需要哪些项目管理计划组件取决于具体项目的需求。

表 4-2 项目管理计划

项目名称:_____　　准备日期:_____

项目生命周期

阶 段	关键可交付成果
描述用于完成项目的生命周期。生命周期可以包括阶段以及各个阶段的可交付成果	

项目管理过程和裁剪决策

知 识 领 域	过 程	裁 剪 决 策
整合	指出对于项目管理过程所做的任一组合、省略或扩展决策。这个过程可以包括定义用于每个生命周期阶段的特定过程,以及该过程是粗略应用还是细致应用	
范围		
进度		
成本		
质量		
资源		
沟通		
采购		
相关方		

知 识 领 域	工 具 与 技 术	
整合	识别不同过程中使用的工具和技术。例如,使用成本估算软件还是特定的质量控制技术	

续表

知识领域	工具与技术
范围	
进度	
成本	
质量	
资源	
沟通	
采购	
相关方	

偏差和基准管理

范围偏差临界值	范围基准管理
进度偏差临界值	进度基准管理
成本偏差临界值	成本基准管理

项目审核

提示：
- **进度偏差临界值**：定义可接受的进度偏差，应发出警告的偏差和不可接受的偏差。进度偏差可以用相对基准偏差的百分比表示，包括使用过的浮动数量或者进度储备的使用情况
- **进度基准管理**：描述将如何管理进度基准，包括可接受的应对、警告和不可接受的偏差。定义触发预防和纠正措施的状况，以及何时制定变更控制过程
- **成本偏差临界值**：定义可接受的成本偏差，应发出警告的偏差和不可接受的偏差。成本偏差可以用相对基准偏差的百分比表示，如 0～5％、5％～10％、大于 10％等
- **成本基准管理**：描述将如何管理成本基准，包括可接受的应对、警告和不可接受的偏差。定义触发预防和纠正措施的状况，以及何时制定变更控制过程
- **范围偏差临界值**：定义可接受的范围偏差，应发出警告的偏差和不可接受的偏差。可以用最终产品的功能特性或期望的性能测量指标来表示范围偏差
- **范围基准管理**：描述将如何管理范围基准，包括对可接受的偏差、应发出警告的偏差和不可接受的偏差的响应。定义触发预防和纠正措施的状况，以及何时制定变更控制过程

（1）子管理计划包括以下多种计划。

① 范围管理计划：确定如何定义、制定、监督、控制和确认项目范围。

② 需求管理计划：确定如何分析、记录和管理需求。

③ 进度管理计划：为编制、监督和控制项目进度建立准则并确定活动。

④ 成本管理计划：确定如何规划、安排和控制成本。

⑤ 质量管理计划：确定在项目中如何实施组织的质量政策、方法和标准。

⑥ 资源管理计划：指导如何对项目资源进行分类、分配、管理和释放。

⑦ 沟通管理计划：确定项目信息将如何、何时、由谁来进行管理和传播。

⑧ 风险管理计划：确定如何安排与实施风险管理活动。

⑨ 采购管理计划：确定项目团队将如何从执行组织外部获取货物和服务。

⑩ 相关方参与计划：确定如何根据相关方的需求、利益和影响让他们参与项目决策和执行。

（2）基准包括以下 3 种类型。

① 范围基准：范围说明书、工作分解结构（WBS）和相应的 WBS 词典用作比较依据。

② 进度基准：经过批准的进度模型，用作与实际结果进行比较的依据。

③ 成本基准：经过批准的、按时间段分配的项目预算，用作与实际结果进行比较的依据。

（3）其他组件。在本过程生成的项目管理计划组件会因项目而异，包括以下几种类型。

① 变更管理计划：描述在整个项目期间如何正式审批和采纳变更请求。

② 配置管理计划：描述如何记录和更新项目的特定信息，以及该记录和更新哪些信息，以保持产品、服务或成果的一致性和有效性。

③ 绩效测量基准：经过整合的项目范围、进度和成本计划，用作项目执行的比较依据，以测量和管理项目绩效。

④ 项目生命周期：描述项目从开始到结束所经历的一系列阶段。

⑤ 开发方法：描述产品、服务或成果的开发方法，如预测、迭代、敏捷或混合型模式。

⑥ 管理审查：确定项目经理和有关相关方审查项目进展的时间点，以考核绩效是否符合预期，或者确定是否有必要采取预防或纠正措施。

项目管理计划是用于管理项目的主要文件之一。管理项目时还会使用其他项目文件。这些其他文件不属于项目管理计划，但它们也是实现高效管理所必需的文件。表 4-3 列出了主要的项目管理计划组件和项目文件。

表 4-3 项目管理计划与项目文件

项目管理计划	项 目 文 件	
1. 范围管理计划	1. 活动属性	19. 质量控制测量结果
2. 需求管理计划	2. 活动清单	20. 质量测量指标
3. 进度管理计划	3. 假设日志	21. 质量报告
4. 成本管理计划	4. 估算依据	22. 需求文件
5. 质量管理计划	5. 变更日志	23. 需求跟踪矩阵
6. 资源管理计划	6. 成本估算	24. 资源分解结构
7. 沟通管理计划	7. 成本预测	25. 资源日历
8. 风险管理计划	8. 持续时间估算	26. 资源需求

续表

项目管理计划	项目文件	
9. 采购管理计划	9. 问题日志	27. 风险登记册
10. 相关方管理计划	10. 经验教训登记册	28. 风险报告
11. 变更管理计划	11. 里程碑清单	29. 进度数据
12. 配置管理计划	12. 实物资源分配单	30. 进度预测
13. 范围基准	13. 项目日历	31. 相关方登记册
14. 进度基准	14. 项目沟通记录	32. 团队章程
15. 成本基准	15. 项目进度计划	33. 测试与评估文件
16. 绩效测量基准	16. 项目进度网络图	
17. 项目生命周期描述	17. 项目范围说明书	
18. 开发方法	18. 项目团队派工单	

4.4 指导与管理项目工作

指导与管理项目工作是为实现项目目标而领导和执行项目管理计划中所确定的工作,并实施已批准变更的过程,如图 4-4 所示。本过程的主要作用是,对项目工作和可交付成果开展综合管理,以提高项目成功的可能性。本过程需要在整个项目期间开展。

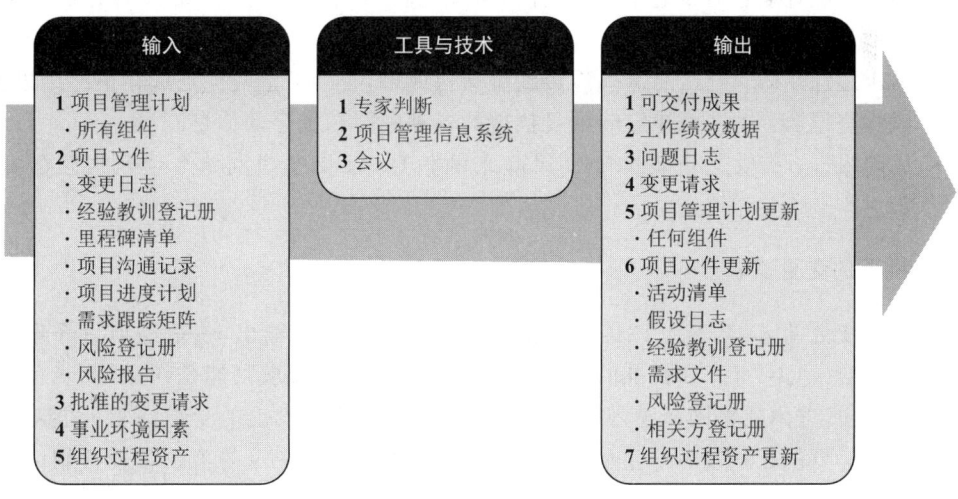

图 4-4 指导与管理项目工作:输入、工具与技术和输出

本过程需要分配可用资源并管理其有效使用,也需要执行因分析工作绩效数据和信息而提出的项目计划变更。此过程会受项目所在应用领域的直接影响,按项目管理计划中的规定,开展相关过程,完成项目工作,并产出可交付成果。

项目经理与项目管理团队一起指导实施已计划好的项目活动，并管理项目内的各种技术接口和组织接口，指导与管理项目工作还要求回顾所有项目变更的影响，并实施已批准的变更，包括纠正措施、预防措施或缺陷补救。

在项目执行过程中，收集工作绩效数据并传达给合适的控制过程做进一步分析。通过分析工作绩效数据，得到关于可交付成果的完成情况以及与项目绩效相关的其他细节，工作绩效数据也用作监控过程组的输入，并可作为反馈输入到经验教训库，以改善未来工作包的绩效。

4.4.1　过程输入

本过程的输入主要包括以下内容。

1. 项目管理计划

项目管理计划的各个组件都可用作本过程的输入。

2. 项目文件

- 变更日志：记录所有变更请求的状态。
- 经验教训登记册：经验教训用于改进项目绩效，以免重犯错误。登记册有助于确定针对哪些方面设定规则或指南，以使团队行动保持一致。
- 里程碑清单：列出特定里程碑的计划实现日期。
- 项目沟通记录：包含绩效报告、可交付成果的状态，以及项目生成的其他信息。
- 项目进度计划：至少包含工作活动清单、持续时间、资源，以及计划开始与完成日期。
- 需求跟踪矩阵：把产品需求连接到可交付成果，有助于把关注点放在最终结果上。
- 风险登记册：提供可能影响项目执行的各种威胁和机会的信息。
- 风险报告：提供关于整体项目风险来源信息，以及已识别单个项目风险的概括信息。

3. 批准的变更请求

批准的变更请求（见表 4-4）是实施整体变更控制过程的输出，包括经项目经理或变更控制委员会（CCB）审查和批准的变更请求。批准的变更请求可能是纠正措施、预防措施或缺陷补救，并由项目团队纳入项目进度计划付诸实施。批准的变更请求可能对项目或项目管理计划的任一领域产生影响，还可能导致修改正式受控的项目管理计划组件或项目文件。

4. 事业环境因素

事业环境因素包括组织的结构、文化、管理实践和可持续性；基础设施（如现有的设施和固定资产）；相关方的风险临界值（如允许的成本超支百分比）。

表 4-4　变更请求

项目名称：＿＿＿＿＿＿＿＿＿＿＿＿＿＿＿＿＿＿＿＿　　　准备日期：＿＿＿＿＿＿＿＿＿＿

个人请求的变更：＿＿＿＿＿＿＿＿＿＿＿＿＿＿＿＿　　变更编号：＿＿＿＿＿＿＿＿＿＿

变更分类：□ 范围　　□ 质量　　□ 需求　　□ 成本　　□ 进度　　□ 文件

所建议变更的详细描述

足够详细地描述变更的建议，明确地沟通变更的各个方面

所建议变更的理由

表明变更的原因

所建议变更的影响

范围	□ 增加	□ 减少	□ 修改

描述：所建议变更对项目或产品范围的影响

质量	□ 增加	□ 减少	□ 修改

描述：所建议变更对项目或产品质量的影响

需求	□ 增加	□ 减少	□ 修改

描述：描述所建议变更对项目或产品需求的影响

成本	□ 增加	□ 减少	□ 修改

描述：所建议变更对项目预算、成本估算或资金范围的影响

进度	□ 增加	□ 减少	□ 修改

描述：所建议变更对进度的影响，以及它是否会导致关键路径的延迟

相关方影响	□ 高度风险	□ 中度风险	□ 低度风险

描述：项目文件：所建议变更对每个项目文件的影响

说明
提供任何能阐明有关请求的变更信息

处理：	□ 批准	□ 搁置	□ 拒绝
理由			
变更控制委员会提供变更请求处理的理由			

变更控制委员会的签署

姓　名	角　色	签　名

日期：_____

5. 组织过程资产

- 组织的标准政策、流程和程序。
- 问题与缺陷管理程序，用于定义问题与缺陷控制、问题与缺陷识别及其解决，以及行动事项跟踪。
- 问题与缺陷管理数据库，包括历史问题与缺陷状态、问题和缺陷解决情况，以及行动事项的结果。

- 绩效测量数据库,用来收集与提供过程和产品的测量数据。
- 变更控制和风险控制程序。
- 以往项目的项目信息(如范围、成本、进度与绩效测量基准,项目日历,项目进度网络图,风险登记册,风险报告以及经验教训知识库)。

4.4.2　过程工具与技术

本过程的工具与技术主要包括以下内容。

1. 专家判断

应该就以下主题,考虑具备相关专业知识或接受过相关培训的个人或小组的意见:关于项目所在的行业以及项目关注的领域的技术知识,成本和预算管理,法规与采购,法律法规以及组织治理。

2. 项目管理信息系统(PMIS)

PMIS 提供信息技术(IT)软件工具,例如,进度计划软件工具、工作授权系统、配置管理系统、信息收集与发布系统,以及进入其他在线自动化系统(如公司知识库)的界面。自动收集和报告关键绩效指标(KPI)可以是本系统的一项功能。

3. 会议

在指导与管理项目工作时,可以通过会议来讨论和解决项目的相关事项。参会者可包括项目经理、项目团队成员,以及与所讨论事项相关或会受该事项影响的相关方。应该明确每个参会者的角色,确保有效参会。会议类型包括开工会议、技术会议、敏捷或迭代规划会议、每日站会、指导小组会议、问题解决会议、进展跟进会议以及回顾会议。

4.4.3　过程输出

本过程的输出主要包括以下内容。

1. 可交付成果

可交付成果是在某一过程、阶段或项目完成时,必须产出的任何独特并可核实的产品、成果或服务能力。它通常是项目结果,可包括项目管理计划的组成部分。

一旦完成可交付成果的第一个版本,就应该执行变更控制,用配置管理工具和程序来支持对可交付成果(如文件、软件和构件)的多个版本的控制。

2. 工作绩效数据

工作绩效数据是在执行项目工作的过程中,从每个正在执行的活动中收集到的原始观察结果和测量值。数据通常是最低层次的细节,将交由其他过程从中提炼出信息。在工作执行过程中收集数据,再交由控制过程做进一步分析。

例如,工作绩效数据包括已完成的工作、关键绩效指标、技术绩效测量结果、进度活动的实际开始日期和完成日期、已完成的故事点、可交付成果状态、进度进展情况、变更请求的数量、缺陷的数量、实际发生的成本、实际持续时间等。

3. 问题日志

在整个项目生命周期中,项目经理通常会遇到问题、差距、不一致或意外冲突。项目经理需要采取某些行动加以处理,以免影响项目绩效。问题日志是一种记录和跟进所有问题的项目文件,所需记录和跟进的内容可能包括问题类型,问题提出者和提出时间,问题描述,问题优先级,由谁负责解决问题,目标解决日期,问题状态,以及最终解决情况。

问题日志可以帮助项目经理有效跟进和管理问题,确保它们得到调查和解决。作为本过程的输出,问题日志被首次创建。在整个项目生命周期应该随同监控活动更新问题日志。

4. 变更请求

变更请求是关于修改任何文件、可交付成果或基准的正式提议。如果在开展项目工作时发现问题,就可提出变更请求,对项目政策或程序、项目或产品范围、项目成本或预算、项目进度计划、项目或成果质量进行修改。其他变更请求包括必要的预防措施或纠正措施,用来防止以后的不利后果。任何项目相关方都可以提出变更请求,应该通过实施整体变更控制过程对变更请求进行审查和处理。变更请求源自项目内部或外部,是可选或由法律(如合同)强制的。变更请求可能包括以下内容。

(1)纠正措施:为使项目工作绩效重新与项目管理计划一致,而进行的有目的的活动。

(2)预防措施:为确保项目工作的未来绩效符合项目管理计划,而进行的有目的的活动。

(3)缺陷补救:为了修正不一致产品或产品组件,而进行的有目的的活动。

(4)更新:对正式受控的项目文件或计划等进行变更,以反映修改或增加的意见或内容。

5. 项目管理计划更新

项目管理计划更新的任何变更都以变更请求的形式提出,且通过组织的变更控制过程进行处理。项目管理计划的任一组成部分都可在本过程中通过变更请求加以更新。

6. 项目文件更新

- 活动清单:为完成项目工作,可以通过增加或修改活动来更新活动清单。
- 假设日志:增加新的假设条件和制约因素,更新或关闭已有的假设条件和制约因素。
- 经验教训登记册:任何有助于提高当前或未来项目绩效的经验教训都应得到及时记录。

- 需求文件：识别新的需求，适时更新需求的实现情况。
- 风险登记册：用于在风险管理过程中记录风险，识别新的风险，更新现有风险。
- 相关方登记册：如果收集到现有或新相关方的更多信息，则记录到相关方登记册中。

7. 组织过程资产更新

可在本过程更新任何组织过程资产。

4.5 管理项目知识

管理项目知识是使用现有知识并生成新知识，以实现项目目标，并且帮助组织学习的过程，如图 4-5 所示。本过程的主要作用是，利用已有的组织知识来创造或改进项目成果，并使当前项目创造的知识可用于支持组织运营和未来的项目或阶段。本过程需要在整个项目期间开展。

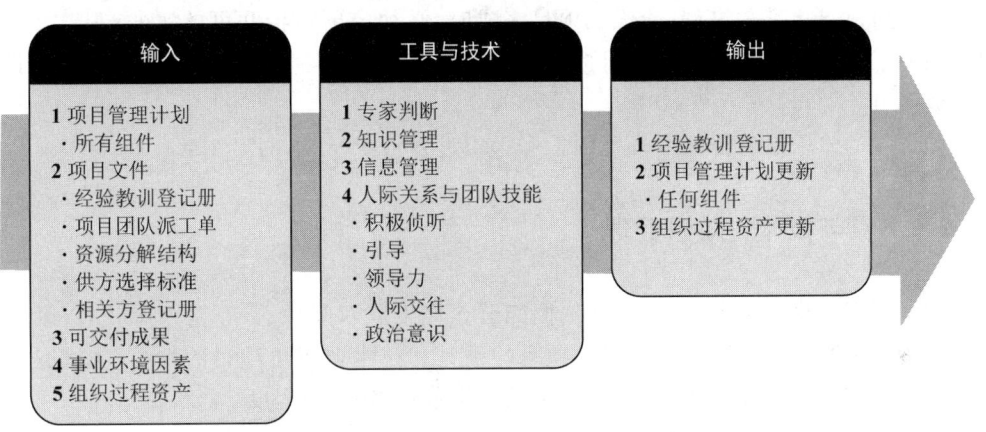

图 4-5　管理项目知识：输入、工具与技术和输出

知识通常分为"显性知识"（即易使用文字、图片和数字进行编撰的知识）和"隐性知识"（即个体知识以及难以明确表达的知识，如信念、洞察力、经验和"诀窍"）两种。知识管理指管理显性和隐性知识，旨在重复使用现有知识并生成新知识，有助于达成这两个目的的关键活动是知识分享和知识集成（不同领域的知识、情境知识和项目管理知识）。

从组织的角度来看，知识管理指的是确保项目团队和其他相关方的技能、经验和专业知识在项目开始之前、开展期间和结束之后得到运用。知识管理最重要的环节就是营造一种相互信任的氛围，激励人们分享知识或关注他人的知识。在实践中，联合使用知识管理工具和技术（用于人际互动）以及信息管理工具和技术（用于编撰显性知识）来分享知识。

4.5.1　过程输入

本过程的输入主要包括以下内容。

1. 项目管理计划

项目管理计划的所有组成部分均为本过程的输入。

2. 项目文件

可作为本过程输入的项目文件。

- 经验教训登记册：提供有效的知识管理实践。
- 项目团队派工单：说明项目已具有的能力和经验以及可能缺乏的知识。
- 资源分解结构：包含有关团队组成的信息，有助于了解团队拥有和缺乏的知识。
- 相关方登记册：包含已识别的相关方的详细情况，有助于了解他们可能拥有的知识。

3. 可交付成果

可交付成果指某一过程、阶段或项目完成时，必须产出独特并可核实的产品、成果或服务能力。它通常是为实现项目目标而完成的有形的组成部分，并可包括项目管理计划的组成部分。

此过程的输入还包括事业环境因素和组织过程资产（见本书第 2 章）。

4.5.2 工具与技术：知识管理

知识管理是将员工联系起来，使他们能够合作生成新知识、分享隐性知识，以及集成不同团队成员所拥有的知识。适用于项目的工具和技术取决于项目的性质，尤其是创新程度、项目复杂性，以及团队的多元化（包括学科背景多元化）程度。

- 人际交往，包括非正式的社交和在线社交。可以进行开放式提问的在线论坛有助于与专家进行知识分享对话。
- 实践社区（有时称为"社区"）和特别兴趣小组。
- 会议，包括使用通信技术进行互动的虚拟会议。
- 工作跟随和跟随指导。
- 讨论论坛，如焦点小组。
- 知识分享活动，如专题讲座和会议。
- 研讨会，包括问题解决会议和经验教训总结会议。
- 讲故事。
- 创造力和创意管理技术。
- 知识展会和茶座。
- 交互式培训。

可以通过面对面或虚拟方式来应用所有这些工具和技术。通常，面对面互动最有利于建立知识管理所需的信任关系。一旦信任关系建立，可以用虚拟互动来维护这种信任关系。

4.5.3 工具与技术：信息管理

信息管理用于创造信息并建立人们与信息之间的联系。它们可用于有效分享简单、明确并经编撰的显性知识，包括以下内容。

- 编撰显性知识的方法，例如，如何确定经验教训登记册的条目。
- 经验教训登记册。
- 信息收集，例如，搜索网络和阅读已发表的文章。
- 项目管理信息系统(PMIS)，通常包括文档管理系统。

通过增加互动要素，使用户能够与经验教训发帖者联系，并向其寻求与特定项目和情境有关的建议，以此强化信息管理工具和技术的使用。互动和支持也有助于人们找到相关信息。相比搜索关键词，直接询问通常是一种更轻松快捷的方式。

知识和信息管理工具与技术应与项目过程和过程责任人相对应。例如，实践社区和主题专家(SME)可以提供见解，帮助改善控制过程；而设置内部发起人可以确保改善措施得到执行。

可以分析经验教训登记册的条目来识别通过项目程序变更能够解决的常见问题。

4.5.4 其他工具与技术

1. 专家判断

应该就以下主题考虑具备相关专业知识或接受过相关培训的个人或小组的意见：知识管理，信息管理，组织学习，知识和信息管理工具，以及来自其他项目的相关信息。

2. 人际关系与团队技能

- 积极倾听：有助于减少误解并促进沟通和知识分享。
- 引导。
- 领导力：可帮助沟通愿景并鼓舞项目团队关注合适的知识和知识目标。
- 人际交往：促使项目相关方之间建立非正式的联系和关系，为显性和隐性知识的分享创造条件。
- 政治意识：有助于项目经理根据项目环境和组织的政治环境规划沟通。

4.5.5 过程输出

本过程的输出主要包括以下内容。

1. 经验教训登记册

经验教训登记册可以包含情况的类别和描述，还可包括与情况相关的影响、建议和行动方案。经验教训登记册可以记录遇到的挑战、问题、意识到的风险和机会,或其他适用的内容。

经验教训登记册在项目早期创建,作为本过程的输出。因此,在整个项目期间,它可以作为很多过程的输入,也可以作为输出而不断更新。参与工作的个人和团队也参与记录经验教训。可以通过视频、图片、音频或其他合适的方式记录知识,确保有效吸取经验教训。

在项目或阶段结束时,把相关信息归入经验教训知识库,成为组织过程资产的一部分。

2. 项目管理计划更新

项目管理计划更新的任何变更都以变更请求的形式提出,且通过组织的变更控制过程进行处理。项目管理计划的任一组成部分都可在本过程中更新。

3. 组织过程资产更新

可在本过程更新任一组织过程资产。所有项目都会生成新知识。通过本过程,某些新知识被编撰,被嵌入可交付成果,或者被用于改进过程和程序。在本过程中,也可以首次编撰或使用现有知识,例如,关于新程序的现有想法在本项目中试用并获得成功。

4.6 监控项目工作

监控项目工作是跟踪、审查和调整项目进展,以实现项目管理计划中确定的绩效目标的过程,如图 4-6 所示。本过程的主要作用是,让相关方了解项目的当前状态、已采取的步骤,以及对预算、进度和范围的预测。

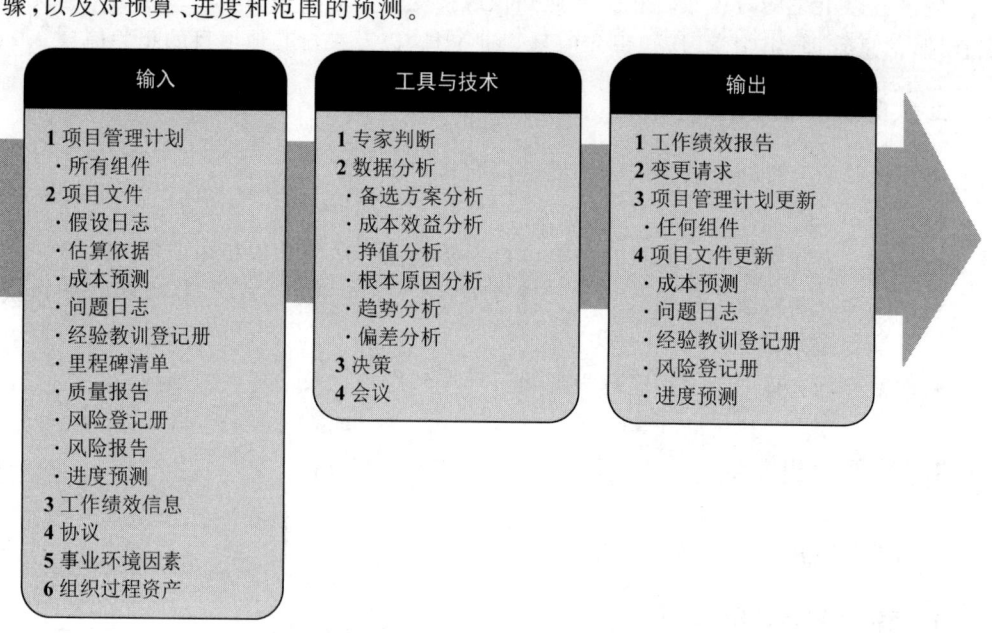

图 4-6 监控项目工作:输入、工具与技术和输出

监督是贯穿于整个项目周期的项目管理活动之一,包括收集、测量和发布绩效信息,分析测量结果和预测趋势,以便推动过程改进。持续的监督使项目管理团队能洞察项目的健康状况,并识别需特别关注的任何方面。控制包括制定纠正或预防措施或进行重新规划,并跟踪行动计划的实施过程,以确保它们能有效解决问题。监控项目工作过程主要关注以下内容。

- 把项目的实际绩效与项目管理计划进行比较。
- 评估项目绩效,决定是否需要采取纠正或预防措施,并推荐必要的措施。
- 识别新风险,分析、跟踪和监测已有风险,确保全面识别风险、报告风险状态并执行适当的风险应对计划。
- 在项目期间维护一个准确并及时更新的信息库,以反映项目产品及相关文件情况。
- 为状态报告、进展测量和预测提供信息。
- 做出预测,来更新当前的成本与进度信息。
- 监督已批准的变更的实施情况。
- 如果项目是项目集的一部分,还应向项目集管理层报告项目进展和状态。

4.6.1 过程输入

本过程的输入主要包括以下内容。

1. 项目管理计划

监控项目工作包括查看项目的各个方面,其各子计划都可作为本过程的输入,是控制项目的依据。

2. 项目文件

- 假设日志:包含会影响项目的假设条件和制约因素的信息。
- 估算依据:说明不同估算是如何得出的,用于决定如何应对偏差。
- 成本预测:基于以往绩效,用于确定项目是否仍处于预算的公差区间内,并识别任何必要的变更。
- 问题日志:用于记录和监督由谁负责在目标日期内解决特定问题。
- 经验教训登记册:可能包含应对偏差的有效方式以及纠正措施和预防措施。
- 里程碑清单:列出特定里程碑的实现日期,用于检查是否达到计划的里程碑。
- 质量报告:包含质量管理问题,针对过程、项目和产品的改善建议,纠正措施建议(包括返工、缺陷或漏洞补救、100%检查等),以及在控制质量过程中发现的情况的概述。
- 风险登记册:提供在项目执行过程中发生的各种威胁和机会的相关信息。
- 风险报告:提供关于整体项目风险和单个风险的信息。
- 进度预测:基于以往绩效,用于确定项目是否仍处于进度的公差区间内,并识别任何必要的变更。

3. 工作绩效信息

在执行过程中收集工作绩效数据,再交由控制过程做进一步分析。将工作绩效数据与项目管理计划组件、项目文件和其他项目变量比较之后生成工作绩效信息。通过这种比较可以了解项目的执行情况。

在项目开始时,就在项目管理计划中规定关于范围、进度、预算和质量的具体工作绩效测量指标。项目期间通过控制过程收集绩效数据,与计划和其他变量比较,为工作绩效提供背景。例如,关于成本的工作绩效数据可能包含已支出的资金,但必须与预算、已执行的工作、用于完成工作的资源以及资金使用计划比较之后才能有用。这些附加信息为确定项目是否符合预算或是否存在偏差提供了相应的情境,并有助于了解偏差的严重程度。通过与项目管理计划中的偏差临界值进行比较,就可以确定是否需要采取预防或纠正措施。对工作绩效数据和附加信息进行综合分析,可以为项目决策提供可靠的基础。

4. 协议

采购协议中包括条款和条件,也可包括其他条目,例如,买方就卖方应实施的工作或应交付的产品所做的规定。如果项目将部分工作外包出去,项目经理需要监督承包商的工作,确保所有协议都符合项目的特定要求,以及组织的采购政策。

此过程的输入还包括事业环境因素和组织过程资产(见本书第2章)。

4.6.2 过程工具与技术

本过程的工具与技术主要包括以下内容。

1. 专家判断

应该就以下主题,考虑具备相关专业知识或接受过相关培训的个人或小组的意见:挣值分析,数据的解释和情境化,持续时间和成本的估算技术,趋势分析,关于项目所在的行业以及项目关注的领域的技术知识,风险管理,以及合同管理。

2. 数据分析

- 备选方案分析:在出现偏差时选择要执行的纠正措施或纠正措施和预防措施的组合。
- 成本效益分析:有助于在项目出现偏差时确定最节约成本的纠正措施。
- 挣值分析:对范围、进度和成本绩效进行综合分析。
- 根本原因分析:关注识别问题的主要原因,它可用于识别出现偏差的原因以及项目经理为达成项目目标应重点关注的领域。
- 趋势分析:根据以往结果预测未来绩效,它可以预测项目的进度延误,提前让项目经理意识到,按照既定趋势发展后期进度可能出现的问题。应该尽早进行趋势分析,使项目团队有时间分析和纠正任何异常。可以根据趋势分析的结果,提出必要的预防措施建议。

- 偏差分析：审查目标绩效与实际绩效之间的差异（或偏差），可涉及持续时间估算、成本估算、资源使用、资源费率、技术绩效和其他测量指标。

可以在每个知识领域，针对特定变量，开展偏差分析。在监控项目工作过程中，通过偏差分析对成本、时间、技术和资源偏差进行综合分析，以了解项目的总体偏差情况，这样便于采取合适的预防或纠正措施。

3. 决策

决策包括投票。这是一种为达成某种期望结果，而对多个未来行动方案进行评估的集体决策技术和过程。本技术用于生成、归类和排序产品需求。投票技术示例如下。

① 一致同意：每个人都同意某个行动方案。

② 大多数同意：获得群体中超过 50％人员的支持，就能做出决策。把参与决策的小组人数定为奇数，可防止因平局而无法达成决策。

③ 相对多数同意：根据群体中相对多数人的意见做出决策，即便未能获得大多数人的支持。通常在候选项超过两个时使用。

4. 会议

会议可以是面对面或虚拟，正式或非正式。参会者可以包括项目团队成员和其他适合的项目相关方；会议的类型包括用户小组会议和用户审查会议。

4.6.3　过程输出

本过程的输出主要包括以下内容。

1. 工作绩效报告

工作绩效报告可以用实体或电子形式加以合并、记录和分发。基于工作绩效信息，以实体电子形式编制工作绩效报告，以制定决策、采取行动或引起关注。根据项目沟通管理计划，通过沟通过程向项目相关方发送工作绩效报告。

工作绩效报告的示例包括状态报告和进展报告。可以包含挣值图表和信息趋势线和预测、储备燃尽图、缺陷直方图、合同绩效信息和风险情况概述。可以表现为有助于引起关注、制定决策和采取行动的仪表指示图、热点报告、信号灯图或其他形式。

2. 变更请求

通过比较实际情况与计划要求，可能需要提出变更请求，来扩大、调整或缩小项目范围与产品范围，或者提高、调整或降低质量要求和进度或成本基准。变更请求可能导致需要收集和记录新的需求。变更可能会影响项目管理计划、项目文件或产品可交付成果。应该通过实施整体变更控制过程对变更请求进行审查和处理。变更可能包括以下 3 个方面。

（1）纠正措施：为使项目工作绩效重新与项目管理计划一致，而进行的有目的的活动。

（2）预防措施：为确保项目工作的未来绩效符合项目管理计划，而进行的有目的的活动。

（3）缺陷补救：为了修正不一致产品或产品组件，而进行的有目的的活动。

3. 项目管理计划更新

项目管理计划更新的任何变更都以变更请求的形式提出，且通过组织的变更控制过程进行处理。在监控项目工作过程中提出的变更可能会影响整体项目管理计划。

4. 项目文件更新

- 成本预测：本过程引起的成本预测的变更应通过成本管理过程进行记录。
- 问题日志：产生的新问题应该记录到问题日志中。
- 经验教训登记册：更新以记录应对偏差的有效方式以及纠正措施和预防措施。
- 风险登记册：识别的新风险应记录在风险登记册中，并通过风险管理过程进行管理。
- 进度预测：本过程引起的进度预测的变更应通过进度管理过程进行记录。

4.7　实施整体变更控制

项目管理是一个就项目目标及各相关方期望进行不断沟通和协商的过程，即变更贯穿整个项目生命周期始终，并且变更常常会给某些项目带来好处。所有项目都存在一定的变更，如何对它们进行管理是项目管理的一个关键问题。项目经理应当适应这类变更，并在他们的项目计划和执行中融入一定的灵活性。

实施整体变更控制是审查所有变更请求，批准变更，管理对可交付成果、组织过程资产、项目文件和项目管理计划的变更，并对变更处理结果进行沟通的过程，如图 4-7 所示。该过程审查所有针对项目文件、可交付成果、基准或项目管理计划的变更请求，并批准或否决这些变更。本过程的主要作用是，从整合的角度考虑记录在案的项目变更，从而降低因未考虑变更对整个项目目标或计划的影响而产生的项目风险。

实施整体变更控制过程贯穿项目始终，项目经理对此负最终责任。需要通过谨慎、持续地管理变更，来维护项目管理计划、项目范围说明书和其他可交付成果。应该通过否决或批准变更，来确保只有经批准的变更才能纳入修改后的基准中。

项目的任何相关方可以提出变更请求，但所有变更请求都必须以书面形式记录，并纳入变更管理和配置管理系统中。变更请求应该由变更控制系统和配置控制系统中规定的过程进行处理。应该评估变更对时间和成本的影响，并向这些过程提供评估结果。

每项记录在案的变更请求都必须由一位责任人批准或否决，这个责任人通常是项目发起人或项目经理。应该在项目管理计划或组织流程中指定这位责任人。必要时，应该

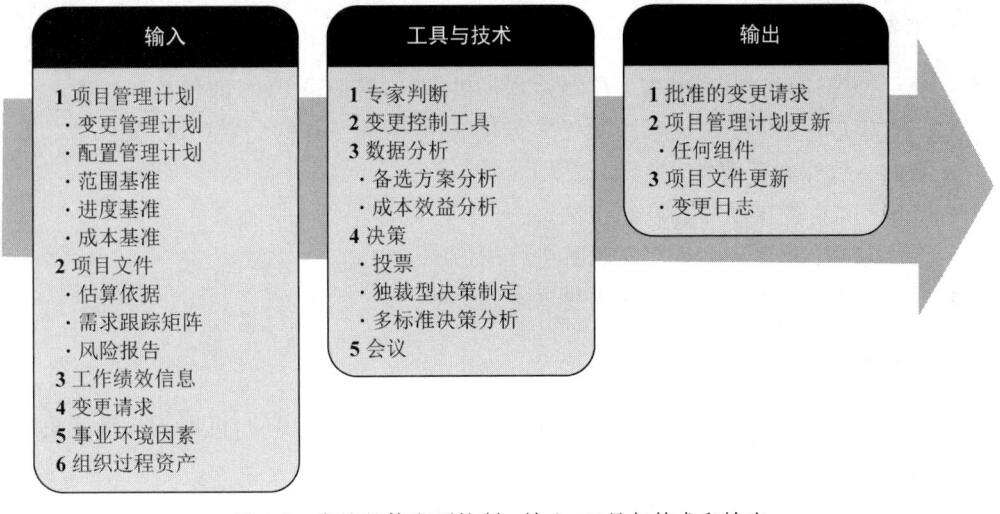

图 4-7　实施整体变更控制：输入、工具与技术和输出

由变更控制委员会(CCB)来开展实施整体变更控制过程。CCB 是一个正式组成的团体，负责审查、评价、批准、推迟或否决项目变更，以及记录和传达变更处理决定。变更请求得到批准后，可能需要编制新的(或修订的)成本估算、活动排序、进度日期、资源需求和风险应对方案分析。这些变更可能要求调整项目管理计划和其他项目文件。变更控制的实施程度，取决于项目所在应用领域、项目复杂程度、合同要求，以及项目所处的背景与环境。某些特定的变更请求，在 CCB 批准之后，还可能需要得到客户或发起人的批准。

配置控制重点关注可交付成果及各个过程的技术规范，而变更控制则着眼于识别、记录、批准或否决对项目文件、可交付成果或基准的变更。

整体变更控制的 3 个主要目标如下。

(1) 确保变更对项目来说是有利的：为此，项目经理及其项目组必须在范围、时间、成本和质量等几个关键的项目尺度之间权衡。

(2) 确定变更的发生：为此，项目经理必须知道项目的几个关键方面在各个阶段的状态。另外，项目经理还必须及时将一些重大的变更与高级管理层和主要项目相关方沟通。

(3) 在实际的变更发生或正在发生的时候对变更加以管理：管理变更是项目经理和项目人员的一个重要工作。项目经理采取一定的规章来管理项目，使可能发生变故的次数减到最小。

整体变更控制的几个重要输入包括项目计划、执行绩效报告和变更请求，几个重要的输出包括更新的项目计划、纠正行动和教训记录文档。

4.7.1　过程输入

本过程的输入主要包括以下内容。

1. 项目管理计划

- 变更管理计划：为管理变更控制过程提供指导，并记录 CCB 的角色和职责。
- 配置管理计划：描述项目的配置项、识别应记录和更新的配置项，以便保持项目产品的一致性和有效性。
- 范围基准：提供项目和产品定义。
- 进度基准：用于评估变更对项目进度的影响。
- 成本基准：用于评估变更对项目成本的影响。

2. 项目文件

- 估算依据：指出了持续时间、成本和资源估算是如何得出的，可用于计算变更对时间、预算和资源的影响。
- 需求跟踪矩阵：有助于评估变更对项目范围的影响。
- 风险报告：提供了与变更请求有关的整体和单个项目风险的来源的信息。

3. 工作绩效信息

工作绩效信息包括资源可用情况、进度和成本数据、挣值报告、燃烧图或燃尽图。

4. 变更请求

很多过程都会输出变更请求，它可能包含纠正措施、预防措施、缺陷补救，以及对正式受控的项目文件或可交付成果的更新，以反映修改或增加的意见或内容。变更可能影响或不影响项目基准，有时仅在项目基准之内产生影响。变更决定通常由项目经理做出。

对于会影响项目基准的变更，通常应该在变更请求中说明执行变更的成本、所需的计划日期修改、资源需求以及相关的风险。这种变更应由 CCB（如有）和客户或发起人审批。只有经批准的变更才能纳入修改后的基准。

此过程的输入还包括事业环境因素和组织过程资产（见本书第 2 章）。

4.7.2 过程工具与技术

本过程的工具与技术主要包括以下内容。

1. 专家判断

应该就以下主题考虑具备以下相关专业知识或接受过相关培训的个人或小组的意见：关于项目所在的行业以及项目关注的领域的技术知识、法律法规、法规与采购、配置管理、风险管理。

2. 变更控制工具

为了便于开展配置和变更管理，可以使用一些手动或自动化的工具。配置控制重点关注可交付成果及各个过程的技术规范,而变更控制则着眼于识别、记录、批准或否决对项目文件、可交付成果或基准的变更。

工具的选择应基于项目相关方的需要,包括考虑组织和环境情况和制约因素。工具应支持以下配置管理活动。

- 识别与选择配置项:为定义与核实产品配置、标记产品和文件、管理变更和明确责任提供基础。
- 记录并报告配置项状态:关于各个配置项的信息记录和报告。
- 进行配置项核实与审计:通过配置项核实与审计,确保项目的配置项组成的正确性,以及相应的变更都被登记、评估、批准、跟踪和正确实施,从而确保配置文件所规定的功能要求都已实现。

工具还应支持以下变更管理活动。

- 识别变更:识别并选择过程或项目文件的变更项。
- 记录变更:将变更记录为合适的变更请求。
- 做出变更决定:审查变更,批准、否决、推迟对项目文件、可交付成果或基准的变更或做出其他决定。
- 跟踪变更:确认变更被登记、评估、批准、跟踪并向相关方传达最终结果。

也可以使用工具来管理变更请求和后续的决策,同时还要格外关注沟通,以帮助CCB成员履行职责,以及向相关方传达决定。

3. 数据分析

- 备选方案分析:用于评估变更请求,并决定哪些请求可接受、应否决或需修改。
- 成本效益分析:有助于确定变更请求是否值得投入相关成本。

4. 决策

- 投票:可以采取一致同意、大多数同意或相对多数同意原则的方式,以决定是否接受、推迟或否决变更请求。
- 独裁型决策制定:采用这种决策技术,将由一个人负责为整个集体制定决策。
- 多标准决策分析:该技术借助决策矩阵,根据一系列预定义的准则,用系统分析方法评估变更请求。

5. 会议

与CCB一起召开变更控制会。CCB负责审查变更请求,并做出批准、否决或推迟的决定。大部分变更会对时间、成本、资源或风险产生一定的影响,因此,评估变更的影响也是会议的基本工作。此外,会议上可能还要讨论并提议所请求变更的备选方案。最后,将会议决定传达给提出变更请求的责任人或小组。

CCB也可以审查配置管理活动。应该明确规定CCB的角色和职责,并经相关方一致同意后,记录在变更管理计划中。CCB的决定都应记录在案,并向相关方传达,以便其知晓并采取后续行动。

4.7.3 过程输出

本过程的输出包括以下内容。

1. 批准的变更请求

由项目经理、CCB 或指定的团队成员，根据变更管理计划处理变更请求，做出批准、推迟或否决的决定。批准的变更请求应通过指导与管理项目工作过程加以实施。对于推迟或否决的变更请求，应通知提出变更请求的个人或小组。

以项目文件更新的形式，在变更日志中记录所有变更请求的处理情况。

2. 项目管理计划更新

项目管理计划的任一正式受控的组成部分，都可通过本过程进行变更。对基准的变更，只能基于最新版本的基准且针对将来的情况，而不能变更以往的绩效。这有助于保护基准和历史绩效数据的严肃性和完整性。

3. 项目文件更新

正式受控的任一项目文件都可在本过程变更。通常在本过程更新的一种项目文件是变更日志。变更日志用于记录项目期间发生的变更。

习题

1. 下列（　　）文件根据公司在新项目之初所做成本效益分析，阐述项目是否值得投资。

    A. 项目范围说明书　　　　　　　　　　B. 商业论证

    C. 战略计划　　　　　　　　　　　　　D. 商业计划

2. 一家公司第一次考虑全球发布一项新产品，必须确定项目是否值得投资。项目经理应该怎么做？（　　）

    A. 在项目章程中记录项目目标和商业论证，对项目的开展提出建议

    B. 在项目范围说明书中记录项目目标和已知的可交付成果

    C. 记录项目的业务需求，并推荐一个为确定项目可行性而执行的可行性研究

    D. 在项目范围说明书中，记录高层次产品需求和相关方期望

3. 你的经理希望你接手 4 个项目中的一个，如果你了解这 4 个项目的下列信息，你会选择哪个项目？（　　）

    A. 项目 A 的内部收益率 IRR 为 10%

    B. 项目 B 的内部利润率 IRR 为 12%

    C. 项目 C 的内部收益率 IRR 为 15%

    D. 项目 D 的内部利润率 IRR 为 21%

4. 关于项目启动会议,下列说法错误的是( )。

    A. 需要项目相关的各方都参加   B. 是一个信息沟通与协商的会议

    C. 会议要制定具体的行动方案   D. 需要在项目正式投入执行之前召开

5. 下列哪个项目管理过程组包含两个整合管理过程?( )

    A. 启动过程组   B. 规划过程组

    C. 执行过程组   D. 监控过程组

6. 作为制定项目章程过程重要的输入之一,以下( )不是商业论证的内容。

    A. 业务需要   B. 项目范围说明书

    C. 产品范围说明书   D. 战略计划

7. 关于商业论证说法错误的是( )。

    A. 制定项目章程过程的输入

    B. 内部项目由项目发起组织或客户来撰写

    C. 从商业角度说明为什么要做这个项目

    D. 多阶段的项目可以对商业论证进行定期审核

8. 以下哪一个不是制定项目章程过程的输入?( )

    A. 项目范围说明书   B. 商业论证

    C. 合同   D. 变更请求

9. 在选择项目时,下列哪一项是最重要的标准?( )

    A. 组织战略   B. 财务收益

    C. 评分模型   D. 实用性和功能性

10. 哪一个文件的批准,标志着项目的正式启动?( )

    A. 项目章程   B. 项目管理计划

    C. 工作绩效报告   D. 项目档案

11. 项目章程中授予项目经理什么权利?( )

    A. 考核人员   B. 动用组织资源

    C. 计划   D. 领导职能经理

12. 下列( )合并与整合了其他各规划过程所输出的所有子计划和基准。

    A. 项目管理计划   B. 项目章程

    C. 项目范围说明书   D. 项目文件

13. 项目经理完成了项目章程,他需要做的下一个活动是什么?( )

    A. 创建详细的相关方登记册   B. 创建需求文件

    C. 创建相关方管理策略   D. 创建质量管理计划

14. 关于项目管理计划错误的是( )。

    A. 整合了各个知识领域的多个管理计划和基准

    B. 是一个渐进明细的过程

    C. 由项目经理制订即可

    D. 项目管理计划一旦被确定下来,就只有在提出变更请求并被批准后才能变更

15. 批准的变更请求由哪一个整合管理过程实施?( )

    A. 指导与管理项目执行　　　　　　B. 监控项目工作

    C. 制定项目章程　　　　　　　　　D. 实施整体变更控制

16. 下列哪些不属于包含在整体变更控制过程中的配置管理活动？（　　　）

    A. 配置识别　　　　　　　　　　　B. 配置状态记录

    C. 绩效报告　　　　　　　　　　　D. 配置核实与审计

17. 变更请求不包括以下哪一项？（　　　）

    A. 纠正措施　　　　B. 预防措施　　　　C. 缺陷补救　　　　D. 绩效报告

18. 下列哪一项不属于项目文件更新？（　　　）

    A. 需求文件

    B. 项目日志（用于记录问题、假设条件等）

    C. 风险登记册

    D. 项目基准

19. 以下关于可交付成果的说法错误的是（　　　）。

    A. 批准的可交付成果只在项目完成时产生

    B. 批准的可交付成果是独特的

    C. 批准的可交付成果可验证

    D. 批准的可交付成果可以是产品或者服务能力

20. 变更请求的提出方式不包括（　　　）。

    A. 直接的或间接的　　　　　　　　B. 正式的或非正式的

    C. 外部的或内部的　　　　　　　　D. 自选的或强制的

21. 一个新产品研发的项目进行到中期后，客户要求使用新技术增加产品的功能，CCB 正在审批这项变更。请问这个场景属于哪一个整合管理过程？（　　　）

    A. 指导与管理项目执行　　　　　　B. 监控项目工作

    C. 制定项目章程　　　　　　　　　D. 实施整体变更控制

22. 作为项目经理的你负责一项新产品的开发。在开发阶段，你偶然得知采用另一种技术也能有效实现产品功能，而且会节省更多的资金和时间。在这种情况下，你应该怎么办？（　　　）

    A. 细致分析情况后，按照变更控制程序提交变更请求

    B. 衡量已发生成本及采用新技术的成本，做出最好的选择

    C. 和项目小组商议，讨论是否采用新技术

    D. 立即采用新技术

23. 从事药品研发的你，参与企业的一项新的感冒药的研制。在药品某一试验过程结束，进入另一关键性阶段的时候，你突然发现原来的试验过程中的某项数据有错误，而这个时候关键阶段即将开展，一旦按原计划开展就会给企业造成巨大损失。这时的你应该怎么办？（　　　）

    A. 立即组织项目团队的工作

    B. 立即向项目经理说明原因，请项目经理批准立即停止项目团队的工作，并将这
       次变更书面记录，提交 CCB

C. 立即向 CCB 提交书面变更请求,等待上级批准

D. 立即对项目小组成员解释并停止工作

24. 作为项目经理,你负责公司一个为期 6 个月的新软件产品开发项目,项目开始后的每个月的月末,项目团队需要对目前完成的工作和出现的问题等做出书面报告,这个工作属于项目整合管理的哪一个过程?(   )

A. 指导与管理项目工作   B. 监控项目工作

C. 制定项目章程   D. 实施整体变更控制

25. 一个为期 3 个月的房屋改造项目进行到中期,项目小组成员提出采用新的技术以节省费用开支,但会增加对周围居民的噪声污染,面对这个变更请求,作为上级管理者的你要根据新的污染控制条例对变更进行批准或者否决,这个过程的工作属于哪一个整合管理过程?(   )

A. 指导与管理项目工作   B. 监控项目工作

C. 制订项目管理计划   D. 实施整体变更控制

实验与思考:数据中心迁移项目的章程与计划

1. 实验目的

本节"实验与思考"的目的如下。

(1) 理解和熟悉项目整合管理的基本概念。

(2) 通过对某公司数据中心迁移案例的研究,尝试制订项目章程和初步的项目管理计划,开展项目整合管理的实践活动,提升自己的项目管理知识水平和应用能力。

2. 工具/准备工作

在开始本实验之前,请回顾教科书的相关内容。

需要准备一台能够访问因特网的计算机。

3. 实验内容与步骤

案例

喀什先进能源技术公司(KS-AET)的网络管理员古力米拉接到一个任务,即把公司的一个大型数据中心迁移到新的办公地点。KS-AET 是为石油批发商和汽油经销商提供会计和业务管理包的专业软件公司。几年前,KS-AET 进入"应用服务提供商"领域,其大型数据中心为用户提供远程访问 AET 完整的应用软件系统的服务。传统上,KS-AET 的一个主要竞争优势是该公司的信息技术与系统的可靠性。由于这个项目的复杂性,为了不影响系统应用的可靠性,古力米拉只能使用并行处理方法,虽然这会增加项目的成本,但却是必要的。

目前,KS-AET 的数据中心(见图 4-8)位于喀什市区的一栋装修陈旧的银行大楼的二楼。该公司正要搬到一幢新大楼中。公司执行副总裁帕尔哈提给古力米拉布置的任务

有以下指导原则。

图 4-8　数据中心

- 从开始到结束，预计整个项目花费 3～4 个月时间。
- 搬迁期间必须保证 KS-AET 的 235 个客户不会停机。

帕尔哈提建议古力米拉在 2 月 15 日答复执行委员会，做一个关于项目范围的介绍，包括成本、初步时间表以及项目团队的成员草案。

古力米拉与 KS-AET 的经理和各职能部门的主管做了一些初步讨论，然后在 2 月 4 日安排了一场运营、系统、设施和应用方面的管理者和技术代表共同参与的会议。会上明确了以下内容。

- 3～4 个月是一个可行的项目时间，初步的成本估算是 80～90 万元（包括新站点的基础设施升级）。
- "无停机时间"的要求，关键时需要完全依靠 KS-AET 的远程灾难恢复"热"站点实现全部功能。
- 古力米拉将作为项目经理，项目团队成员包括基础设施、操作系统、电信系统及应用，以及客户服务领域的人。

古力米拉提交给执行委员会的报告得到积极响应，经过几次修改和建议，她正式负责该项目。古力米拉召集她的团队，并将他们的第一次小组会议（3 月 1 日）作为项目规划过程中的初始任务。

首次会议之后，项目就可以聘请承建商装修新的数据中心。在此期间，古力米拉要清楚如何设计网络。古力米拉估计，筛选和雇用承包商大约需要一个星期，网络设计大约需要两个星期。新的数据中心需要一个新的通风系统。制造商要求提供一个 25℃ 的环境温度以保持所有的数据服务器按最优性能运行。通风系统有一个为期三个星期的从订货到交货的时间。古力米拉也需要订购新的机架存放服务器、交换机及其他网络设备，机架需要两个星期的交货时间。

数据中心主管要求项目团队替换所有旧的电源线和数据线。团队需要采购这些东西。因为古力米拉与供应商有很好的关系，他们保证电源线和数据线的交货时间只需要一个星期。一旦新的通风系统和机架到货，团队就开始安装，需要一个星期安装通风系统，三个星期安装机架。新的数据中心的装修工程在聘请承办商后就可以开始。承建商告诉古力米拉，这需要 20 天时间。在施工开始后，项目团队安装通风系统和机架之前，要报城建部门批准其建设活动用地。

城建部门需要两天时间批准基础设施的建设。批准后，如果新的电源供应器和电缆抵达，项目团队就可以安装电源和运行电缆了。古力米拉估计需要 5 天时间安装电源，需要一个星期时间运行所有的数据线，在古力米拉确定一个实际的日期来切断网络，并切换到远程站点之前，她必须得到各职能单位"同意切换"的确认。与各职能单位的会议需要一个星期。在这段时间内，她可以启动电源检查，以确保每个机架都有足够的电压，这只需要一天时间。

电源检查完成后，项目团队可以花费一个星期安装测试服务器。测试服务器将测试所有网络的主要功能，并在网络下线前作为一项保障措施。在管理部门可以确定新的基础设施是安全的之前，电池必须充电，通风系统要安装，测试服务器要启动、运行，这需要两天时间。然后，他们将启动主系统检查，花费一天时间开紧张会议。他们还将确定一个移动网络的确切日期。

古力米拉很开心，因为迄今为止一切顺利，并且相信此后将一样顺利。现在正式的日期设置好了，网络将关闭一天。项目团队必须将所有的网络组件搬迁到新的数据中心。古力米拉确定在周末两天迁移——这是用户流量最低的时候。

作业

（1）小组讨论这个项目的具体工作内容。

（2）请为本项目建立类似于表 4-1 的"项目章程"。

（3）请为本项目初步建立类似于表 4-2 的"项目管理计划"。

注意，起草的文件要对应下列准则：每天 8 小时，每周 7 天，没有放假时间，2015 年 3 月 1 日是本项目的开始日期。

将上述内容整理形成正式的项目整合管理文件并适当命名。

如果是书面作业，请适当注意文档装饰并用 A4 纸打印。

如果是电子文档，请用压缩软件对本作业压缩打包，并将压缩文件命名如下。

<班级>_<姓名>_项目整合管理.rar

请将该压缩文件在要求的日期内，以电子邮件、QQ 文件传送或者实验指导教师指定的其他方式交付。

4. 实验总结

_____

_____

_____

5. 实验评价（教师）

_____

_____

第5章　项目范围管理

影响项目成功的因素有很多,其中的一些因素,如用户参与、清晰的项目任务、明确的需求说明,以及正确的工作计划等,都是项目范围管理的组成要素。因此,项目管理最重要也最难做的一件工作就是确定项目的范围。

项目范围管理包括确保项目做且只做所需的全部工作,以成功完成项目的各个过程,如图 5-1 所示。管理项目范围主要在于定义和控制哪些工作应包括在项目内,哪些不应

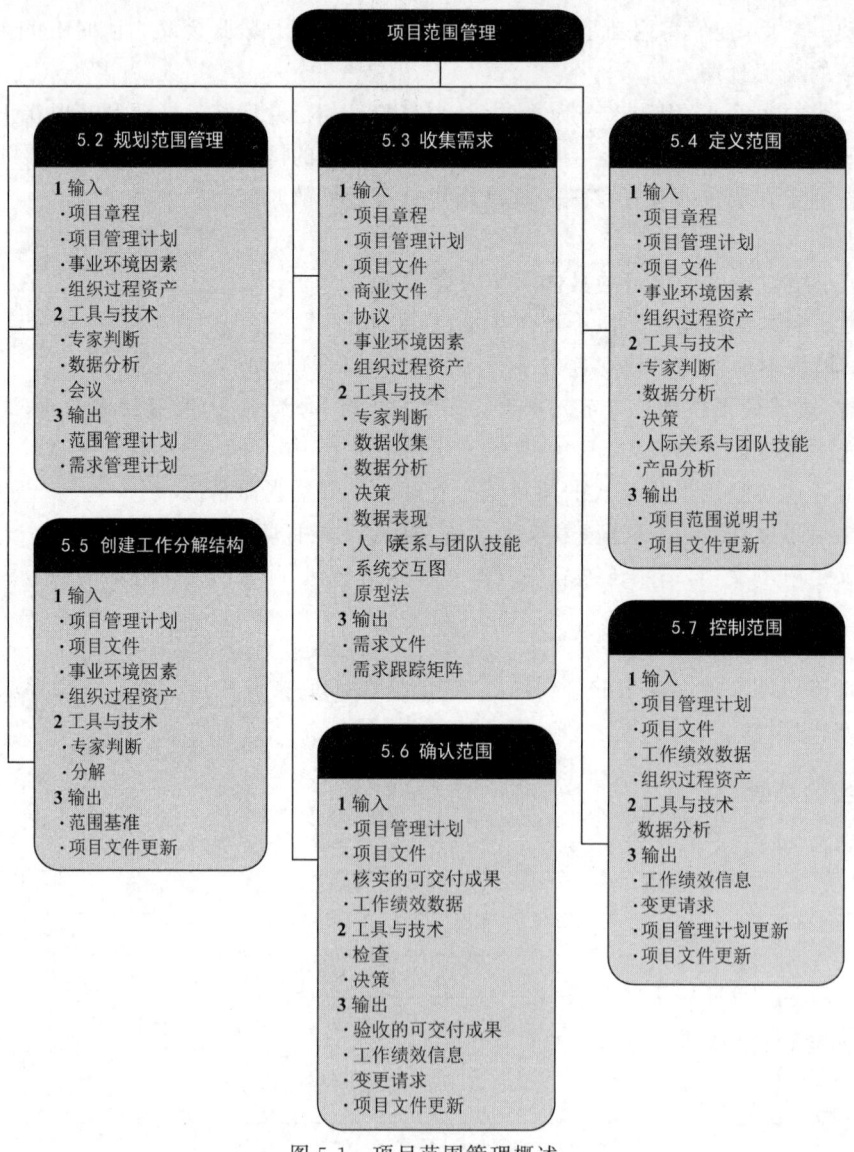

图 5-1　项目范围管理概述

该包括在项目内。这个过程用于确保项目组和项目相关方对作为项目结果的项目产品以及生产这些产品所用到的过程有一个共同的理解。

5.1　项目范围管理概述

管理项目范围所需的各个过程及其工具与技术,会因项目而异。经过批准的项目范围说明书、WBS(工作分解结构)和 WBS 词典构成项目范围基准。只有通过正式变更控制程序才能进行基准变更。在开展确认范围、控制范围及其他控制过程时,基准被用作比较的基础。此外,应该根据项目管理计划来衡量项目范围的完成情况,根据产品需求来衡量产品范围是否完成。

5.1.1　项目范围管理的核心概念

在项目环境中,"范围"这一术语有以下两种含义。

(1) 产品范围:某项产品、服务或成果所具有的特征和功能。

(2) 项目范围:为交付具有规定特性与功能的产品、服务或成果而必须完成的工作。项目范围有时也包括产品范围。

从预测型到适应型或敏捷型方法,项目生命周期可以处于这个连续区间内的任何位置。在预测型项目生命周期中,在项目开始时就对项目可交付成果进行定义,对任何范围变化都要进行渐进管理。而在适应型或敏捷型项目生命周期中,通过多次迭代来开发可交付成果,并在每次迭代开始时定义和批准详细的范围。

采用适应型生命周期,旨在应对大量变更,需要发起人和客户代表等相关方持续参与项目,随同可交付成果的创建提供反馈意见,并确保产品未完项反映他们的当前需求。在每次迭代中,都会重复开展两个过程,即确认范围和控制范围,使用未完项(包括产品需求和用户故事)反映当前需求。因此,应将适应型项目的整体范围分解为一系列拟实现的需求和拟执行的工作(又称产品未完项)。在一个迭代开始时,团队将努力确定产品未完项中,哪些最优先项应在下一次迭代中交付。在每次迭代中,都会重复开展 3 个过程,即收集需求、定义范围和创建 WBS。

而在预测型项目中,这些过程在项目开始时开展,并在必要时通过实施整体变更控制过程进行更新。确认范围在每个可交付成果生成时或者在阶段审查点开展,而控制范围则是一个持续性的过程。在开展确认范围、控制范围及其他控制过程时,基准被用作比较的基础。

项目范围的完成情况是根据项目管理计划来衡量的,而产品范围的完成情况是根据产品需求来衡量的。在这里,"需求"是指根据特定协议或其他强制性规范,产品、服务或成果必须具备的条件或能力。

确认范围是正式验收已完成的项目可交付成果的过程。从控制质量过程输出的核实的可交付成果是确认范围过程的输入,而验收的可交付成果是确认范围过程的输出之一,由获得授权的相关方正式签字批准。因此,相关方需要在规划阶段早期介入(有时需要在启动阶段就介入),对可交付成果的质量提出意见,以便控制质量过程能够据此评估绩效并提出必要的变更建议。

5.1.2 发展趋势和新兴实践

需求一直是项目管理从业者所关注的。随着全球环境变得日益复杂,组织开始认识到如何运用商业分析,通过定义、管理和控制需求活动来提高竞争优势。商业分析活动可在项目启动和项目经理任命之前就开始。需求管理过程始于需要评估,而需要评估又可能始于项目组合规划、项目集规划或单个项目。

在项目范围管理过程中,收集、记录和管理相关方需求。新的项目范围管理实践注重与商业分析专业人士的合作,以便完成以下各方面的工作。
- 确定问题并识别商业需要。
- 识别并推荐能够满足这些需要的可行解决方案。
- 收集、记录并管理相关方需求,以满足商业和项目目标。
- 推动项目集或项目的产品、服务或最终成果的成功应用。

需求管理过程结束于需求关闭,即把产品、服务或成果移交给接收方,以便长期测量、监控、实现和维持效益。

5.1.3 裁剪时考虑的因素

因为每个项目都是独特的,所以项目经理需要裁剪项目范围管理过程。裁剪时应考虑以下因素。

(1)知识和需求管理。是否拥有正式或非正式的知识和需求管理体系?为了在未来项目中重复使用需求,项目经理应建立哪些指南?

(2)确认和控制。是否拥有正式或非正式的与确认和控制相关的政策、程序和指南?

(3)开发方法。是否采用敏捷方法管理项目?开发方法属于迭代型还是增量型?是否采用预测型方法?混合型方法是否有效?

(4)需求的稳定性。项目中是否存在需求不稳定的领域?是否有必要采用精益、敏捷或其他适应型技术来处理不稳定的需求,直至需求稳定且定义明确?

(5)治理。是否拥有正式或非正式的审计和治理政策、程序和指南?

5.1.4 敏捷或适应型环境的考虑因素

对于需求不断变化、风险大或不确定性高的项目,在项目开始时通常无法明确项目的范围,而需要在项目期间逐渐明晰。敏捷方法在项目早期缩短定义和协商范围的时间,并为持续探索和明确范围而延长创建相应过程的时间。在许多情况下,不断涌现的需求往往导致真实的业务需求与最初所述的业务需求之间存在差异。因此,敏捷方法有目的地构建和审查原型,并通过发布多个版本来明确需求。这样,范围就会在整个项目期间被定义和再定义。在敏捷方法中,把需求列入未完项。

5.2 规划范围管理

规划范围管理是为记录如何定义、确认和控制项目范围及产品范围,而创建范围管理计划的过程,如图 5-2 所示。本过程的主要作用是,在整个项目期间对如何管理范围提供指南和方向。本过程仅开展一次或仅在项目的预定义点开展。

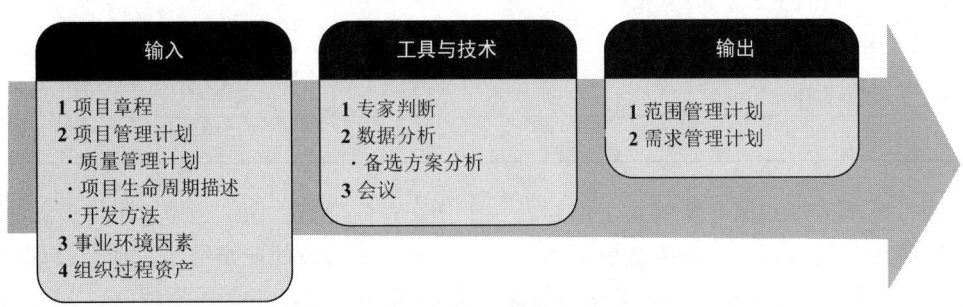

输入	工具与技术	输出
1 项目章程 2 项目管理计划 ·质量管理计划 ·项目生命周期描述 ·开发方法 3 事业环境因素 4 组织过程资产	1 专家判断 2 数据分析 ·备选方案分析 3 会议	1 范围管理计划 2 需求管理计划

图 5-2 规划范围管理:输入、工具与技术和输出

范围管理计划是项目或项目集管理计划的组成部分,描述将如何定义、制定、监督、控制和确认项目范围。制订范围管理计划和细化项目范围始于对下列信息的分析:项目章程中的信息、项目管理计划中已批准的子计划、组织过程资产中的历史信息和相关事业环境因素。范围管理计划有助于降低项目范围蔓延的风险。

5.2.1 识别潜在项目

一般情况下,启动项目首先要从组织整体环境和战略计划上进行考虑。战略计划是指通过对组织优势和劣势的分析,研究组织环境中存在的机会与威胁,预测未来趋势,展望新的产品与服务需求,从而确定长远的目标规划。表 5-1 对组织投资项目的原因进行了分析。

表 5-1 组织为什么要投资项目

投资项目的原因	从项目整体价值角度考虑的排序
支持明确的商业目标	1
较好的内部收益率(IRR)	2
支持潜在的商业目标	3
较好的净现值(NPV)	4
合理的回收期	5
作为抗衡竞争对手类似系统的手段	6
支持管理决策	7

续表

投资项目的原因	从项目整体价值角度考虑的排序
满足预算约束条件	8
存在很大的获益可能性	9
较好的投资回收率	10
项目成功实施完工的可能性很大	11
满足技术和系统上的要求	12
支持法律和政府要求	13
较好的利润指标	14
引入新技术	15

项目范围管理的第一步就是决定要做一个什么样的项目。图 5-3 描述了一个筛选项目的四阶段计划过程。注意到该模型的层次结构与每一阶段的产出结果。项目计划的第一步开始于顶层,主要是在组织的整体战略计划的基础上制订一个项目战略计划。这里的关键是要让业务部门的经理参与这个过程,他们能够帮助技术人员很好地理解组织战略和相关的业务部门。

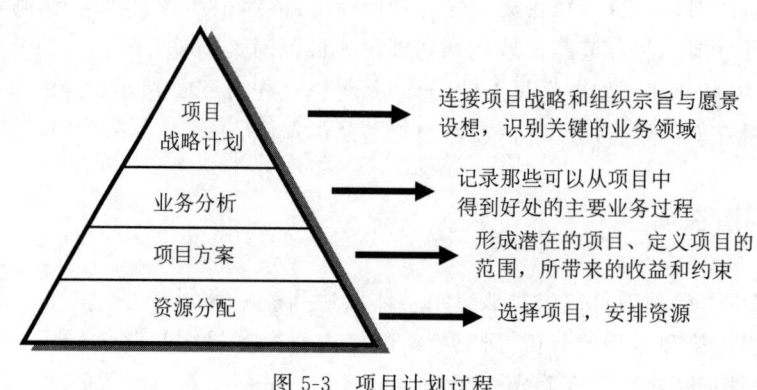

图 5-3　项目计划过程

在明确要重点关注的业务领域之后,项目计划过程的下一步工作就是进行业务分析。要记录那些对实现战略目标重要的业务过程,并且帮助找出哪些业务最能够从项目中得到好处。接着,就是开始形成可能的项目方案,确定它们的范围、所带来的收益和各自的约束等。项目计划过程的最后一步是选择项目方案并分配资源。

5.2.2　选择项目

从可能的项目中进行选择的方法有很多,常见的有注重整个组织的需要、将项目进行分类、进行净现值法等财务分析、运用一个加权评分模型等。在实际运用中,组织通常综合运用以上方法进行项目的选择。每一种方法都有其优缺点,要由管理层根据特定的组织背景来确定良好的选择项目的方法。

（1）注重整个组织的需要。以此来决定选择什么样的项目、什么时候实施、做到什么程度。那些能较多地符合整个组织需要的项目，其成功的可能性就大。但是，对于许多项目来说，要证明它们与组织中众多的战略需要有关系是很困难的。

基于整个组织的需要来选择项目的方法之一就是，首先判断它们是否符合3个重要标准，即需求、资金和意愿。组织内部的人是否同意需要做这个项目？组织是否愿意为该项目提供足够的资金支持？有没有一定要做成这个项目的坚定决心？随着项目的推进，组织需要重新评估项目的这3个标准，以决定项目是否继续、重新定义或是中止。

（2）将项目进行分类。例如，评价项目是否可以应对某个问题，或是抓住某次机会，或是迎合某个指示。组织根据这些原因中的某一个来选择项目。

① 问题：是指不愿意看到的、会阻碍目标实现的一种处境。问题可以是现在面临的，也可以是预期的。例如，由于网络系统容量的限制，用户可能无法快速登录系统或获取信息。作为解决办法，组织可能会启动一个项目，以增加网络通道，实现系统升级。

② 机会：是指有利于组织的可能性。例如，组织可能相信通过因特网向客户提供直销产品可以提高销售量，为此可以启动一个项目以实现组织的电子商务网站。

③ 指示：是由管理层、政府或其他外界因素施加的新要求。例如，一个重要的客户可能会要求其所有供应商使用指定的某个电子数据交换（EDI）系统，以利于实现双方的业务，为此，管理层启动一个项目来实施这种 EDI 系统以维持与该客户的业务关系。

项目的分类还可以是基于时间的考虑，可能是完成项目所需的时间，也可能是项目必须完工的截止日期。

（3）项目整体的综合排序。一些组织将项目分成高、中、低3个优先次序。最高优先项目应该最早完成。即使那些排在中、低优先位置的项目可以在很短的时间内完成，也必须首先保障最高优先，也是最重要项目的顺利完工。

5.2.3　净现值、投资收益率与投资回收期分析

财务方面的考虑向来是项目选择过程中的重要因素。主要的项目财务价值评价方法包括净现值、投资收益率和投资回收期分析。

（1）净现值分析（NPV）：是指把所有预期的未来现金流入与流出都折算成现值，以计算一个项目预期的净货币收益与损失。如果财务价值是项目选择的主要指标，那么只有净现值为正时项目才可考虑。因为正的净现值意味着项目收益会超过资本成本——即将资本进行别的投资的潜在收益。如果其他指标都一样的话，应该优先考虑净现值高的项目。电子表格软件 Microsoft Excel 就带有 NPV 的计算功能。

（2）投资收益率分析（ROI）：是将净收入除以投资额的所得值。在计算多年份项目的投资收益率时，最好对收益和投资进行折现。比如，计算项目的投资收益率：

$$\text{ROI} = \frac{\text{总的折现收益} - \text{总的折现成本}}{\text{折现成本}}$$

ROI 值越大越好。许多组织都有自己的收益率要求，即每项投资中最低要达到的收益率，经常是以该组织投资其他风险相当的项目所可能获得的收益率为准。

（3）投资回收期分析：是项目选择过程中要用到的一个重要的财务分析工具，它要确定经过多长时间累计收益可以超过累计成本以及后续成本。当累计折现收益与成本之差开始大于零时，回收就完成了。为有利于项目的选择，项目经理必须知道组织对项目的财务期望。

（4）加权评分模型：是一种基于多种标准进行项目选择的系统方法。这些标准包括多种因素，比如，满足整个组织的需要，解决问题、把握机会以及应对指示的能力，完成项目所需的时间，项目整体优先级，项目预期的财务指标等。可能的标准如下。

- 符合主要的商业目标。
- 有极具实力的内部项目发起人。
- 有较强的客户支持。
- 运用符合实际的技术水平。
- 可以在 1 年或更少的时间内得以实施。
- 有正的净现值。
- 能在较低的风险水平下实现范围、时间和成本等目标。

下一步，就是对各个标准赋以权重。这意味着对每个标准的评价程度或是每个标准的重要程度。可以通过 Microsoft Excel 来创建一个项目、标准、权重和评分的矩阵。

5.2.4　过程输入

本过程的输入主要包括以下内容。

1. 项目章程

依据项目章程中记录的项目目的、项目概述、假设条件、制约因素，以及项目意图实现的高层级需求。

2. 项目管理计划

依据项目管理计划中质量管理计划所确定的质量政策、方法和标准的方式会影响管理项目和产品范围的方式；项目生命周期描述所定义的从项目开始到完成的一系列阶段；开发方法所定义的瀑布式、迭代型、适应型、敏捷型还是混合型方法。

此过程的输入还包括事业环境因素和组织过程资产（见本书第 2 章）。

5.2.5　过程工具与技术

本过程的工具与技术主要包括以下内容。

1. 专家判断

专家判断是指具备相关专业知识或接受过相关培训的个人或小组的意见。其包括以往类似项目、特定行业、学科和应用领域的信息。

2. 数据分析

例如备选方案分析。用于评估收集需求、详述项目和产品范围、创造产品、确认范围和控制范围的各种方法。

3. 会议

通过项目会议来制订范围管理计划。与会人员可能包括项目经理、项目发起人、部分项目团队成员、选定的相关方、范围管理各过程负责人，以及其他必要人员。

5.2.6 过程输出

本过程的输出主要包括以下内容。

1. 范围管理计划

范围管理计划(见表 5-2)是制订项目管理计划过程的主要输入，要对将用于下列工作的管理过程做出规定。

表 5-2 范围管理计划

项目名称：_____   日期：_____

制定项目范围说明书

描述制定项目范围说明书的原则，包括相关方的访谈分析，或者实施的研究

WBS

描述 WBS 以及是否使用阶段、所在区域、主要可交付成果及其他方式来安排 WBS。制定控制账户和工作包的指南也可以在本部分中记录

WBS 词典

识别需要在 WBS 词典中注明的内容和细节水平

范围基准维护

指明需要走变更控制过程的范围变更的类型，以及如何维护范围基准

范围变更

描述如何管理范围变更，包括清楚地定义范围变更和范围修订的区别

可交付成果验收

为了达到客户验收的目的,对每个可交付成果要识别如何被确认,包括需要签收的任何测试或文档

范围和需求整合

描述在项目范围说明书和WBS中项目和产品需求将如何被定义,识别整合、需求和范围确认将会如何发生

- 制定详细项目范围说明书。
- 根据详细项目范围说明书创建 WBS。
- 确定如何审批和维护范围基准。
- 正式验收已完成的项目可交付成果。

根据项目需要,范围管理计划可以是正式或非正式的,非常详细或高度概括的。

2. 需求管理计划

需求管理计划(见表 5-3)也称为商业分析计划,是项目管理计划的组成部分,描述将如何分析、记录和管理项目和产品需求。

表 5-3　需求管理计划

项目名称:＿＿＿＿＿＿＿＿＿＿＿＿＿＿＿＿　　日期:＿＿＿＿＿＿＿＿

需求收集

描述如何收集需求。可以考虑使用头脑风暴法、访谈法、观察法等

需求分析

描述为了排序、分类,如何分析需求以及对产品或项目方法的影响

需求分类

识别对一组需求进行分类的方法,如业务、相关方、质量等

需求记录

定义需求如何被记录。需求文件的格式可以是从简单的电子表格到包含详细说明和附件的详细表格

需求排序

识别对需求排序的方法。某些需求是不可商量的,例如,那些被监管的或者必须符合组织政策和基础架构的需求。其他一些需求可能是不错的,但不是必需的功能

需求测量指标

记录需求的测量指标。例如,如果需求是这个产品必须能够支持150kg,那么测量指标会被设计成支持120%(180kg),任何设计和工程决定导致这个产品的支持度会低于120%的话,都必须得到客户的审批

需求跟踪结构

识别用于连接初始需求到满意的可交付物之间的信息

需求跟踪

描述追踪需求所需的频率和技术

需求报告

描述需求报告如何被管理并指明汇报的频率

需求确认

识别用于确认需求的各种方法,如检查、审计、证明、试验等

需求配置管理

描述用于控制需求、文件、变更管理过程和对变更有批准权层级的配置管理系统

　　需求管理计划的主要内容如下。
- 如何规划、跟踪和报告各种需求活动。

- 配置管理活动,例如,如何启动变更,如何分析其影响,如何追溯、跟踪和报告,以及变更审批权限。
- 需求优先级排序过程。
- 测量指标及使用这些指标的理由。
- 反映哪些需求属性将被列入跟踪矩阵的跟踪结构。

5.3 收集需求

收集需求是为实现项目目标而确定、记录并管理相关方需求的过程,如图 5-4 所示。本过程的主要作用是为定义和管理项目范围(包括产品范围)奠定基础。

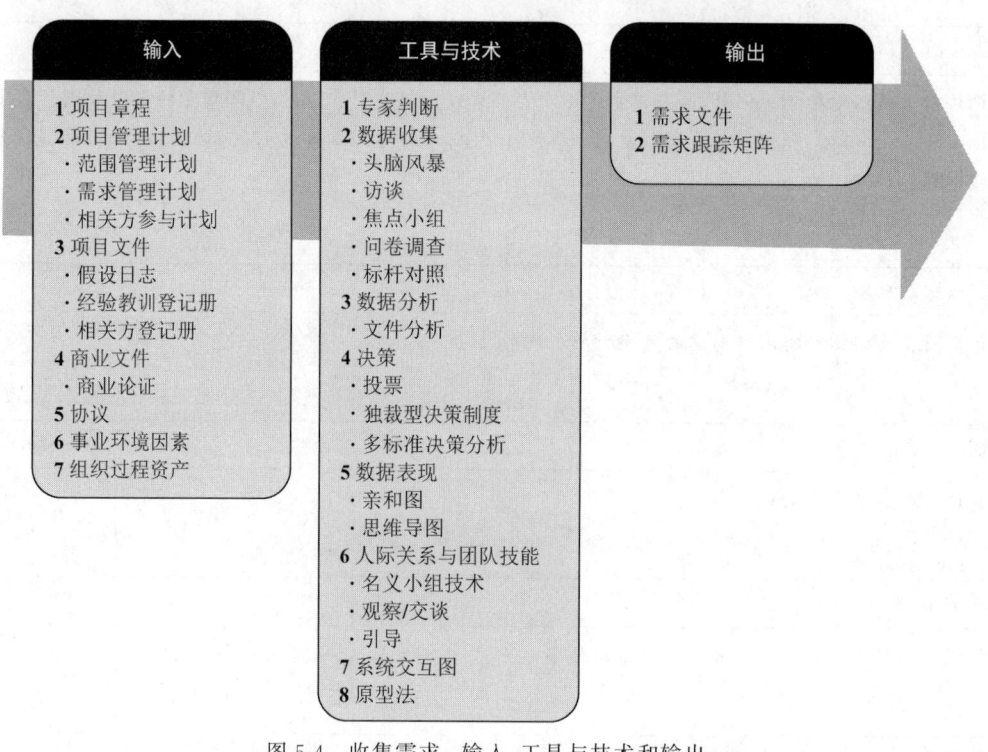

图 5-4 收集需求:输入、工具与技术和输出

通常产品需求会因行业而异。相关方积极参与需求的探索和分解工作,并仔细确定、记录和管理对产品、服务或成果的需求,包括发起人、客户和其他相关方的已量化且书面记录的需要和期望,能直接促进项目成功。应该足够详细地探明、分析和记录这些需求,将其包含在范围基准中,并在项目执行开始后对其进行测量。需求将成为 WBS 的基础,也将成为成本、进度、质量和采购规划的基础。

5.3.1 过程输入

本过程的输入主要包括以下内容。

1. 项目章程

了解项目概述以及将用于制定详细需求的高层级需求。

2. 项目管理计划

- 范围管理计划：包含如何定义和制定项目范围的信息。
- 需求管理计划：包含如何收集、分析和记录项目需求的信息。
- 相关方参与计划：了解相关方的沟通需求，评估并适应相关方对需求活动的参与程度。

3. 项目文件

- 假设日志：识别有关产品、项目、环境、相关方以及会影响需求其他因素的假设条件。
- 经验教训登记册：提供有效的需求收集技术，尤其针对使用迭代型或适应型产品开发方法的项目。
- 相关方登记册：了解哪些相关方能够提供需求方面的信息，以及记录相关方对项目的需求和期望。

4. 商业文件

商业文件如商业论证，描述为满足业务需要而应该达到的必要、期望及可选标准。

5. 协议

协议包含项目和产品需求。

此过程的输入还包括事业环境因素和组织过程资产（见本书第 2 章）。

5.3.2　过程工具与技术

本过程的工具与技术主要包括以下内容。

1. 专家判断

应该就以下主题考虑具备相关专业知识或接受过相关培训的个人或小组的意见，包括商业分析、需求获取、需求分析、需求文件、以往类似项目的项目需求、图解技术、引导、冲突管理。

2. 数据收集

- 头脑风暴：一种用来产生和收集对项目需求与产品需求的多种创意的技术。
- 访谈：通过与相关方直接交谈，来获取信息的正式或非正式的方法。访谈的典型做法是向被访者提出预设和即兴的问题，并记录他们的回答。访谈经常是一个访谈者和一个被访者之间的"一对一"谈话，但也可以包括多个访谈者或多个被访者。

访谈有经验的项目参与者、发起人和其他高管,以及主题专家,有助于识别和定义所需产品可交付成果的特征和功能。访谈也可用于获取机密信息。

- 焦点小组。
- 问卷调查:是指设计一系列书面问题,向众多受访者快速收集信息。问卷调查方法最适用于以下情况,如包括受众多样化,需要快速完成,受访者地理位置分散,并且适合开展统计分析。
- 标杆对照:将实际或计划的产品、过程和实践,与其他内部或外部的可比组织的实践进行比较,以便识别最佳实践,形成改进意见,并为绩效考核提供依据。

3. 数据分析

数据分析包括文件分析。审核和评估任何相关的文件信息。在此过程中,通过分析现有文件,识别相关的信息来获取需求。可供分析的文件包括协议、商业计划、业务流程或接口文档、业务规则库、现行流程、市场文献、问题日志、政策和程序、法规文件(如法律、准则、法令等)、建议邀请书及用例。

4. 决策

- 投票。
- 独裁型决策制定:采用这种方法,将由一个人负责为整个集体制定决策。
- 多标准决策分析:借助决策矩阵,用系统分析方法建立诸如风险水平、不确定性和价值收益等多种标准,从而对众多方案进行评估和排序。

5. 数据表现

- 亲和图:如图 5-5 所示,用来对大量创意进行分组的技术,以便进一步审查和分析。把大量收集到的事实、意见或构思等资料,按其相互亲和性(相近性)进行归纳整理,使问题明确,求得统一认识和协调,以利于问题的解决。在项目管理中,使用亲和图确定范围分解的结构,有助于 WBS 的制定。
- 思维导图:如图 5-6 所示,把从头脑风暴中获得的创意整合成一张图,用以反映创意之间的共性与差异,从而激发新的创意。

6. 人际关系与团队技能

- 名义小组技术:是促进头脑风暴的一种结构化的技术,通过投票排列最有用的创意,以便进一步开展头脑风暴或优先排序。由以下 4 个步骤组成。
  - 向小组提出一个问题或难题。每个人在沉思后写出自己的想法。
  - 主持人在活动挂图上记录所有人的想法。
  - 集体讨论各个想法,直到全体成员清晰理解。
  - 个人私下投票决出各种想法的优先排序。
- 观察和交谈:也称为“工作跟随”,是指直接察看个人在各自的环境中如何执行工作(或任务)和实施流程。当产品使用者难以或不愿清晰说明他们的需求时,就特

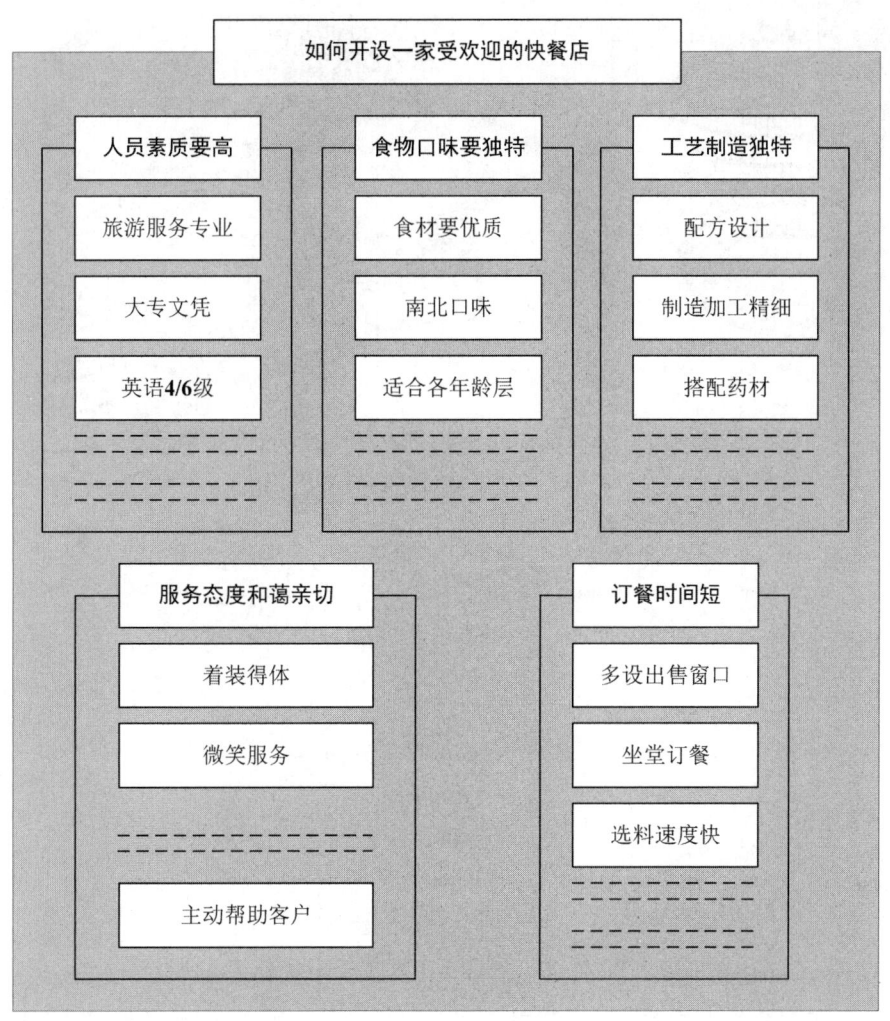

图 5-5　亲和图示例

别需要通过观察来了解他们的工作细节。

- 引导：与主题研讨会结合使用，把主要相关方召集在一起定义产品需求。研讨会可用于快速定义跨职能需求并协调相关方的需求差异。因为具有群体互动的特点，有效引导的研讨会有助于参与者之间建立信任、改进关系、改善沟通，从而有利于相关方达成一致意见。此外，与分别召开会议相比，研讨会能够更早发现并更快解决问题。

7. 系统交互图

如图 5-7 所示的系统交互图是范围模型的一个例子，它对产品范围进行可视化描绘，显示业务系统（如过程、设备、计算机系统等）及其与人和其他系统（如行动者）之间的交互方式。系统交互图显示了业务系统的输入、输入提供者、业务系统的输出和输出接收者。

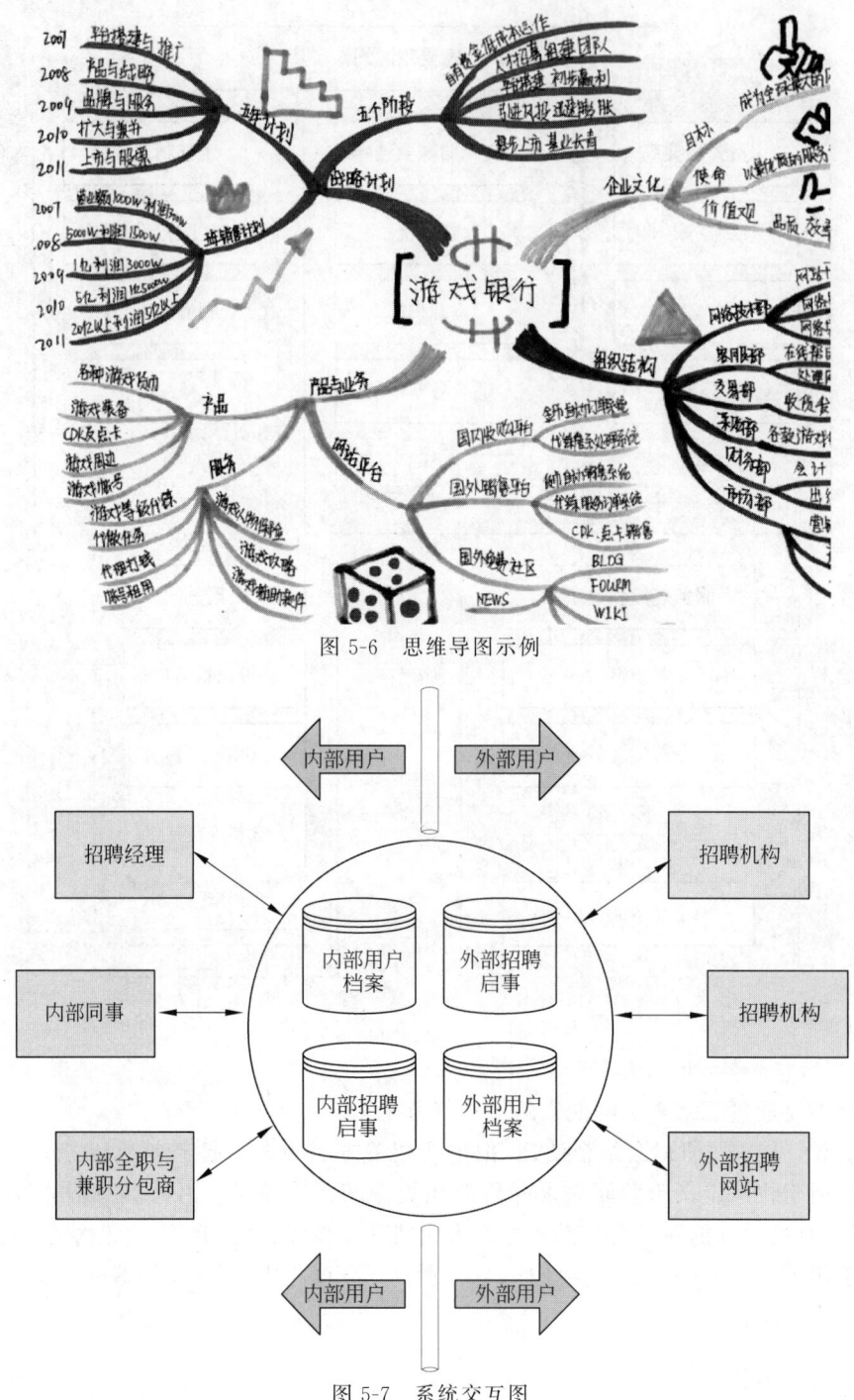

图 5-6 思维导图示例

图 5-7 系统交互图

8. 原型法

原型法是在实际制造预期产品之前,先开发出该产品的模型,并据此征求对需求的早期反馈。原型包括微缩产品、计算机生成的二维和三维模型、实体模型或模拟。因为原型是有形的实物,它使得相关方可以体验最终产品的模型,而不是仅限于讨论抽象的需求描述。原型法支持渐进明细,需要经历从模型创建、用户体验、反馈收集到原型修改的反复循环过程。在经过反馈循环之后,可以通过原型获得足够的需求信息,从而进入设计或制造阶段。

故事板是一种原型技术,通过一系列的图像或图示来展示顺序或导航路径。故事板用于不同行业的各种项目中,如电影、广告、教学设计,以及敏捷和软件开发项目。在软件开发中,故事板使用实体模型来展示网页、屏幕或其他用户界面的导航路径。

5.3.3　过程输出

本过程的输出主要包括以下内容。

1. 需求文件

需求文件描述各种单一需求将如何满足与项目相关的业务需求。一开始可能只有高层级的需求,随着有关需求信息的增加而逐步细化。只有明确的(即可测量和可测试的)、可跟踪的、完整的、相互协调的,且主要相关方愿意认可的需求,才能作为基准。需求文件的格式多种多样,既可以是一份按相关方和优先级分类列出全部需求的简单文件,也可以是一份包括内容提要、细节描述和附件等的详细文件。

把需求分成不同类别,有利于进行进一步的完善和细化。需求的类别包括以下几种。

- 业务需求:整个组织的高层级需要,例如,解决业务问题,或者抓住业务机会以及实施项目的原因。
- 相关方需求:相关方或相关方群体的需要。
- 解决方案需求:为满足业务需求和相关方需求,产品、服务或成果必须具备的特性、功能和特征。解决方案需求又进一步分为功能需求和非功能需求。
  - 功能需求:描述产品应具备的功能,例如,产品应该执行的行动、流程、数据和交互。
  - 非功能需求:是对功能需求的补充,是产品正常运行所需的环境条件或质量要求,如可靠性、保密性、性能、安全性、服务水平、可支持性、保留或清除等。
- 过渡和就绪需求:描述从"当前状态"过渡到"将来状态"所需的临时能力,如数据转换和培训需求。
- 项目需求:满足行动、过程或其他条件,如里程碑日期、合同责任、制约因素等。
- 质量需求:用于确认项目可交付成果的成功完成或其他项目需求的实现的任何条件或标准,如测试、认证、确认等。

2. 需求跟踪矩阵

需求跟踪矩阵(见表 5-4)是把产品需求从其来源连接到能满足需求的可交付成果的一种表格。使用需求跟踪矩阵把每个需求与业务目标或项目目标联系起来,有助于确保项目名称： 　　　　　　　　　　　　　　　　　　　　　　　　　　　　　　　　　　日期：

表5-4 需求跟踪矩阵

编号	需求信息					关系跟踪			
	需求	排序	分类	来源	目标	WBS 可支付成果	测量指标	确认
唯一的需求编号	记载项目或产品必须要达到的条件或者能力，以满足相关方对产品、服务或成果的要求和期望	给需求表列排序，例如级别1，级别2等，或者必须有、应该有、最好有等	需求分类。类别可以包括功能性的、非功能性的，可维护性、安全等	记录确定需求的相关方	列出在项目章程中确定的项目目标，确保满足需求	确定与可支付成果有关的需求	描述用于测量需求满意的测量指标	描述用于确认满足需求方的相关要求技术

每个需求都具有商业价值。它提供了在整个项目生命周期中跟踪需求的一种方法,有助于确保需求文件中被批准的每项需求在项目结束的时候都能交付,还为管理产品范围变更提供了框架。需求跟踪矩阵包括以下内容。

- 业务需要、机会、目的和目标。
- 项目范围和 WBS 可交付成果。
- 产品设计。
- 产品开发。
- 测试策略和测试场景。
- 高层级需求到详细需求。

应在需求跟踪矩阵中记录每个需求的相关属性,以明确每个需求的关键信息。其中记录的典型属性包括唯一标识、需求的文字描述、收录该需求的理由、所有者、来源、优先级别、版本、当前状态(如进行中、已取消、已推迟、新增加、已批准、被分配和已完成)和状态日期。为确保相关方满意,可能需要增加一些补充属性,如稳定性、复杂性和验收标准。

5.4 定义范围

定义范围是制定项目和产品详细描述的过程,如图 5-8 所示。本过程的主要作用是,明确所收集的需求哪些将包含在项目范围内,哪些将排除在项目范围外,从而明确项目、服务或成果的边界。范围定义对项目成功非常重要,它可以提高项目时间、成本以及所需资源估算的准确性,还可以为项目执行绩效评测和项目控制提供一个基准,并有助于清楚地沟通工作职责。

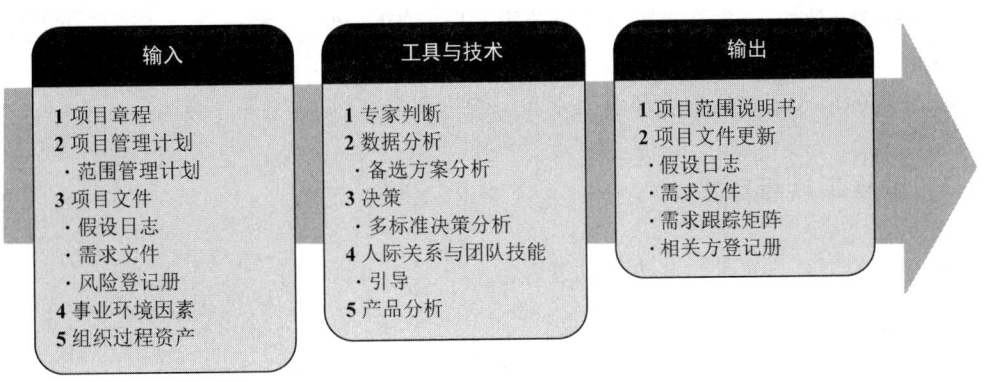

图 5-8 定义范围:输入、工具与技术和输出

由于在收集需求过程中识别出的需求未必都包含在项目中,所以定义范围过程就要从需求文件(即收集需求过程的输出)中选取最终的项目需求,然后制定关于项目及其产品、服务或成果的详细描述。

准备好的详细的项目范围说明书对项目成功至关重要。应根据项目启动过程中记载的主要可交付成果、假设条件和制约因素来编制项目范围说明书。在项目规划过程中,随着对项目信息的更多了解,应该更加详细具体地定义和描述项目范围。还需要分析现有风险、假设条件和制约因素的完整性,并做必要的增补或更新。需要多次反复开展定义范围过程。在迭代型生命周期的项目中,先为整个项目确定一个高层级的愿景,再一次针对一个迭代期明确详细范围。通常,随着当前迭代期的项目范围和可交付成果的进展,而详细规划下一个迭代期的工作。

5.4.1　过程输入

本过程的输入主要包括以下内容。

1. 项目章程

项目章程包含对项目的高层级描述、产品特征和审批要求。如果执行组织不使用项目章程,则应取得或编制类似的信息,用做制定详细范围说明书的基础;如果组织不制定正式的项目章程,通常会进行非正式的分析,为后续的范围规划提供依据。

2. 项目管理计划

项目管理计划包括范围管理计划,其中记录了如何定义、确认和控制项目范围。

3. 项目文件

- 假设日志:识别有关产品、项目、环境、相关方以及会影响项目和产品范围的其他因素的假设条件和制约因素。
- 需求文件:识别应纳入范围的需求。
- 风险登记册:包含可能影响项目范围的应对策略,例如,缩小或改变项目和产品范围,以规避或缓解风险。

此过程的输入还包括事业环境因素和组织过程资产(见本书第 2 章)。

5.4.2　过程工具与技术

本过程的工具与技术主要包含以下内容。

1. 专家判断

应征求具备类似项目的知识或经验的个人或小组的意见。

2. 数据分析

数据分析包括备选方案分析,可用于评估实现项目章程中所述需求和目标的各种方法。

3. 决策

决策包括多标准决策分析,这是一种借助决策矩阵来使用系统分析方法的技术,目的是建立诸如需求、进度、预算和资源等多种标准来完善项目和产品范围。

4. 人际关系与团队技能

人际关系与团队技能的一个示例是引导。

5. 产品分析

产品分析可用于定义产品和服务,包括有针对性地提问并回答,以描述要交付产品的用途、特征及其他方面。每个应用领域都有一种或几种普遍公认的方法,用以把高层级的产品或服务描述转变为有意义的可交付成果。首先获取高层级的需求,然后将其细化到最终产品设计所需的详细程度,包括产品分解、需求分析、系统分析、系统工程、价值分析、价值工程等。

5.4.3 过程输出

项目范围说明书

项目范围说明书(见表 5-5)的编制对项目成功至关重要,它是对项目范围、主要可交付成果、假设条件和制约因素的描述。项目范围说明书记录了项目范围和产品范围,详细描述项目的可交付成果,以及为创建这些可交付成果而必须开展的工作。项目范围说明书也代表项目相关方之间就项目范围所达成的共识。为了便于管理相关方的期望,项目范围说明书可明确指出哪些工作不属于本项目范围,使项目团队能进行更详细的规划,在执行过程中指导项目团队的工作,并为评价变更请求或额外工作是否超出项目边界提供基准。

项目范围说明书描述的要做和不要做的工作的详细程度,决定着项目管理团队控制整个项目范围的有效程度。详细的项目范围说明书包括以下内容。

- 产品范围描述:逐步细化在项目章程和需求文件中所述的产品、服务或成果的特征。
- 验收标准:可交付成果通过验收前必须满足的一系列条件。
- 可交付成果:在某一过程、阶段或项目完成时,必须产出的任何独特并可核实的产品、成果或服务能力。可交付成果也包括各种辅助成果,如项目管理报告和文件。对可交付成果的描述可略可详。
- 项目的除外责任:通常需要识别出什么是被排除在项目之外的。明确说明哪些内容不属于项目范围,有助于管理相关方的期望。
- 项目制约因素:需要列出并描述与项目范围有关且会影响项目执行的各种内外部制约或限制条件,例如,客户或执行组织事先确定的预算、强制性日期或强制性进度里程碑。如果项目是根据协议实施的,那么合同条款通常也是制约因素。
- 假设条件:在制订计划时,不需验证即可视为正确、真实或确定的因素。同时还应描述如果这些因素不成立,可能造成的潜在影响。在项目规划过程中,项目团队应该经常识别、记录并确定假设条件。

表 5-5 项目范围说明书

项目名称： _____ 日期： _____

产品范围描述

记录产品、服务和成果的规格参数。这个信息应该从项目章程中的项目描述和需求文件里的需求渐进明细得到

项目可交付成果

识别在某一过程、阶段或项目完成后必须产出的任何独特的、可核实的产品、结果或者执行一项服务的能力。可交付成果包括项目管理报告和文件

项目验收标准

为了使相关方接受可交付成果，验收标准必须被满足。验收标准可以为整个项目制定，也可以为项目的每个构成部分而制定

项目的除外责任

项目的除外责任清楚地定义了不包括在上述范围之内的事项

项目制约因素

项目制约因素是限制因素。影响项目的制约因素可以包括固定预算、硬性的交付日期或者特定的技术

项目假设条件

记录可交付成果、资源、估算和其他所有方面的假设条件。这些假设条件也许是真正的、真实的、正确的，但还没有得到确认

　　虽然项目章程和项目范围说明书的内容存在一定程度的重叠，但它们的详细程度不同。项目章程包括高层级的信息，而项目范围说明书则是对项目范围的详细描述。图 5-9 显示了这两个文件的一些关键内容。项目范围需要在项目过程中渐进明细。

　　此外，本过程输出还包括更新的项目文件，如假设日志、需求文件、需求跟踪矩阵和相关方登记册。

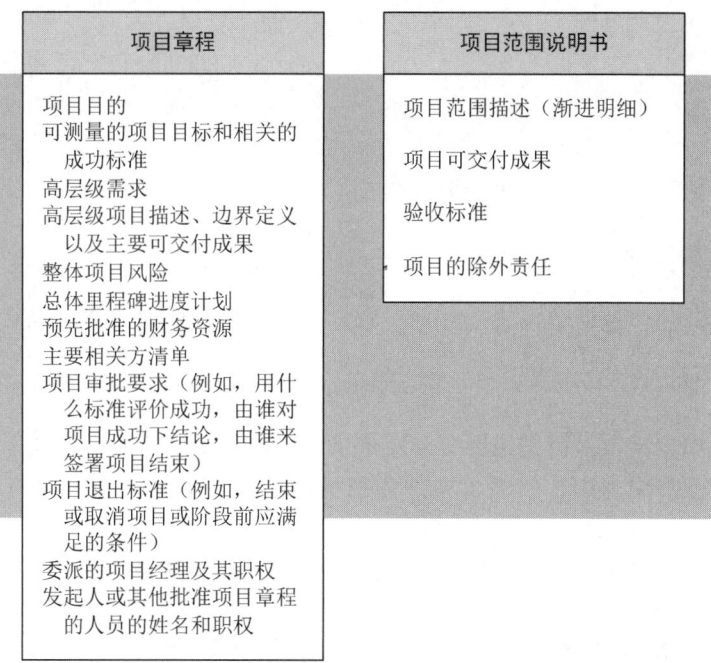

图 5-9 项目章程与项目范围说明书的内容对比

5.5 创建工作分解结构

创建工作分解结构（WBS）是把项目可交付成果和项目工作分解成较小的、更易于管理的组件的过程，如图 5-10 所示。本过程的主要作用是，为所要交付的内容提供一个结构化视图，它仅开展一次或仅在项目的预定义点开展。

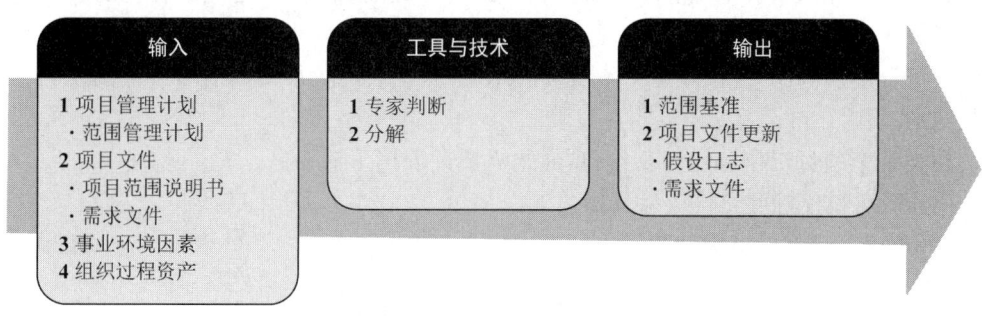

图 5-10 创建 WBS：输入、工具与技术和输出

WBS 是对项目团队为实现项目目标、创建所需可交付成果而需要实施的全部工作范围的层级分解。WBS 组织并定义了项目的总范围，代表经批准的项目范围说明书中所规定的工作。

WBS 最底层的组成部分称为工作包，其中包括计划的工作。工作包对相关活动进行归类，以便对工作安排进度、进行估算、开展监督与控制。在"工作分解结构"这个词语中，工作是指作为活动结果的工作产品或可交付成果,而不是活动本身。

5.5.1 过程输入

本过程的输入主要包括以下内容。

1. 项目管理计划

项目管理计划中包括范围管理计划。它定义了如何根据项目范围说明书创建 WBS。

2. 项目文件

项目文件中包括项目范围说明书和需求文件。项目范围说明书描述了需要实施的工作及不包含在项目中的工作。需求文件详细描述了各种单一需求如何满足项目的业务需要。

此过程的输入还包括事业环境因素和组织过程资产(见本书第 2 章)。

5.5.2 过程工具与技术

本过程的工具与技术主要包括以下内容。

1. 专家判断

应征求具备类似项目知识或经验的个人或小组的意见。

2. 分解

分解是一种把项目范围和项目可交付成果逐步划分为更小、更便于管理的组成部分的技术。WBS 是对项目团队为实现项目目标、创建可交付成果而需要实施的全部工作范围的层级分解。WBS 组织并定义了项目的总范围,代表经批准的当前项目范围说明书中所规定的工作。

要把整个项目工作分解为工作包,通常需要开展以下活动。

(1)识别和分析可交付成果及相关工作。

(2)确定 WBS 的结构和编排方法。

(3)自上而下逐层细化分解。

(4)为 WBS 组成部分制定和分配标识编码。

(5)核实可交付成果分解的程度是否恰当。

图 5-11 显示了某个 WBS 的一部分,其中分支"1.1 需求评估"已经向下分解到工作包层次。

创建 WBS 的方法多种多样,常用的方法包括自上而下的方法、使用组织特定的指南和使用 WBS 模板,可用于归并较低层次组件的自下而上方法。WBS 的结构可以采用以下几种形式。

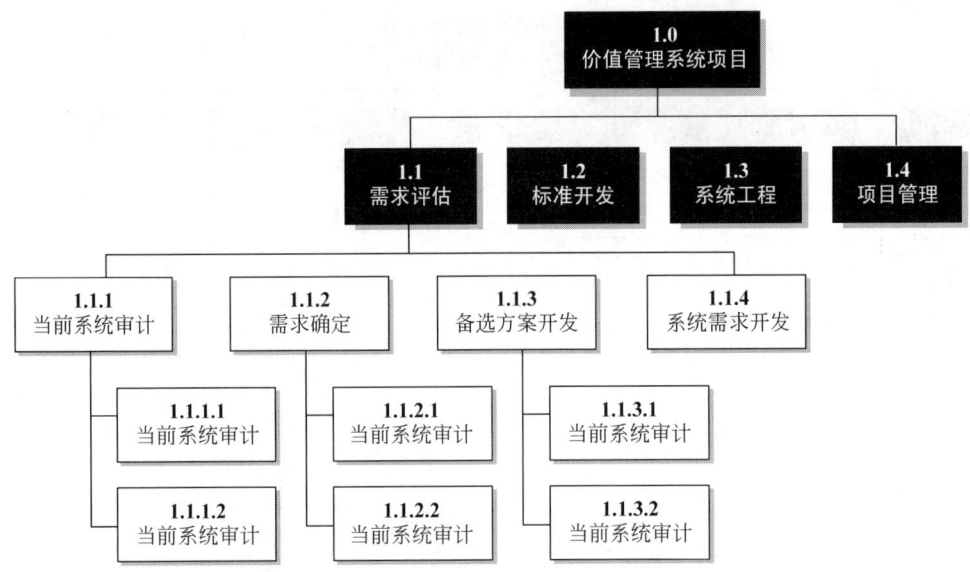

这个**WBS**只是作为示例，不代表任何某个具体项目的完整项目范围，也不意味着此类项目仅此一种**WBS**分解方式。

图 5-11　分解到工作包的 WBS 示例

（1）以项目生命周期各阶段作为分解的第二层，把产品和项目可交付成果放在第三层，如图 5-12 所示。

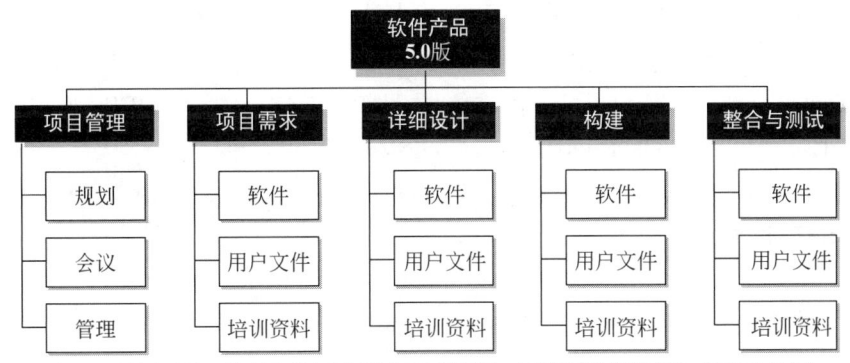

这个**WBS**只是作为示例，不代表任何某个具体项目的完整项目范围，也不意味着此类项目仅此一种**WBS**分解方式。

图 5-12　WBS 示例：以阶段为第二层

（2）以主要可交付成果作为分解的第二层，如图 5-13 所示。

（3）纳入由项目团队以外的组织开发的各种较低层次组件（如外包工作）。随后，作为外包工作的一部分，卖方须制定相应的合同 WBS。

对 WBS 较高层组件进行分解，就是要把每个可交付成果或组件分解为最基本的组成部分，即可核实的产品、服务或成果。如果采用敏捷方法，可以将长篇故事分解成用户故事。WBS 可以采用提纲式、组织结构图或能说明层级结构的其他形式。通过确认 WBS 较低层组件是完成上层相应可交付成果的必要且充分的工作，来核实分解的正确性。不同的可交付成果可以分解到不同的层次。某些可交付成果只需分解到下一层，即

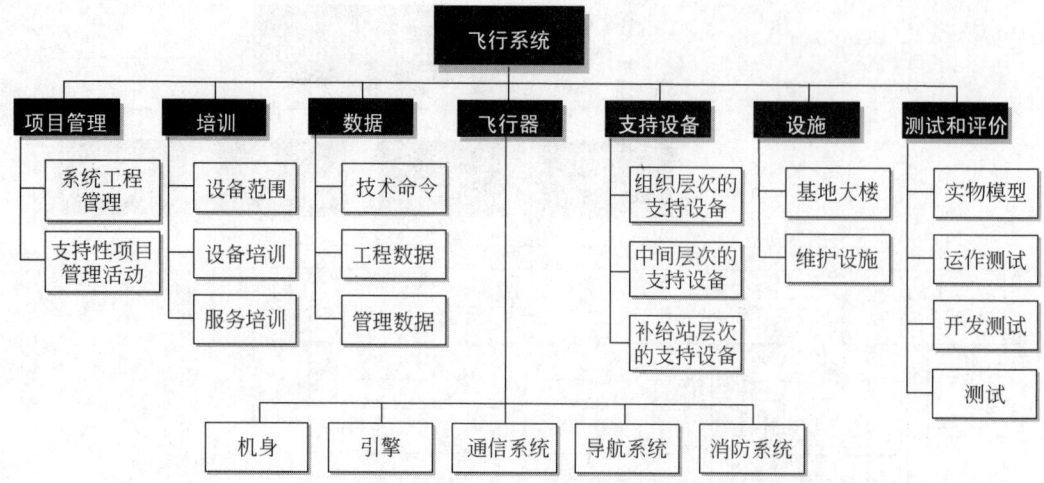

这个**WBS**只是作为示例，不代表任何某个具体项目的完整项目范围，也不意味着此类项目仅此一种**WBS**分解方式。

图 5-13　WBS 示例：以主要可交付成果为第二层

可到达工作包的层次，而另一些则须分解更多层。工作分解得越细，对工作的规划、管理和控制就越有力。但过细的分解会造成工作实施效率降低、资源使用效率低下，同时造成WBS各层级的数据汇总困难。

要在未来远期才完成的可交付成果或组件，当前可能无法分解。项目管理团队通常需要等待对该可交付成果或组成部分达成一致意见，才能够制定出 WBS 中的相应细节。这种技术称作滚动式规划。

WBS 包含全部的产品和项目工作，包括项目管理工作。通过把 WBS 底层的所有工作逐层向上汇总，来确保既没有遗漏的工作，也没有多余的工作。

5.5.3　过程输出

本过程的输出主要包括以下内容。

1. 范围基准

范围基准是经过批准的项目范围说明书、WBS 和 WBS 词典，只有通过正式的变更控制程序才能进行变更，它被用作比较的基础。范围基准是项目管理计划的组成部分，包括以下内容。

- 项目范围说明书：包括对项目范围、主要可交付成果、假设条件和制约因素的描述。
- WBS：是项目团队为实现项目目标、创建可交付成果而实施的全部工作范围的层级分解。
- 工作包：WBS 的最低层级是带有独特标识号的工作包。这些标识号为进行成本、进度和资源信息的逐层汇总提供了层级结构，构成账户编码。每个工作包都是控制账户的一部分，而控制账户则是一个管理控制点。在该控制点上，把范围、预算和进度加以整合,并与挣值相比较,以测量绩效。控制账户拥有两个或更多工作包,但每个工作包只与一个控制账户关联。

- 规划包:一个控制账户可以包含一个或多个规划包,其是一种低于控制账户而高于工作包的 WBS 组件,工作内容已知,但详细的进度活动未知。
- WBS 词典:(见表 5-6)是针对 WBS 中的每个组件,详细描述可交付成果、活动和进度信息的文件。WBS 词典对 WBS 提供支持,其中大部分信息由其他过程创建,然后在后期添加到词典中。WBS 词典中的内容可能包括账户编码标识、工作描述、假设条件和制约因素、负责的组织、进度里程碑、相关的进度活动、所需资源、成本估算、质量要求、验收标准、技术参考文献、协议信息等。

表 5-6　WBS 词典

项目名称:＿＿＿＿＿＿＿＿＿＿＿＿＿＿＿＿＿　　日期:＿＿＿＿＿＿＿＿＿＿＿＿＿＿

工作包名称:输入 WBS 里关于工作包可交付成果的简短描述	账户代码:输入 WBS 里的账户代码
工作描述:	假设条件和制约因素:
里程碑: 1. 所有和工作包相关联的里程碑清单 2. 3.	到期日: 所有和工作包相关联的里程碑到期日清单

编　号	活　动	资　源	人　工			材　料			总　价
			小　时	单　价	合　计	数　量	单　价	合　计	
唯一的活动标志,通常是 WBS 账户编号的拓展	描述活动清单或者进度计划上的活动	确定资源,通常来源于资源需求	需要的总人工	人工的单价,通常来源于成本估算	人工小时乘以人工单价	需要的材料总数量	需要的材料单价,通常来源于成本估算	材料数量乘以材料单价	人工、材料、其他任何与工作包有关的成本

质量需求:
记录任何有关工作包的质量要求或者测量指标

验收标准:
描述可交付成果的验收标准

技术信息:
记录可参考的完成工作包的任何技术要求或需要的文档

合同信息:
可参考的任何影响到工作包的合同或者其他合约

2. 项目文件更新

- 假设日志：随同本过程识别出更多的假设条件或制约因素而更新假设日志。
- 需求文件：可以更新需求文件，以反映在本过程提出并已被批准的变更。

5.6 确认范围

确认范围是正式验收项目已完成可交付成果的过程，如图 5-14 所示。本过程主要作用是，使验收过程具有客观性；通过验收每个可交付成果，提高最终产品、服务或成果获得验收的可能性。

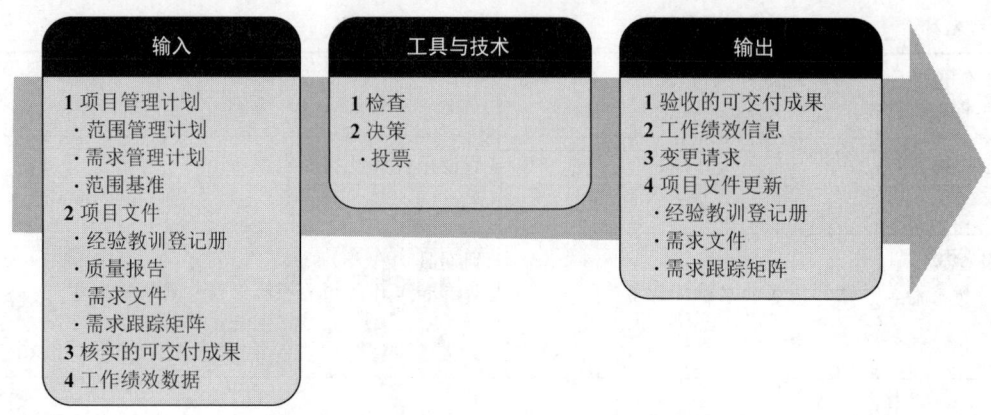

输入	工具与技术	输出
1 项目管理计划 · 范围管理计划 · 需求管理计划 · 范围基准 **2** 项目文件 · 经验教训登记册 · 质量报告 · 需求文件 · 需求跟踪矩阵 **3** 核实的可交付成果 **4** 工作绩效数据	**1** 检查 **2** 决策 · 投票	**1** 验收的可交付成果 **2** 工作绩效信息 **3** 变更请求 **4** 项目文件更新 · 经验教训登记册 · 需求文件 · 需求跟踪矩阵

图 5-14　确认范围：输入、工具与技术和输出

由客户或发起人审查从控制质量过程输出的核实的可交付成果，确认这些可交付成果已经圆满完成并通过正式验收。为此，需要依据从项目范围管理知识领域的各规划过程获得的输出（如需求文件或范围基准），以及从其他知识领域的各执行过程获得的工作绩效数据。

确认范围过程与控制质量过程的不同之处在于，前者关注可交付成果的验收，而后者关注可交付成果的正确性及是否满足质量要求。控制质量通常先于确认范围，但二者也可同时进行。

5.6.1 过程输入

本过程的输入主要包括以下内容。

1. 项目管理计划

- 范围管理计划：定义了如何正式验收已经完成的可交付成果。
- 需求管理计划：描述了如何确认项目需求。
- 范围基准：与实际结果比较，决定是否有必要进行变更、采取纠正措施或预防措施。

2. 项目文件

- 经验教训登记册：在项目早期获得的经验教训可以运用到后期阶段，以提高验收可交付成果的效率与效果。
- 质量报告：其内容可包括由团队管理或需上报的全部质量保证事项、改进建议，以及在控制质量过程中发现的情况的概述。在验收产品之前需要查看所有这些内容。
- 需求文件：将需求与实际结果比较，决定是否有必要进行变更、采取纠正措施或预防措施。
- 需求跟踪矩阵：含有与需求相关的信息，包括如何确认需求，用于在整个项目生命周期中对需求进行跟踪。

3. 核实的可交付成果

核实的可交付成果是指已经完成，并被控制质量过程检查为正确的可交付成果。

4. 工作绩效数据

工作绩效数据可能包括符合需求的程度、不一致的数量、不一致的严重性或在某时间段内开展确认的次数。

5.6.2　过程工具与技术

本过程的工具与技术主要包括以下内容。

1. 检查

检查指开展测量、审查与确认等活动，来判断工作和可交付成果是否符合需求和产品验收标准。检查有时也被称为审查、产品审查和巡检等，这些术语有时具有独特和具体的含义。

2. 决策

决策包括投票。当由项目团队和其他相关方进行验收时，使用投票来形成结论。

5.6.3　过程输出

本过程的输出主要包括以下内容。

1. 验收的可交付成果

符合验收标准的可交付成果应该由客户或发起人正式签字批准。应该从客户或发起人那里获得正式文件，证明相关方对项目可交付成果的正式验收。这些文件将提交给结束项目或阶段过程。

2. 工作绩效信息

工作绩效信息包括项目进展信息，例如，哪些可交付成果已经被验收，哪些未通过验收以及原因。这些信息应该被记录下来并传递给相关方。

3. 变更请求

对已经完成但未通过正式验收的可交付成果及其未通过验收的原因，应该记录在案。可能需要针对这些可交付成果提出变更请求，开展缺陷补救。变更请求应该由实施整体变更控制过程进行审查与处理。

4. 项目文件更新

- 经验教训登记册：更新经验教训登记册，以记录所遇到的挑战、应如何避免该挑战，以及良好的可交付成果验收方法。
- 需求文件：记录实际的验收结果，更新需求文件。需要特别注意实际结果比原定需求更好的情况，或者原定需求已经被放弃的情况。
- 需求跟踪矩阵：根据验收结果更新，包括所采用的验收方法及其使用结果。

5.7 控制范围

控制范围是监督项目和产品的范围状态、管理范围基准变更的过程，如图 5-15 所示。本过程的主要作用是，在整个项目期间保持对范围基准的维护，且需要在整个项目期间开展。

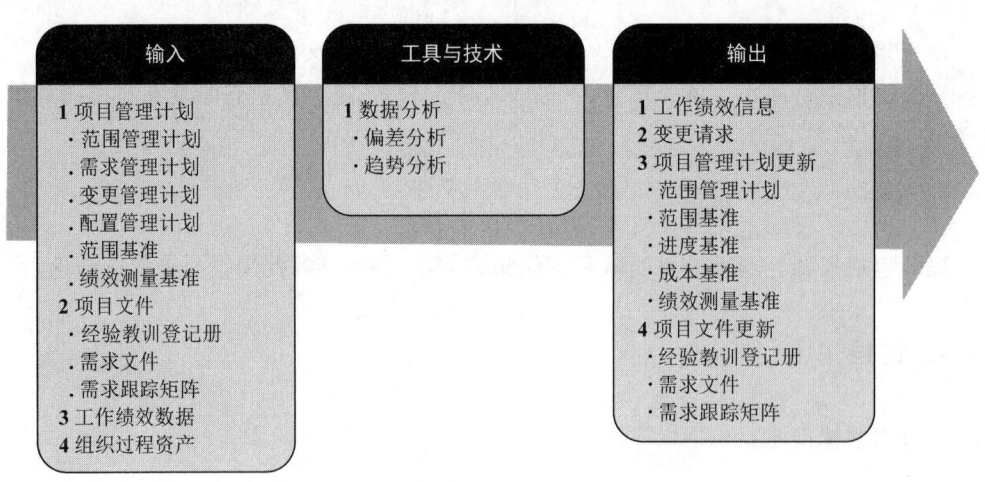

图 5-15 控制范围：输入、工具与技术和输出

变更不可避免,控制项目范围确保所有变更请求、推荐的纠正措施或预防措施都通过实施整体变更控制过程进行处理。在变更实际发生时,也要采用控制范围过程来管理这些变更。本过程应该与其他控制过程协调开展。未经控制的产品或项目范围的扩大(未对时间、成本和资源做相应调整)被称为范围蔓延。

5.7.1 过程输入

本过程的输入主要包括以下内容。

1. 项目管理计划

- 范围管理计划:记录如何控制项目和产品范围。
- 需求管理计划:记录如何管理项目需求。
- 变更管理计划:定义管理项目变更的过程。
- 配置管理计划:定义哪些是配置项,哪些配置项需要正式变更控制的内容,以及针对这些配置项的变更控制过程。
- 范围基准:用于与实际结果比较,以决定是否有必要进行变更、采取纠正措施或预防措施。
- 绩效测量基准:使用挣值分析时,将绩效测量基准与实际结果比较,以决定是否有必要进行变更、采取纠正或预防措施。

2. 项目文件

- 经验教训登记册:在项目早期获得的经验教训可以运用到后期阶段,以改进范围控制。
- 需求文件:用于发现任何对于批准的项目或产品范围的偏离。
- 需求跟踪矩阵:有助于发现任何变更或对范围基准的任何偏离给项目目标造成的影响,它还可以提供受控需求的状态。

3. 工作绩效数据

工作绩效数据包括收到的变更请求的数量、接收的变更请求的数量,以及核实、确认和完成的可交付成果的数量。

此过程的输入还包括组织过程资产(见本书第2章)。

5.7.2 过程工具与技术

本过程的工具与技术主要包括以下内容。

数据分析

- 偏差分析:用于将基准与实际结果进行比较,以确定偏差是否处于临界值区间内或是否有必要采取纠正或预防措施。

- 趋势分析：旨在审查项目绩效随时间的变化情况，以判断绩效是正在改善还是正在恶化。

确定偏离范围基准的原因和程度，并决定是否需要采取纠正或预防措施，是项目范围控制的重要工作。

5.7.3 过程输出

本过程的输出主要包括以下内容。

1. 工作绩效信息

工作绩效信息是有关项目和产品范围实施情况（对照范围基准）的、相互关联且与各种背景相结合的信息，包括收到的变更的分类、识别的范围偏差和原因、偏差对进度和成本的影响，以及对将来范围绩效的预测。

2. 变更请求

分析项目绩效后，可能会就范围基准和进度基准，或项目管理计划的其他组成部分提出变更请求。变更请求需要经过实施整体变更控制过程的审查和处理。

3. 项目管理计划更新

任何变更都以变更请求的形式提出，且通过组织的变更控制过程进行处理。可能需要变更请求的内容包括以下内容。

- 范围管理计划：反映范围管理方式的变更。
- 范围基准：在针对范围、范围说明书、WBS 或 WBS 词典的变更获得批准后，需要对范围基准做出相应的变更。有时范围偏差太过严重，以至于需要修订范围基准，以便为绩效测量提供现实可行的依据。
- 进度基准：在针对范围、资源或进度估算的变更获得批准后，需要对进度基准做出相应的变更。有时进度偏差太过严重，以至于需要修订进度基准，以便为绩效测量提供现实可行的依据。
- 成本基准：在针对范围、资源或成本估算的变更获得批准后，需要对成本基准做出相应的变更。有时成本偏差太过严重，以至于需要修订成本基准，以便为绩效测量提供现实可行的依据。
- 绩效测量基准：在针对范围、进度绩效或成本估算的变更获得批准后，需要对绩效测量基准做出相应的变更。有时绩效偏差太过严重，需要提出变更请求来修订绩效测量基准，以便为绩效测量提供现实可行的依据。

4. 项目文件更新

- 经验教训登记册：更新经验教训登记册，以记录控制范围的有效技术，以及造成偏差的原因和选择的纠正措施。

- 需求文件：可以通过增加或修改需求而更新需求文件。
- 需求跟踪矩阵：应该随同需求文件的更新而更新。

习题

1. 下列各知识领域都会影响项目范围管理,除了(　　)。

 A. 整合管理   B. 质量管理   C. 沟通管理   D. 采购管理

2. 哪些过程会直接影响创建 WBS?(　　)

 A. 定义范围,控制范围   B. 定义范围,收集需求

 C. 控制范围,确认范围   D. 收集需求,确认范围

3. 范围管理不会直接影响下列哪个知识领域?(　　)

 A. 风险管理   B. 质量管理   C. 资源管理   D. 成本管理

4. 在某个项目中,客户对项目的可交付成果进行正式的验收,并签字确认。请问这是什么过程?(　　)

 A. 确认范围   B. 控制范围

 C. 实施质量控制   D. 结束项目或阶段

5. 下列说法错误的是(　　)。

 A. 收集需求过程只需定义客户期望,无须管理这些期望

 B. 需求是 WBS 的统计基础

 C. 成本、进度和质量规划要在需求的基础上进行

 D. 收集需求中的需求是相关方的需求

6. 需求文件的作用是(　　)。

 A. 描述如何分析、记录和管理需求

 B. 描述如何启动产品、服务或成果的变更

 C. 描述各种单一的需求将如何满足与项目相关的业务需求

 D. 在整个项目生命周期中对需求进行跟踪

7. 下列(　　)不是包括在需求文件中的内容。

 A. 项目目标 B. 验收标准 C. 工作包 D. 质量要求

8. 为了制定项目范围说明书,要了解项目审批要求,那么应该查阅(　　)文件。

 A. 项目章程   B. 组织过程资产

 C. 需求文件   D. WBS

9. 项目范围说明书的意义在于(　　)。

 A. 开展更详细规划的基础   B. 提供项目简要的说明

 C. 为相关方审批项目   D. 为成本核算提供了标准

10. 下列(　　)过程的输出会直接影响创建 WBS。

 A. 定义范围 B. 确认范围 C. 收集需求 D. A 和 C

11. 下列(　　)不是创建 WBS 的输入。

A. 项目范围说明书　　　　　　　　B. 需求文件

C. 需求跟踪矩阵　　　　　　　　D. 组织过程资产

12. WBS 应该细化到（　　）。

A. 能进行可靠估算的层面　　　　B. 可以由一个人来完成

C. 完成时间为 80 小时的工作包　　D. 控制账户层面

13. 工作包是（　　）。

A. 在 WBS 底层的可交付成果或项目工作要素

B. 带有特定标示符的任务

C. 包含计划包的可交付成果

D. 可以在两周内完成的可交付成果或项目工作

14. 下列（　　）不是 WBS 词典的内容。

A. 工作描述　　　　　　　　　B. 项目除外责任

C. 负责的组织　　　　　　　　D. 进度里程碑清单

15. 控制账户主要用于（　　）。

A. 分配资源　　　　　　　　　B. 总账

C. WBS 中的元素　　　　　　　D. 分账

16. 某项目团队正在就创建 WBS 进行讨论，为了使分解进行得更顺利，下列（　　）与这次讨论没有关系。

A. 完成的状况是否是可测量的　　B. 清楚定义开始和结束的日期

C. 便于估算时间和成本　　　　　D. 能给工作包制定责任人或可以外包

17. 小张是某项目的项目经理，他遇到了这样的情况：产品的性能没有达到预期的质量标准，但却被客户接受了，这表明进行了（　　）活动。

A. 偏差分析　　　B. 返工　　　　C. 质量审计　　　　D. 确认范围

18. 因为客户的放弃，你的项目提前终止，确认范围过程（　　）。

A. 应该被延缓至项目结束才进行

B. 应该取消，以节省资源

C. 应该用来建立和记录项目完成的程度

D. 将用于制定项目审计的基础

19. 项目团队成员 A 向客户提交成果时，项目经理 B 发现这一成果缺少一些他认为应该包括的内容，而且 B 对有些内容不是很满意，这时 B 应该（　　）。

A. 告诉该成员的上司　　　　　　B. 让该成员立即按自己的要求返工

C. 进行确认范围　　　　　　　　D. 识别风险

20. 收集需求的（　　）输出直接影响了确认范围。

A. 需求跟踪矩阵、需求文件　　　B. 需求跟踪矩阵、项目章程

C. 需求文件、项目范围说明书　　D. 范围基准

21. 已经完成并经实施质量控制过程检验合格的可交付成果是（　　）。

A. 工作绩效信息　　　　　　　　B. 工作绩效测量结果

C. 确认的可交付成果　　　　　　D. 验收的可交付成果

22. 按照合同要求,某机械的制造需要一种特殊的机床。在制造过程中,客户为机械加入额外的功能。项目经理考虑到机床是租来的,如果增加额外功能,会增加租赁成本,但客户一再坚持,项目经理首先应当(　　)。

　　A. 评估对项目章程和范围的影响

　　B. 评估对项目成本和进度的影响

　　C. 同意客户做一些范围上的变更的要求

　　D. 向客户说"不",然后按计划进行

23. 下列(　　)过程的输出会直接作为控制范围的输入。

　　A. 收集需求　　　　　　　　　　B. 确认范围

　　C. 报告绩效　　　　　　　　　　D. 制定项目章程

24. 客户提出变更项目范围。为了确定要求的变更可能产生的影响,项目经理需要项目管理计划、需求文件、需求跟踪矩阵、组织过程资产及(　　)。

　　A. 工作绩效信息　　　　　　　　B. 责任分配矩阵

　　C. 组织分解结构　　　　　　　　D. 帕累托图表

25. 下列(　　)是工作绩效测量结果。

　　A. 计划与实际技术性能的对比　　B. 关于项目进展情况的信息

　　C. 哪些可交付成果已开始　　　　D. 哪些可交付成果已完成

实验与思考：数据中心迁移项目的范围管理文件

1. 实验目的

本节"实验与思考"的目的如下。

(1) 理解和熟悉项目范围管理的基本概念。

(2) 掌握项目范围管理工作流程,完成范围管理相关活动。

(3) 掌握建立工作分解结构(WBS)和 WBS 词典基本操作。

(4) 通过对某公司数据中心迁移项目案例的分析,尝试为该项目建立范围管理计划、需求管理计划和需求跟踪矩阵。

2. 工具/准备工作

在开始本实验之前,请回顾教科书的相关内容。

需要准备一台能够访问因特网的计算机。

3. 实验内容与步骤

作业要求

请重温上一章案例的说明,熟悉先进能源技术公司的数据中心迁移项目。

(1) 小组讨论研究和熟悉这个项目的具体工作内容。

(2) 请为该项目建立"范围管理计划"(见表 5-2)。

（3）请为该项目建立"需求管理计划"（见表 5-3）。

（4）请为该项目建立"需求跟踪矩阵"（见表 5-4）。

（5）请为该项目建立初步的 WBS，所建立的 WBS 中某一项至少分解到第三层。

（6）请为该项目建立"WBS 词典"（见表 5-6）。

将上述内容整理形成正式的项目范围管理文件并适当命名。

如果是书面作业，请适当注意文档装饰并用 A4 纸打印。

如果是电子文档，请用压缩软件对本作业压缩打包，并将压缩文件命名如下。

<班级>_<姓名>_项目范围管理.rar

请将该压缩文件在要求的日期内，以电子邮件、QQ 文件传送或者实验指导老师指定的其他方式交付。

4. 实验总结

_____

_____

_____

_____

5. 实验评价（教师）

_____

_____

第6章 项目进度管理

相比较而言,制订进度计划容易,但使项目沿着既定轨道前进则要困难得多。进度问题是项目生命周期内造成项目冲突的主要原因之一。之所以进度问题如此普遍,部分原因是时间易于测量,任何人都可以迅速地估计进度计划的执行情况。

项目进度管理包括为管理项目按时完成所需的各个过程,如图6-1所示。这些过程

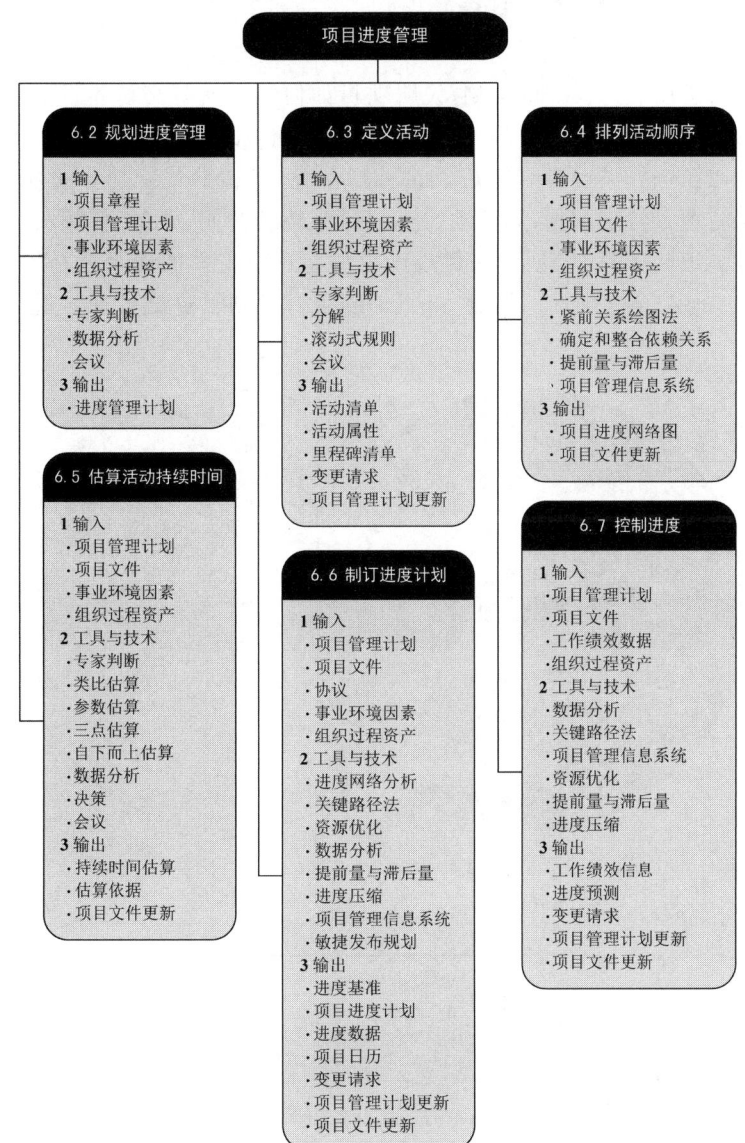

图 6-1 项目进度管理概述

不仅彼此相互作用,而且还与其他知识领域中的过程相互作用。

6.1 项目进度管理概述

在进度管理计划中规定项目进度管理的各个过程及其工具与技术,把进度管理计划整合进项目管理计划。进度管理计划确定进度规划的方法和工具,并为编制和控制进度计划建立格式和准则。在所选的进度规划方法中,规定进度编制工具的框架和算法,以便创建进度模型。

6.1.1 项目进度管理的核心概念

通过为项目进度制订详尽的计划,说明项目如何以及何时交付项目范围中定义的产品、服务和成果,并作为一种用于沟通和管理相关方期望的工具,以及报告绩效的基础。

项目管理团队选择进度计划方法,如关键路径法(CPM)或敏捷方法(CCM)。之后,项目管理团队将项目特定数据,如活动、计划日期、持续时间、资源、依赖关系和制约因素等输入进度计划编制工具,以创建项目进度模型。这项工作的成果就是项目进度计划。图 6-2 展示了如何结合进度计划编制方法、编制工具及项目进度管理各过程的输出来创建进度模型。

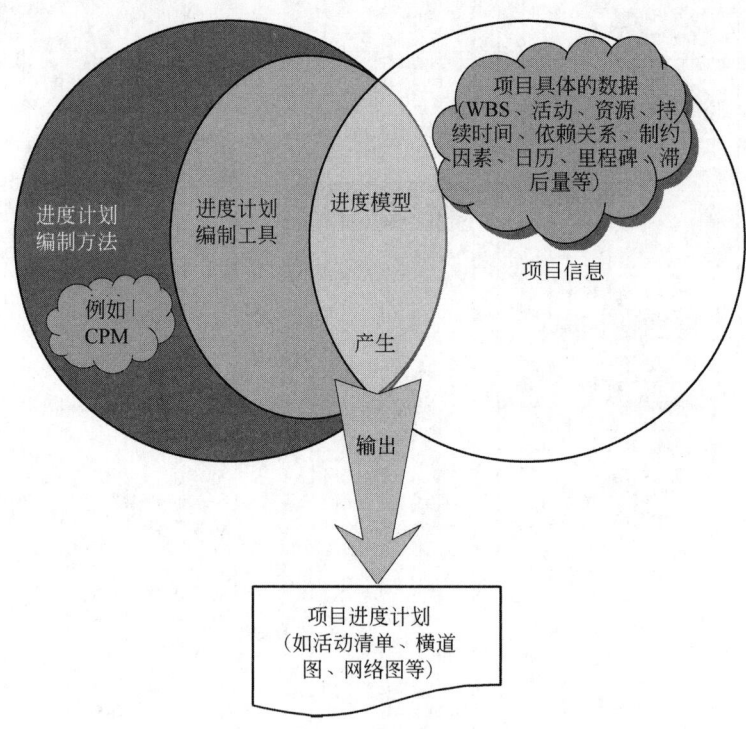

图 6-2　进度规划工作概述

在小型项目中,定义活动、排列活动顺序、估算活动持续时间及制订进度计划等过程之间的联系非常密切,以至于可视为一个过程,甚至能够由一个人在较短时间内完成。

在可能的情况下,应在整个项目期间保持项目详细进度计划的灵活性,使其可以随着知识的获得、对风险理解的加深,以及增值活动的设计而不断调整。

6.1.2 发展趋势和新兴实践

为应对环境与竞争具有的不确定性和不可预测性,根据具体情景有效采用和裁剪开发实践就日益重要。适应型规划虽然制订了计划,但也意识到工作开始之后,优先级可能发生改变,需要修改计划以反映新的优先级。

有关项目进度计划方法的新兴实践包括以下内容。

(1) 具有未完项的迭代型进度计划。这是一种基于适应型生命周期的滚动式规划,例如敏捷的产品开发方法,将需求记录在用户故事中,然后在建造之前按优先级排序并优化用户故事,最后在规定的时间内开发产品功能。这一方法通常用于向客户交付增量价值,或多个团队并行开发大量内部关联较小的功能。适应型生命周期在产品开发中的应用越来越普遍,很多项目都采用这种进度计划方法。这种方法的好处是允许在整个开发生命周期期间进行变更。

(2) 按需进度计划。这种方法通常用于看板体系,基于制约理论和来自精益生产的拉动式进度计划概念,根据团队的交付能力来限制团队正在开展的工作。按需进度计划方法不依赖于以前为产品开发或产品增量制订的进度计划,而是在资源可用时立即从未完项和工作序列中提取出来开展。按需进度计划方法经常用于此类项目:在运营或持续环境中以增量方式研发产品,且任务的规模或范围相对类似,或者可以按照规模或范围对任务进行组合的项目。

6.1.3 裁剪时考虑的因素

由于每个项目的独特性,项目经理需要裁剪项目进度管理过程。裁剪时应考虑以下因素。

(1) 生命周期方法。哪种生命周期方法最适合制订详细的进度计划?

(2) 资源可用性。影响资源可持续时间的因素是什么(如可用资源与其生产效率之间的相关性)?

(3) 项目维度。项目复杂性、技术不确定性、产品新颖度、速度或进度跟踪要求(如挣值、完成百分比)如何影响预期的控制水平?

(4) 技术支持。是否采用技术来制定、记录、传递、接收和存储项目进度模型的信息以及该技术是否易于被获取?

6.1.4 敏捷或适应型环境的考虑因素

适应型方法采用短周期来开展工作、审查结果，并在必要时做出调整。这些周期可针对方法和可交付成果的适用性提供快速反馈，通常表现为迭代型进度计划和拉动式按需进度计划。

在大型组织中，可能同时存在小规模项目和大规模举措，需要制定长期路线图，通过规模参数（如团队规模、地理分布、法规合规性、组织复杂性和技术复杂性）来管理这些项目集。为管理大规模的、全企业系统的、完整的交付生命周期，可能需要采用一系列技术，包括预测型方法、适应型方法或两种方法的混合。组织还可能需要结合几种核心方法，并采纳来自传统技术的一些原则和实践。

无论是采用预测型开发生命周期，还是在适应型环境下管理项目，项目经理的角色都不变。但是，要成功实施适应型方法，项目经理需要了解如何高效使用相关的工具和技术。

6.2 规划进度管理

规划进度管理是为规划、编制、管理、执行和控制项目进度而制定政策、程序、文档的过程，如图 6-3 所示。本过程的主要作用是，为在整个项目过程中管理项目进度提供指南和方向。本过程仅开展一次或仅在项目的预定义点开展。

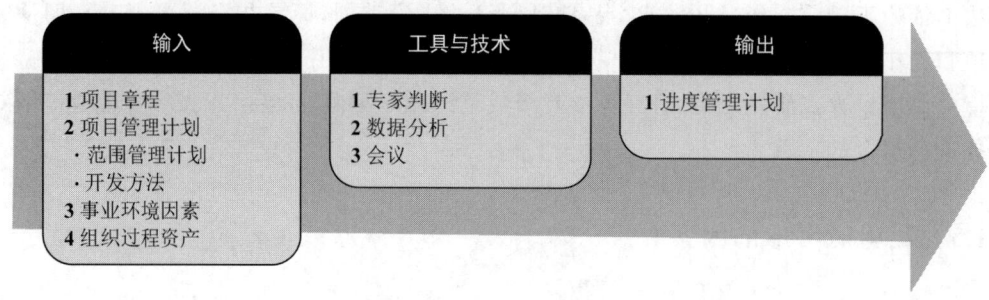

图 6-3　规划进度管理：输入、工具与技术和输出

进度管理计划是项目管理计划的组成部分。根据项目需要，进度管理计划可以是正式或非正式的，非常详细或高度概括的，其中应包括合适的控制临界值。进度管理计划也会规定如何报告和评估进度紧急情况。为反映在管理进度过程中所发生的变更，需要更新进度管理计划。

6.2.1 过程输入

本过程的输入主要包括以下内容。

1. 项目章程

项目章程中规定的总体里程碑进度计划会影响项目的进度管理。

2. 项目管理计划

- 范围管理计划：描述如何定义和制订范围，并提供有关制订进度计划的信息。
- 开发方法：产品开发方法有助于定义进度计划方法、估算技术、进度计划编制工具以及用来控制进度的技术。

此过程的输入还包括事业环境因素和组织过程资产（见本书第 2 章）。

6.2.2 过程工具与技术

本过程的工具与技术主要包括以下内容。

1. 专家判断

应征求具备专业知识或在以往类似项目中接受过相关培训的个人或小组的意见。
- 进度计划的编制、管理和控制。
- 进度计划方法（如预测型或适应型生命周期）。
- 进度计划软件。
- 项目所在的特定行业。

2. 数据分析

数据分析包括备选方案分析。可确定采用哪些进度计划方法，以及如何将不同方法整合到项目中；此外，它还可以包括确定进度计划的详细程度、滚动式规划的持续时间，以及审查和更新频率。管理进度所需的计划详细程度与更新计划所需的时间量之间的平衡，应针对各个项目具体而言。

3. 会议

项目团队可能举行规划会议来制订进度管理计划。参会人员可能包括项目经理、项目发起人、选定项目团队成员、选定的相关方、进度计划或执行负责人，以及其他必要人员。

6.2.3 过程输出

本过程的输出主要包括以下内容。

进度管理计划

进度管理计划（见表 6-1）是项目管理计划的组成部分，为编制、监督和控制项目进度建立准则和明确活动。根据项目需要,进度管理计划可以是正式或非正式的,非常详细或高度概括的,其中应包括合适的控制临界值。

表 6-1　进度管理计划

项目名称:＿＿＿＿＿＿＿＿＿＿＿＿＿＿＿＿　　日期:＿＿＿＿＿＿＿＿＿＿＿＿

进度方法

识别项目所使用的进度方法,无论是关键路径法、关键链法,还是其他方法

进度工具

识别项目所使用的进度工具。工具可以是进度软件、报告软件、挣值软件等

准确度	计量单位	偏差临界值
描述所需估算的准确程度。当掌握更多信息时,准确程度可以渐进明细。如果把滚动规划作为准则并且改进的级别会用于过程和工作量估算,那么准确程度需要渐进明细	指出持续时间的估算单位,如以天、周、月或者其他时间为单位	指出活动、工作包或者项目作为整体是达标了,还是需要预防措施,或者落后并且需要纠正措施

进度报告信息和格式

记录状态和进展报告所需要的进度信息。如果要使用特殊的报告格式,需要附上特殊的表格或者模板作为副本

过程管理

活动识别	描述活动怎样被识别,如分解、头脑风暴、访谈等
活动排序	描述给活动排序从而创建网络图的准则,可以包括依赖关系的类型以及怎样记录它们的准则
估算资源	指出资源如何在进度计划工具中被估算、装载以及管理,包括如何与资源池、技能清单、资源类型水平工作
估算人力投入和持续时间	指出用于估算人力投入和持续时间的技术。例如,类比估算、三点估算、参数估算等
更新、管理和控制	记录更新进度的过程,包括更新频率、权限、版本等。指出维护基准完整和必要情况下重设基准的准则

进度管理计划会规定以下几方面的内容。

- 项目进度模型制定:需要规定用于制定项目进度模型的进度规划方法论和工具。
- 进度计划的发布和迭代长度:使用适应型生命周期时,应指定固定时间的发布时段、阶段和迭代。固定时间段指项目团队稳定地朝着目标前进的持续时间,它可以推动团队先处理基本功能,然后在时间允许的情况下再处理其他功能,从而尽可能减少范围蔓延。
- 准确度:定义了需要规定活动持续时间估算的可接受区间,以及允许的应急储备数量。

- 计量单位：需要规定每种资源的计量单位，例如，用于测量时间的人时数、人天数或周数，用于计量数量的米、升、吨、千米或立方米。
- 组织程序链接：WBS为进度管理计划提供了框架，保证与估算及相应进度计划的协调性。
- 项目进度模型维护：需要规定在项目执行期间，将如何在进度模型中更新项目状态，记录项目进展。
- 控制临界值：可能需要规定偏差临界值，用于监督进度绩效。它是在需要采取某种措施前，允许出现的最大差异。临界值通常用偏离基准计划中的参数的某个百分数来表示。
- 绩效测量规则：需要规定用于绩效测量的挣值管理（EVM）规则或其他测量规则。进度管理计划可能规定以下内容。

① 确定完成百分比的规则。

② EVM技术，如基准法、固定公式法、完成百分比法等。

③ 进度绩效测量指标，如进度偏差（SV）和进度绩效指数（SPI），用来评价偏离原始进度基准的程度。

④ 报告格式。需要规定各种进度报告的格式和编制频率。

6.3 定义活动

创建WBS过程已经识别出WBS中底层的可交付成果，即工作包。项目工作包通常还应进一步细分为更小的组成部分，即活动（或称为任务），代表为完成工作包所需的工作投入。活动是项目进行期间需要完成的工作单元，它们有预期的历时、成本和资源要求。活动也是开展估算、编制进度计划以及执行和监控项目工作的基础。

定义活动是识别和记录为完成项目可交付成果而需采取的具体行动的过程，如图6-4所示。本过程的主要作用是，将工作包分解为活动，作为对项目工作进行估算、进度规划、执行、监督和控制的基础。

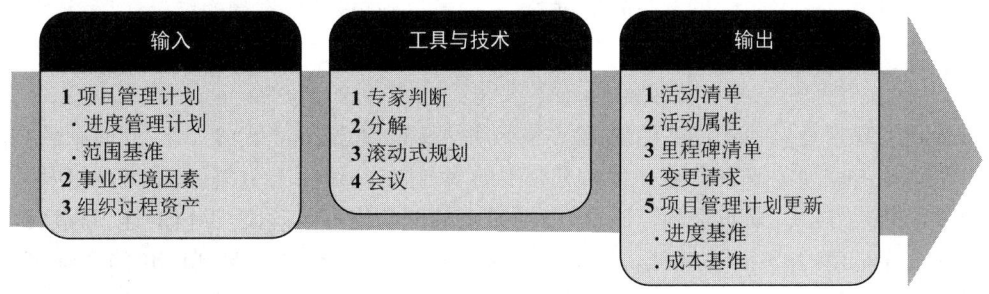

图 6-4 定义活动：输入、工具与技术和输出

定义活动过程的目标是，确保项目团队对作为项目范围的一部分而必须完成的所有工作有一个完整的理解。活动定义也会产生一些辅助性的详细资料，以将重要的产品信息、与具体活动相关的假设和约束条件形成相应的文件。在转移到项目进度管理的下一

个阶段以前,项目团队应该与项目相关方一起审查修订的 WBS 和依据资料。

6.3.1　过程输入

本过程的输入主要包括以下内容。

项目管理计划

- 进度管理计划:定义进度计划方法、滚动式规划的持续时间,以及管理工作所需的详细程度。
- 范围基准:在定义活动时,需明确考虑范围基准中的项目 WBS、可交付成果、制约因素和假设条件。

此过程的输入还包括事业环境因素和组织过程资产(见本书第 2 章)。

6.3.2　过程工具与技术

本过程的工具与技术主要包括以下内容。

1. 专家判断

应征求了解以往类似项目和当前项目的个人或小组的专业意见。

2. 分解

分解是一种把项目范围和项目可交付成果逐步划分为更小、更便于管理的组成部分的技术。活动表示完成工作包所需的投入。定义活动过程的最终输出是活动而不是可交付成果,可交付成果是创建 WBS 过程的输出。

WBS、WBS 词典和活动清单可依次或同时编制,其中 WBS 和 WBS 词典是制定最终活动清单的基础。WBS 中的每个工作包都需分解成活动,以便通过这些活动来完成相应的可交付成果。让团队成员参与分解过程,有助于得到更好、更准确的结果。

3. 滚动式规划

滚动式规划是一种迭代式的规划技术,即详细规划近期要完成的工作,同时在较高层级上粗略规划远期工作。它是一种渐进明细的规划方式,适用于工作包、规划包以及采用敏捷或瀑布式方法的发布规划。因此,在项目生命周期的不同阶段,工作的详细程度会有所不同。在早期的战略规划阶段,信息尚不够明确,工作包只能分解到已知的详细水平;而后,随着了解到更多的信息,近期即将实施的工作包就可以分解到具体的活动。

4. 会议

会议可以是面对面或虚拟的,正式或非正式的。参会者可以是团队成员或主题专家,其目的是定义完成工作所需的活动。

6.3.3 过程输出

本过程的输出主要包括以下内容。

1. 活动清单

活动清单(见表 6-2)包含项目所需的进度活动。对于使用滚动式规划或敏捷技术的项目,活动清单会在项目进展过程中得到定期更新。活动清单包括每个活动的标识及工作范围详述,使项目团队成员知道需要完成什么工作。

表 6-2 活动清单

项目名称:＿＿＿＿＿＿＿＿＿＿＿＿＿＿＿＿ 日期:＿＿＿＿＿＿＿＿＿＿＿＿＿＿＿＿

编号	活动名称	工作描述
唯一编号	记录活动的简要总结。活动名称用动词开始,通常很少的几个词汇描述了活动的唯一结果,如"设计可交付成果 A"或者"测试单元 B"	如果需要用这一项来提供更多关于活动描述的细节。例如,如果需要特殊的过程或者方法来工作

2. 活动属性

活动属性(见表 6-3)是指每项活动所具有的多重属性,用来扩充对活动的描述。活动属性随时间演进。在项目初始阶段,活动属性包括唯一活动标识(ID)、WBS 标识和活动标签或名称;在活动属性编制完成时,活动属性可能包括活动描述、紧前活动、紧后活动、逻辑关系、提前量和滞后量、资源需求、强制日期、制约因素和假设条件。活动属性可用于识别开展工作的地点、编制开展活动的项目日历,以及相关的活动类型。活动属性还可用于编制进度计划。根据活动属性,可在报告中以各种方式对计划进度活动进行选择、排序和分类。

3. 里程碑清单

里程碑是项目中的重要时点或事件,里程碑清单(见表 6-4)列出了所有项目里程碑,并指明每个里程碑是强制性的(如合同要求的)还是选择性的(如根据历史信息确定的)。里程碑的持续时间为零,因为它们代表的是一个重要时间点或事件。

项目名称： 　　　　　　　　　　　　　　　　　　　　**准备日期：**

表6-3　活动属性

编号：唯一的编号	活动名称：记录活动的简要总结。活动名称用动词开始，用很少汇词描述活动的唯一结果，如"设计可支付成果单元B"，或者"测试单元B"

工作描述：关于活动的细节描述，让人可以理解完成这项工作需要什么

紧前	关系	时间提前量或滞后量	紧后	关系	时间提前量或滞后量
识别任何必须在活动之前发生的紧前活动	描述紧前活动和紧后活动之间关系的本质，如开始到开始，结束到开始，结束到结束	应用于任何逻辑关系的时间提前、延迟或者加速	识别任何必须在活动之后发生的紧后活动		

资源需求的数量和类型：记录完成工作所需要的人员角色和数量

技能需求：

其他需要的资源：

人力投入的类型：指出工作是否是固定持续时间，固定人力投入数量和投入水平，分配的人力投入或者其他工作类型

执行的地点：如果工作要在组织办公室之外的某地完成，指明这个区域

强制日期或其他制约因素：

制约因素：记录任何开始、结束、审核或者完成所需要的时间

假设条件：记录任何关于活动的假设，如资源可用性、技能信息，或者其他影响到活动的假设

表 6-4   里程碑清单

项目名称：_____   日期：_____

里程碑名称	里程碑描述	类　　型
唯一的描述里程碑的名字	里程碑描述要足够详细,以使人能理解需要什么来完成里程碑	描述里程碑的类型,例如: ● 内部的或者外部的 ● 暂时的还是永久的 ● 可选择的还是强制的

4. 变更请求

项目基准定义后,在将可交付成果渐进明细为活动的过程中,可能会发现原本不属于项目基准的工作,应该通过实施整体变更控制过程对变更请求进行审查和处理。

5. 项目管理计划更新

任何变更都以变更请求形式提出,且通过变更控制过程处理。

- 进度基准:在整个项目期间,工作包细化为活动。在这个过程中可能会发现原本不属于项目基准的工作,从而需要修改作为进度基准一部分的交付日期或其他重要的进度里程碑。
- 成本基准:在针对进度活动的变更获得批准后,需要对成本基准做出相应的变更。

6.4 排列活动顺序

排列活动顺序是识别和记录项目活动之间关系的过程,如图 6-5 所示。本过程的主要作用是,定义工作之间的逻辑顺序,以便在既定项目制约因素下获得最高效率。本过程需要在整个项目期间开展。

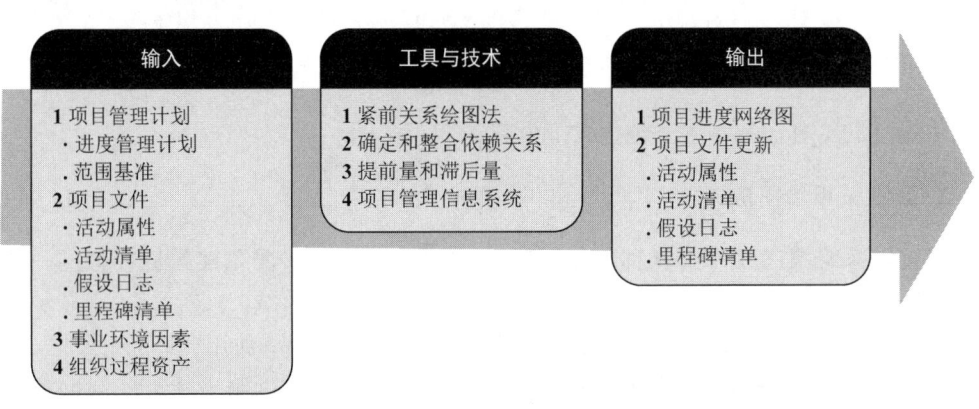

图 6-5 排列活动顺序:输入、工具与技术和输出

除了首尾两项,每项活动都至少有一项紧前活动(如逻辑关系为结束到开始或开始到

开始)和一项紧后活动(如逻辑关系为结束到开始或结束到结束)。通过设计逻辑关系来创建一个切实的项目进度计划,可能有必要在活动之间使用提前量或滞后量,使项目进度计划更为切实可行;可以使用项目管理软件、手动技术或自动技术,来排列活动顺序。排列活动顺序过程旨在将项目活动列表转化为图表,作为发布进度基准的第一步。

6.4.1 过程输入

本过程的输入主要包括以下内容。

1. 项目管理计划

- 进度管理计划:规定了排列活动顺序的方法和准确度,以及所需的其他标准。
- 范围基准:在排列活动顺序时,需明确考虑范围基准中的项目 WBS、可交付成果、制约因素和假设条件。

2. 项目文件

- 活动属性:其中描述了事件之间的必然顺序或确定的紧前或紧后关系,以及定义的提前量与滞后量、活动之间的逻辑关系。
- 活动清单:列出了项目所需的、待排序的全部进度活动,这些活动的依赖关系和其他制约因素会对活动排序产生影响。
- 假设日志:所记录的假设条件和制约因素可能影响活动排序的方式、活动之间的关系,以及对提前量和滞后量的需求,并且有可能生成一个会影响项目进度的单个项目风险。
- 里程碑清单:其中可能列出特定里程碑的计划实现日期,这将影响活动排序的方式。

此过程的输入还包括事业环境因素和组织过程资产(见本书第 2 章)。

6.4.2 过程工具与技术

本过程的工具与技术主要包括以下内容。

1. 紧前关系绘图法

紧前关系绘图法(PDM,又称前导图法、优先图法、节点法)是创建进度模型的一种技术,用节点(方框或矩形)表示活动,用一种或多种逻辑关系(箭线)连接活动,以显示活动的实施顺序。其中"完成到开始"是最常用的逻辑关系类型,很少使用"开始到完成"关系。PDM 避免了使用虚活动(即没有历时、不占用资源的活动),也反映了任务之间的各种依赖关系。

PDM 包括 4 种依赖关系或逻辑关系(见表 6-5)。紧前活动是进度计划路径中排在某个活动前面的活动。紧后活动是在进度计划路径中,排在某个活动后面的活动。这些关系的定义如下。

表 6-5　项目活动的依赖关系

任务相关性	Project 软件示例	说　　明
完成—开始(FS)	A → B	任务 B 只有在任务 A 完成之后才能开始
开始—开始(SS)	A / B	任务 B 只有在任务 A 开始之后才能开始
完成—完成(FF)	A / B	任务 B 只有在任务 A 完成之后才能完成
开始—完成（SF）	A / B	任务 B 只有在任务 A 开始之后才能完成

(1) 完成到开始(FS)：只有紧前活动完成，紧后活动才能开始的逻辑关系。例如，只有完成装配 PC 硬件(紧前活动)，才能开始在 PC 上安装操作系统(紧后活动)。

(2) 完成到完成(FF)：只有紧前活动完成，紧后活动才能完成的逻辑关系。例如，只有完成文件的编写(紧前活动)，才能完成文件的编辑(紧后活动)。

(3) 开始到开始(SS)：只有紧前活动开始，紧后活动才能开始的逻辑关系。例如，开始地基浇灌(紧前活动)后，才能开始混凝土的找平(紧后活动)。

(4) 开始到完成(SF)：只有紧前活动开始，紧后活动才能完成的逻辑关系。例如，只有启动新的应付账款系统(紧前活动)，才能关闭旧的应付账款系统(紧后活动)。

在 PDM 图中，FS 是最常用的逻辑关系类型，SF 关系很少使用。

虽然两个活动之间可能同时存在两种逻辑关系(如 SS 和 FF)，但建议选择一种最有意义的逻辑关系，也不建议采用闭环的逻辑关系。

2. 确定和整合依赖关系

依赖关系可能是强制、选择、内部或外部的，可以组合成强制性外部依赖关系、强制性内部依赖关系、选择性外部依赖关系或选择性内部依赖关系。在活动排序过程中，应明确这些依赖关系。

(1) 强制性依赖关系：又称硬逻辑关系或硬依赖关系，是法律或合同要求的或工作的内在性质决定的依赖关系，且往往与客观限制有关。例如，在电子项目中，必须先把原型制造出来，然后才能对其进行测试。

(2) 选择性依赖关系：又称优先逻辑关系或软逻辑关系。选择性依赖关系应基于具体应用领域的最佳实践或项目的某些特殊性质对活动顺序的要求来创建。例如，根据普遍公认的最佳实践，在建筑施工期间应该先完成给排水施工，再开始电气施工。这个顺序并不是强制性的。虽然两项工作可以同时(并行)开展,但是按先后顺序开展可以降低整体项目风险。因为选择性依赖关系会影响总浮动时间,并限制后续的进度安排,应该对其进行全面记录。如果打算快速跟进,则应当审查相应的选择性依赖关系,并考虑是否需要调整或去除。

(3)外部依赖关系:是项目活动与非项目活动之间的依赖关系,这些依赖关系往往不在项目团队的控制范围内。例如,软件项目的测试活动取决于外部硬件的到货;建筑项目的现场准备,可能要在政府的环境听证会之后才能开始。

(4)内部依赖关系:是项目活动之间的紧前关系,通常在项目团队的控制之中。例如,只有机器组装完毕,团队才能对其测试,这是一个内部的强制性依赖关系。

3. 提前量和滞后量

提前量是相对于紧前、紧后活动可以提前的时间量。例如,在新办公大楼建设项目中,绿化施工可以在尾工清单编制完成前2周开始,这就是带2周提前量的完成到开始的关系,如图6-6所示。

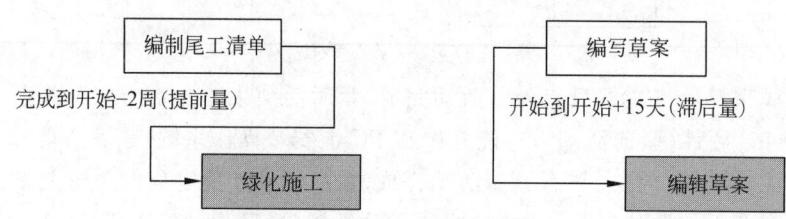

图 6-6　提前量和滞后量示例

在进度计划软件中,提前量往往表示为负滞后量。滞后量是相对于紧前、紧后活动需要推迟的时间量,是在某些限制条件下,在紧前和紧后活动之间增加一段不需工作或资源的自然时间。例如,对于一个大型技术文档,编写小组可以在编写工作开始15天后,开始编辑文档草案。这就是带15天滞后量的开始到开始关系。在图6-7所示的项目进度网络图中,活动H和活动I之间就有滞后量,表示为SS+10(带10天滞后量的开始到开始关系),虽然图中并没有用精确的时间刻度来表示滞后的量值。

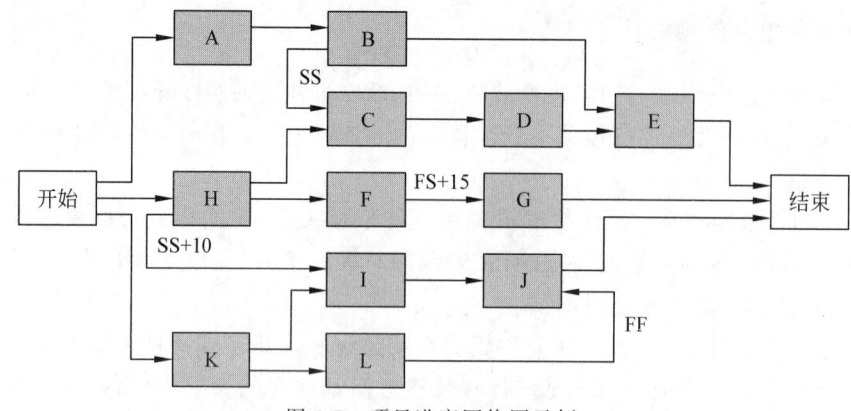

图 6-7　项目进度网络图示例

项目管理团队应该明确哪些依赖关系中需要加入提前量或滞后量,以便准确地表示活动之间的逻辑关系。提前量和滞后量的使用不能替代进度逻辑关系,而且持续时间估算中不包括任何提前量或滞后量,同时还应该记录各种活动及与之相关的假设条件。

4. 项目管理信息系统(PMIS)

PMIS 包括进度计划软件。这些软件有助于规划、组织和调整活动顺序,插入逻辑关系、提前和滞后值,以及区分不同类型的依赖关系。

6.4.3 过程输出

本过程的输出主要包括以下内容。

1. 项目进度网络图

项目进度网络图是表示项目进度活动之间依赖关系的图形,可手工或借助项目管理软件来绘制。可包括项目的全部细节,也可只列出一项或多项概括性活动。项目进度网络图应附有简要文字描述,说明活动排序所使用的基本方法。还应该对任何异常的活动序列做详细说明。

带有多个紧前活动的活动表示路径汇聚(如图 6-7 中的 I 活动),而带有多个紧后活动的活动则表示路径分支(如图 6-7 中的 K 活动)。带汇聚和分支的活动受到多个活动的影响或能够影响多个活动,因此存在更大的风险。

2. 项目文件更新

- 活动属性:其中可能描述了事件之间的必然顺序或确定的紧前或紧后关系,以及定义的提前量与滞后量和活动之间的逻辑关系。
- 活动清单:在排列活动顺序时,活动清单可能会受到项目活动关系变更的影响。
- 假设日志:根据活动排序、关系确定以及提前量和滞后量,可能需要更新日志中的假设条件和制约因素,并且有可能生成会影响项目进度的风险。
- 里程碑清单:在排列活动顺序时,里程碑的实现日期会受到项目活动关系变更的影响。

6.5 估算活动持续时间

估算活动持续时间是根据资源估算的结果,估算完成单项活动所需工作时段数的过程,如图 6-8 所示。本过程的主要作用是,确定完成每个活动所需花费的时间量,为制订进度计划过程提供主要输入。本过程需要在整个项目期间开展。

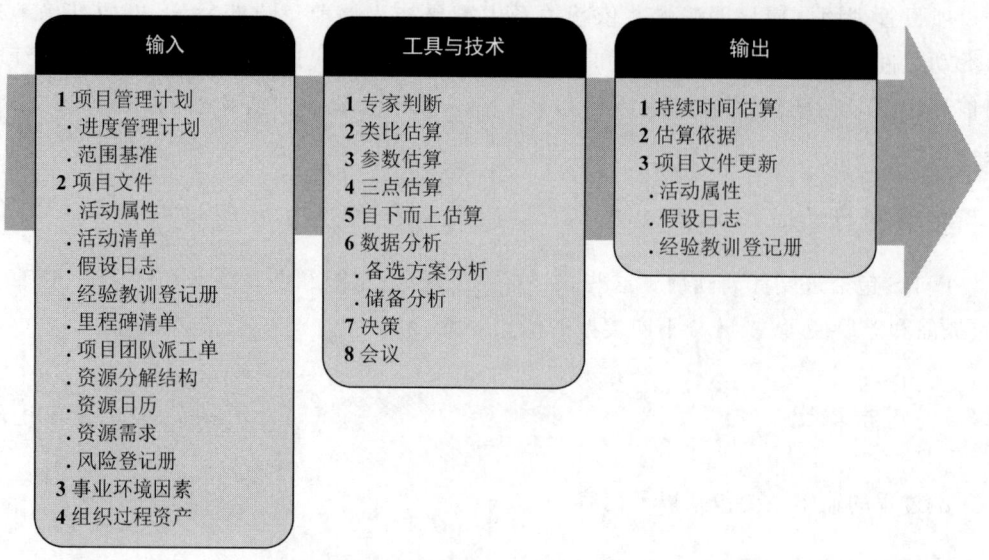

图 6-8　估算活动持续时间：输入、工具与技术和输出

6.5.1　估算考虑的因素

估算活动持续时间依据的信息包括活动工作范围、所需资源类型、估算的资源数量和资源日历。应该由项目团队中负责具体活动的个人或小组，来提供活动持续时间估算所需的各种输入，渐进明细。例如，在工程与设计项目中，随着数据越来越详细，越来越准确，持续时间估算的准确性也会越来越高。应该把活动持续时间估算所依据的全部数据与假设都记录在案。

（1）应该首先估算出完成活动所需的工作量和计划投入该活动的资源数量，然后结合项目日历和资源日历，据此估算出完成活动所需的工作时段数（即活动持续时间）。在许多情况下，预计可用的资源数量以及这些资源的技能熟练程度可能会决定活动的持续时间，更改分配到活动的主导性资源通常会影响持续时间，但这不是简单的"直线"或线性关系。

（2）收益递减规律。在保持其他因素不变的情况下，增加一个用确定单位产出所需投入的因素（如资源）会最终达到一个临界点，在该点之后产出或输出会随着增加这个因素而递减。

（3）资源数量。增加数量使其达到初始数量的两倍并不一定能缩短一半的时间，因为这样做可能会因风险而造成持续时间增加；在某些情况下，增加太多活动资源可能会因知识传递、学习曲线、额外合作和其他相关因素而造成持续时间增加。

（4）技术进步。在确定持续时间估算时，这个因素有可能发挥重要作用。例如，通过采购最新技术，制造工厂可以提高产量，而这可能会影响持续时间和资源需求。

（5）员工激励。项目经理需要了解"学生综合征"（即拖延症）和帕金森定律，前者指出人们只有在最后一刻，即快到期限时才会全力以赴；后者指出只要还有时间，工作就会不断扩展，直到用完所有的时间。

6.5.2　过程输入

本过程的输入主要包括以下内容。

1. 项目管理计划

- 进度管理计划：规定了用于估算活动持续时间的方法和准确度，以及所需的其他标准。
- 范围基准：其中的 WBS 词典可能影响人力投入和持续时间估算的技术细节。

2. 项目文件

- 活动属性：可能描述了确定的紧前或紧后关系、定义的提前量与滞后量以及可能影响持续时间估算的活动之间的逻辑关系。
- 活动清单：列出了项目所需的、待估算的全部进度活动，这些活动的依赖关系和其他制约因素会对持续时间估算产生影响。
- 假设日志：所记录的假设条件和制约因素可能生成会影响项目进度的单个项目风险。
- 经验教训登记册：项目早期获得的与人力投入和持续时间估算有关的经验教训，可以运用到项目后续阶段，以提高人力投入和持续时间估算的准确性。
- 里程碑清单：其中已经列出特定里程碑的计划实现日期，可能影响持续时间估算。
- 项目团队派工单：将合适的人员分派到团队，为项目配备人员。
- 资源分解结构：按照资源类别和资源类型提供已识别资源的层级结构。
- 资源日历：规定了在项目期间特定的项目资源何时可用及可用多久。其中的资源可用性、资源类型和资源性质都会影响进度活动的持续时间。
- 资源需求：对于大多数活动来说，所分配的资源能否达到要求，将对其持续时间有显著影响。例如，向某个活动新增资源或分配低技能资源，就需要增加沟通、培训和协调工作，从而可能导致活动效率或生产率下降，由此需要估算更长的持续时间。
- 风险登记册：包括在项目文件更新中。单个项目风险可能影响资源的选择和可用性。

此过程的输入还包括事业环境因素和组织过程资产（见本书第 2 章）。

6.5.3　过程工具与技术

本过程的工具与技术主要包括以下内容。

1. 专家判断

应征求具备以下专业知识或接受过相关培训的个人或小组的意见，包括进度计划的编制、管理和控制,有关估算的专业知识,以及学科或应用知识。

2. 类比估算

类比估算是一种使用相似活动或项目的历史数据,来估算当前活动或项目的持续时间或成本的粗略估算技术。类比估算以过去类似项目的参数值(如持续时间、预算、规模、重量和复杂性等)为基础,来估算未来项目的同类参数或指标。在估算持续时间时,类比估算技术以过去类似项目的实际持续时间为依据,来估算当前项目的持续时间。

3. 参数估算

参数估算是一种基于历史数据和项目参数,使用某种算法来计算成本或持续时间的估算技术。它是指利用历史数据之间的统计关系和其他变量(如建筑施工中的平方米),来估算诸如成本、预算和持续时间等活动参数。

参数估算的准确性取决于参数模型的成熟度和基础数据的可靠性,且参数进度估算可以针对整个项目或项目中的某个部分,并可以与其他估算方法联合使用。

4. 三点估算

通过考虑估算中的不确定性和风险,可以提高持续时间估算的准确性。使用三点估算有助于界定活动持续时间的近似区间。

- 最可能时间(t_M):基于最可能获得的资源、最可能取得的资源生产率、对资源可用时间的现实预计、资源对其他参与者的可能依赖关系及可能发生的各种干扰等,所估算的活动持续时间。
- 最乐观时间(t_O):基于活动的最好情况所估算的活动持续时间。
- 最悲观时间(t_P):基于活动的最差情况所估算的活动持续时间。

基于持续时间在三种估算值区间内的假定分布情况,可计算期望持续时间 t_E。一个常用公式为三角分布:

$$t_E = (t_O + t_M + t_P)/3$$

历史数据不充分或使用判断数据时,使用三角分布,基于三点的假定分布估算出期望持续时间,并说明期望持续时间的不确定区间。

5. 自下而上估算

自下而上估算是一种估算项目持续时间或成本的方法,通过从下到上逐层汇总 WBS 组成部分的估算而得到项目估算。如果无法以合理的可信度对活动持续时间进行估算,则应将活动中的工作进一步细化,然后估算具体的持续时间,接着再汇总这些持续时间估算,得到每个活动的持续时间。

6. 数据分析

- 备选方案分析:用于比较不同的资源能力或技能水平、进度压缩技术、不同工具(如手动和自动),以及关于资源的创建、租赁或购买决策。这有助于团队权衡资源、成本和持续时间变量,以确定完成项目工作的最佳方式。

- 储备分析:用于确定项目所需的应急储备和管理储备。在进行持续时间估算时,需考虑应急储备,以应对进度方面的不确定性。

应急储备是包含在进度基准中的一段持续时间,用来应对接受的已识别风险。应急储备与"已知—未知"风险相关,需要加以合理估算,用于完成未知的工作量。应急储备可取活动持续时间估算值的某一百分比或某一固定的时间段,亦可把应急储备从各个活动中剥离出来并汇总。随着项目信息越来越明确,可以动用、减少或取消应急储备,应该在项目进度文件中清楚地列出应急储备。

管理储备是为管理控制的目的而特别留出的项目预算,用来应对项目范围中不可预见的工作,用来应对会影响项目的"未知—未知"风险。它不包括在进度基准中,但属于项目总持续时间的一部分。依据合同条款,使用管理储备可能需要变更进度基准。

7. 决策

决策包括投票,经常用于敏捷项目中。采用这种技术时,项目经理会让团队成员针对某个决定示意支持程度。

8. 会议

项目团队可能会召开会议来估算活动持续时间。如果采用敏捷方法,则有必要举行冲刺或迭代计划会议,以讨论按优先级排序的产品未完项(用户故事),并决定团队在下一个迭代中会致力于解决哪个未完项。然后团队将用户故事分解为按小时估算的底层级任务,根据团队在持续时间(迭代)方面的能力确认估算可行。

6.5.4 过程输出

本过程的输出主要包括以下内容。

1. 持续时间估算

持续时间估算是对完成某项活动、阶段或项目所需的工作时段数的定量评估,其中并不包括任何滞后量,但可指出一定的变动区间。例如:

- 2 周±2 天,表明活动至少需要 8 天,最多不超过 12 天(假定每周工作 5 天)。
- 超过 3 周的概率为 15%,表明该活动将在 3 周内(含 3 周)完工的概率为 85%。

2. 估算依据

持续时间估算所需的支持信息的数量和种类,因应用领域而异。不论其详细程度如何,支持性文件都应该清晰、完整地说明持续时间估算是如何得出的。

持续时间估算的支持信息可包括以下内容。

- 关于估算依据的文件(如估算是如何编制的)。
- 关于全部假设条件的文件。

- 关于各种已知制约因素的文件。
- 对估算区间的说明(如"±10％"),以指出预期持续时间的所在区间。
- 对最终估算的置信水平的说明。
- 有关影响估算的单个项目风险的文件。

3. 项目文件更新

- 活动属性:活动持续时间估算将记录在活动属性中。
- 假设日志:包括为估算持续时间而制定的假设条件,如资源的技能水平、可用性,以及估算依据,此外还记录了进度计划方法论和进度计划编制工具所带来的制约因素。
- 经验教训登记册:更新时可以增加能够有效和高效地估算人力投入和持续时间的技术。

6.6 制订进度计划

制订项目进度计划是分析活动顺序、持续时间、资源需求和进度制约因素,创建项目进度模型的过程,如图6-9所示。本过程的主要作用是,把进度活动、持续时间、资源、资源可用性和逻辑关系代入进度规划工具,从而形成包含各个项目活动的计划日期的进度模型。本过程需要在整个项目期间开展。

图 6-9　制订进度计划:输入、工具与技术和输出

制订项目进度计划是一个反复进行的过程。基于准确的输入信息,使用进度模型来

确定各项目活动和里程碑的计划开始日期和计划完成日期。在本过程中,需要审查和修正持续时间估算与资源估算,创建项目进度模型,制订项目进度计划,并在经批准后作为基准用于跟踪项目进度。一旦活动的开始和结束日期确定,通常就需要审查其被分配的活动,确认开始和结束日期与资源日历没有冲突,也与其他项目或任务没有冲突,从而确认计划日期的有效性。随着工作进展,需要修订和维护项目进度模型,确保进度计划在整个项目期间一直切实可行。

6.6.1 过程输入

本过程的输入主要包括以下内容。

1. 项目管理计划

- 进度管理计划:规定了用于制订进度计划的进度计划编制方法和工具,以及推算进度计划的方法。
- 范围基准:范围说明书、WBS 和 WBS 词典包含项目可交付成果的详细信息。

2. 项目文件

- 活动属性:提供了创建进度模型所需的细节信息。
- 活动清单:明确了需要在进度模型中包含的活动。
- 假设日志:所记录的假设条件和制约因素可能造成影响项目进度的单个项目风险。
- 估算依据:持续时间估算所需的支持信息的数量和种类,因应用领域而异。
- 持续时间估算:包括对完成某项活动所需工作时段数的定量评估,用于进度计划推算。
- 经验教训登记册:在项目早期获得的与创建进度模型有关的经验教训,可以运用到项目后期阶段,以提高进度模型的有效性。
- 里程碑清单:列出特定里程碑的计划实现日期。
- 项目进度网络图:包含用于推算进度计划的紧前和紧后活动的逻辑关系。
- 项目团队派工单:明确了分配到每个活动的资源。
- 资源日历:规定了在项目期间的资源可用性。
- 资源需求:明确了每个活动所需的资源类型和数量,用于创建进度模型。
- 风险登记册:提供了会影响进度模型的全部已识别风险的详细信息及特征。进度储备则通过预期或平均风险影响程度,反映了与进度有关的风险信息。

3. 协议

供应商为项目进度提供了如何执行项目工作以履行合同承诺的详细信息。

此过程的输入还包括事业环境因素和组织过程资产(见本书第 2 章)。

6.6.2 过程工具与技术

本过程的工具与技术主要包括以下内容。

1. 进度网络分析

进度网络分析是采用几种技术创建项目进度模型的一种综合技术,如关键路径法、资源优化技术和建模技术。此外:

(1)当多个路径在同一时间点汇聚或分叉时,评估汇总进度储备的必要性,以减少出现进度延误的可能性。

(2)审查网络,看看关键路径是否存在高风险活动或具有较多提前量的活动,是否需要使用进度储备或执行风险应对计划来降低关键路径的风险。

进度网络分析是一个反复进行的过程,一直持续到创建出可行的进度模型。

2. 关键路径法

关键路径法用于在进度模型中估算项目最短工期,确定逻辑网络路径的进度灵活性大小。在不考虑任何资源限制的情况下,沿进度网络路径使用顺推与逆推法,计算出所有活动的最早开始、最早结束、最晚开始和最晚完成日期,如图 6-10 所示。在这个例子中,最长的路径包括活动 A、C 和 D,因此,活动序列 A-C-D 就是关键路径。

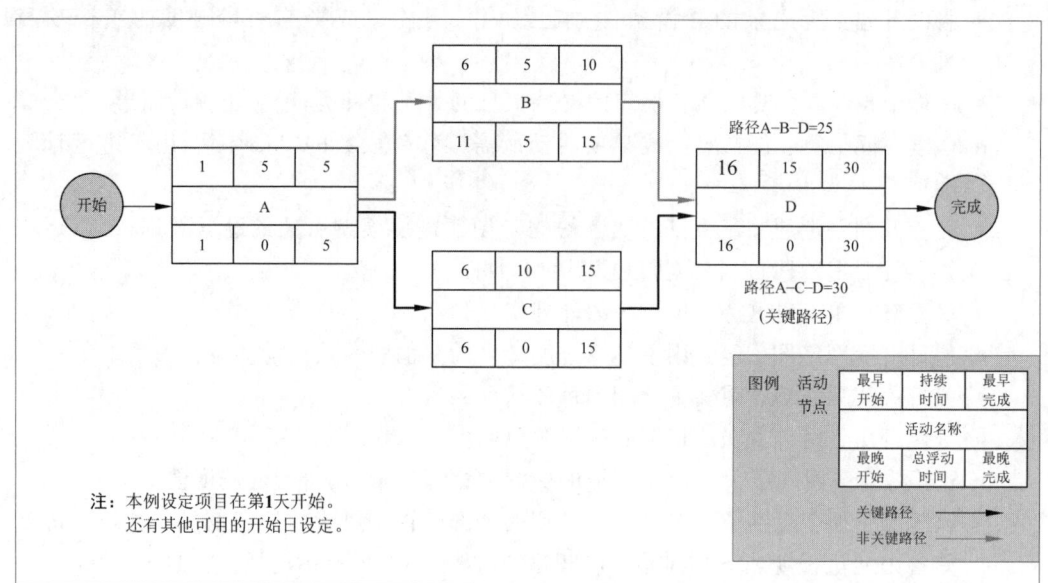

图 6-10　关键路径法示例

关键路径是项目中时间最长的活动顺序,决定可能的项目最短工期。最长路径的总浮动时间最少,通常为零。由此得到的最早和最晚的开始和结束日期不一定就是项目进度计划,而只是把既定的参数(如活动持续时间、逻辑关系、提前量、滞后量和其他已知的制约因素)输入进度模型后得到的一种结果,表明活动可以在该时段内实施。关键路径法用来计算进度模型中的关键路径、总浮动时间和自由浮动时间,或逻辑网络路径的进度灵活性大小。

在任一网络路径上,进度活动可以从最早开始日期推迟或拖延的时间,而不至于延误项目完成日期或违反进度制约因素,就是总浮动时间或进度灵活性。正常情况下,关键路径的总浮动时间为零。在进行紧前关系绘图法排序的过程中,取决于所用的制约因素,关键路径的总浮动时间可能是正值、零或负值。总浮动时间为正值,是由于逆推计算所使用的进度制约因素要晚于顺推计算所得出的最早完成日期;总浮动时间为负值,是由于持续时间和逻辑关系违反了对最晚日期的制约因素。负值浮动时间分析是一种有助于找到推动延迟的进度回到正轨的方法的技术。进度网络图可能有多条次关键路径。许多软件允许用户自行定义用于确定关键路径的参数。为了使网络路径的总浮动时间为零或正值,可能需要调整活动持续时间(可增加资源或缩减范围时)、逻辑关系(针对选择性依赖关系时)、提前量和滞后量,或其他进度制约因素。一旦计算出总浮动时间和自由浮动时间,自由浮动时间就是指在不延误任何紧后活动最早开始日期或不违反进度制约因素的前提下,某进度活动可以推迟的时间量。例如,图 6-10 中,活动 B 的自由浮动时间是 5 天。

3. 资源优化

资源优化用于调整活动的开始和完成日期,以调整计划使用的资源,使其等于或少于可用的资源,这是根据资源供需情况来调整进度模型的技术。

- 资源平衡:为了在资源需求与资源供给之间取得平衡,根据资源制约因素对开始日期和完成日期进行调整的一种技术。如果共享资源或关键资源只在特定时间可用,数量有限,或被过度分配,如一个资源在同一时段内被分配至两个或多个活动,如图 6-11 所示,就需要进行资源平衡,也可以为保持资源使用量处于均衡水平而进行资源平衡,资源平衡往往导致初始关键路径改变,而可以用浮动时间平衡资源。因此,贯穿项目进度计划的关键路径可能发生变化。
- 资源平滑:对进度模型中的活动进行调整,从而使项目资源需求不超过预定的资源限制。相对于资源平衡而言,资源平滑不会改变项目关键路径,完工日期也不会延迟。也就是说,活动只在其自由和总浮动时间内延迟,但资源平滑技术可能无法实现所有资源的优化。

4. 数据分析

- 假设情景分析:是对各种情景进行评估,预测它们对项目目标的影响(如积极或消极的)。假设情景分析就是对"如果情景 X 出现,情况会怎样?"这样的问题进行分析,即基于已有的进度计划,考虑各种各样的情景。例如,推迟某主要部件的交货日期,延长某设计工作的时间,或加入外部因素(如罢工或许可证申请流程变化等)。可以根据假设情景分析的结果,评估项目进度计划在不同条件下的可行性,以及为应对意外情况的影响而编制进度储备和应对计划。
- 模拟:把单个项目风险和不确定性的其他来源模型化,以评估它们对项目目标的

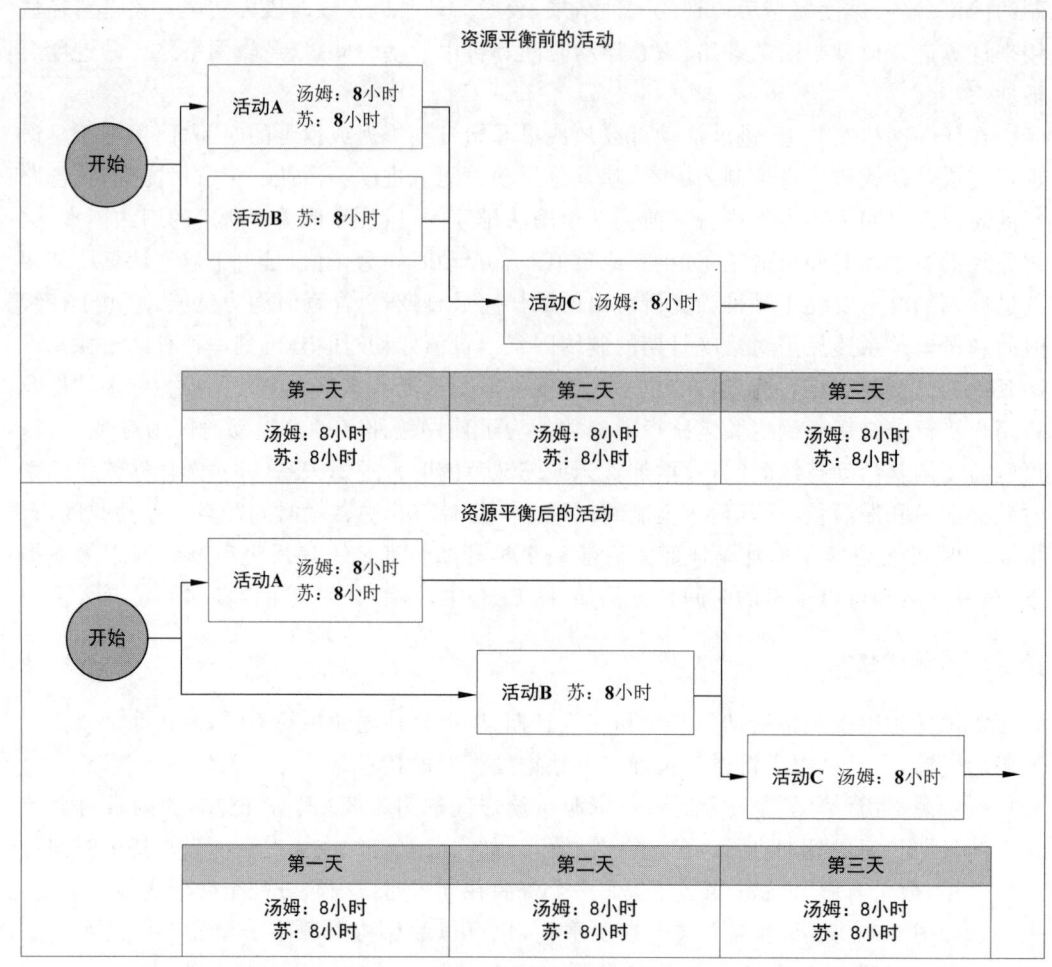

图 6-11　资源平衡

潜在影响。最常见的模拟技术是蒙特卡罗分析,它利用风险和其他不确定性来源计算整个项目可能的进度结果。模拟包括基于多种不同的活动假设、制约因素、风险、问题或情景,使用概率分布和不确定性的其他表现形式,来计算出多种可能的工作包持续时间。

5. 提前量和滞后量

提前量和滞后量是网络分析中使用的一种调整方法,通过调整紧后活动的开始时间来编制一份切实可行的进度计划。提前量用于在条件许可的情况下提早开始紧后活动;而滞后量是在某些限制条件下,在紧前和紧后活动之间增加一段不需工作或资源的自然时间。

6. 进度压缩

指在不缩减项目范围的前提下,缩短或加快进度工期,以满足进度制约因素、强制日期或其他进度目标。负值浮动时间分析是一种有用的技术。关键路径是浮动时间最少的路径。在违反制约因素或强制日期时,总浮动时间可能变成负值。图 6-12 比较了多个进度压缩技术。

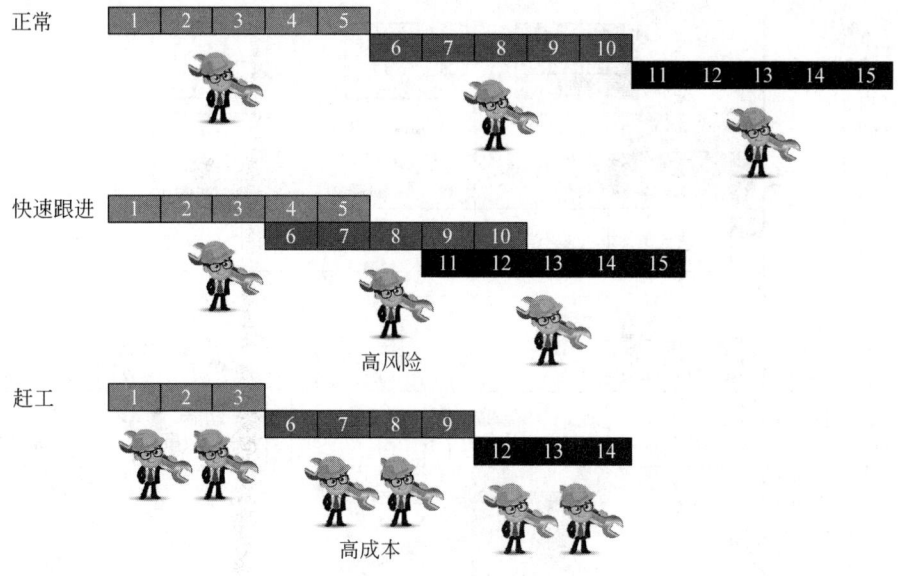

图 6-12　进度压缩技术的比较

- 赶工:通过增加资源,以最小的成本代价来压缩进度工期。例如,批准加班、增加额外资源或支付加急费用,来加快关键路径上的活动。赶工只适用于那些通过增加资源就能缩短持续时间的,且位于关键路径上的活动。但赶工可能会导致风险或成本的增加。
- 快速跟进:将正常情况下按顺序进行的活动或阶段改为至少是部分并行开展。例如,在大楼的建筑图纸尚未全部完成前就开始建地基。快速跟进可能造成返工和风险增加,只适用于能够通过并行活动来缩短关键路径上的项目工期的情况。为加快进度而使用提前量通常会增加相关活动之间的协调工作量,并增加质量风险。快速跟进还有可能增加项目成本。

7. 项目管理信息系统(PMIS)

PMIS 包括进度计划软件。该软件用活动、网络图、资源需求和活动持续时间等作为输入,自动生成开始和完成日期,从而加快进度模型的建立过程。

8. 敏捷发布规划

基于项目路线图和产品发展愿景,敏捷发布规划提供了高度概括的发布进度时间轴(通常是 3～6 个月),同时还确定了发布的迭代或冲刺次数,使产品负责人和团队能够决定需要开发的内容,并基于业务目标、依赖关系和障碍因素确定达到产品放行所需的时间。

对客户而言,产品功能就是价值,因此,该时间轴定义了每次迭代结束时交付的功能,提供了更易于理解的项目进度计划,而这些就是客户真正需要的信息。

图 6-13 展示了产品愿景、产品路线图、发布规划和迭代计划之间的关系。

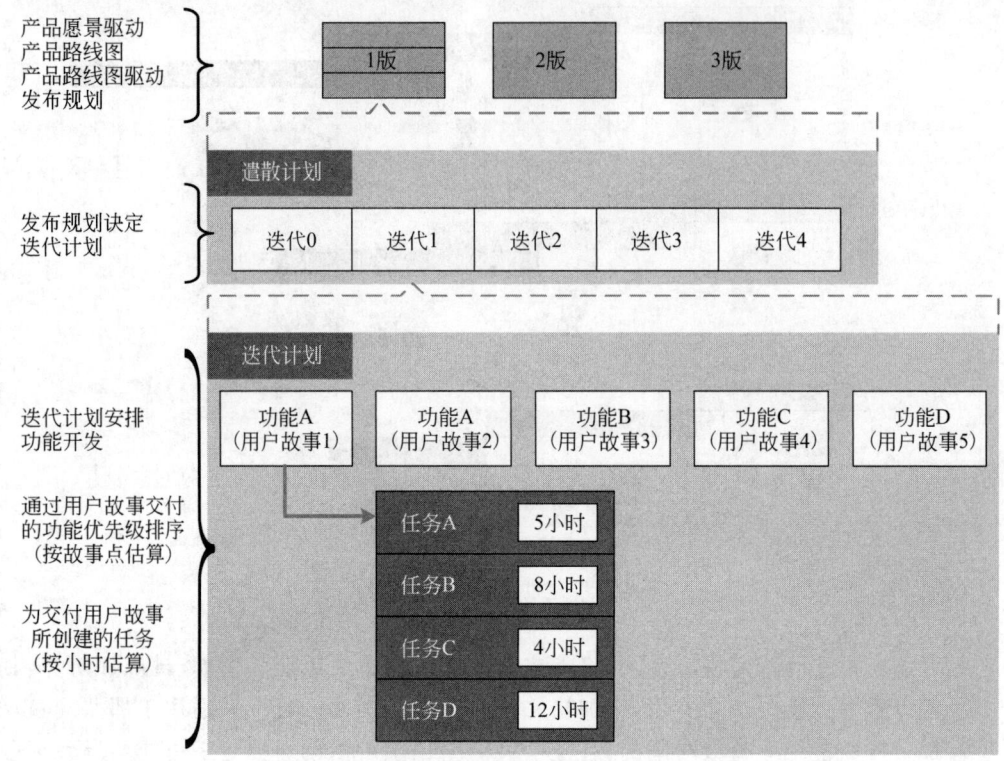

图 6-13　产品愿景、发布规划和迭代计划之间的关系

6.6.3　过程输出

本过程的输出主要包括以下内容。

1. 进度基准

进度基准是经过批准的进度模型,只有通过正式的变更控制程序才能进行变更,用作与实际结果进行比较的依据。经相关方接受和批准,进度基准包含基准开始日期和基准结束日期。在监控过程中,将用实际开始和完成日期与批准的基准日期进行比较,确定是否存在偏差。

2. 项目进度计划

项目进度计划是进度模型的输出,为各个相互关联的活动标注了计划日期、持续时间、里程碑和所需资源等信息。项目进度计划中至少要包括每个活动的计划开始日期与计划完成日期。即使在早期阶段就进行了资源规划,但在未确认资源分配和计划开始与完成日期之前,项目进度计划都只是初步的。一般要在项目管理计划编制完成之前进行这些确认。还可以编制一份目标项目进度模型,规定每个活动的目标开始日期与目标完成日期。项目进度计划可以是概括(有时称为主进度计划或里程碑进度计划)或详细的。虽然项目进度计划可用列表形式呈现,但图形方式更常见。可以采用以下一种或多种图形来呈现。

- 横道图:即"甘特图"。图中纵向列示活动,横向列示日期,用横条表示活动自开始日期至完成日期的持续时间。横道图可能会包括浮动时间,具体取决于受众。为便于控制以及与管理层进行沟通,可在里程碑或横跨多个相关联的工作包之间,列出内容更广、更综合的概括性活动,并在横道图报告中显示(如图 6-14 中的"概括性进度计划"部分)。

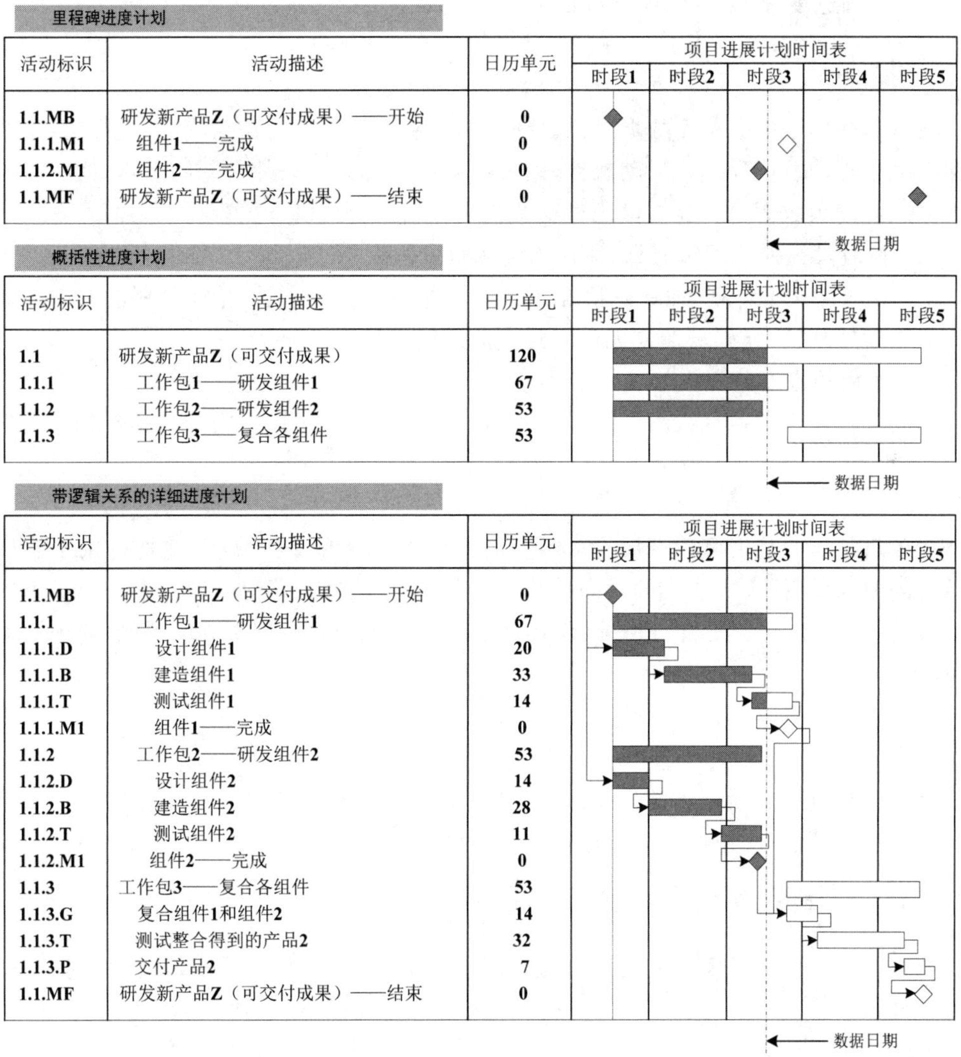

里程碑进度计划

活动标识	活动描述	日历单元	项目进展计划时间表				
			时段1	时段2	时段3	时段4	时段5
1.1.MB	研发新产品Z(可交付成果)——开始	**0**	◆				
1.1.1.M1	组件1——完成	**0**			◇		
1.1.2.M1	组件2——完成	**0**			◆		
1.1.MF	研发新产品Z(可交付成果)——结束	**0**					◆

← 数据日期

概括性进度计划

活动标识	活动描述	日历单元	项目进展计划时间表				
			时段1	时段2	时段3	时段4	时段5
1.1	研发新产品Z(可交付成果)	**120**					
1.1.1	工作包1——研发组件1	**67**					
1.1.2	工作包2——研发组件2	**53**					
1.1.3	工作包3——复合各组件	**53**					

← 数据日期

带逻辑关系的详细进度计划

活动标识	活动描述	日历单元	项目进展计划时间表				
			时段1	时段2	时段3	时段4	时段5
1.1.MB	研发新产品Z(可交付成果)——开始	**0**	◆				
1.1.1	工作包1——研发组件1	**67**					
1.1.1.D	设计组件1	**20**					
1.1.1.B	建造组件1	**33**					
1.1.1.T	测试组件1	**14**					
1.1.1.M1	组件1——完成	**0**			◇		
1.1.2	工作包2——研发组件2	**53**					
1.1.2.D	设计组件2	**14**					
1.1.2.B	建造组件2	**28**					
1.1.2.T	测试组件2	**11**					
1.1.2.M1	组件2——完成	**0**			◆		
1.1.3	工作包3——复合各组件	**53**					
1.1.3.G	复合组件1和组件2	**14**					
1.1.3.T	测试整合得到的产品2	**32**					
1.1.3.P	交付产品2	**7**					
1.1.MF	研发新产品Z(可交付成果)——结束	**0**					◇

← 数据日期

图 6-14 项目进度计划示例

- 里程碑图：与横道图类似，但仅标示出主要可交付成果和关键外部接口的计划开始或完成日期（如图6-14的"里程碑进度计划"部分）。
- 项目进度网络图：通常用活动节点法绘制，没有时间刻度，纯粹显示活动及其相互关系，有时也称为"纯逻辑图"。项目进度网络图也可以是包含时间刻度的进度网络图，有时称为"逻辑横道图"，如图6-14中的带逻辑关系的详细进度计划所示，图中有活动日期，通常会同时展示项目网络逻辑和项目关键路径进度活动。

图6-14是一个正在执行的示例项目进度计划，工作进展是通过截止日期或状态日期表示的。针对一个简单的项目，其中给出了进度计划的3种形式。

（1）里程碑进度计划，也叫里程碑图。

（2）概括性进度计划，也叫横道图。

（3）详细进度计划，也叫项目进度关联横道图。

3. 进度数据

项目进度模型中的进度数据是用以描述和控制进度计划的信息集合。进度数据至少包括进度里程碑、进度活动、活动属性，以及已知的全部假设条件与制约因素，而所需的其他数据因应用领域而异。经常可用作支持细节的信息包括以下内容。

（1）按时段计列的资源需求，往往以资源直方图表示。

（2）备选的进度计划，如最好情况或最坏情况下的进度计划、经资源平衡或未经资源平衡的进度计划、有强制日期或无强制日期的进度计划。

（3）使用的进度储备。

进度数据还可包括资源直方图、现金流预测、订购与交付进度安排或其他相关信息。

4. 项目日历

在项目日历中规定可以开展进度活动的可用工作日和工作班次，它把可用于开展进度活动的时间段（按天或更小的时间单位）与不可用的时间段区分开来。在一个进度模型中，可能需要采用多个项目日历来编制项目进度计划，因为有些活动需要不同的工作时段。

5. 变更请求

修改项目范围或项目进度计划之后，可能会对范围基准或项目管理计划的其他组成部分提出变更请求，应该通过实施整体变更控制过程对变更请求进行审查和处理。

6. 项目管理计划更新

项目管理计划更新任何变更都以变更请求的形式提出，且通过组织的变更控制过程进行处理。

- 进度管理计划：可能需要更新以反映制订和管理进度计划的方式的变更。
- 成本基准：在针对范围、资源或成本估算的变更获得批准后，需要对成本基准做出相应的变更。

7. 项目文件更新

- 活动属性：更新以反映在制订进度计划过程中所产生的对资源需求等相关内容的修改。
- 假设日志：可能需要更新假设日志，以反映创建进度模型时发现的有关持续时间、资源使用、排序或其他信息的假设条件的变更。
- 持续时间估算：资源的数量和可用性以及活动依赖关系可能会引起持续时间估算的变更。如果资源平衡分析改变了资源需求，就可能需要对持续时间估算做出相应的更新。
- 经验教训登记册：在更新时可以增加能够有效和高效制定进度模型的技术。
- 资源需求：可能对所需资源类型与数量的初步估算产生显著影响。如果资源平衡分析改变了资源需求，就需要对资源需求做出相应的更新。
- 风险登记册：可能需要更新以反映进度假设条件所隐含的机会或威胁。

6.7 控制进度

控制进度是监督项目状态，以更新项目进展和管理进度基准变更的过程，如图 6-15 所示。本过程的主要作用是在整个项目期间保持对进度基准的维护，且需要在整个项目期间开展。

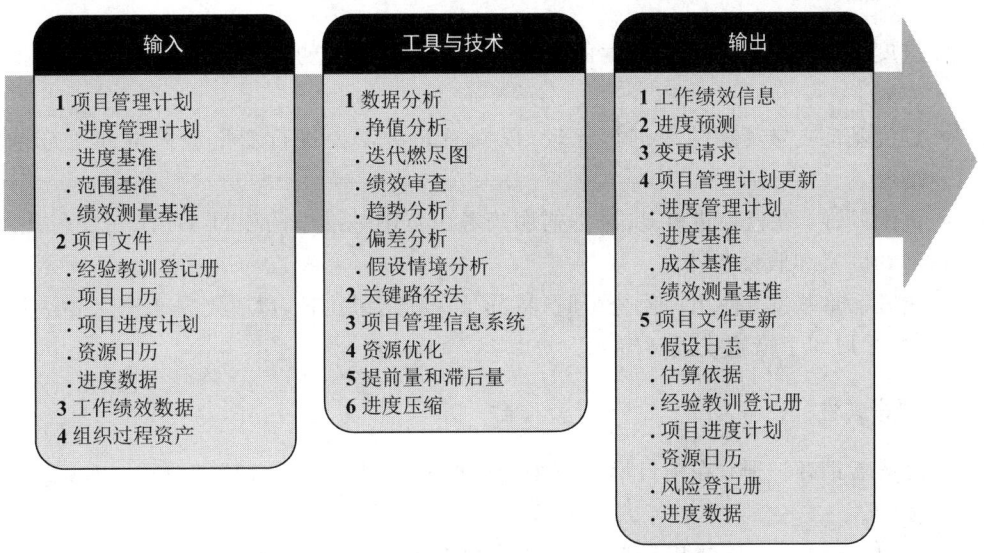

图 6-15 控制进度：输入、工具与技术和输出

要更新进度模型，需要了解实际绩效。进度基准的任何变更都必须经过实施整体变更控制过程的审批。作为实施整体变更控制的一部分，控制进度关注如下内容。

（1）判断项目进度的当前状态。

（2）对引起进度变更的因素施加影响。

（3）确定项目进度是否已经发生变更。

（4）在变更实际发生时对其进行管理。

如果采用敏捷方法，控制进度要关注如下内容。

（1）通过比较上一个时间周期中已交付并验收的工作总量与已完成的工作估算值，来判断项目进度的当前状态。

（2）实施回顾性审查（如定期审查，记录经验教训），以便纠正与改进过程。

（3）对剩余工作计划（如未完项）重新进行优先级排序。

（4）确定每次迭代时间（即约定的工作周期时长，通常是两周或一个月）内可交付成果的生成、核实和验收的速度。

（5）确定项目进度已经发生变更。

（6）在变更实际发生时对其进行管理。

将工作外包时，定期向承包商和供应商了解里程碑的状态更新是确保工作按商定进度计划进行的途径，有助于确保进度受控。同时，应执行进度状态评审和巡检，确保报告准确且完整。

6.7.1 过程输入

本过程的输入主要包括以下内容。

1. 项目管理计划

- 进度管理计划：描述了进度的更新频率、进度储备的使用方式以及进度的控制方式。
- 进度基准：与实际结果进行比较，以判断是否需要进行变更或采取纠正或预防措施。
- 范围基准：在监控进度基准时，需明确考虑范围基准中的项目 WBS、可交付成果、制约因素和假设条件。
- 绩效测量基准：使用挣值分析时，将其与实际结果比较，以决定是否有必要进行变更、采取纠正措施或预防措施。

2. 项目文件

- 经验教训登记册：在项目早期获得的经验教训可以运用到后期阶段，以改进进度控制。
- 项目日历：在一个进度模型中，可能需要多个项目日历来预测项目进度。
- 项目进度计划：在其最新版本中图示了截至指定日期更新情况、已完成和已开始活动。
- 资源日历：显示了团队和物质资源的可用性。
- 进度数据：在控制进度过程中需要对其进行审查和更新。

3. 工作绩效数据

工作绩效数据包含关于项目状态的数据,例如哪些活动已经开始,它们的进展如何(如实际持续时间、剩余持续时间和实际完成百分比),哪些活动已经完成。

此过程的输入还包括组织过程资产(见本书第 2 章)。

6.7.2　过程工具与技术

本过程的工具与技术主要包括以下内容。

1. 数据分析

- 挣值分析:进度绩效测量指标,如进度偏差(SV)和进度绩效指数(SPI),用于评价偏离初始进度基准的程度。
- 迭代燃尽图:用于追踪迭代未完项中尚待完成的工作。它基于迭代规划中确定的工作,分析与理想燃尽图的偏差。可使用预测趋势线来预测迭代结束时可能出现的偏差,并据此在迭代期间采取合理行动。在燃尽图中,先用对角线表示理想的燃尽情况,再画出每天实际剩余工作,最后基于剩余工作计算出趋势线以预测完成情况。图 6-16 是迭代燃尽图的一个例子。

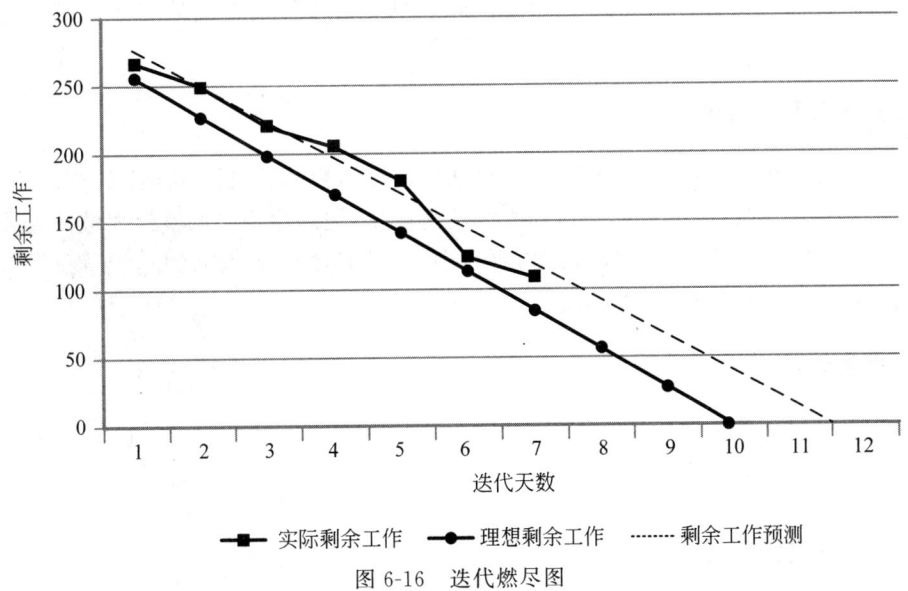

图 6-16　迭代燃尽图

- 绩效审查:是指根据进度基准,测量、对比和分析进度绩效,如实际开始和完成日期、已完成百分比,以及当前工作的剩余持续时间。
- 趋势分析:检查项目绩效随时间的变化情况,以确定绩效是在改善还是在恶化。图形分析技术有助于理解截至目前的绩效,并与未来的绩效目标(表示为完工日期)进行对比。

- 偏差分析:关注实际开始和完成日期与计划的偏离,实际持续时间与计划的差异,以及浮动时间的偏差。它包括确定偏离进度基准的原因与程度,评估这些偏差对未来工作的影响,以及确定是否需要采取纠正或预防措施。例如,非关键路径上的某个活动发生较长时间的延误,可能不会对整体项目进度产生影响;而某个关键或次关键活动的稍许延误,却可能需要立即采取行动。
- 假设情境分析:基于项目风险管理过程的输出,对各种不同的情境进行评估,促使进度模型符合项目管理计划和批准的基准。

2. 关键路径法

检查关键路径的进展情况有助于确定项目进度状态。关键路径上的偏差将对项目的结束日期产生直接影响。评估次关键路径上的活动的进展情况,有助于识别进度风险。

3. 项目管理信息系统(PMIS)

PMIS 包括进度计划软件。用这种软件对照计划日期跟踪实际日期,对照进度基准报告偏差和进展,以及预测项目进度模型变更的影响。

4. 资源优化

资源优化是在同时考虑资源可用性和项目时间的情况下,对活动和活动所需资源进行的进度规划。

5. 提前量和滞后量

在网络分析中调整提前量与滞后量,设法使进度滞后的项目活动赶上计划。例如,在新办公大楼建设项目中,通过增加活动之间的提前量,把绿化施工调整到大楼外墙装饰完工之前开始;或者,在大型技术文件编写项目中,通过消除或减少滞后量,把草稿编辑工作调整到草稿编写完成之后立即开始。

6. 进度压缩

采用进度压缩技术使进度落后的项目活动赶上计划,可以对剩余工作使用快速跟进或赶工方法。

6.7.3 过程输出

本过程的输出主要包括以下内容。

1. 工作绩效信息

工作绩效信息包括与进度基准相比较的项目工作执行情况。可以在工作包层级和控制账户层级,计算开始和完成日期的偏差以及持续时间的偏差。对于使用挣值分析的项目,进步偏差(SV)和进度绩效指数(SPI)将记录在工作绩效报告中。

2. 进度预测

进度预测指根据已有的信息和知识,对项目未来的情况和事件进行的估算或预计。随着项目执行,应该基于工作绩效信息,更新和重新发布预测。这些信息基于项目的过去绩效,并取决于纠正或预防措施所期望的未来绩效,可能包括挣值绩效指数,以及在未来对项目造成影响的进度储备信息。

3. 变更请求

通过分析进度偏差,审查进展报告、绩效测量结果和项目范围或进度调整情况,可能会对进度基准、范围基准或项目管理计划的其他组成部分提出变更请求。应该通过实施整体变更控制过程对变更请求进行审查和处理。预防措施可包括推荐的变更,以消除或降低不利进度偏差的发生概率。

4. 项目管理计划更新

项目管理计划更新的任何变更都以变更请求的形式提出,且通过组织的变更控制过程进行处理。

- 进度管理计划:可能需要更新以反映进度管理方法的变更。
- 进度基准:在项目范围、活动资源或活动持续时间估算等方面的变更获得批准后,可能需要对进度基准做相应变更。另外,因进度压缩技术或绩效问题造成变更时,也可能需要更新进度基准。
- 成本基准:在针对范围、资源或成本估算的变更获得批准后,需要对其做出相应变更。
- 绩效测量基准:在范围、进度绩效或成本估算的变更获得批准后,需要对其做出相应的变更。

5. 项目文件更新

- 假设日志:进度绩效表明需要修改关于活动排序、持续时间和生产效率的假设条件。
- 估算依据:进度绩效可能表明需要修改持续时间的估算方式。
- 经验教训登记册:更新以记录维护进度的有效技术,以及造成偏差的原因和用于应对进度偏差的纠正措施。
- 项目进度计划:把更新后的进度数据代入进度模型,生成更新后的项目进度计划,以反映进度变更并有效管理项目。
- 资源日历:更新以反映因资源优化、进度压缩,以及纠正或预防措施而导致的变更。
- 风险登记册:采用进度压缩技术可能导致风险,也就可能需要更新风险登记册及其中的风险应对计划。

- 进度数据：可能需要重新绘制项目进度网络图，以反映经批准的剩余持续时间和经批准的进度计划修改。有时，项目进度延误非常严重，以至于必须重新预测开始与完成日期，编制新的目标进度计划，才能为指导工作、测量绩效和度量进展提供现实的数据。

习题

1. 除了（　　），以下知识领域对进度管理领域的输入都有影响。
    A. 整合管理　　　　　　　　　　　　B. 范围管理
    C. 人力资源管理　　　　　　　　　　D. 沟通管理

2. 确定项目的开始和完成日期，这项活动处于进度管理过程中的（　　）过程。
    A. 排列活动顺序　　　　　　　　　　B. 制订进度计划
    C. 定义范围　　　　　　　　　　　　D. 制定项目章程

3. 影响控制进度过程的输入有（　　）。
    A. 活动清单　　　　　　　　　　　　B. 进度基准
    C. 活动资源需求　　　　　　　　　　D. 活动持续时间估算

4. 以下选项中，受定义活动过程影响的知识领域是（　　）。
    A. 整合管理　　　　B. 范围管理　　　　C. 进度管理　　　　D. 采购管理

5. 以下选项中，（　　）不是影响定义活动过程的输入。
    A. 项目章程　　　　　　　　　　　　B. 范围基准
    C. 事业环境因素　　　　　　　　　　D. 组织过程资产

6. 可能影响定义活动过程的事业环境因素包括（　　）。
    A. 以往类似项目的活动清单　　　　　B. 与活动规划相关的政策
    C. 项目管理信息系统　　　　　　　　D. 进度计划编制方法

7. （　　）是一种渐进明细的规划方式，即对近期要完成的工作进行详细规划，而对远期工作则暂时只在 WBS 的较高层次上进行粗略规划。
    A. 进度网络分析　　　　　　　　　　B. 滚动式规划
    C. 项目管理计划　　　　　　　　　　D. 项目进度计划

8. 以下选项中，属于排列活动顺序过程的输出的是（　　）。
    A. 工作绩效信息　　　　　　　　　　B. 项目范围说明书
    C. 资源日历　　　　　　　　　　　　D. 项目进度网络图

9. 紧前关系绘图法（PDM）不同于箭线绘图法（ADM），是因为 PDM（　　）。
    A. 可以使用 PERT　　　　　　　　　B. 活动间有 4 种依赖关系
    C. 只有一种依赖关系：开始到开始　　D. 可以使用虚拟路径

10. 紧前关系绘图法（PDM）又称为节点法（AON），是大多数项目管理软件所使用的方法。以下关于 PDM 的说法中正确的是（　　）。
    A. 活动之间只有完成到开始一种逻辑关系
    B. 不能用于关键路径法

C. 可以使用虚拟活动

D. 活动之间的关系中要加入时间提前量和滞后量

11. 软件项目的测试活动取决于外部硬件的到货；建筑项目的现场准备,可能要在政府的环境听证会之后才能开始。这种依赖关系是(　　)。

　　A. 硬逻辑关系　　　　　　　　　　B. 选择性依赖关系

　　C. 外部依赖关系　　　　　　　　　　D. 软逻辑关系

12. 项目进度网络图展示的是项目各进度活动及其相互之间(　　)的图形。

　　A. 依赖关系　　　　B. 统计关系　　　　C. 紧前关系　　　　D. 紧后关系

13. 以下选项中,影响估算活动资源过程输入的是(　　)。

　　A. 范围基准　　　　　　　　　　　B. 项目范围说明书

　　C. 资源日历　　　　　　　　　　　D. 工作绩效信息

14. 估算活动资源时可以不用考虑(　　)。

　　A. 资源可利用情况和技能水平　　　　B. 公司关于人员配备的政策和程序

　　C. 资源的经验或技能水平　　　　　　D. 生产率测量指标

15. (　　)是按资源类别和类型而划分的资源层级结构。

　　A. 估算活动资源　　　　　　　　　B. 活动资源需求

　　C. 资源日历　　　　　　　　　　　D. 资源分解结构

16. 受估算活动持续时间过程影响的知识领域是(　　)。

　　A. 沟通管理　　　　　　　　　　　B. 采购管理

　　C. 人力资源管理　　　　　　　　　D. 风险管理

17. 以下选项中,影响估算活动持续时间的输入是(　　)。

　　A. 范围基准　　　　　　　　　　　B. 项目范围说明书

　　C. 资源分解结构　　　　　　　　　D. 工作绩效信息

18. 在估算活动持续时间时,需要考虑项目范围说明书中的假设条件,以下选项中不属于假设条件的是(　　)。

　　A. 合同条款和要求　　　　　　　　B. 现有条件

　　C. 信息的可获得性　　　　　　　　D. 报告周期的长度

19. 已知一个活动的最乐观时间估算为 12 天,最悲观时间估算为 18 天,则此活动的最可能时间估算为(　　)。

　　A. 13 天　　　　　B. 15 天　　　　　C. 17 天　　　　　D. 信息不足

20. 受制订进度计划过程影响的知识领域不包括(　　)。

　　A. 整合管理　　　　　　　　　　　B. 人力资源管理

　　C. 采购管理　　　　　　　　　　　D. 成本管理

21. 以下选项中,影响制订进度计划的输入是(　　)。

　　A. 范围基准　　　　　　　　　　　B. 项目范围说明书

　　C. 进度基准　　　　　　　　　　　D. 工作绩效信息

22. 可能影响制订进度计划过程的组织过程资产包括(　　)。

　　A. 进度计划编制方法论　　　　　　B. 出版的商业信息

C. 生产率测量指标   D. 进度数据

23. 为了使关键路径上的时间减少 10%，项目经理可以采取以下行动，除了（   ）。

   A. 增加资源   B. 消除自由浮动时间

   C. 缩减进度时间表   D. 平行开展活动

24. 在保持资源投入变化最小的条件下，可以通过（   ）措施实现资源平衡。

   A. 在松动量允许范围内调整任务   B. 重新调整项目范围

   C. 增加资源需求估算值   D. 延长项目时间估算值

25. 网络图与横道图的区别是（   ）。

   A. 关键依赖关系   B. 资源平衡

   C. 活动持续时间   D. 重要里程碑

实验与思考："夜莺"项目的进度计划

1. 实验目的

本节"实验与思考"的目的如下。

（1）理解和熟悉项目进度管理的基本概念。

（2）熟悉案例"夜莺"（手持电子医疗参考指南仪）项目的工作内容，尝试初步完成该项目的项目进度计划的编制。

2. 工具/准备工作

在开始本实验之前，请回顾教科书的相关内容。

需要准备一台能够访问因特网的计算机。

3. 实验内容与步骤

案例："夜莺"项目（A）

你是米兰的项目助理，她负责执行"夜莺"项目。"夜莺"是手持电子医疗参考指南仪的开发项目的代号。"夜莺"是为紧急医疗救护人员设计的，他们需要一个快速的医疗参考指南，以便在紧急情况下使用。

米兰及她的项目团队正在进行的项目目标是在 MedCON 举行之时提供 30 个可工作模型，MedCON 是每年举行的最大的医疗设备展。满足 MedCON 的 10 月 25 日最终期限要求是项目能否获得成功的关键。所有的主要医疗设备厂商都会在 MedCON 上展示和订购新产品。米兰还听说，某个竞争者在考虑开发一种类似的产品。而她知道，成为市场上的第一个会带来显著的销售优势。此外，最高管理层同意为能满足 MedCON 最终期限的可行计划提供资金支持。

项目团队花了一个上午为"夜莺"制订进度计划。他们从 WBS 开始，寻找建立网络所需要的信息，需要时就增加活动。而后团队在其中增加了他们为每个活动所收集的时间估计。

表 6-6 是关于那些活动的初步信息,包括时间长度和前置活动。

表 6-6 关于那些活动的初步信息

活 动	描 述	时间长度	前 置 活 动
1	结构决策	10	无
2	内部规格	20	1
3	外部规格	18	1
4	特征规格	15	1
5	语音识别	15	2、3
6	外壳	4	2、3
7	屏幕	2	2、3
8	扬声器输出插孔	2	2、3
9	磁带机械	2	2、3
10	数据库	40	4
11	麦克风/声卡	5	4
12	寻呼机	4	4
13	条码读取器	3	4
14	闹钟	4	4
15	计算机输入/输出	5	4
16	检查设计	10	5、6、7、8、9、10、11、12、13、14、15
17	价格构成	5	5、6、7、8、9、10、11、12、13、14、15
18	集成	15	16、17
19	文档设计	35	16
20	采购原型组件	20	18
21	组装原型	10	20
22	实验室检测原型	20	21
23	现场检测原型	20	19、22
24	调整设计	20	23
25	定制标准元件	2	24
26	定制非标准元件	2	24
27	组装第一个样品	10	25,FS-8 个时间单位 26,FS-13 个时间单位
28	测试样品	10	27
29	生产 30 套产品	15	28
30	培训销售代表	10	29

技术细节

基于以下信息建立你的项目进度计划并评估你的选择。

(1) 项目会在 1 月的第一个工作日开始。

(2) 要注意以下节假日：元旦(1 月 1 日起,3 天),春节(除夕起,7 天),清明节(一般在 4 月 5 日前后,3 天),劳动节(5 月 1 日起,3 天),端午节(农历五月初五,3 天),中秋节(农历八月十五,3 天),国庆节(10 月 1 日起,7 天)。

(3) 如果一个假日正好是星期六,则星期五会作为假日;如果它正好是星期日,则星期一会作为假日。

(4) 项目团队从星期一工作到星期五。

(5) 如果你选择缩短上述任何一种活动的时间,则不能影响相应活动所需的成本。

(6) 你只能花费最多 10 万美元来缩短项目活动,滞后不包含任何额外成本。

作业

请分析并记录。

(1) 依据表 6-1,建立这些活动的进度管理计划(注意最迟和最早时间、关键路径以及项目的估计完成时间)。

(2) 项目是否按计划要求满足 10 月 25 日的最终期限?

答:_____

_____

(3) 在关键路径上有哪些活动?

答:_____

_____

_____

(4) 这一网络的敏感性如何?

答:_____

_____

_____

请用压缩软件对上述作业完成的相关文件压缩打包,并将压缩文件命名为如下。

<班级>_<姓名>_项目进度管理.rar

请将该压缩文件在要求的日期内,以电子邮件、QQ 文件传送或者实验指导老师指定的其他方式交付。

请记录该项实践作业能够顺利完成吗?

_____

4. 实验总结

_____

_____

_____

5. 实验评价（教师）

第 7 章　项目成本管理

会计人员通常将成本定义为,为达到一个特定目标而牺牲的资源。由于项目花费资金、消耗资源,因此,理解项目成本管理对于项目经理非常重要,良好的成本估算也是项目经理需要具备的一项重要的技能。项目成本管理包含为使项目在批准的预算内完成而对成本进行规划、估算、预算、融资、筹资、管理和控制的各个过程,如图 7-1 所示,从而确保项目在批准的预算内完工。

项目成本管理

7.2 规划成本管理
1 输入
· 项目章程
· 项目管理计划
· 事业环境因素
· 组织过程资产
2 工具与技术
· 专家判断
· 数据分析
· 会议
3 输出
成本管理计划

7.5 控制成本
1 输入
· 项目管理计划
· 项目文件
· 项目资金需求
· 工作绩效数据
· 组织过程资产
2 工具与技术
· 专家判断
· 数据分析
· 完工尚需绩效指数
· 项目管理信息系统
3 输出
· 工作绩效信息
· 成本预测
· 变更请求
· 项目管理计划更新
· 项目文件更新

7.3 估算成本
1 输入
· 项目管理计划
· 项目文件
· 事业环境因素
· 组织过程资产
2 工具与技术
· 专家判断
· 类比估算
· 参数估算
· 自下而上估算
· 三点估算
· 数据分析
· 项目管理信息系统
· 决策
3 输出
· 成本估算
· 估算依据
· 项目文件更新

7.4 制定预算
1 输入
· 项目管理计划
· 项目文件
· 商业文件
· 协议
· 事业环境因素
· 组织过程资产
2 工具与技术
· 专家判断
· 成本汇总
· 数据分析
· 历史信息审核
· 资金限制平衡
· 融资
3 输出
· 成本基准
· 项目资金需求
· 项目文件更新

图 7-1　项目成本管理概述

很多项目的原始成本估算能力很低,只是以非常模糊的项目需求为基础进行估算,所以自然容易发生成本超支。而成本超支的另一个原因是许多项目涉及新的技术或商业过程,存在一定的内在风险。因此,解决成本问题需要更好的成本管理。

在某些项目,特别是范围较小的项目中,成本估算和成本预算之间的联系非常紧密,以至于可视为一个过程,由一个人在较短时间内完成。但是,它们所用的工具和技术各不相同。对成本的影响在项目早期最大,因此尽早定义范围就至关重要。

7.1 项目成本管理概述

项目成本管理重点关注完成项目活动所需资源的成本,但同时也应考虑项目决策对项目产品、服务或成果的使用成本、维护成本和支持成本的影响。例如,限制设计审查的次数可降低项目成本,但可能增加由此带来的产品运营成本。

7.1.1 项目成本管理的核心概念

项目成本管理应考虑相关方对掌握成本情况的要求。不同的相关方会在不同的时间、用不同的方法测算项目成本。例如,对于某采购品,可在做出采购决策、下达订单、实际交货、实际成本发生或进行会计记账时,测算其成本。

在很多组织中,预测和分析项目产品的财务效益是在项目之外进行的。但对于有些项目,如固定资产投资项目,可在项目成本管理中进行这项预测和分析工作。在这种情况下,项目成本管理还需要使用其他过程和许多通用财务管理技术,如投资回报率分析、现金流贴现分析和投资回收期分析等。

7.1.2 发展趋势和新兴实践

在项目成本管理的实践中,通过对挣值管理(EVM)的扩展,引入挣得进度(ES)这一概念。

ES 是 EVM 理论和实践的延伸。ES 理论用 ES 和实际时间(AT)替代了传统 EVM 所使用的进度偏差测量指标(挣值-计划价值),使用这种替代方法计算进度偏差 ES-AT,如果 ES 大于 0,则表示项目进度提前;换句话说,在某个给定的时间点,项目的挣值大于计划价值。使用 ES 测量指标的进度绩效指数(SPI)为 ES 与 AT 之比,表示完成项目的工作效率。此外,ES 理论通过 ES、实际时间和估算持续时间,提供了预测项目完成日期的计算公式。

7.1.3 裁剪时考虑的因素

由于每个项目都是独特的,项目经理可能需要裁剪项目成本管理过程。裁剪时应考虑以下因素。

（1）知识管理。组织是否拥有易于使用的、正式的知识管理体系和财务数据库，并要求项目经理使用？

（2）估算和预算。组织是否拥有正式或非正式的，与成本估算和预算相关的政策、程序和指南？

（3）挣值管理。组织是否采用挣值管理来管理项目？

（4）敏捷方法的使用。组织是否采用敏捷方法管理项目？这对成本估算有什么影响？

（5）治理。组织是否拥有正式或非正式的审计和治理政策、程序和指南？

7.1.4 敏捷或适应型环境的考虑因素

对易变性高、范围并未完全明确、经常发生变更的项目，详细的成本计算可能没有多大帮助。在这种情况下，可以采用轻量级估算方法快速生成对项目人力成本的高层级预测，在出现变更时容易调整预测；而详细的估算适用于采用准时制的短期规划。

如果易变的项目也遵循严格的预算，通常需要更频繁地更改范围和进度计划，以始终保持在成本制约因素之内。

7.2 规划成本管理

规划成本管理是确定如何估算、预算、管理、监督和控制项目成本的过程，如图 7-2 所示。本过程的主要作用是，在整个项目期间为如何管理项目成本提供指南和方向，本过程仅开展一次或仅在项目的预定义点开展。应该在项目规划阶段的早期就对成本管理工作进行规划，建立各成本管理过程的基本框架，以确保各过程的有效性和协调性。

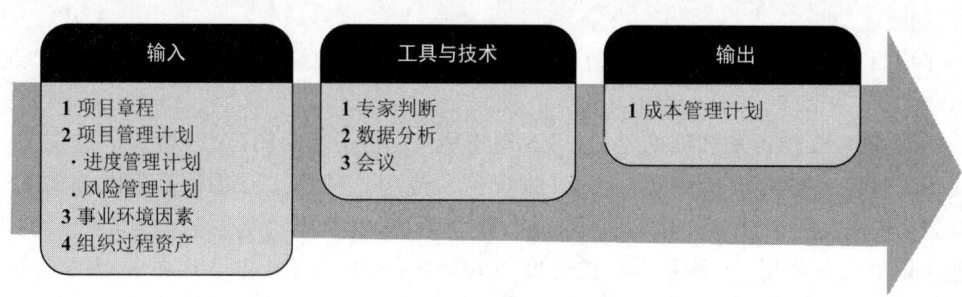

输入	工具与技术	输出
1 项目章程 2 项目管理计划 · 进度管理计划 · 风险管理计划 3 事业环境因素 4 组织过程资产	1 专家判断 2 数据分析 3 会议	1 成本管理计划

图 7-2　规划成本管理：输入、工具与技术和输出

7.2.1 过程输入

本过程的输入主要包括以下内容。

1. 项目章程

项目章程规定了预先批准的财务资源，可据此确定详细的项目成本。项目章程所规定的项目审批要求，也对项目成本管理有影响。

2. 项目管理计划

- 进度管理计划：确定了编制、监督和控制项目进度的准则和活动，同时也提供了影响成本估算和管理的过程及控制方法。
- 风险管理计划：提供了识别、分析和监督风险的方法，同时也提供了影响成本估算和管理的过程及控制方法。

此过程的输入还包括事业环境因素和组织过程资产（见本书第 2 章）。

7.2.2　过程工具与技术

本过程的工具与技术主要包括以下内容。

1. 专家判断

应征求具备以下专业知识或接受过相关培训的个人或小组的意见。
- 以往类似项目。
- 来自行业、学科和应用领域的信息。
- 成本估算和预算。
- 挣值管理。

2. 数据分析

数据分析中包括备选方案分析，它包括审查筹资的战略方法，如自筹资金、股权投资、借贷投资等，还可以包括对获取项目资源的方法（如自制、采购、租用或租赁）的考量。

3. 会议

项目团队可能举行规划会议来制订成本管理计划。参会者可能包括项目经理、项目发起人、选定的项目团队成员、选定的相关方、项目成本负责人，以及其他必要人员。

7.2.3　过程输出

本过程的输出主要包括以下内容。

成本管理计划

成本管理计划（见表 7-1）是项目管理计划的组成部分，描述如何规划、安排和控制项目成本。成本管理过程及其工具与技术应记录在成本管理计划中。

表 7-1　成本管理计划

项目名称： _____　　　　**日期：** _____

准确度	计量单位	控制临界值
描述项目估算所需达到的准确程度。随着项目信息越来越详细，估算的准确程度也会逐步提高（渐进明细）。如果有滚动式计划以及用于成本估算的细化分级指南，伴随时间的推移，这些指南会提高成本估算的准确度	说明成本估算是使用百、千或是其他计量单位。如果是国际项目，它还会指明当前的货币	说明确定是否把活动、工作包或者项目作为整体，是否需要预防措施，或者超过预算后是否需要纠正措施。通常以偏离基准的百分比来表示

绩效测量规则

明确 WBS 中的进度及支出评定水平。对于使用挣值管理的项目，描述要使用的测量方法，如权重里程碑法、固定公式法以及完成百分比法等。记录用当前的绩效趋势来推测未来成本所用的方程

成本报告信息和格式

记录项目状态和进度报告所需的成本信息。如果使用特定的报告格式，则附上样本或特定的表格模板

过程管理

成本估算	说明用于成本估算的估算方法，如类比估算、参数估算、三点估算等
制定预算	记录如何制定成本基准，包括应急储备和管理储备如何处理的信息
更新、管理和控制	记录更新预算的过程，包括更新频率、权限和版本。说明如果有必要，进行成本基准维护和重设基准的指南

例如，在成本管理计划中规定以下内容。

- 计量单位：需要规定每种资源的计量单位，例如用于测量时间的人时数、人天数或周数，用于计量数量的米、升、吨、千米或立方米，或者用货币表示的总价。
- 精确度：根据活动范围和项目规模，设定成本估算向上或向下取整的程度（例如，995.59 美元取整为 1000 美元）。
- 准确度：为活动成本估算规定一个可接受的区间（如±10%），其中可能包括一定数量的应急储备。
- 组织程序链接：WPS 为成本管理计划提供了框架，以便据此规范地开展成本估算、预算和控制。在项目成本核算中使用的 WBS 组成部分，称为控制账户（CA），每个控制账户都有唯一的编码或账号，直接与执行组织的会计制度相联系。
- 控制临界值：可能需要规定偏差临界值，用于监督成本绩效。它是在需要采取某种措施前，允许出现的最大差异，通常用偏离基准计划的百分数来表示。
- 绩效测量规则：需要规定用于绩效测量的挣值管理（EVM）规则。
  - 定义 WBS 中用于绩效测量的控制账户。

　　　◆ 确定拟用的 EVM 技术(如加权里程碑法、固定公式法、完成百分比法等)。
　　　◆ 规定跟踪方法,以及用于计算项目完工估算(EAC)的 EVM 公式,该公式计算出
　　　　的结果可用于验证通过自下而上方法得出的完工估算。
　　● 报告格式。需要规定各种成本报告的格式和编制频率。
　　● 其他细节。
　　　◆ 对战略筹资方案的说明。
　　　◆ 处理汇率波动的程序。
　　　◆ 记录项目成本的程序。

7.3　估算成本

　　为在预算限制内完成项目,必须进行严格的成本估算。在建立资源需求清单之后,项目经理和项目组成员必须针对这些资源进行估算。估算成本是对完成项目活动所需资金进行近似估算的过程,如图 7-3 所示。本过程的主要作用是确定项目所需的资本。本过程应根据需要在整个项目期间定期开展。

图 7-3　估算成本:输入、工具与技术和输出

7.3.1　成本估算的类型

　　成本估算是对完成活动所需资源的可能成本的量化评估,是在某特定时点,根据已知信息所做出的成本预测。在估算成本时,需要识别和分析可用于启动与完成项目的备选成本方案;需要权衡备选成本方案并考虑风险,如比较自制成本与外购成本、购买成本与租赁成本及多种资源共享方案,以优化项目成本。

　　通常用某种货币单位(如美元、欧元、日元等)进行成本估算,但有时也可采用其他计量单位,如人时数或人天数,以消除通货膨胀的影响,便于成本比较。

　　在项目过程中,应该随着更详细信息的呈现和假设条件的验证,对成本估算进行审查

和优化。在项目生命周期中,项目估算的准确性亦将随着项目的进展而逐步提高。例如,在启动阶段可得出项目的粗略量级估算,其区间为$-25\%\sim+75\%$;之后,随着信息越来越详细,确定性估算的区间可缩小至$-5\%\sim+10\%$。

进行成本估算,应该考虑将向项目收费的全部资源,包括人工、材料、设备、服务、设施,以及一些特殊的成本种类,如通货膨胀补贴、融资成本或应急成本。成本估算可在活动层级呈现,也可以汇总形式呈现。

7.3.2 过程输入

本过程的输入主要包括以下内容。

1. 项目管理计划

- 成本管理计划:描述可使用的估算方法以及成本估算需要达到的准确度和精确度。
- 质量管理计划:描述项目管理团队为实现一系列项目质量目标所需的活动和资源。
- 范围基准:包括项目范围说明书、WBS和WBS词典。
  - 项目范围说明书:反映了因项目资金支出的周期而产生的资金制约因素,或其他财务假设条件和制约因素。
  - WBS:指明项目全部可交付成果及其各组成部分之间的相互关系。
  - WBS词典:在其中以及相关的详细工作说明书中,列明可交付成果,并描述为产出可交付成果,WBS各组成部分所需进行的工作。

2. 项目文件

- 经验教训登记册:项目早期与制定成本估算有关的经验教训可以运用到项目后期阶段,以提高成本估算的准确度和精确度。
- 项目进度计划:包括项目可用的团队和实物资源的类型、数量和可用时间长短。如果资源成本取决于使用时间的长短,并且成本出现季节波动,则持续时间估算会对成本估算产生影响。进度计划还为包含融资成本(包括利息)的项目提供有用信息。
- 资源需求:明确每个工作包或活动所需的资源类型和数量。
- 风险登记册:包含已识别并按优先顺序排列的单个项目风险的详细信息,以及针对这些风险采取的应对措施。风险登记册提供了可用于估算成本的详细信息。

此过程的输入还包括事业环境因素和组织过程资产(见本书第2章)。

7.3.3 过程工具与技术

本过程的工具与技术主要包括以下内容。

1. 专家判断

应征求具备以下专业知识或接受过相关培训的个人或小组的意见：以往类似项目；来自行业、学科和应用领域的信息；成本估算方法。

2. 类比估算

类比估算使用以往类似项目的参数值或属性来估算。项目的参数值和属性包括范围、成本、预算、持续时间和规模指标（如尺寸、重量），以这些项目参数值或属性为基础来估算当前项目的同类参数或指标。

3. 参数估算

参数估算是指利用历史数据之间的统计关系和其他变量（如建筑施工中的平方英尺），来进行项目工作的成本估算，其准确性取决于参数模型的成熟度和基础数据的可靠性。参数估算可以针对整个项目或项目中的某个部分，并可与其他估算方法联合使用。

4. 自下而上估算

自下而上估算是对工作组成部分进行估算的一种方法。首先对单个工作包或活动的成本进行最具体、细致的估算，然后把这些细节性成本向上汇总或"滚动"到更高层次，用于后续报告和跟踪。其准确性及其本身所需的成本，通常取决于单个活动或工作包的规模或其他属性。

5. 三点估算

通过考虑估算中的不确定性与风险，使用 3 种估算值来界定活动成本的近似区间，可以提高单点成本估算的准确性。
- 最可能成本（C_M）：对所进行的工作和相关费用进行较现实的估算所得到的成本。
- 最乐观成本（C_O）：基于活动的最好情况所得到的成本。
- 最悲观成本（C_P）：基于活动的最差情况所得到的成本。

基于活动成本在三种估算值区间内的假定分布情况，使用公式来计算预期成本（C_E）：两种常用的公式是三角分布和贝塔分布，其计算公式分别如下。
- 三角分布。$C_E = (C_O + C_M + C_P)/3$
- 贝塔分布。$C_E = (C_O + 4C_M + C_P)/6$

基于三点的假定分布计算期望成本，并说明期望成本的不确定区间。

6. 数据分析

- 备选方案分析：对已识别的可选方案进行评估的技术，用来决定用哪种方案或用何种方法来执行项目工作。例如，分别评估购买和制造可交付成果对成本、进度、资源和质量的影响。
- 储备分析：为应对成本的不确定性，成本估算中包括应急储备，它是包含在成本基准内的一部分预算，用来应对已识别的风险；应急储备往往被看作预算中用来应对会影响项目的"已知—未知"风险的那一部分。例如，可以预知有些项目可交付成果需要返工，却不知道返工的工作量是多少。可以预留应急储备来应对这些未知数量的返工工作。小至某个具体活动，大到整个项目，任何层级都可有其应急储备。应急储备可取成本估算值的某一百分比、某个固定值，或者通过定量分析来确定。

随着项目信息越来越明确，可以动用、减少或取消应急储备。应该在成本文件中清楚地列出应急储备。应急储备是成本基准的一部分，也是项目整体资金需求的一部分。

- 质量成本：在估算时，可能要用到关于质量成本的各种假设，这包括对以下情况进行评估：是为达到要求而增加投入，还是承担不符合要求而造成的成本；是寻求短期成本降低，还是承担产品生命周期后期频繁出现问题的后果。

7. 项目管理信息系统（PMIS）

PMIS 可包括电子表单、模拟软件以及统计分析工具，可用来辅助成本估算。这些工具能简化某些成本估算技术的使用，使人们能快速考虑多种成本估算方案。

8. 决策

决策包括投票。它可以调动团队成员的参与，提高估算准确性和对估算结果的责任感。

7.3.4 过程输出

本过程的输出主要包括以下内容。

1. 成本估算

成本估算（见表 7-2）包括对完成项目工作可能需要的成本、应对已识别风险的应急储备，以及应对计划外工作的管理储备的量化估算。成本估算可以是汇总的或详细分列的，应覆盖项目所使用的全部资源，包括直接人工、材料、设备、服务、设施、信息技术，以及一些特殊的成本种类，如融资成本（包括利息）、通货膨胀补贴、汇率或成本应急储备。如果间接成本也包含在项目估算中，则可在活动层次或更高层次上计算间接成本。

2. 估算依据

成本估算所需的支持信息的数量和种类因应用领域而异，不论其详细程度如何，支持性文件都应该清晰、完整地说明成本估算是如何得出的。

成本估算的支持信息可包括以下内容。

- 关于估算依据的文件（如估算是如何编制的）。
- 关于全部假设条件的文件。
- 关于各种已知制约因素的文件。

项目名称：

表 7-2　活动成本估算

准备日期：

WBS 编号	资源	直接成本	间接成本	储备金	估算额	估算方法	建设条件/制约因素	估算依据	区间	置信水平
唯一编号	WBS要素中需要的资源（人、设备、用品）	与资源直接相关的成本	所有间接发生的成本，如管理费用	记录可能有的应急储备金的总额，如果有的话	总成本估值	估算成本使用的方法，如类比估算法、参数估算法等	记录一切估算成本所需的假设，如需要占用资源的时间长度	记录估算中的计算依据，如时薪据，如时薪	提供估算的范围，如果需要的话	记录估算的信度

- 有关已识别的、在估算成本时应考虑的风险的文件。
- 对估算区间的说明（如"10 000 美元±10％"就说明了预期成本的所在区间）。
- 对最终估算的置信水平的说明。

3. 项目文件更新

- 假设日志：在成本估算过程中可能会做出新的假设、识别新的制约因素，或者重新审查和修改已有的假设条件或制约因素。假设日志应根据这些新信息做出相应更新。
- 经验教训登记册：有效和高效地估算成本的技术，需要更新在经验教训登记册中。
- 风险登记册：选择和商定风险应对措施时，可能需要更新风险登记册。

7.4 制定预算

制定预算是汇总所有单个活动或工作包的估算成本，建立一个经批准的成本基准的过程，如图 7-4 所示。本过程的主要作用是，确定可据此监督和控制项目绩效的成本基准。本过程仅开展一次或仅在项目的预定义点开展。

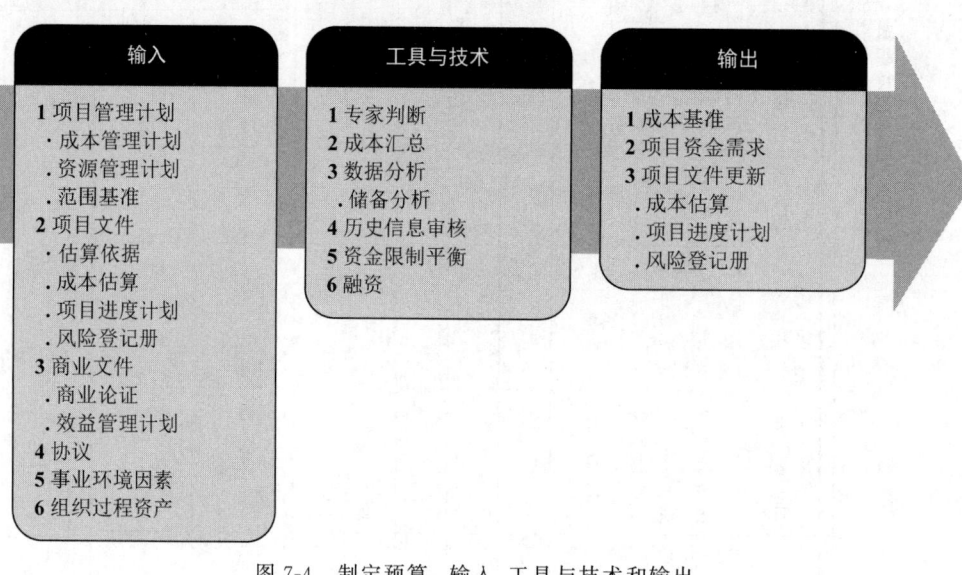

图 7-4 制定预算：输入、工具与技术和输出

7.4.1 过程输入

本过程的输入主要包括以下内容。

1. 项目管理计划

- 成本管理计划：描述如何将项目成本纳入项目预算中。

- 资源管理计划：提供有关（如人力和其他资源的）费率、差旅成本估算和其他可预见成本的信息，这些信息是估算整个项目预算时必须考虑的因素。
- 范围基准：包括项目范围说明书、WBS 和 WBS 词典的详细信息，可用于成本估算和管理。

2. 项目文件

- 估算依据：其中包括基本的假设条件，例如，项目预算中是否应该包含间接成本或其他成本。
- 成本估算：各工作包内每个活动的成本估算汇总后，即得到各工作包的成本估算。
- 项目进度计划：包括项目活动、里程碑、工作包和控制账户的计划开始和完成日期。可根据这些信息，把成本汇总到其预计发生的日历时段中。
- 风险登记册：应该审查风险登记册，以确定如何汇总风险应对成本。风险登记册的更新包含在项目文件更新中。

3. 商业文件

- 商业论证：识别了项目成功的关键因素，包括财务成功因素。
- 效益管理计划：包括目标效益，例如净现值的计算、实现效益的时限，以及与效益有关的测量指标。

4. 协议

在制定预算时，需要考虑将要或已经采购的产品、服务或成果的成本，以及适用的协议信息。

此过程的输入还包括事业环境因素和组织过程资产（见本书第 2 章）。

7.4.2　过程工具与技术

本过程的工具与技术主要包括以下内容。

1. 专家判断

应征求具备以下专业知识或接受过相关培训的个人或小组的意见：以往类似项目，来自行业、学科和应用领域的信息，财务原则，资金需求和来源。

2. 成本汇总

成本汇总指先把成本估算汇总到 WBS 中的工作包，再由工作包汇总至 WBS 的更高层次（如控制账户），最终得出整个项目的总成本。

3. 数据分析

数据分析包括建立项目管理储备的储备分析。管理储备是为了管理控制的目的而特别留出的项目预算,用来应对项目范围中不可预见的工作,目的是用来应对会影响项目的"未知—未知"风险。管理储备不包括在成本基准中,但属于项目总预算和资金需求的一部分。当动用管理储备资助不可预见的工作时,要把动用的管理储备增加到成本基准中,从而变更成本基准。

4. 历史信息审核

历史信息审核有助于进行参数估算或类比估算。历史信息包括各种项目特征(参数),用于建立数学模型预测项目总成本。这些数学模型可以是简单的(例如,建造住房的总成本取决于单位面积建造成本),也可以是复杂的(例如,软件开发项目的成本模型中有多个变量,且每个变量又受许多因素的影响)。

类比和参数模型的成本及准确性可能差别很大。在以下情况下,它们将最为可靠。

- 用来建立模型的历史信息准确。
- 模型中的参数易于量化。
- 模型可以调整,以便对大项目、小项目和各项目阶段都适用。

5. 资金限制平衡

应该根据对项目资金的任何限制来平衡资金支出。如果发现资金限制与计划支出之间的差异,则可能需要调整工作的进度计划,以平衡资金支出水平。这可以通过在项目进度计划中添加强制日期来实现。

6. 融资

融资是指为项目获取资金。长期的基础设施、工业和公共服务项目通常会寻求外部融资。如项目使用外部资金,出资实体可能会提出一些必须满足的要求。

7.4.3 过程输出

本过程的输出主要包括以下内容。

1. 成本基准

成本基准是经过批准的、按时间段分配的不同进度活动的项目预算总和,不包括任何管理储备,只有通过正式的变更控制程序才能变更,用作与实际结果进行比较的依据。

项目预算和成本基准的各个组成部分如图 7-5 所示。先汇总各项目活动的成本估算及其应急储备,得到相关工作包的成本;然后汇总各工作包的成本估算及其应急储备,得到控制账户的成本;接着再汇总各控制账户的成本,得到成本基准。由于成本基准中的成本估算与进度活动直接关联,因此就可按时间段分配成本基准,得到一条 S 曲线,如图 7-6 所示。对于使用挣值管理的项目,成本基准指的是绩效测量基准。

最后,在成本基准之上增加管理储备,得到项目预算。当出现有必要动用管理储备的

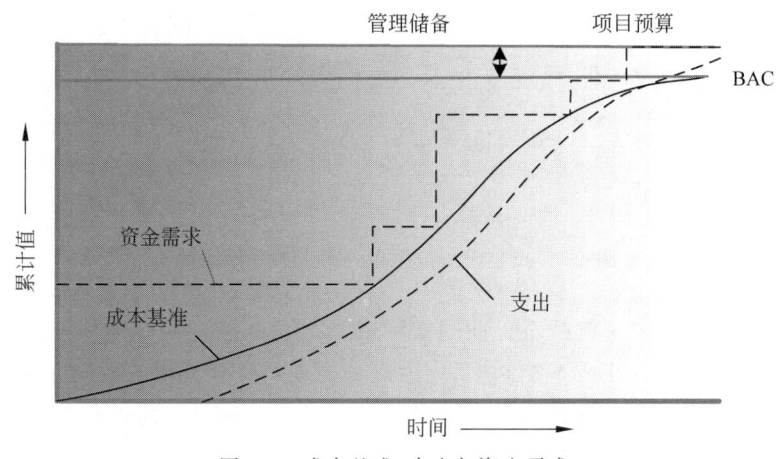

图 7-5 项目预算的组成

图 7-6 成本基准、支出与资金需求

变更时,则应该在获得变更控制过程的批准之后,把适量的管理储备移入成本基准中。

2. 项目资金需求

根据成本基准,确定总资金需求和阶段性(如季度或年度)资金需求。成本基准中既包括预计支出,也包括预计债务。项目资金通常以增量的方式投入,并且可能是非均衡的,呈现出图 7-6 中所示的阶梯状。如果有管理储备,则总资金需求等于成本基准加管理储备。在资金需求文件中也可说明资金来源。

3. 项目文件更新

- 成本估算:更新成本估算,以记录任何额外信息。
- 项目进度计划:可能记录了各项活动的估算成本。
- 风险登记册:在其中记录识别的新风险,并通过风险管理过程进行管理。

7.5　控制成本

控制成本是监督项目状态，以更新项目成本、管理成本基准变更的过程，如图 7-7 所示。本过程的主要作用是，在整个项目期间保持对成本基准的维护，需要在整个项目期间开展。

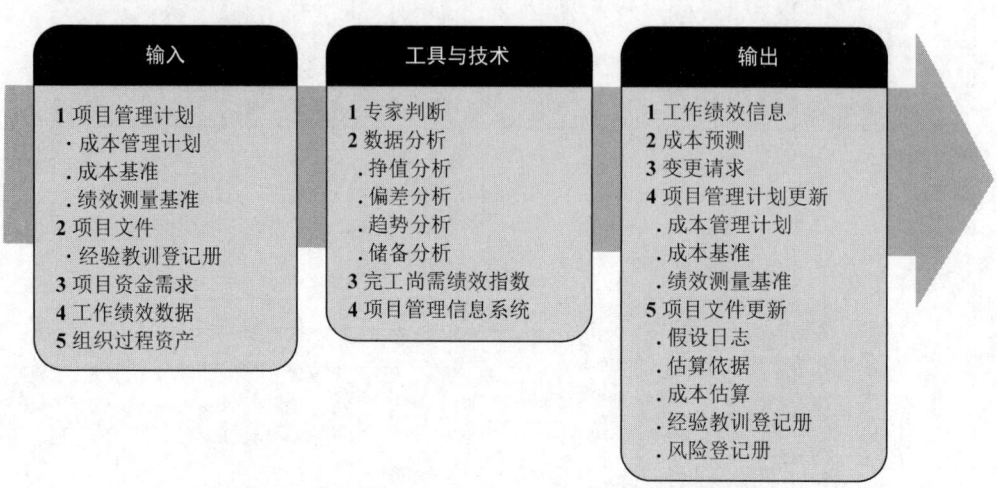

图 7-7　控制成本：输入、工具与技术和输出

要更新预算，就需要了解截至目前的实际成本。只有经过实施整体变更控制过程的批准，才可以增加预算。在成本控制中，应重点分析项目资金支出与相应完成的实体工作之间的关系。有效控制成本的关键在于，对经批准的成本基准及其变更进行管理。

项目成本控制包括以下内容。

- 对造成成本基准变更的因素施加影响。
- 确保所有的变更请求都得到及时处理。
- 当变更实际发生时，管理这些变更。
- 确保成本支出不超过批准的资金限额，既不超出按时段、按 WBS 组件、按活动分配的限额，也不超出项目总限额。
- 监督成本绩效，找出并分析与成本基准间的偏差。
- 对照资金支出，监督工作绩效。
- 防止在成本或资源使用报告中出现未经批准的变更。
- 向有关相关方报告所有经批准的变更及其相关成本。
- 设法把预期的成本超支控制在可接受的范围内。

7.5.1　过程输入

本过程的输入主要包括以下内容。

1. 项目管理计划

- 成本管理计划：描述如何管理和控制项目成本。
- 成本基准：将其与实际结果相比，判断是否需要进行变更或采取纠正或预防措施。
- 绩效测量基准：使用挣值分析时，将其与实际结果比较，决定是否有必要进行变更、采取纠正措施或预防措施。

2. 项目文件

项目文件包括经验教训登记册。在项目早期获得的经验教训可以运用到后期阶段，以改进成本控制。

3. 项目资金需求

项目资金需求包括预计支出及预计债务。

4. 工作绩效数据

工作绩效数据包含关于项目状态的数据，例如哪些成本已批准、发生、开票和支付。此过程的输入还包括组织过程资产（见本书第 2 章）。

7.5.2　工具与技术：挣值分析

项目管理中的一个非常有效的成本控制工具就是挣值分析（Earned Value Analysis，EVA），又称挣值管理，它将实际进度和成本绩效与绩效测量基准进行比较，是综合考虑范围、进度和资源绩效，以评估项目绩效和进展的一种常用的绩效测量方法。把范围基准、成本基准和进度基准整合起来，形成绩效测量基准，以便项目管理团队评估和测量项目绩效和进展。EVA 的原理适用于所有行业的所有项目。

EVA 针对每个工作包和控制账户，计算并监测以下 3 个关键指标。

（1）计划价值（PV）：是为计划工作分配的经批准的预算，它是为完成某活动或 WBS 组成部分而准备的一份经批准的预算，不包括管理储备，应该把该预算分配至项目生命周期的各个阶段。在某个给定的时间点，PV 代表应该已经完成的工作。PV 的总和有时被称为绩效测量基准（PMB），项目的总计划价值又被称为完工预算（BAC）。

（2）挣值（EV）：是对已完成工作的测量值，用该工作的批准预算来表示，是已完成工作的经批准的预算。EV 的计算应该与 PMB 相对应，且所得的 EV 不得大于相应组件的PV 总预算。EV 常用于计算项目的完成百分比，应该为每个 WBS 组件规定进展测量准则，用于考核正在实施的工作。项目经理既要监测 EV 的增量，以判断当前的状态，又要监测 EV 的累计值，以判断长期的绩效趋势。

（3）实际成本（AC）：是在给定时段内，执行某活动而实际发生的成本，是为完成与EV 相对应的工作而发生的总成本。AC 的计算方法必须与 PV 和 EV 的计算方法保持一致（例如，都只计算直接小时数，都只计算直接成本，或都计算包含间接成本在内的全部成本）。AC 没有上限，为实现 EV 所花费的任何成本都要计算。

7.5.3 工具与技术：偏差分析

在 EVM 中，偏差分析用以解释成本偏差（即 $CV=EV-AC$）、进度偏差（即 $SV=EV-PV$）和完工偏差（即 $VAC=BAC-EAC$）的原因、影响和纠正措施。成本偏差和进度偏差是最需要分析的两种偏差。对于不使用正规挣值分析的项目，可开展类似的偏差分析，通过比较计划成本和实际成本，来识别成本基准与实际项目绩效之间的差异；然后可以实施进一步的分析，以判定偏离进度基准的原因和程度，并决定是否需要采取纠正或预防措施。可通过成本绩效测量来评价偏离原始成本基准的程度。项目成本控制的重要工作包括判定偏离成本基准的原因和程度，并决定是否需要采取纠正或预防措施。随着项目工作的逐步完成，偏差的可接受范围（常用百分比表示）将逐步缩小。

（1）进度偏差（SV）：是测量进度绩效的一种指标，表示为挣值（EV）与计划价值（PV）之差。它是指在某个给定的时点，项目提前或落后的进度，是测量项目进度绩效的一种指标，等于 EV 减去 PV。EVA 进度偏差是一种有用的指标，可表明项目进度是落后还是提前于进度基准。当项目完工时，全部的 PV 都将实现（即成为 EV），所以 EVA 进度偏差最终将等于零。最好把进度偏差与关键路径法（CPM）和风险管理一起使用，其公式为 $SV=EV-PV$。

（2）成本偏差（CV）：是在某个给定时点的预算亏空或盈余量，表示为 EV 与 AC 之差。它是测量项目成本绩效的一种指标，等于 EV 减去 AC。项目结束时的成本偏差，就是完工预算（BAC）与 AC 之间的差值。由于成本偏差指明了实际绩效与成本支出之间的关系，所以非常重要。负的 CV 一般都是难以挽回的，其公式为 $CV=EV-AC$。

（3）进度绩效指数（SPI）：是测量进度效率的一种指标，表示为 EV 与 PV 之比，反映了项目团队完成工作的效率。有时与成本绩效指数（CPI）一起使用，预测项目的最终完工估算。当 SPI 小于 1.0 时，说明已完成的工作量未达到计划要求；当 SPI 大于 1.0 时，则说明已完成的工作量超过计划。由于 SPI 测量的是项目的总工作量，所以还需要对关键路径上的绩效进行单独分析，以确认项目是否将比计划完成日期提前或推迟完工。SPI 等于 EV 与 PV 的比值，其公式为 $SPI=EV/PV$。

（4）成本绩效指数（CPI）：是测量预算资源的成本效率的一种指标，表示为 EV 与 AC 之比。它是最关键的 EVA 指标，用来测量已完成工作的成本效率。当 CPI 小于 1.0 时，说明已完成工作的成本超支；当 CPI 大于 1.0 时，则说明到目前为止成本有结余。CPI 等于 EV 与 AC 的比值，其公式为 $CPI=EV/AC$。

7.5.4 工具与技术：趋势分析

趋势分析旨在审查项目绩效随时间的变化情况，以判断绩效是正在改善还是正在恶化。图形分析技术有助于了解截至目前的绩效情况，并把发展趋势与未来的绩效目标进行比较，如 BAC 与 EAC、预测完工日期与计划完工日期的比较。

（1）图表。在挣值分析中，对计划价值、挣值和实际成本这 3 个参数，既可以分阶段（以周或月为单位）进行检测和报告，也可以针对累计值进行监测和报告。图 7-8 以 S 曲线展示某个项目的 EV 数据，该项目目前预算超支且进度落后。

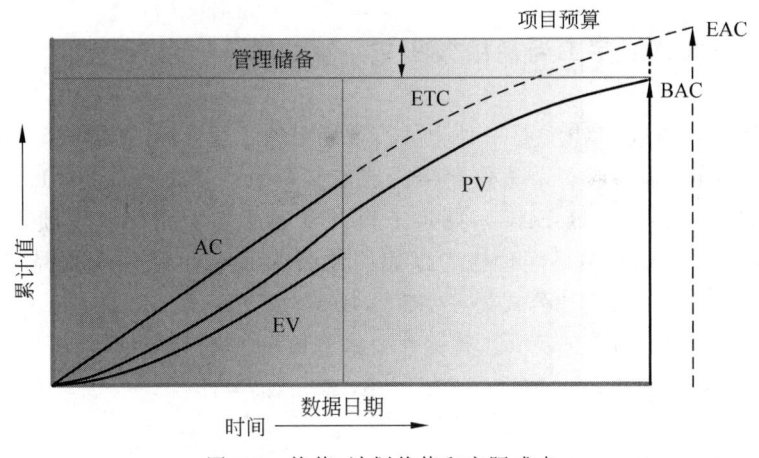

图 7-8　挣值、计划价值和实际成本

（2）预测。随着项目进展，项目团队可根据项目绩效，对完工估算（EAC）进行预测，预测的结果可能与完工预算（BAC）存在差异。如果 BAC 已明显不再可行，则项目经理应考虑对 AC 进行预测。预测 EAC 是根据当前掌握的绩效信息和其他知识，预计项目未来的情况和事件。预测要根据项目执行过程中所提供的工作绩效数据来产生、更新和重新发布。工作绩效信息包含项目过去的绩效，以及可能在未来对项目产生影响的任何信息。

在计算 EAC 时，通常用已完成工作的实际成本，加上剩余工作的完工尚需估算（ETC）。项目团队要根据已有的经验，考虑实施 ETC 工作可能遇到的各种情况。把挣值分析与手工预测 EAC 方法联合起来使用，效果会更佳。由项目经理和项目团队手工进行的自下而上汇总方法，就是一种最普通的 EAC 预测方法。

项目经理所进行的自下而上的 EAC 估算，就是以已完成工作的实际成本为基础，并根据已积累的经验来为剩余项目工作编制一个新估算，其公式为 EAC＝AC＋自下而上的 ETC。

可以很方便地把项目经理手工估算的 EAC 与计算得出的一系列 EAC 作比较，这些计算得出的 EAC 代表了不同的风险情景。在计算 EAC 值时，经常会使用累计 CPI 和累计 SPI 值。

7.5.5　工具与技术：储备分析

在控制成本过程中，可以采用储备分析来监督项目中应急储备和管理储备的使用情况，从而判断是否还需要这些储备，或者是否需要增加额外的储备。随着项目工作的进展，这些储备可能已按计划用于支付风险或其他应急情况的成本；反之，如果抓住机会节约了成本，节约的资金可能会增加到应急储备中，或作为盈利（或利润）从项目中剥离。

如果已识别的风险没有发生,就要从项目预算中扣除未使用的应急储备,为其他项目或运营腾出资源。同时,在项目中做进一步风险分析,可能会发现需要为项目预算申请额外的储备。

7.5.6　工具与技术：完工尚需绩效指数

完工尚需绩效指数(TCPI)是一种为了实现特定的管理目标,剩余资源的使用必须达到的成本绩效指标,是完成剩余工作所需的成本与剩余预算之比。TCPI 是指为了实现具体的管理目标(如 BAC 或 EAC),剩余工作的实施必须达到的成本绩效指标。如果BAC 已明显不再可行,则项目经理应考虑使用预测的 EAC。经过批准后,就用 EAC 取代 BAC。基于 BAC 的 TCPI 公式为 TCPI＝(BAC－EV)/(BAC－AC)。

TCPI 的概念可用图 7-9 表示。其计算公式在图的左下角,用剩余工作(BAC－EV)除以剩余资金(可以是 BAC－AC,或 EAC－AC)。

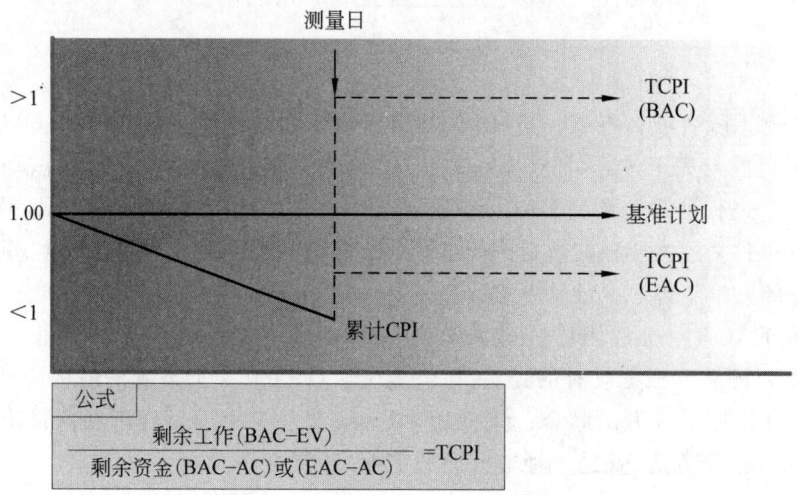

图 7-9　完工尚需绩效指数(TCPI)

如果累计 CPI 低于基准,那么项目的全部剩余工作都应立即按 TCPI(BAC)线(图 7-9中最高的那条线)执行,才能确保实际总成本不超过批准的 BAC。至于所要求的这种绩效水平是否可行,就需要综合考虑多种因素(包括风险、项目剩余时间和技术绩效)后才能判断;如果不可行,就需要把项目未来所需的绩效水平调整为如 TCPI(EAC)线所示。基于 EAC 的 TCPI 公式为 TCPI＝(BAC－EV)/(EAC－AC)。

此外,本过程的工具与技术还包括项目管理信息系统(PMIS),它常用于监测 PV、EV和 AC 这 3 个 EVM 指标、绘制趋势图,并预测最终项目结果的可能区间。

7.5.7　过程输出

本过程的输出主要包括以下内容。

1. 工作绩效信息

工作绩效信息包括有关项目工作实施情况的信息(对照成本基准),可以在工作包层级和控制账户层级上评估已执行的工作和工作成本方面的偏差。对于使用挣值分析的项目,CV、CPI、EAC、VAC 和 TCPI 将记录在工作绩效报告(见表 7-3)中。

表 7-3 挣值状态报告

项目名称: _____   准备日期: _____

完工预算(BAC): _____   全部状态: _____

	当前报告阶段	当前阶段累计	过去阶段累计
计划价值	计划要完成的工作值		
挣值	已完成的工作价值		
实际成本	完成工作的成本		
进度偏差(SV)	挣值减去计划价值:SV=EV−PV		
成本偏差(CV)	挣值减去实际成本:CV=EV−AC		
进度绩效指数(SPI)	挣值除以计划价值:SPI=EV/PV		
成本绩效指数(CPI)	挣值除以实际成本:CPI=EV/AC		

产生进度偏差的根本原因: _____

进度影响:描述对可交付成果、里程碑或关键路径的影响 _____

产生成本偏差的根本原因: _____

预算影响:描述对项目预算、应急资金和储备、打算的解决偏差的影响 _____

计划的百分比		显示计划完成工作的百分比:PV/BAC
已挣得的百分比		显示已经完成工作的百分比:EV/BAC
已花费的百分比		显示已花费预算的百分比:AC/BAC
完工估算(EAC)		确定用合适的方法预测完成项目的总支出。计算预测和证明选择特定 EAC 的原因。例如:如果期望 CPI 在剩余的项目中保持不变:EAC=BAC/CPI 如果 CPI 和 SPI 影响剩余的工作:EAC=AC+[(BAC−EV)/(CPI × SPI)]

	当前报告阶段	当前阶段累计	过去阶段累计
EAC w/CPI [BAC/CPI]			
EAC w/CPI×SPI [AC+(BAC−EV)/(CPI×SPI)]			
EAC 选择、调整和说明			
完工尚需绩效指数(TCPI)		计算剩余的工作除以剩余的资金：TCPI＝(BAC−EV)/(BAC/AC) 完成计划，或者 TCPI＝(BAC−EV)/(EAC−AC) 完成目前的 EAC	

备注：

2. 成本预测

无论是计算得出的 EAC 值,还是自下而上估算的 EAC 值,都需要记录下来,并传达给相关方。

3. 变更请求

分析项目绩效后,可能会就成本基准和进度基准,或项目管理计划的其他组成部分提出变更请求。应该通过实施整体变更控制过程对变更请求进行审查和处理。

4. 项目管理计划更新

项目管理计划中的任何变更都以变更请求的形式提出,且通过组织的变更控制过程进行处理。

- 成本管理计划:需要更新的内容包括用于管理项目成本的控制临界值或所要求的准确度。要根据相关方的反馈意见,对它们进行更新。
- 成本基准:在针对范围、资源或成本估算的变更获得批准后,需要对成本基准做出相应的变更。在某些情况下,成本偏差可能太过严重,以至于需要修订成本基准,以便为绩效测量提供现实可行的依据。
- 绩效测量基准:在针对范围、进度绩效或成本估算的变更获得批准后,需要对绩效测量基准做出相应的变更。在某些情况下,绩效偏差可能太过严重,以至于需要提出变更请求来修订绩效测量基准,以便为绩效测量提供现实可行的依据。

5. 项目文件更新

- 假设日志：成本绩效可能表明需要重新修订有关资源生产率和其他影响成本绩效的因素的假设条件。
- 估算依据：成本绩效可能表明需要重新审查初始估算依据。
- 成本估算：可能需要更新成本估算，以反映项目的实际成本效率。
- 经验教训登记册：有效维护预算、偏差分析、挣值分析、预测，以及应对成本偏差的纠正措施的相关技术，应当更新在经验教训登记册中。
- 风险登记册：如果出现成本偏差，或者成本可能达到临界值，则应更新风险登记册。

习题

1. 下列（　　）知识领域同成本管理各项过程的输入没有联系。
   A. 整合管理　　　　　B. 范围管理　　　　　C. 风险管理　　　　　D. 质量管理

2. 小李是某项大型基建工程的项目经理，前不久他刚接到一项任务，要求在两周后提交一份项目的成本基准给上层管理组，这意味着接下来小李将要完成以下（　　）工作。
   A. 小李应该和专职人员一起对完成项目活动所需资金进行近似估算，建立成本基准
   B. 小李应该和专职人员一起在对项目进行估算的基础上进行项目预算，建立成本基准
   C. 小李应该和专职人员一起根据项目进展情况，将项目估算稍做变更，建立成本基准
   D. 小李应该和专职人员一起监督项目状态，根据更新后制定的预算建立一份成本基准

3. 在项目成本管理过程中，需要设法弄清项目资金需求和工作绩效信息等，以进行（　　）。
   A. 项目估算成本　　　　　　　　　B. 项目制定预算
   C. 项目成本控制　　　　　　　　　D. 以上都是

4. 估算成本过程同下列（　　）过程没有联系。
   A. 识别风险　　　　　　　　　　　B. 制订人力资源计划
   C. 制订进度计划　　　　　　　　　D. 制订质量管理计划

5. 下列（　　）可作为项目估算成本的依据。
   A. 项目资金需求　　　　　　　　　B. 成本绩效基准
   C. 资源日历　　　　　　　　　　　D. WBS

6. 为了得到有效的项目估算成本，其中一种方法是向完成过类似项目的其他项目经理咨询意见。请问，这应用了项目估算成本的（　　）技术。
   A. 活动历时估算　　　　　　　　　B. 类比估算

  C. 自下而上估算   D. 建立参数

7. 自下而上估算是估算成本中经常用到的一种方法,首先对单个工作包或活动的成本进行最具体、细致的估算,然后将这些费用汇总到更高层级,以便用于报告和跟踪。自下而上估算方法的准确性主要取决于( )。

  A. 个别计划活动或工作包的规模和复杂程度

  B. 估算人员的知识和对工作包的熟悉程度

  C. 估算成本时团队成员之间有效的讨论

  D. 模型的复杂性及其涉及的资源数量和费用数据

8. 在拟订项目初步估算成本时,项目经理最初需要( )资料。

  A. 项目进度计划   B. 成本管理计划

  C. 现有的历史数据   D. 自下而上的估算

9. 项目估算总成本为 100 000 美元,允许的范围是 90 000～125 000 美元,这属于以下( )估算成本。

  A. 非正式   B. 数量级的   C. 确定的   D. 预算

10. 下列对类比估算方法的描述,请问( )是不正确的。

  A. 在估算成本时,该方法以过去类似项目的实际成本为依据,来估算当前项目的成本

  B. 类比估算通常成本较低、耗时较少,但准确性也较低

  C. 该方法综合利用历史信息和专家判断,在项目早期阶段,经常被用于估算成本参数

  D. 该方法本质上是一种自下而上的方法

11. 以下关于估算成本的说法中,正确的是( )。

  A. 只需要考虑项目的成本,生命周期成本应当由行政经理来考虑

  B. 为了在项目内或跨项目比较,估算成本必须以货币为单位

  C. 估算成本信息来自整体、范围、时间、人力资源、沟通、风险、采购过程的成果

  D. 为了有效控制成本,在项目一开始就应该精确地估算计划活动所需要的费用

12. 下列( )不是估算成本的输出。

  A. 关于估算依据的文件

  B. 关于各种已知制约因素的文件

  C. 在估算成本时所做的任何有关假设条件的文件

  D. 防止成本基准出现不适当的变更

13. 成本绩效基准是制定预算过程的一项重要输出,请问:成本绩效基准和下列( )过程无关。

  A. 规划采购   B. 实施采购

  C. 制订项目管理计划   D. 规划质量

14. 请问组建项目团队过程同制定预算中的( )输入有关。

  A. 资源日历   B. 项目进度计划

  C. 范围基准   D. 成本绩效基准

15. 成本管理某项输入中包含项目活动的计划开始与完成日期、里程碑的计划实现期,以及工作包和控制账户的计划开始与完成日期,可根据这些信息,把项目成本汇总到其计划发生的日历时段中。请问:该项输入是(　　)。

    A. 资源日历　　　　　　　　　B. 项目进度计划

    C. 活动估算成本　　　　　　　D. 估算依据

16. 为了应对已知的未知风险,项目经理需采取以下措施中的(　　)。

    A. 应急储备分析　　　　　　　B. 管理储备分析

    C. 权变措施　　　　　　　　　D. 项目资金要求分析

17. 下列(　　)不是制定预算的工具。

    A. 专家判断　　　　　　　　　B. 自下而上估算

    C. 历史关系　　　　　　　　　D. 储备分析

18. 下面有关项目资金需求的描述,(　　)是不正确的。

    A. 项目资金需求中既包括预计的支出,也包括预计的债务

    B. 项目资金需求实质上就是项目成本基准

    C. 项目资金需求是根据成本基准来确定的

    D. 项目资金需求包括总资金需求和阶段性资金需求

19. 以下(　　)不是控制成本的输入。

    A. 工作绩效测量信息　　　　　B. 工作绩效信息

    C. 项目资金需求　　　　　　　D. 成本绩效基准和成本管理计划

20. 你刚刚从前任项目经理手中接过一个新项目,该项目已经进行了一段时间,但是你仔细研究之后发现成本偏差非常严重。为提供一个绩效测量的实际绩效基准,你应当(　　)。

    A. 发布预算更新

    B. 向变更控制委员会申请变更成本基准

    C. 纠正措施,如调整计划活动的预算

    D. 结束项目

实验与思考:扫描仪项目的状态报告

1. 实验目的

本节"实验与思考"的目的如下。

(1) 理解和熟悉项目成本管理的基本概念。

(2) 阅读案例"扫描仪项目",熟悉"控制成本"过程的输出,尝试完成建立扫描仪项目"挣值状态报告"实践。

2. 工具/准备工作

在开始本实验之前,请回顾教科书的相关内容。

需要准备一台能够访问因特网的计算机。

3. 实验内容与步骤

案例

现在你是一个电子扫描仪项目的项目经理,目前项目正在顺利进行中。请依据表 7-4 所列的状态数据,为公司董事会提供一个书面状态报告,讨论项目到目前以及完成时的状态。利用提供的数字和计算出的结果,给出尽可能具体的描述。记住,你的听众并不熟悉项目经理和计算机专业人士使用的行话,所以一些解释可能是必要的。对你的报告的评价取决于你对数据的详尽使用、你对项目当前与今后状态的整体判断,以及你所建议的项目变动(如果有的话)。

作业

(1) 小组讨论研究和熟悉这个项目的具体工作内容。

(2) 请为本项目建立类似于表 7-3 的"挣值状态报告"。

(3) 请将上述内容整理形成正式的项目成本管理文件并适当命名。

如果是书面作业,请适当注意文档装饰并用 A4 纸打印。

如果是电子文档,请用压缩软件对本作业压缩打包,并将压缩文件命名如下。

<班级>_<姓名>_项目成本管理.rar

请将该压缩文件在要求的日期内,以电子邮件、QQ 文件传送或者实验指导老师指定的其他方式交付。

请记录该项实践作业能够顺利完成吗?

_____

_____

4. 实验总结

_____

_____

_____

_____

5. 实验评价(教师)

_____

_____

表 7-4 扫描仪项目

伊莱克斯康公司								
艾考路 555 号,5 号写字楼 波士顿,马萨诸塞州			29 扫描仪项目(千美元) 1 月 1 日实际进展					
名　称	BCWS	BCWP	ACWP	SV	CV	BAC	EAC	
扫描仪项目	420	395	476	−25	−81	915	1103	
H 1.0　硬件	92	88	72	−4	16	260	213	
H 1.1　硬件指标	20	20	15	0	5	20	15	
H 1.2　硬件设计	30	30	25	0	5	30	25	
H 1.3　硬件文档	10	6	5	−4	1	10	8	
H 1.4　原型	2	2	2	0	0	40	40	
H 1.5　测试原型	0	0	0	0	0	30	30	
H 1.6　电路板	30	30	25	0	5	30	25	
H 1.7　生产模型	0	0	0	0	0	100	100	
OP 1.0　操作系统	195	150	196	−45	−46	330	431	
OP 1.1　核心参数	20	20	15	0	5	20	15	
OP 1.2　驱动器	45	55	76	10	−21	70	97	
OP 1.2.1　磁盘驱动	25	30	45	5	−15	40	60	
OP 1.2.2　驱动	20	25	31	5	−6	30	37	
OP 1.3　代码软件	130	75	105	−55	−30	240	336	
OP 1.3.1　代码软件	30	20	40	−10	−20	100	200	

续表

伊莱克斯康公司

艾考路555号,5号字字楼

波士顿,马萨诸塞州

名　称	29 扫描仪项目(千美元) 1月1日实际进展						
	BCWS	BCWP	ACWP	SV	CV	BAC	EAC
OP 1.3.2　文档软件	45	30	25	-15	5	50	42
OP 1.3.3　代码界面	55	25	40	-30	-15	60	96
OP 1.3.4　β测试软件	0	0	0	0	0	30	30
U 1.0　工具	87	198	148	21	-40	200	274
U 1.1　工具参数	20	20	15	0	5	20	15
U 1.2　常规工具	20	20	35	0	-15	20	35
U 1.3　综合工具	30	60	90	30	-30	100	150
U 1.4　工具文档	17	8	8	-9	0	20	20
U 1.5　β测试工具	0	0	0	0	0	40	40
S 1.0　系统整合	46	49	60	3	-11	125	153
S 1.1　系统架构	9	9	7	0	2	10	8
S 1.2　硬/软件组合	25	30	45	5	-15	50	75
S 1.3　系统硬/软件测试	0	0	0	0	0	20	20
S 1.4　项目文档	12	10	8	-2	2	15	12
S 1.5　整合兼容测试	0	0	0	0	0	30	30

第8章 项目质量管理

为确保项目的成功,项目团队必须理解关键的项目相关方,特别是项目主要客户的明确和隐含的质量需求,项目管理要满足或超越项目相关方的需求和期望。

项目质量管理包括把组织的质量政策应用于规划、管理、控制项目和产品质量要求,以满足相关方目标的各个过程,如图 8-1 所示。此外,项目质量管理以执行组织的名义支持过程的持续改进活动。虽然项目质量管理各过程通常以界限分明、相互独立的形式出现,但在实践中它们会相互交叠、相互作用。此外,不同行业和公司的质量过程可能各不相同。

图 8-1 项目质量管理概述

项目质量管理在项目环境内执行组织确定的质量政策、程序、目标与职责的各个过程和活动,实施组织的质量管理体系,从而使项目满足其预定的需求,并以执行组织的名义,适当支持持续的过程改进活动,确保项目需求,包括产品需求,得到满足和确认。

8.1 项目质量管理概述

每个项目都应该有一个质量管理计划。项目团队应该遵守质量管理计划。图 8-2 概述了项目质量管理过程的主要输入和输出,以及这些过程在项目质量管理知识领域中的相互关系。项目质量管理知识领域有两个用于其他知识领域的特定输出,即核实的可交付成果和质量报告。

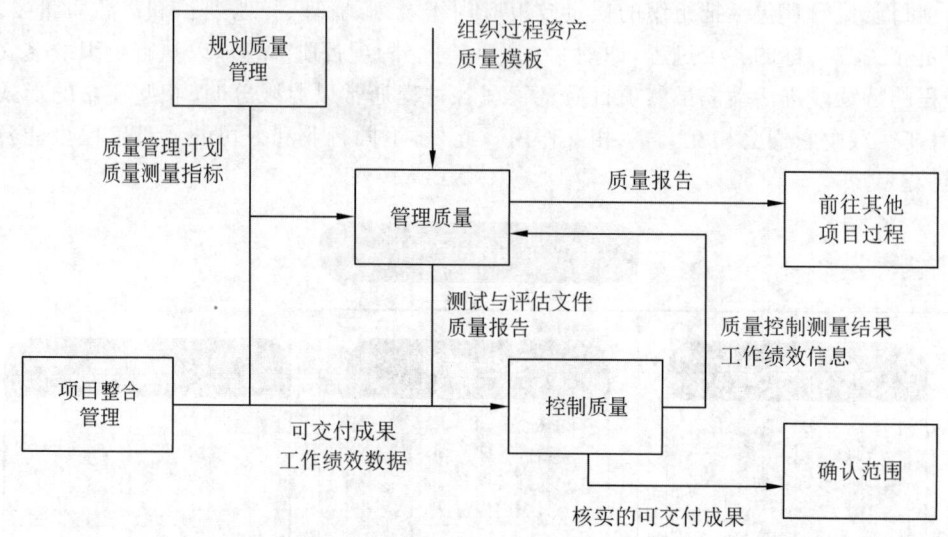

图 8-2 主要项目质量管理过程的相互关系

8.1.1 项目质量管理的核心概念

项目质量管理需要兼顾项目管理与项目可交付成果两个方面,事实上它适用于所有的项目。质量的测量方法和技术需要专门针对项目所产生的可交付成果类型而定,例如,对于软件开发与核电站建设的可交付成果,项目质量管理需要采用不同的方法和措施。无论什么项目,若未达到质量要求,都会给某个或全部项目相关方带来严重的负面后果,例如以下两种情况。

(1)为满足客户要求而让项目团队超负荷工作,就可能导致利润下降、整体项目风险增加,以及员工疲劳、出错或返工。

(2)为满足项目进度目标而仓促完成预定的质量检查,就可能造成检验疏漏、利润下降,以及后续风险增加。

质量与等级是两个不同的概念。质量作为实现的性能或成果,是"一系列内在特性满足要求的程度"(ISO 9000),而等级作为设计意图,是对用途相同但技术特性不同的可交付成果的级别分类。项目经理及项目管理团队负责权衡,以便同时达到所要求的质量与等级水平。质量水平未达到质量要求肯定是个问题,而低等级不一定是个问题。例如以下两种情况。

（1）一个低等级（即功能有限）产品具备高质量（即无明显缺陷），也许不是问题。该产品通常适合一般使用。

（2）一个高等级（即功能繁多）产品质量低（即有许多缺陷），也许是个问题。该产品的功能会因质量低劣而无效或低效。

预防胜于检查。最好将质量设计到可交付成果中，而不是在检查时发现质量问题。预防错误的成本通常远低于在检查或使用中发现并纠正错误的成本。根据不同的项目和行业领域，项目团队可能需要具备统计控制过程方面的实用知识，以使控制质量的输出中所包含的数据。

按有效性递增排列的 5 种质量管理水平如下。

（1）通常，代价最大的方法是让客户发现缺陷。这种方法可能会导致担保问题、召回、商誉受损和返工成本。

（2）控制质量过程包括先检测和纠正缺陷，再将可交付成果发送给客户。该过程会带来相关成本，主要是评估成本和内部失败成本。

（3）通过质量保证检查并纠正过程本身，而不仅仅是特殊缺陷。

（4）将质量融入项目和产品的规划和设计中。

（5）在整个组织内创建一种关注并致力于实现过程和产品质量的文化。

8.1.2 发展趋势和新兴实践

现代质量管理方法力求缩小偏差，交付满足既定相关方要求的成果。项目质量管理的发展趋势包括以下内容。

- 客户满意。了解、评估、定义和管理要求，以便满足客户的期望。这就需要把"符合要求"（即确保项目产出预定的成果）和"适合使用"（即产品或服务必须满足实际需求）结合起来。在敏捷环境中，应该让相关方参与团队工作，确保在整个项目期间始终做到客户满意。

- 预防胜于检查。质量应该被规划和设计，并且在项目的管理过程或可交付成果生产过程中被建造出来（而不是被检查出来）。预防错误的成本通常远低于在检查或使用中发现并纠正错误的成本。

- 持续改进。由休哈特提出并经戴明完善的"计划—实施—检查—行动（PDCA，Plan-Do-Check-Act）"循环是质量改进的基础。另外，诸如全面质量管理（TQM）、六西格玛和精益思想等质量改进举措也可以提高项目管理的质量以及最终产品、服务或成果的质量。

- 管理层的责任。项目的成功需要项目团队全体成员的参与。管理层在其质量职责内，肩负着为项目提供具有足够能力的资源的相应责任。

- 与供应商的互利合作关系。组织与其供应商相互依赖。相对传统的供应商管理而言，与供应商建立合作伙伴关系对组织和供应商都更加有益。组织应着眼于长期关系,互利合作关系增强了组织和供应商互相为对方创造价值的能力,推动他们共同实现客户的需求和期望,并优化成本和资源。

PDCA、质量成本模型和项目管理过程组在质量保证和质量控制方面的关系如图 8-3 所示。

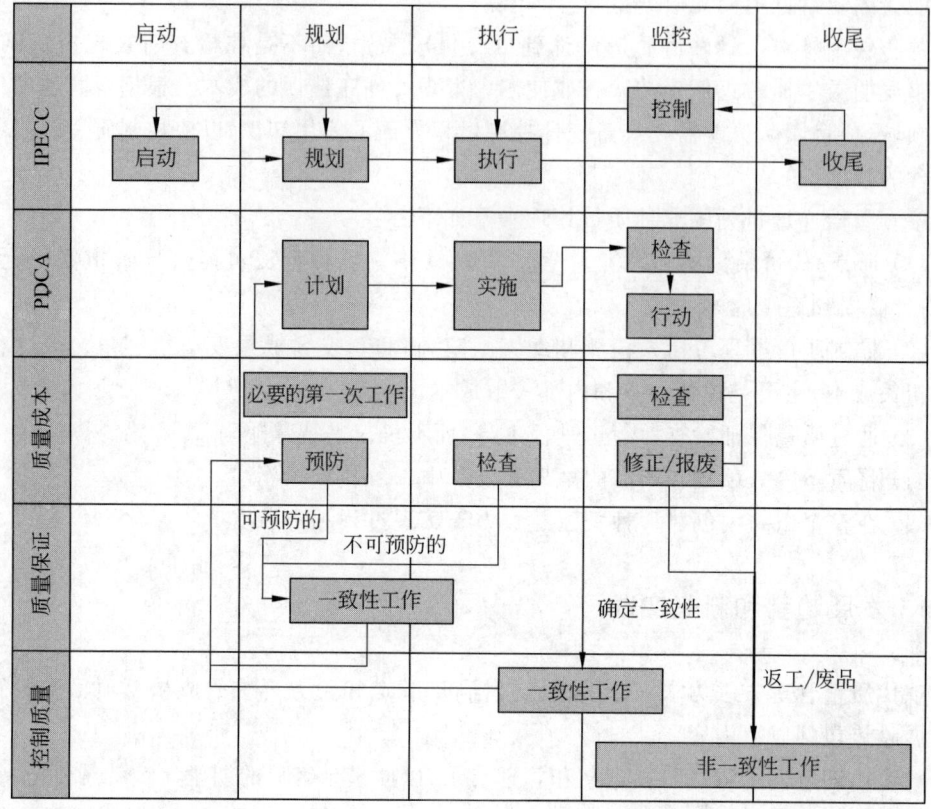

图 8-3　PDCA、质量成本模型和项目管理过程组在质量保证和质量控制方面的关系

8.1.3　裁剪时考虑的因素

每个项目都是独特的,因此项目经理需要裁剪质量管理过程。裁剪时应考虑的因素如下。

(1)政策合规与审计。组织有哪些质量政策和程序?使用哪些质量工具、技术和模板?

(2)标准与法规合规性。是否存在必须遵守的行业质量标准?需要考虑哪些政府、法律或法规方面的制约因素?

(3)持续改进。如何管理项目中的质量改进?是在组织层面还是单个项目层面进行管理?

(4)相关方参与。项目环境是否有利于与相关方及供应商合作?

8.1.4 敏捷或适应型环境的考虑因素

为引导变更,敏捷方法要求在整个项目期间频繁地开展质量与审核步骤,而不是在面临项目结束时才执行。循环回顾,定期检查质量过程的效果;寻找问题的根本原因,然后建议实施新的质量改进方法;后续回顾会议评估试验过程,确定新方法是否可行,是否应继续使用,是否应该调整,或者直接弃用。

为促进频繁增量交付,敏捷方法关注于小批量工作,纳入尽可能多的项目可交付成果的要素。小批量系统的目的是在项目生命周期早期(即整体变更成本较低)发现不一致和质量问题。

8.2 规划质量管理

规划质量管理是识别项目及其可交付成果的质量要求和(或)标准,并书面描述项目将如何证明符合质量要求的过程,如图 8-4 所示。本过程的主要作用是,为在整个项目期间如何管理和核实质量提供指南和方向。本过程仅开展一次或仅在项目的预定义点开展。

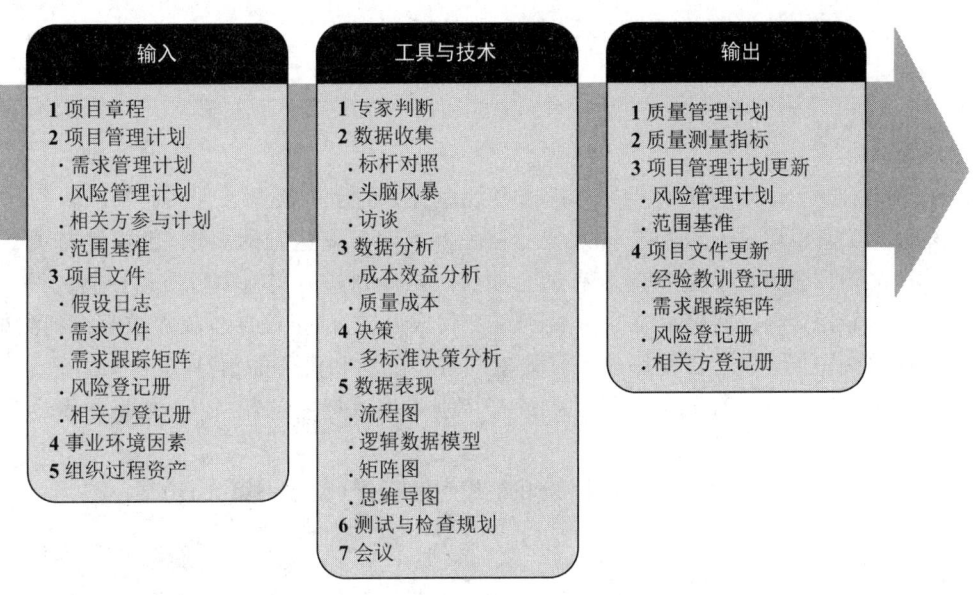

图 8-4 规划质量管理:输入、工具与技术和输出

质量规划应与其他项目规划过程并行开展。例如,为满足既定的质量标准而对可交付成果提出变更建议,可能导致成本或进度计划调整,需要就该变更对相关计划的影响进行风险分析。

8.2.1 过程输入

本过程的输入主要包括以下内容。

1. 项目章程

项目章程中包含对项目和产品特征的高层级描述,还包括可以影响项目质量管理的项目审批要求、可测量的项目目标和相关的成功标准。

2. 项目管理计划

- 需求管理计划:提供了识别、分析和管理需求的方法,以供质量管理计划和质量测量指标借鉴。
- 风险管理计划:提供了识别、分析和监督风险的方法。将风险管理计划和质量管理计划的信息相结合,有助于成功交付产品和项目。
- 相关方参与计划:提供了记录相关方需求和期望的方法,为质量管理奠定了基础。
- 范围基准:在确定适用于项目的质量标准和目标,以及在确定要求质量审查的项目可交付成果和过程时,需要考虑 WBS 和项目范围说明书中记录的可交付成果。范围说明书包含可交付成果的验收标准。该标准的界定可能导致质量成本并进而导致项目成本的显著升高或降低。满足所有的验收标准意味着满足相关方的需求。

3. 项目文件

- 假设日志:记录与质量要求和标准合规性有关的所有假设条件和制约因素。
- 需求文件:记录项目和产品为满足相关方的期望应达到的要求,包括针对项目和产品的质量要求。这些需求有助于项目团队规划如何实施项目质量控制。
- 需求跟踪矩阵:将产品需求连接到可交付成果,有助于确保各项需求都得到测试。
- 风险登记册:包含可能影响质量要求的各种威胁和机会的信息。
- 相关方登记册:有助于识别对质量有特别兴趣或影响的相关方,尤其注重客户和项目发起人的需求和期望。

此过程的输入还包括事业环境因素和组织过程资产(见本书第 2 章)。

8.2.2 过程工具与技术

本过程的工具与技术主要包括以下内容。

1. 专家判断

应征求具备以下专业知识或接受过相关培训的个人或小组的意见:质量保证、质量控制、质量测量结果、质量改进、质量体系。

2. 数据收集

- 标杆对照：是将实际或计划的项目实践或项目的质量标准与可比项目的实践或标准进行比较，以便识别最佳实践，形成改进意见，并为绩效考核提供依据。
- 头脑风暴：向团队成员或主题专家收集数据，以制订最适合新项目的质量管理计划。
- 访谈：访谈有经验的项目参与者、相关方和主题专家，有助于了解他们对项目和产品质量的隐性和显性、正式和非正式的需求和期望。应在信任和保密的环境下开展访谈，以获得真实可信、不带偏见的反馈。

3. 数据分析

- 成本效益分析：是用来估算备选方案优势和劣势的财务分析工具，创造最佳效益的备选方案。它可以帮助项目经理确定规划的质量活动是否具有成本有效性。达到质量要求的主要效益包括减少返工、提高生产率、降低成本、提升相关方满意度及提升赢利能力。对每个质量活动进行分析以比较其可能成本与预期效益。
- 质量成本（COQ）：与项目有关的质量成本包含以下一种或多种成本（图 8-5 提供了各种成本的例子）。

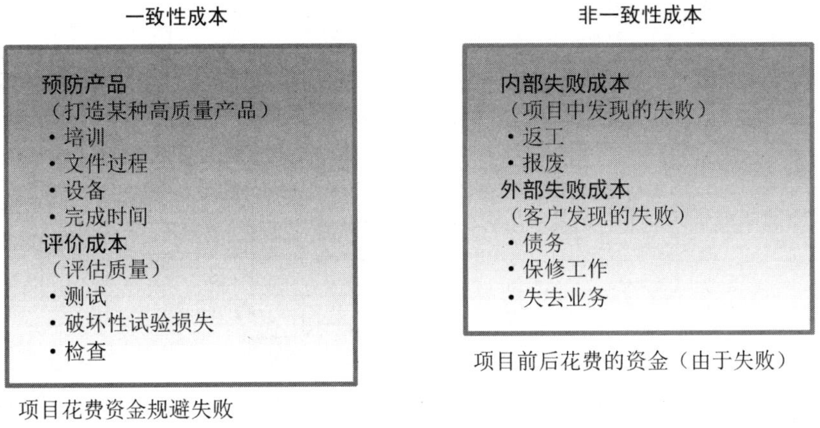

图 8-5　质量成本

① 预防成本。预防特定项目的产品、可交付成果或服务质量低劣所带来的相关成本。

② 评估成本。评估、测量、审计和测试特定项目的产品、可交付成果或服务所带来的相关成本。

③ 失败成本（内部/外部）。因产品、可交付成果或服务与相关方需求或期望不一致而导致的相关成本。

在预防成本和评估成本之间找到恰当的投资平衡点，以规避失败成本。有关模型表明，最优项目质量成本，指在投资额外的预防/评估成本时，既无益处又不具备成本效益。

4. 决策

决策包括多标准决策分析。该工具(如优先矩阵)可用于识别关键事项和合适的备选方案,并对备选方案排出优先顺序,作为供执行的决策。先对标准排序和加权,再应用于所有备选方案,计算出各个备选方案的数学得分,然后根据得分对备选方案排序。在本过程中,它有助于排定质量测量指标的优先顺序。

5. 数据表现

- 流程图:如图 8-6 所示,也称过程图,用来显示在一个或多个输入转化成一个或多个输出的过程中,所需要的步骤顺序和可能分支。它通过映射水平价值链的过程细节显示活动、决策点、分支循环、并行路径及整体处理顺序。

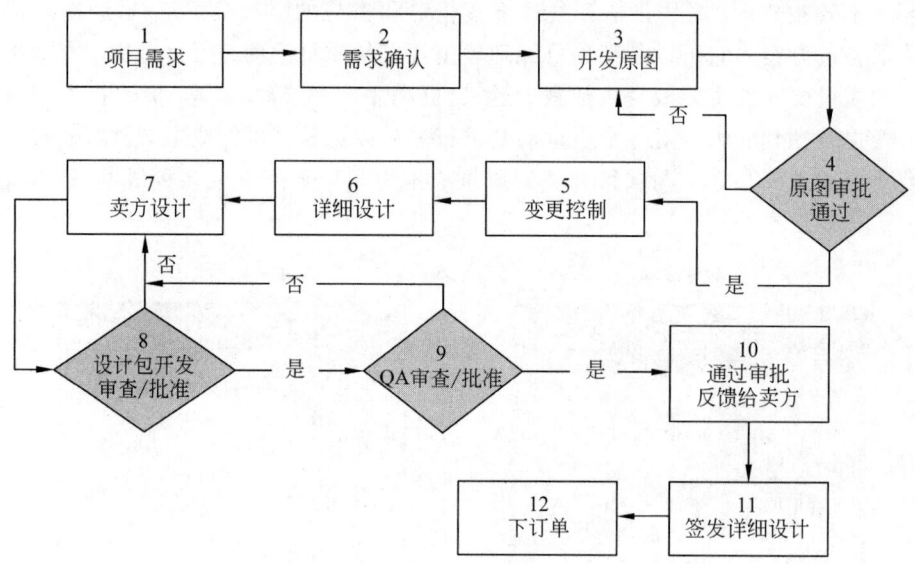

图 8-6　流程(过程)图

图 8-7 展示了一个版本的价值链,即 SIPOC(供应商、输入、过程、输出和客户)模型。流程图可能有助于了解和估算一个过程的质量成本。通过工作流的逻辑分支及其相对频率来估算为交付符合要求的输出而需要开展的一致性工作和非一致性工作的预期货币价值。用于展示过程步骤时,流程图可帮助改进过程并识别可能出现质量缺陷或可以纳入质量检查的地方。

- 逻辑数据模型:把组织数据可视化,以商业语言加以描述,不依赖任何特定技术。逻辑数据模型可用于识别会出现数据完整性或其他质量问题的地方。
- 矩阵图:矩阵图在行列交叉的位置展示因素、原因和目标之间的关系强弱。根据可用来比较因素的数量,项目经理可使用不同形状的矩阵图,如 L 形、T 形、Y 形、X 形、C 形和屋顶形矩阵。在本过程中,它们有助于识别对项目成功至关重要的质量测量指标。

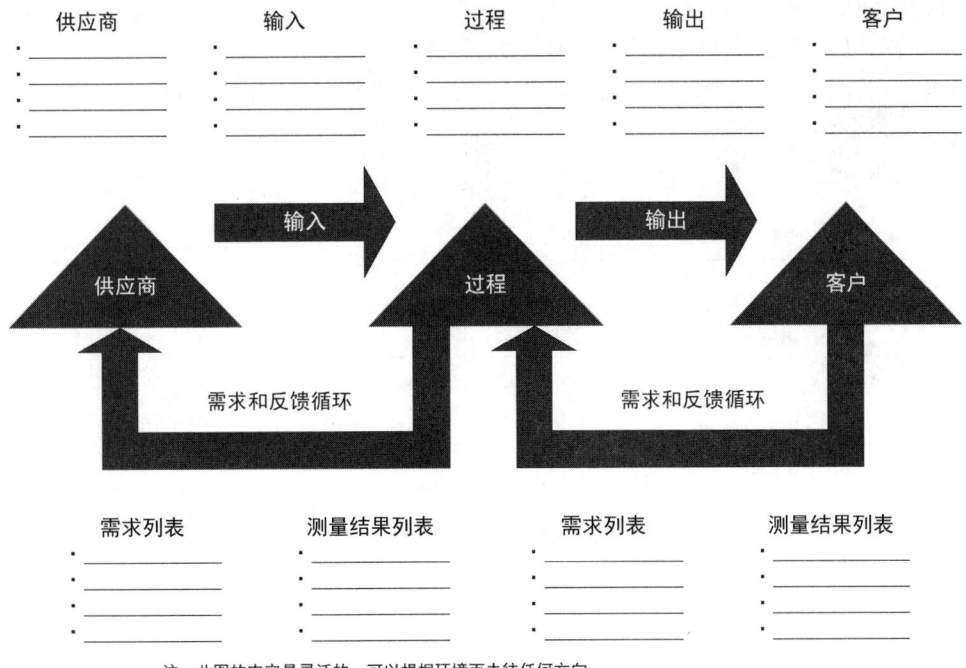

注：此图的内容是灵活的，可以根据环境而去往任何方向

图 8-7　SIPOC 模型

6. 测试与检查规划

在规划阶段，项目经理和项目团队决定如何测试或检查产品、可交付成果或服务，以满足相关方的需求和期望，以及如何满足产品的绩效和可靠性目标。不同行业有不同的测试与检查，可能包括软件项目的 α 和 β 测试、建筑项目的强度测试、制造业的现场检查，以及工程行业的实地测试和无损伤测试。

7. 会议

项目团队可以召开规划会议来制订质量管理计划。参会者可能包括项目经理、项目发起人、选定的项目团队成员、选定的相关方、项目质量管理活动负责人，以及其他必要人员。

8.2.3　过程输出

本过程的输出主要包括以下内容。

1. 质量管理计划

质量管理计划（见表 8-1）是项目管理计划的组成部分，描述如何实施适用的政策、程序和指南以实现质量目标，是项目管理团队为实现一系列项目质量目标所需的活动和资源。质量管理计划可以是正式或非正式的,非常详细或高度概括的,其风格与详细程度取决于项目的具体需要。应该在项目早期就对质量管理计划进行评审,以确保决策基于准确信息。这样做的好处是,更加关注项目的价值定位,降低因返工而造成的成本超支金额和进度延误次数。

表 8-1　质量管理计划

项目名称：_____　　日期：_____

质量角色和职责

角　色	职　责
1. 描述所需角色	1. 为每个角色定义相关职责
2.	2.
3.	3.
4.	4.

质量规划方法

记录将用于规划项目及产品质量的方法,其中包括将要用到的工具及技术

质量保证方法

记录将用于管理质量过程的方法,包括质量审计的时机及内容

质量控制方法

记录将用于评价产品和项目绩效以保证产品符合规划中指定的质量特性的方法

质量改进方法

记录将用于持续改进产品、过程以及项目质量的方法

质量管理计划包括以下内容。
- 项目将采用的质量标准和质量工具。

- 项目的质量目标。
- 质量角色与职责。
- 需要质量审查的项目可交付成果和过程。
- 为项目规划的质量控制和质量管理活动。
- 与项目有关的主要程序，例如处理不符合要求的情况、纠正措施以及持续改进程序。

2. 质量测量指标

质量测量指标用于描述项目或产品属性，以及控制质量过程将如何验证质量符合测量指标程度。其包括按时完成的任务的百分比、以 CPI 测量的成本绩效、故障率、发现的缺陷数量、总停机时间、代码行的错误、客户满意度分数，以及测试计划所涵盖的测试覆盖度。

3. 项目管理计划更新

项目管理计划更新的任何变更都以变更请求的形式提出，且通过组织的变更控制过程进行处理。以下是可能需要变更请求的部分。

- 风险管理计划：在确定质量管理方法时可能需要更改已商定的项目风险管理方法，这些变更会记录在风险管理计划中。
- 范围基准：如果需要增加特定的质量管理活动，范围基准可能因本过程而变更。WBS 词典记录的质量要求可能需要更新。

4. 项目文件更新

- 经验教训登记册：在质量规划过程中遇到的挑战需要更新在经验教训登记册中。
- 需求跟踪矩阵：本过程指定的质量要求记录在该矩阵中。
- 风险登记册：记录新识别的新风险，并通过风险管理过程进行管理。
- 相关方登记册：记录新收集到的有关相关方的信息。

8.3　管理质量

管理质量是把组织的质量政策用于项目，并将质量管理计划转化为可执行的质量活动的过程，如图 8-8 所示。本过程的主要作用是，提高实现质量目标的可能性，以及识别无效过程和导致质量低劣的原因。管理质量使用控制质量过程的数据和结果向相关方展示项目的总体质量状态。本过程需要在整个项目期间开展。

管理质量有时被称为"质量保证"，但"管理质量"的定义比"质量保证"更广，因其可用于非项目工作。

在项目管理中，质量保证着眼于项目使用的过程，旨在高效地执行项目过程，包括遵守和满足标准，向相关方保证最终产品可以满足他们的需求、期望和要求。管理质量包括所有质量保证活动，还与产品设计和过程改进有关。管理质量的工作属于质量成本框架

图 8-8　管理质量：输入、工具与技术和输出

中的一致性工作。

　　该过程执行在项目质量管理计划中所定义的一系列有计划、有系统的行动和过程，有助于：

- 通过执行有关产品特定方面的设计准则，设计出最优的成熟产品。
- 建立信心，相信通过质量保证工具和技术（如质量审计和故障分析）可以使未来输出在完工时满足特定的需求和期望。
- 确保使用质量过程并确保其使用能够满足项目的质量目标。
- 提高过程和活动的效率与效果，以获得更好的成果和绩效并提高相关方的满意程度。

　　项目经理和项目团队可以通过组织的质量保证部门执行某些管理质量活动，例如故障分析、实验设计和质量改进。质量保证部门在质量工具和技术的使用方面通常拥有跨组织经验，是良好的项目资源。

　　管理质量是所有人的共同职责，包括项目经理、项目团队、项目发起人、执行组织的管理层，甚至是客户。参与质量管理工作的程度取决于所在行业和项目管理风格。在敏捷项目中，质量管理由所有团队成员执行；但在传统项目中，质量管理通常是特定团队成员的职责。

8.3.1　过程输入

　　本过程的输入主要包括以下内容。

1. 项目管理计划

项目管理计划包括质量管理计划,它定义了项目和产品质量的可接受水平,并描述如何确保可交付成果和过程达到质量水平,描述不合格产品的处理方式以及需采取的纠正措施。

2. 项目文件

- 经验教训登记册:项目早期获取的与质量管理有关的经验教训,可以运用到项目后期阶段,以提高质量管理的效率与效果。
- 质量控制测量结果:用于分析和评估项目过程和可交付成果的质量是否符合执行组织的标准或特定要求。质量控制测量结果也有助于分析这些测量结果的产生过程,并确定实际测量结果的正确程度。
- 质量测量指标:核实该指标是控制质量过程的一个环节。管理质量过程依据这些指标设定对项目及其可交付成果的测试场景,以及实施过程改进举措。
- 风险报告:管理质量过程使用风险报告识别整体项目风险的来源以及整体风险敞口的最重要的驱动因素。这些来源和因素都会影响项目的质量目标。

此过程的输入还包括组织过程资产(见本书第 2 章)。

8.3.2　过程工具与技术

本过程的工具与技术主要包括以下内容。

1. 数据收集

数据收集包括核对单。这是一种结构化工具,通常列出特定组成部分,用来核实所要求的一系列步骤是否已得到执行或检查需求列表是否已得到满足。基于项目需求和实践,核对单可简可繁。标准化的核对单可用来确保规范地执行经常性任务。质量核对单应该涵盖在范围基准中定义的验收标准。

2. 数据分析

- 备选方案分析:用于评估已识别的可选方案,以选择那些最合适的质量方案或方法。
- 文件分析:分析项目控制过程所输出的不同文件,如质量报告、测试报告、绩效报告和偏差分析,重点指出可能超出控制范围并阻碍项目团队满足特定要求或相关方期望的过程。
- 过程分析:可以识别过程改进机会,同时检查在过程期间遇到的问题、制约因素,以及非增值活动。
- 根本原因分析:是确定引起偏差、缺陷或风险的根本原因的一种分析技术。一项根本原因可能引起多项偏差、缺陷或风险。还用于识别问题的根本原因并解决问题。消除根本原因可以杜绝问题再次发生。

3. 决策

决策包括多标准决策分析。在讨论影响项目或产品供应商中加以选择,"产品"决策可以包括评估生命周期成本、进度、相关方的满意程度,以及与解决产品缺陷有关的风险。

4. 数据表现

- 亲和图:可以对潜在缺陷成因进行分类,展示最应关注的领域。
- 因果图:又称"鱼骨图""why-why分析图"或"石川图",将问题陈述的原因分解为离散的分支,有助于识别问题的主要原因或根本原因。图8-9和图8-10是因果图的示例。

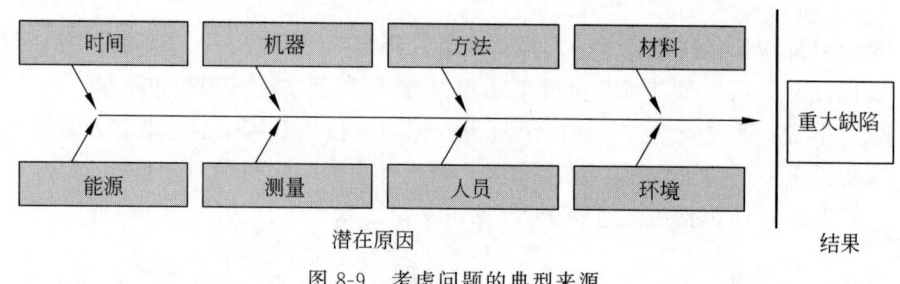

图 8-9　考虑问题的典型来源

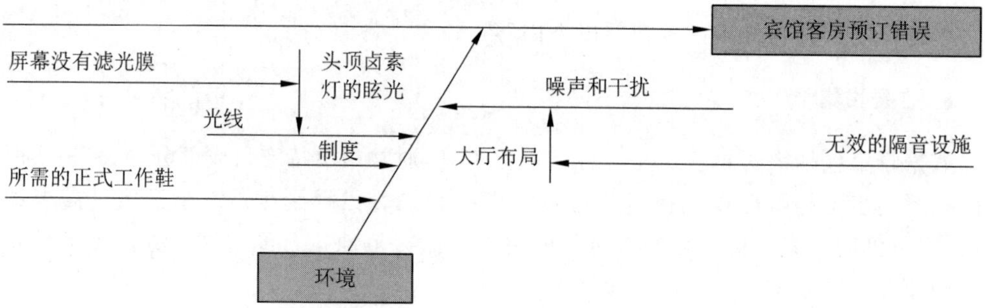

图 8-10　头脑风暴展开的环境鱼骨图

- 流程图:展示了引发缺陷的一系列步骤。
- 直方图:如图8-11所示,是一种展示数字数据的图形,可以展示每个可交付成果的缺陷数量、缺陷成因的排列、各个过程的不合规次数,或项目或产品缺陷的其他表现形式。
- 矩阵图:在行列交叉的位置展示因素、原因和目标之间的关系强弱。
- 散点图:是一种展示两个变量之间的关系的图形。图中用一支轴表示过程、环境或活动中的任一要素,另一支轴表示质量缺陷,并展示该要素与质量缺陷之间的关系。

图 8-12 显示了时间卡提交日期与每月旅行天数间的关联性。

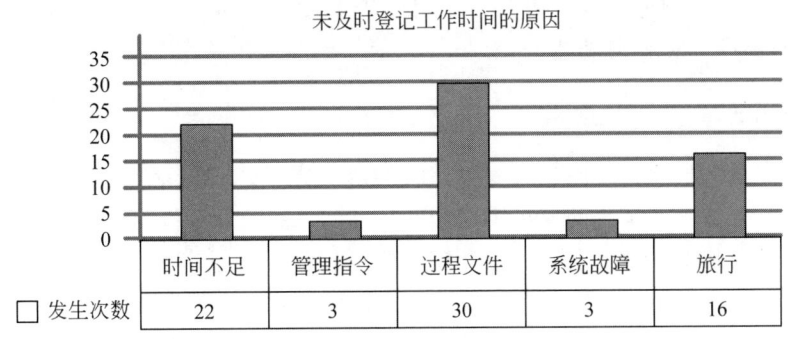

图 8-11　直方图

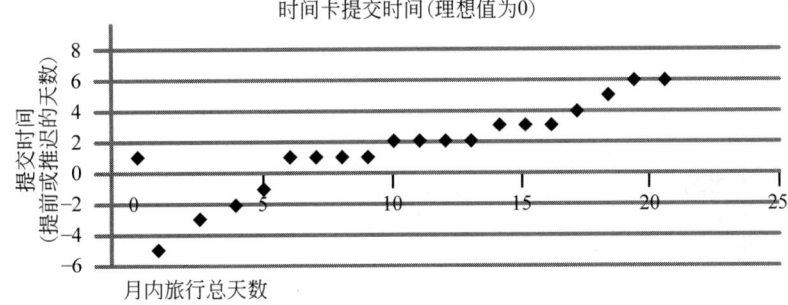

图 8-12　散点图

5. 审计

审计是用于确定项目活动是否遵循组织和项目的政策、过程与程序的一种结构化且独立的过程。质量审计通常由项目外部的团队开展,如组织内部审计部门或外部审计师、PMO。

质量审计目标可能包括以下内容。

- 识别全部正在实施的良好及最佳实践。
- 识别所有违规做法、差距及不足。
- 分享所在组织和/或行业中类似项目的良好实践。
- 积极、主动地提供协助,以改进过程的执行,从而帮助团队提高生产效率。
- 强调每次审计都应对组织经验教训知识库的积累做出贡献。

采取后续措施纠正问题,可以降低质量成本,并提高发起人或客户对项目产品的接受度。质量审计可事先安排,也可随机进行。质量审计还可确认已批准的变更请求(包括更新、纠正措施、缺陷补数和预防措施)的实施情况。

6. 面向 X 的设计

面向 X 的设计(DfX)是产品设计期间可采用的一系列技术指南,旨在优化设计的特定方面,可以控制或提高产品最终特性。DfX 中的"X"可以是产品开发的不同方面,例如可靠性、调配、装配、制造、成本、服务、可用性、安全性和质量。使用 DfX 可以降低成本、改进质量、提高绩效和客户满意度。

7. 问题解决

问题解决是指找到解决问题或应对挑战的解决方案。它包括收集其他信息、具有批判性思维的、创造性的、量化的或逻辑性的解决方法。有效和系统化地解决问题是质量保证和质量改进的基本要素。问题可能在控制质量过程或质量审计中发现,也可能与过程或可交付成果有关。使用结构化的问题解决方法有助于消除问题和制定长久有效的解决方案。问题解决方法通常包括以下要素:定义问题,识别根本原因,生成可能的解决方案,选择最佳解决方案,执行解决方案,以及验证解决方案的有效性。

8. 质量改进方法

质量改进方法可基于质量控制过程、质量审计的发现和建议,或管理质量过程的解决问题。计划-实施-检查-行动和六西格玛是常用于分析和评估改进机会的质量改进工具。

8.3.3 过程输出

本过程的输出主要包括以下内容。

1. 质量报告

质量报告可能是图形、数据或定性文件,其中包含的信息可帮助其他过程和部门采取纠正措施,以实现项目质量期望。质量报告的信息可以包含团队上报的质量管理问题,针对过程、项目和产品的改善建议,纠正措施建议(包括返工、缺陷/漏洞补救、100%检查等),以及在控制质量过程中发现的情况的概述。

2. 测试与评估文件

可基于行业需求和组织模板创建测试与评估文件,是控制质量过程的输入,用于评估质量目标的实现情况。文件可能包括专门的核对单和详尽的需求跟踪矩阵。

3. 变更请求

如果管理质量过程期间出现可能影响项目管理计划任何组成部分、项目文件或项目/产品管理过程的变更,项目经理应提交变更请求并遵循实施整体变更控制过程。

4. 项目管理计划更新

项目管理计划的任何变更都以变更请求的形式提出,且通过组织的变更控制过程进行处理。可能需要变更请求的部分包括以下内容。
- 质量管理计划:可能需要根据实际结果修改已商定的质量管理方法。

- 范围基准、进度基准、成本基准：可能因特定的质量管理活动而变更。

5. 项目文件更新

- 问题日志：记录在本过程中提出的新问题。
- 经验教训登记册：记录在项目中遇到的挑战、本应可以规避这些挑战的方法，以及良好的质量管理方式。
- 风险登记册：记录在本过程中识别的新风险，并通过风险管理过程进行管理。

8.4 控制质量

控制质量是为了评估绩效，确保项目输出完整、正确且满足客户期望，而监督和记录质量管理活动执行结果的过程，如图 8-13 所示。本过程的主要作用是，核实项目可交付成果和工作已经达到主要相关方的质量要求，可供最后验收。控制质量过程确定项目输出是否达到预期目的，这些输出需要满足所有使用标准、要求、法规和规范。本过程需要在整个项目期间开展。

图 8-13 控制质量：输入、工具与技术和输出

控制质量过程的目的是在用户验收和最终交付之前，通过测量所有步骤、属性和变量，来核实测量产品或服务的完整性、合规性和适用性。在整个项目期间应执行质量控制，用可靠的数据来证明项目已经达到发起人或客户的验收标准。

控制质量所需的努力程度和执行程度可能会因所在行业和项目管理风格而不同。例如，相比其他行业，制药、健康、运输和核能产业可能拥有更加严格的质量控制程序，为满足标准付出的工作也会更广；在敏捷项目中，控制质量活动可能由所有团队成员在整个项目生命周期中执行；而在瀑布式项目中，此活动由特定团队成员在项目或阶段接近完成的特定时间点执行。

8.4.1　过程输入

本过程的输入主要包括以下内容。

1. 项目管理计划

项目管理计划包括质量管理计划。它定义了如何在项目中开展质量控制。

2. 项目文件

- 经验教训登记册：在早期获得的经验教训可以用到项目后期阶段，以改进质量控制。
- 质量测量指标：专用于描述项目或产品属性，以及控制质量过程将如何验证符合这些指标的程度。
- 测试与评估文件：用于评估质量目标的实现程度。

3. 批准的变更请求

在实施整体变更控制过程中，通过更新变更日志，显示变更的批准情况。批准的变更请求可包括各种修正，如缺陷补救、修订的工作方法和修订的进度计划。执行变更不全面，如步骤不完整或不正确，可能会导致不一致和后续延误。批准的变更请求的实施需要核实，并需要确认完整性、正确性，以及是否重新测试。

4. 可交付成果

可交付成果指的是在某一过程、阶段或项目完成时，必须产出的任何独特并可核实的产品、成果或服务能力。作为指导与管理项目工作过程的输出的可交付成果将得到检查，并与项目范围说明书定义的验收标准作比较。

5. 工作绩效数据

工作绩效数据包括产品状态数据，例如观察结果、质量测量指标、技术绩效测量数据，以及关于进度绩效和成本绩效的项目质量信息。

此过程的输入还包括事业环境因素和组织过程资产（见本书第 2 章）。

8.4.2　过程工具与技术

本过程的工具与技术主要包括以下内容。

1. 数据收集

- 核对单：有助于以结构化方式管理控制质量活动。
- 核查表：用于合理排列各种事项，以便收集关于潜在质量问题的有用数据。在开展检查以识别缺陷时,用核查表收集属性数据特别方便,如关于缺陷数量或后果的数据如图 8-14 所示。

缺陷/日期	日期1	日期2	日期3	日期4	合计
小划痕	1	2	2	2	7
大划痕	0	1	0	0	1
弯曲	3	3	1	2	9
缺少组件	5	0	2	1	8
颜色配错	2	0	1	3	6
标签错误	1	2	1	2	6

图 8-14 核查表

- 统计抽样:是指从目标总体中选取部分样本用于检查(如从 75 张工程图纸中随机抽取 10 张)。样本用于测量控制和确认质量。抽样的频率和规模应在规划质量管理过程中确定。
- 问卷调查:可用于在部署产品或服务之后收集关于客户满意度的数据。在调查中识别的缺陷相关成本可被视为 COQ(质量成本)模型中的外部失败成本,给组织带来的影响会超出成本本身。

2. 数据分析

- 绩效审查:针对实际结果,测量、比较和分析规划质量管理过程中定义的测量指标。
- 根本原因分析:用于识别缺陷成因。

3. 检查

检查是指检验工作产品,以确定是否符合书面标准。检查的结果通常包括相关的测量数据。检查可在任何层面上进行,包括单个活动的成果和项目的最终产品。检查也可用于核实缺陷补救。

4. 测试/产品评估

测试是一种有组织的、结构化的调查,旨在根据项目需求提供有关被测产品或服务质量的客观信息,其目的是找出产品或服务中存在的错误、缺陷、漏洞或其他不合规问题。用于评估各项需求的测试的类型、数量和程度是项目质量计划的一部分,具体取决于项目的性质、时间、预算或其他制约因素。测试可以贯穿于整个项目,可以随着项目的不同组成部分变得可用时进行,也可以在项目结束(即交付最终可交付成果)时进行。早期测试有助于识别不合规问题,帮助减少修补不合规组件的成本。

不同应用领域需要不同测试。例如,软件测试可能包括单元测试、集成测试、黑盒测试、白盒测试、接口测试、回归测试、α 测试等;在建筑项目中,测试可能包括水泥强度测试、混凝土和易性测试、在建筑工地进行的旨在测试硬混凝土结构的质量的无损伤测试,以及土壤试验;在硬件研发中,测试可能包括环境应力筛选、老化测试、系统测试等。

5．数据表现

- 因果图:用于识别质量缺陷和错误可能造成的结果。
- 控制图:用于确定一个过程是否稳定,或者是否具有可预测的绩效。规格上限和下限是根据要求制定的,反映了可允许的最大值和最小值。上下控制界限不同于规格界限。控制界限根据标准的统计原则,通过统计计算确定,代表一个稳定过程的自然波动范围。项目经理和相关方可基于计算出的控制界限,识别须采取纠正措施的检查点,以预防不在控制界限内的绩效。虽然控制图最常用来跟踪批量生产中的重复性活动,但也可用来监测成本与进度偏差、产量、范围变更频率或其他管理工作成果,以便帮助确定项目管理过程是否受控。

图 8-15 是一个追踪项目工时记录的控制图,图 8-16 则显示了相对于固定界限的、被检测出的产品缺陷数量。

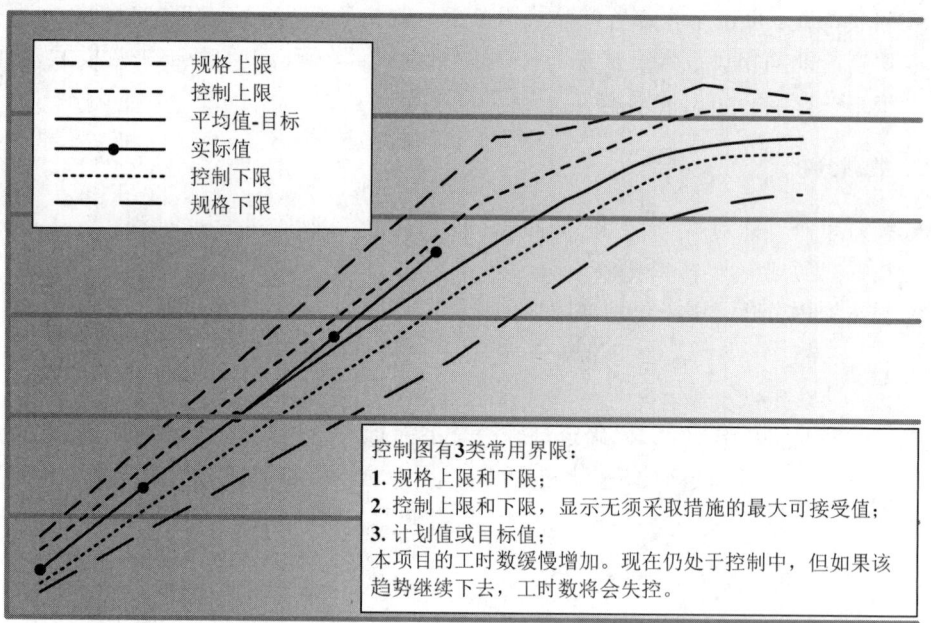

图 8-15　控制图示例

- 直方图:可按来源或组成部分展示缺陷数量。
- 散点图:可在一支轴上展示计划的绩效,在另一支轴上展示实际绩效。

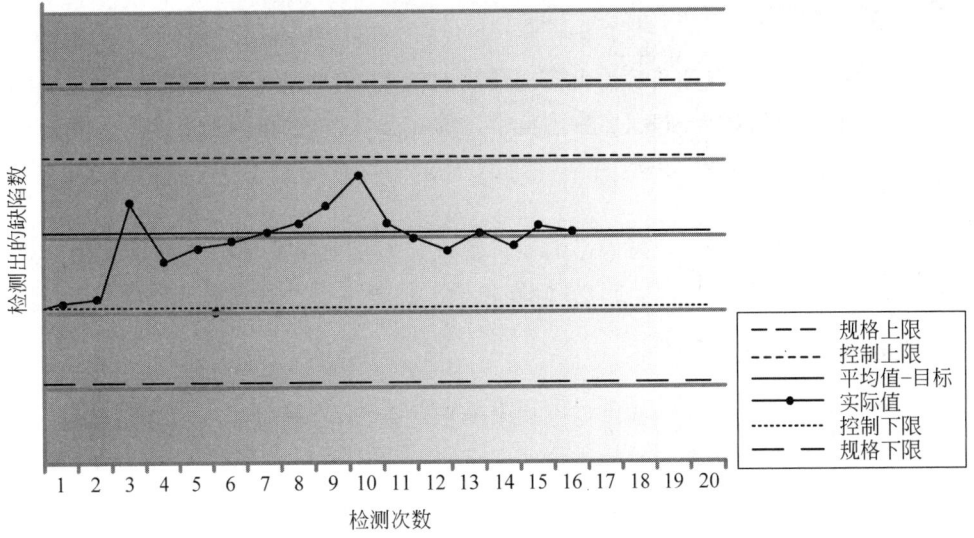

图 8-16   带固定界限的连续测量控制图

6. 会议

会议可作为控制质量过程的一部分。

- 审查已批准的变更请求：以核实它们是否已按批准的方式实施，确认是否已完成局部变更，以及是否已执行、测试、完成和证实所有部分。
- 回顾经验/教训。项目团队举行会议，旨在讨论以下几方面内容。
    - 项目/阶段的成功要素。
    - 待改进之处。
    - 当前项目和未来项目可增加的内容。
    - 可增加到组织过程资产中的内容。

8.4.3 过程输出

本过程的输出包括以下内容。

1. 质量控制测量结果

质量控制测量结果是对质量控制活动的结果的书面记录，应以质量管理计划所确定的格式加以记录。

2. 核实的可交付成果

控制质量过程的一个目的就是确定可交付成果的正确性。开展控制质量过程的结果是核实的可交付成果，后者又是确认范围过程的一项输入，以便正式验收。如果存在任何与可交付成果有关的变更请求或改进事项，可能会执行变更、开展检查并重新核实。

3. 工作绩效信息

工作绩效信息包含有关项目需求实现情况的信息、拒绝的原因、要求的返工、纠正措施建议、核实的可交付成果列表、质量测量指标的状态,以及过程调整需求。

4. 变更请求

如果控制质量过程中出现可能影响项目管理计划任何组成部分或项目文化变更,项目经理应提交变更请求,且应该通过实施整体变更控制过程对变更请求进行审查和处理。

5. 项目管理计划更新

项目管理计划的任何变更都以变更请求的形式提出,且通过组织的变更控制过程进行处理。可能需要变更请求的包括质量管理计划。

6. 项目文件更新

- 问题日志:多次不符合质量要求的可交付成果通常被记录为问题。
- 经验教训登记册:记录质量缺陷的来源、本应可以规避它们的方法,以及有效的处理方式。
- 风险登记册:记录在本过程中识别的新风险,并通过风险管理过程进行管理。
- 测试与评估文件:本过程可能导致测试与评估文件修改,使未来的测试更加有效。

习题

1. 下列都属于项目质量管理,除了(　　)。
   A. 执行组织确定质量政策
   B. 使项目满足其预定的需求
   C. 收集需求,产生需求文件
   D. 监督、控制和确保达到项目质量要求

2. 下列(　　)知识领域不会给质量管理知识领域提供输入。
   A. 整合管理　　　　　　　　　　B. 沟通管理
   C. 成本管理　　　　　　　　　　D. 采购管理

3. 项目组正在使用鱼骨图来决定项目应该采用什么质量标准,他们处于(　　)质量管理过程。
   A. 质量规划　　　　　　　　　　B. 实施质量保证
   C. 实施质量控制　　　　　　　　D. 质量审计

4. 你是一个建设公路的项目经理,正在进行根源分析,确定导致某问题或情况的根本原因,并为类似问题制定纠正措施。同时,你还邀请团队成员与你一起从组织和技术角度识别项目中所需的改进。目前你处于以下(　　)过程。
   A. 质量规划　　　　　　　　　　B. 实施质量保证

C. 实施质量控制　　　　　　　　　　D. 质量审计

5. 项目质量管理的方法适用于(　　)。

　　A. 项目管理　　　　　　　　　　B. 项目产品

　　C. 项目管理与项目产品　　　　　　D. 两者都不适用

6. 下列对某软件的描述中,(　　)不属于质量问题。

　　A. 用户手册不规范,错别字很多　　B. 用户手册标明的功能无法实现

　　C. 程序运行经常出错　　　　　　　D. 功能特征有限

7. 大多数质量问题的起因是(　　)。

　　A. 员工技术水平差　　　　　　　　B. 激励水平不够

　　C. 管理层不够重视　　　　　　　　D. 质量标准不规范

8. 按照全面质量管理理念操作的项目经理通常重视(　　)。

　　A. 成本最低　　　B. JIT　　　　C. 零缺陷　　　　D. 客户满意

9. PDCA 循环中的各个字母分别代表什么? 其中错误的是(　　)。

　　A. P＝Plan　　　B. D＝Design　　C. C＝Check　　　D. A＝Action

10. 制订进度计划过程为规划质量提供(　　)输入。

　　A. 项目进度计划　　　　　　　　　B. 进度基准

　　C. 进度数据　　　　　　　　　　　D. 项目管理计划

11. 规划质量为识别风险过程提供(　　)输入。

　　A. 质量管理计划　　　　　　　　　B. 过程改进计划

　　C. 成本管理计划　　　　　　　　　D. 进度管理计划

12. 规划质量中,输入的事业环境因素不包括(　　)。

　　A. 政府法规

　　B. 特定应用领域的相关规则、标准和指南

　　C. 组织的质量政策、程序及指南

　　D. 可能影响项目质量的项目工作条件产品运行条件

13. 质量成本包括(　　)。

　　A. 内部失败成本、外部失败成本和采购成本

　　B. 预防成本、采购成本及评估成本

　　C. 劣质成本、预防成本和评估成本

　　D. 预防成本、人员成本和评估成本

14. 用来显示该过程中各步骤之间的相互关系的工具是(　　)。

　　A. 控制图　　　B. 流程图　　　　C. 趋势图　　　　D. 散点图

15. 下列成本中,哪项不是保证项目符合要求产生的成本?(　　)

　　A. 培训成本　　　B. 评价成本　　　C. 废品　　　　　D. 担保成本

16. 关于项目管理团队应当如何贯彻执行组织质量政策的描述的是(　　)。

　　A. 项目过程改进计划　　　　　　　B. 项目质量管理计划

　　C. 质量测量指标　　　　　　　　　D. 质量核对表

17. 按照过程改进计划中概括的步骤来识别所需的改进的工具是(　　)。

A. 质量审计 B. 过程分析

C. 检查 D. 审查已批准的变更请求

18. 下列哪个过程为实施质量控制提供工作绩效测量结果的输入？（ ）

A. 排列活动顺序 B. 估算活动资源

C. 制订进度计划 D. 控制进度

19. 实施质量控制为哪个过程提供确认的可交付成果的输入？（ ）

A. 定义范围 B. 创建 WBS C. 核实范围 D. 控制范围

20. 范围说明书是用来保证工作结果能按客户需求生产，工作结果因有文字记录可同时用于（ ）。

A. 对今后项目的估算 B. 对项目范围的变更

C. 对进度和成本进行总结 D. 对质量过程的确认

实验与思考："夜莺"项目的进度管理

1. 实验目的

本节"实验与思考"的目的如下。

（1）理解和熟悉项目质量管理的基本概念。

（2）熟悉案例"夜莺"（手持电子医疗参考指南仪）项目的工作内容，尝试进一步开展该项目的项目进度管理实践。

2. 工具/准备工作

在开始本实验之前，请回顾教科书的相关内容。

需要准备一台能够访问因特网的计算机。

3. 实验内容与步骤

案例："夜莺"项目（B）

回顾本书第 6 章中的案例："夜莺"项目（A）中的相关背景资料。

米兰和项目团队关注你的分析结果，他们花了一个下午进行头脑风暴，以寻找缩短项目时间的方法。他们排除了外包一些活动的主意，原因是这一工作中绝大部分是研发，只能在内部进行。他们考虑过通过取消一些计划中的产品功能来改变项目的范围。经过多次争论后，他们觉得不能在任何核心功能和市场成功之间进行妥协。而后他们将注意力转向通过加班和增加额外的技术人员来加快活动的完成。米兰在她的项目建议中包含了一个自由处理的 20 万元资金，她愿意投入这一资金中的一半来加快项目，但指望至少有 10 万元来应付意外问题。经过漫长的讨论，她的团队得出的结论是，以下活动可以在特定成本下得到缩短。

- 语音识别系统可以在 15 000 元的成本下从 15 天缩短到 10 天。
- 数据库的生成可以在 35 000 元的成本下从 40 天缩短到 35 天。

- 文档设计可以在 25 000 元的成本下从 35 天缩短到 30 天。
- 外部规格可以在 20 000 元的成本下从 18 天缩短到 12 天。
- 采购原型组件可以在 30 000 元的成本下从 20 天缩短到 15 天。
- 定制标准元件可以在 20 000 元的成本下从 15 天缩短到 10 天。

开发工程师帕尔哈提指出,网络仅包含完成—开始关系,有可能通过产生开始——开始延迟来缩短项目时间。例如,他说他的人不需要等待所有现场检测完成后才开始进行设计上的最后调整,他们可以在检测开始 15 天后就开始进行调整。项目团队用了那一天的剩余时间来分析他们如何通过在网络中引入滞后来缩短项目时间。他们得到的结论是,以下结束——开始关系可以转化为滞后。

- 文档设计可以在检查设计开始 5 天后开始。
- 调整设计可以在现场检测开始 15 天后开始。
- 定制标准元件可以在调整设计开始 5 天后开始。
- 定制非标准元件可以在调整设计开始 5 天后开始。
- 培训销售代表可以在测试样品开始 5 天后开始,并在生产 30 个样品后的 5 天之后结束。

作业

会议结束后,米兰找到你,让你评估所提出的各种选择,尝试建立一个进度计划来满足 10 月 25 日的最终期限。你需要准备一个报告提交给项目团队并回答以下问题。

(1) 是否有可能满足最终期限?

答:_____

_____

(2) 如果能,那么你建议如何改变原始进度计划(A 部分)? 为什么? 评估压缩活动和引入滞后对缩短项目时间长度的相对影响。

答:_____

_____

_____

(3) 新的进度计划看上去如何?

答:_____

_____

_____

(4) 在完成进度计划之前还应考虑哪些其他因素?

答:_____

_____

_____

请记录 该项实践作业能够顺利完成吗?

_____

4. 实验总结

_____

_____

_____

_____

5. 实验评价（教师）

_____

_____

第 9 章　项目资源管理

项目资源管理包括识别、获取和管理所需资源以成功完成项目的各个过程,如图 9-1 所示,这些过程有助于确保项目经理和项目团队在正确的时间和地点使用正确的资源。

项目资源管理

9.2 规划资源管理

1 输入
- 项目章程
- 项目管理计划
- 项目文件
- 事业环境因素
- 组织过程资产

2 工具与技术
- 专家判断
- 数据表现
- 组织理论
- 会议

3 输出
- 资源管理计划
- 团队章程
- 项目文件更新

9.3 估算活动资源

1 输入
- 项目管理计划
- 项目文件
- 事业环境因素
- 组织过程资产

2 工具与技术
- 专家判断
- 自下而上估算
- 类比估算
- 参数估算
- 数据分析
- 项目管理信息系统
- 会议

3 输出
- 资源需求
- 估算依据
- 资源分解结构
- 项目文件更新

9.4 获取资源

1 输入
- 项目管理计划
- 项目文件
- 事业环境因素
- 组织过程资产

2 工具与技术
- 决策
- 人际关系与团队技能
- 预分派
- 虚拟团队

3 输出
- 物质资源分配
- 项目团队派工单
- 资源日历
- 变更请求
- 项目管理计划更新
- 项目文件更新
- 事业环境因素更新
- 组织过程资产更新

9.5 建设团队

1 输入
- 项目管理计划
- 项目文件
- 事业环境因素
- 组织过程资产

2 工具与技术
- 集中办公
- 虚拟团队
- 沟通技术
- 人际关系与团队技能
- 认可与奖励
- 培训
- 个人和团队评估
- 会议

3 输出
- 团队绩效评价
- 变更请求
- 项目管理计划更新
- 项目文件更新
- 事业环境因素更新
- 组织过程资产更新

9.6 管理团队

1 输入
- 项目管理计划
- 项目文件
- 工作绩效报告
- 团队绩效评价
- 事业环境因素
- 组织过程资产

2 工具与技术
- 人际关系与团队技能
- 项目管理信息系统

3 输出
- 变更请求
- 项目管理计划更新
- 项目文件更新
- 事业环境因素更新

9.7 控制资源

1 输入
- 项目管理计划
- 项目文件
- 工作绩效数据
- 协议
- 组织过程资产

2 工具与技术
- 数据分析
- 问题解决
- 人际关系与团队技能
- 项目管理信息系统

3 输出
- 工作绩效信息
- 变更请求
- 项目管理计划更新
- 项目文件更新

图 9-1　项目资源管理概述

9.1 项目资源管理概述

实物资源包括设备、材料、设施和基础设施,而团队资源或人员指的是人力资源。相对于实物资源管理,团队资源管理对项目经理提出了不同的技能和能力要求。项目团队成员可能具备不同的技能,可能是全职或兼职的,可能随项目进展而增加或减少。项目资源管理与项目相关方管理之间有一些重叠部分。

9.1.1 项目资源管理的核心概念

项目团队由承担特定角色和职责的个人组成,项目经理应在获取、管理、激励和增强项目团队方面投入适当的努力。尽管项目团队成员被分派了特定的角色和职责,但让他们全员参与项目规划和决策仍是有益的。团队成员参与规划阶段,既可使他们对项目规划工做贡献专业技能,又可以增强他们对项目的责任感。

项目经理既是项目团队的领导者,又是项目团队的管理者。除了项目管理活动,例如启动、规划、执行、监控和收尾各个项目阶段,项目经理还负责建设高效的团队。项目经理应留意能够影响团队的不同因素,例如:团队环境,团队成员的地理位置,相关方之间的沟通,组织变更管理,内外部政治氛围,文化问题和组织的独特性,以及其他可能改变项目绩效的因素。

作为领导者,项目经理还负责积极培养团队技能和能力,同时提高并保持团队的满意度和积极性;项目经理还应了解并支持职业与道德要求,确保所有团队成员都按这些要求行动。

实物资源管理着眼于以有效和高效的方式,分配和使用成功完成项目所需的实物资源,如材料、设备和用品。为此,组织应当拥有如下数据:资源需求、资源配置以及资源供应。

不能有效管理和控制资源是项目成功完成的风险来源。例如以下几种情况。

- 未能确保关键设备或基础设施按时到位,可能会推迟最终产品的制造。
- 订购低质量材料可能会损害产品质量,导致大量召回或返工。
- 保存太多或太少库存都可能高运营成本,使组织盈利下降。

9.1.2 发展趋势和新兴实践

项目管理风格正在从管理项目的命令和控制结构,转向协作和支持性的管理方法,通过将决策权分配给团队成员来提高团队能力。此外,项目资源管理方法致力于寻求优化资源使用。

(1)资源管理方法。由于关键资源稀缺,一些行业涌现出很多关于精益管理、准时制(JIT)生产、持续改善、全面生产维护、约束理论等方法。项目经理应确定执行组织是否采用了一种或多种资源管理工具,从而对项目做出相应的调整。

（2）情商。项目经理应提升内在（如自我管理和自我意识）和外在（如关系管理）能力，从而提高个人情商。研究表明，提高项目团队的情商或情绪管理能力可提高团队效率，还可以降低团队成员离职率。

（3）自组织团队。随着敏捷方法在 IT 项目中的应用越来越普遍，自组织团队（无须集中管控运作）越来越多。对于拥有自组织团队的项目，项目经理的角色主要是为团队创造环境、提供支持并信任团队可以完成工作。成功的自组织团队通常由通用的人员而不是主题专家组成，他们能够不断适应变化的环境并采纳建设性反馈。

（4）虚拟团队/分布式团队。项目全球化推动了对虚拟团队的需求的增长。这些团队成员致力于同一个项目，却分布在不同的地方。沟通技术（如电子邮件、电话会议、社交媒体、网络会议和视频会议等）的使用，使虚拟团队管理有独特的优势，例如，利用不同地理区域的项目团队的专业技术；将在家办公以及将行动不便者或残疾人纳入团队。虚拟团队管理面临的挑战主要在于沟通，包括可能产生孤立感、团队成员之间难以分享知识和经验、难以跟进进度和生产率，以及可能存在时区和文化差异。

9.1.3　裁剪时考虑的因素

由于每个项目都是独特的，项目经理需要裁剪项目资源管理过程。应考虑的因素如下。

（1）多元化。团队的多元化背景是什么？

（2）物理位置。团队成员和实物资源的物理位置在哪里？

（3）行业特定资源。所在行业需要哪些特殊资源？

（4）团队成员的获得。如何获得项目团队成员？项目团队成员是全职还是兼职？

（5）团队管理。如何管理项目团队建设？组织是否有管理团队建设的工具或是否需要创建新工具？是否需要为团队提供有关多元化管理的特别培训？

（6）生命周期方法。项目采用哪些生命周期方法？

易变性高的项目得益于最大限度地集中和协作的团队结构，如拥有通用人员的自组织团队。协作旨在提高生产率和促进创新的问题解决方式。协作型团队可以促进不同工作活动的加速整合、改善沟通、增加知识分享，以及提供工作分配的灵活性和其他优势。协作型团队对于易变性高且快速变化的项目成功而言通常是至关重要的，因为集中分配任务和决策所需的时间更少。对于易变性高的项目，实物和人力资源规划的可预测性要低得多。在这些环境中，关于快速供应和精益方法的协议，对控制成本和实现进度而言至关重要。

9.1.4　人员管理的激励理论

所谓激励是指去做某事的意愿，并以行为能力满足个人的某些需要为条件。激励理论指出人们为什么会那样做，以及我们如何影响他们使其按照特定的方式去获得我们希望的结果。影响人们如何工作和如何更好地工作的心理因素包括动机、影响和能力以及有效性等。在这方面,行业组织心理学家和管理理论家做了很多研究和思考。

1. 动机理论

亚伯拉罕·马斯洛是一位德高望重的心理学家,在 20 世纪 50 年代,他反对非人性消极心理学,建立他的需求层次理论并以此闻名。图 9-2 就是该层次理论的基本结构。

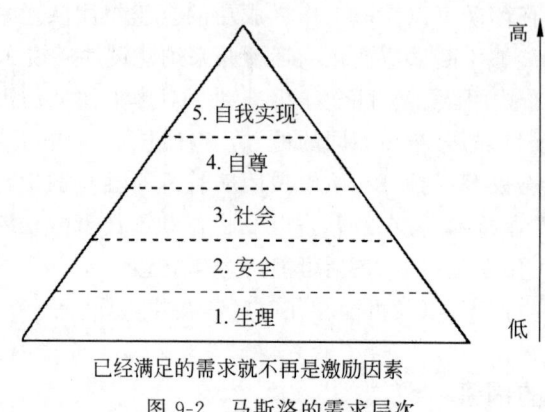

图 9-2 马斯洛的需求层次

马斯洛建立的需求层次理论以金字塔结构的形式表示出人们的行为受到一系列需求的引导和刺激。这些需求的顺序和大小通过金字塔表现得十分显著。马斯洛认为,每个需求层次都是它上一个层次的前提条件。一旦一种特定的需求得到满足以后,它就不再是行为的潜在激励因素。

在马斯洛需求层次中,底层的 4 种需求——即生理、安全、社会、自尊——被认为是基本的需求,而自我实现的需求是最高层次的需求。只有在满足人的基本需求之后,人们才可能去追逐更高层次的需求。能自我实现的人们有以下这些特点:能抓住问题的关键,懂得欣赏生活,关心个人发展,以及有能力获得丰富的经验。

马斯洛的需求层次理论传递了一个希望和成长的信息。在马斯洛的需求层次里,人们可以通过努力工作来掌握自己的命运,可以自然地一层一层地达到自己的需求。项目经理应当了解项目组成员的职业生涯和个人的生活情况,以便根据他们的需要来提供激励刺激。

心理学家福瑞得·匹兹伯格通过研究发现,人们工作的主要激励因素来自于个人成绩表现以及由此获得的认可度。他总结出的激励因素包括工作成就、认可度、工作本身、责任、晋升和发展。这些因素会产生工作满意感,同时也是工作的激励因素。

2. 影响和能力

泰穆汗和威廉姆对项目经理影响员工的方法做了研究,调查项目经理使用哪些方法可以处理好与员工的关系,以及如何运用这些方法使项目成功,指出可使用的 9 条基本影响因素如下。

(1) 权力:发命令的正当等级权力。

(2) 任务:影响员工后来工作分配的能力。

（3）预算：授权他人使用自由支配资金的能力。

（4）提升：提拔员工的权力。

（5）资金：给员工涨工资和增加福利的权利。

（6）处罚：实施处罚的能力。

（7）工作挑战：根据员工完成特定任务的喜好来安排工作的能力，这是一个内在刺激因素。

（8）专门技术：其他人觉得很重要的一些专业技术知识。

（9）友谊：项目经理和其他人之间建立良好的人际关系的能力。

与高级管理层不同，任务分配、预算、提升、资金和处罚等影响因素不是项目经理职位所特有的权力。这些影响因素要发挥作用，其他人对其的感知是很重要的。例如，任何一位经理可以通过给员工提供富有挑战性的工作来影响他们；而提供富有挑战性的工作（或者取消该项工作）并不是项目经理所具有的能力，项目经理必须通过专门技术和友谊来获得影响力。

研究发现，如果项目经理过多地使用权力、资金或者处罚的手段来施加影响，项目很有可能会失败。而当项目经理使用富有挑战性的工作和专门技术来影响员工，则项目成功的可能性更大。利用富有挑战性的工作来影响员工得到非常有效的结果，这与马斯洛和匹兹伯格关于激励的调查结果相一致。

影响力和权力是息息相关的。权力就是让员工做不得不做的事的潜在影响力，权力比影响力在内涵上更强烈些。下面是 5 种主要的权力。

（1）强制力：指使用惩罚、威胁或其他的消极手段强迫员工做他们不想做的事。然而，通过处罚来影响员工通常会带来项目的失败。

（2）合法权力：指在正式授权的基础上让员工进行工作的权力。这种权力与基于权威的影响力类似。如果高级管理层赋予项目经理组织权力，那么项目经理就可以在几种情况下使用合法权力。但过分强调合法权力或者权威也同样会导致项目失败。

（3）专家权力：就是用个人知识和技能让员工改变他们的行为。如果员工感到他们的项目经理在某些领域十分专业，他们就会遵照他的意见。

（4）奖励权力：就是使用一些激励诱导员工工作。奖励包括现金、地位、认可度，升职，特殊的工作任务或其他的奖励员工满意行为的手段。大部分激励理论认为：一些特定的奖励，如富有挑战性的工作，工作成就，以及认可度才能真正诱导员工改变行为或者努力工作。

（5）感召权力：这种权力是建立在个人感召力的基础上的。人们非常尊重某个具有感召力的人，他们会按照他所说的去做，但很少有人具备这种与生俱来的魅力。

3. 提高有效性

史蒂文·克卫发展了马斯洛和匹兹伯格的理论以及其他的一些激励理论，建立了一套使员工和项目组成员更有效工作的途径。项目经理可以运用克卫总结的 7 种习惯来提高项目工作的有效性。

（1）保持积极状态。人们具有根据不同情形选择反应的能力。他们对改变自己的生活会采取积极的态度。项目经理必须保持积极状态,并对项目的问题和不可避免的变更做出预测和计划。他们还应鼓励项目组成员在进行项目活动时保持积极状态。

(2)一开始就牢记结果。人们总是关注他们的价值以及他们真正想完成的事情。许多组织和项目都使用任务书来帮助人们把精力放在主要的目标上。

(3)把最重要的事放在最重要的位置上。克卫建议应当把更多时间放在重要的事情,而不是紧急的事情上。重要但不紧急的事情如计划、阅读和练习等。对于项目经理来说,重要但不紧急的事情如建立项目计划,与主要的项目干系人建立关系,指导项目组成员等。

(4)考虑双赢。大部分情况下考虑双赢是最好的选择,这时,原先有潜在争端的群体可以一起合作,找到使双方都满意的解决途径。项目经理在决策时应当尽量用双赢策略。

(5)首先去理解别人,然后再被别人理解。倾听就是带着努力理解别人的愿望去听。当倾听时,就可以实现双向沟通。对于项目经理来说,这种沟通习惯非常重要,这样他们才能真正了解项目干系人的需求和期望。

(6)协同。协同是指整体大于各部分之和的概念。项目组可以相互合作产生协同效应来产生产品,这种合作比个人成果的简单组合更有效。整体协同对于高技术项目来说至关重要。

(7)"磨快锯子"。就要花时间从物质上、精神上、心理上以及社会感情上更新自我。自我更新可以让人们避免枯竭。项目经理及其项目组要不断地参加培训、充电,偶尔也可放松。

这7种习惯中的第5个,即"首先去理解别人,然后再被别人理解"可以用来区分优秀的项目经理和普通或者差的项目经理。人们总有这么一种倾向,总是关注自己的日程表,而不是首先去理解别人的意见。倾听可以帮助项目经理及其项目组找到激励不同类型的人工作的因素。是否能找到关键项目干系人和客户的激励因素可能意味着项目的成败。当项目经理和他的项目组开始使用倾听的方法时,他们就能更有效地进行沟通和一起工作来解决问题。

大部分情况下,项目经理首先必须和团队成员建立一种友好的人际关系,其技巧之一是使用一种叫作"映照"的方法,即配合其他人的某些行为,可以去映照别人的音调或者节奏。

所有的项目过程中,理解并注意激励、影响、权力和提高有效性等概念是非常重要的。同样重要的是,要记住项目是在一定组织环境中运行的。真正的难点在于如何在特定的组织、特定的项目中对各种各样的人运用这些理论。

9.2 规划资源管理

规划资源管理是定义如何估算、获取、管理和利用团队以及实物资源的过程,如图9-3所示。本过程的主要作用是,根据项目类型和复杂程度确定、管理和利用的管理方法和管理程度。本过程仅开展一次或仅在项目的预定义点开展。

资源规划用于确定和识别一种方法,以确保项目有足够的可用资源,可能包括团队成

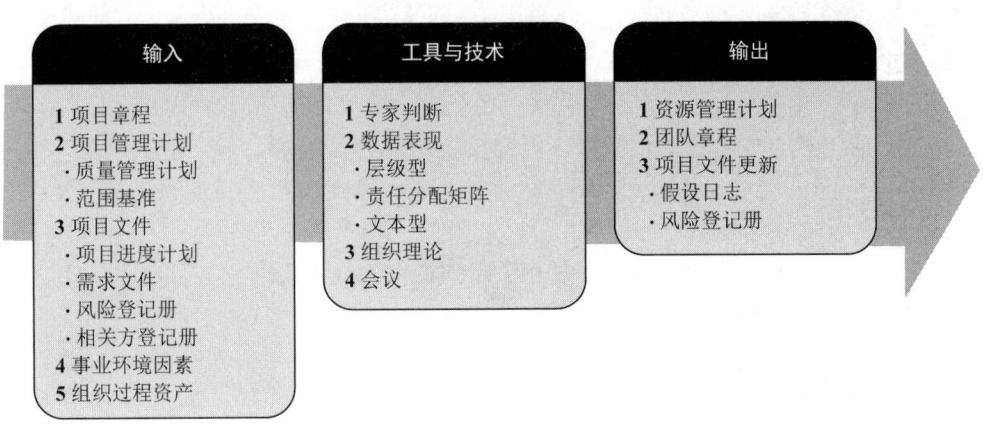

图 9-3　规划资源管理：输入、工具与技术和输出

员、用品、材料、设备、服务和设施。需要考虑稀缺资源的可用性和竞争，并编制相应的计划。

资源可以从组织内部资产获得，或者通过采购过程从组织外部获取。可能在同一时间和地点存在资源竞争，从而对项目成本、进度、风险、质量和其他项目领域造成显著影响。

9.2.1　过程输入

本过程的输入主要包括以下内容。

1. 项目章程

项目章程提供项目的高层级描述和要求，此外还包括可能影响项目资源管理的关键相关方名单、里程碑概况，以及预先批准的财务资源。

2. 项目管理计划

- 质量管理计划：有助于定义项目所需的资源水平，以实现和维护已定义的质量水平并达到项目测量指标。
- 范围基准：识别可交付成果，决定需要管理的资源的类型和数量。

3. 项目文件

- 项目进度计划：提供所需资源的时间轴。
- 需求文件：指出项目所需的资源的类型和数量，并可能影响管理资源的方式。
- 风险登记册：包含可能影响资源规划的各种威胁和机会的信息。
- 相关方登记册：有助于识别对项目所需资源有特别兴趣或影响的那些相关方，以及会影响资源使用偏好的相关方。

此过程的输入还包括事业环境因素和组织过程资产（见本书第 2 章）。

9.2.2 过程工具与技术

本过程的工具与技术主要包括以下内容。

1. 专家判断

应征求具备以下专业知识或接受过相关培训的个人或小组的意见。

- 协调组织内部的最佳资源。
- 人才管理和员工发展。
- 确定为实现项目目标所需的初步投入水平。
- 根据组织文化确定报告要求。
- 根据经验教训和市场条件,评估获取资源所需的提前量。
- 识别与资源获取、留用和遣散计划有关的风险。
- 遵循适用的政府和工会法规。
- 管理卖方和物流工作,确保在需要时能够提供材料和用品。

2. 数据表现

数据表现有多种格式来记录和阐明团队成员的角色与职责,大多数属于层级型、矩阵型或文本型(见图 9-4)。有些项目人员安排可以在子计划(如风险、质量或沟通管理计划)中列出。记录团队成员的角色目的是确保每个工作包都有明确的责任人,全体团队成员都清楚地理解其角色和职责。层级型可用于表示高层级角色,而文本型则更适合用于记录详细职责。

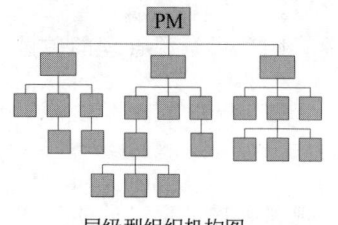
层级型组织机构图

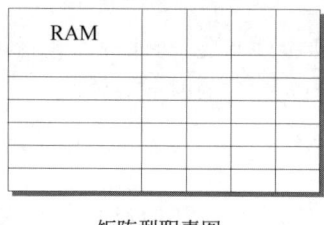
矩阵型职责图

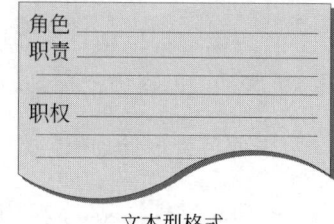
文本型格式

图 9-4 角色与职责定义格式

- 层级型。可以采用传统的组织结构图,自上而下地显示各种职位及其相互关系。
  - ◆ 工作分解结构(WBS):用来显示如何把项目可交付成果分解为工作包,有助于明确高层级的职责。
  - ◆ 组织分解结构(OBS):OBS按照组织现有的部门、单元或团队排列,并在每个部门下列出项目活动或工作包。运营部门(如信息技术部或采购部)只需要找到其所在的 OBS 位置,就能看到自己的全部项目职责。
  - ◆ 资源分解结构:是按资源类别和类型,对团队和实物资源的层级列表,用于规划、管理和控制项目工作。每向下一个层次都代表对资源的更详细描述,直到信息细到可以与 WBS 相结合,用来规划和监控项目工作。

- 责任分配矩阵(RAM):显示分配给每个工作包的项目资源,用于说明工作包或活动与项目团队成员之间的关系。在大型项目中,可以制定多个层次的 RAM。例如,高层次的 RAM 可定义项目团队、小组或部门负责 WBS 中的哪部分工作,而低层次的 RAM 则可在各小组内为具体活动分配角色、职责和职权。矩阵图能反映与每个人相关的所有活动,以及与每项活动相关的所有人员,它也可确保任何一项任务都只有一个人负责,从而避免最终负责人或工作职权不清。RAM 的一个例子是 RACI(执行、负责、咨询和知情)矩阵,如图 9-5 所示,图中左列表示有待完成的工作(或活动)。分配给每项工作的资源可以是个人或小组,项目经理也可根据项目需要,选择"领导"或"资源"等适用词汇,来分配项目责任。如果团队是由内部和外部人员组成,RACI 矩阵对明确划分角色和职责特别有用。

RACI 图	人　员				
活动	安妮	本	卡洛斯	蒂娜	埃德
制定章程	A	R	I	I	I
收集需求	I	A	R	C	C
提交变更请求	I	A	R	R	C
制订测试计划	A	C	I	I	R

R=执行 A=负责 C=咨询 I=知情

图 9-5　RACI 矩阵示例

- 文本型:如果需要详细描述团队成员的职责,可以采用文本型,它通常以概述的形式,提供诸如职责、职权、能力和资格等方面的信息。

3. 组织理论

组织理论是指阐述个人、团队和组织部门的行为方式。有效利用组织理论中的常用技术,可以节约规划资源管理过程的时间、成本及人力投入,提高规划工作的效率,适应项目生命周期中团队成熟度的变化。重要的是要认识到,组织的结构和文化影响项目组织结构。

4. 会议

项目团队可召开会议来规划项目资源管理。

9.2.3　过程输出

本过程的输出主要包括以下内容。

1. 资源管理计划

作为项目管理计划的一部分,资源管理计划提供了关于如何分类、分配、管理和释放项目资源的指南。可以根据项目的具体情况分为团队管理计划和实物资源管理计划。

- 识别资源。用于识别和量化项目所需的团队和实物资源的方法。
- 获取资源。关于如何获取项目所需的团队和实物资源的指南。
- 角色与职责。
  - ◆ 角色。在项目中,某人承担的职务或分配给某人的职务,如土木工程师、商业分析师和测试协调员。
  - ◆ 职权。使用项目资源、做出决策、签字批准、验收可交付成果并影响他人开展项目工作的权利。例如,需要由具有明确职权的人来做决策:选择活动的实施方法,质量验收标准,以及如何应对项目偏差等。当个人的职权水平与职责相匹配时,团队成员就能最好地开展工作。
  - ◆ 职责。为完成项目活动,项目团队成员必须履行的职责和工作。
  - ◆ 能力。为在项目制约因素之内完成所分配活动,团队成员需具备的技能和才干。一旦发现能力与职责不匹配,应采取措施,如安排培训、招募新成员、调整进度计划或工作范围。
- 项目组织图。以图形方式展示项目团队成员及其报告关系。基于项目的需要,项目组织图可以是正式或非正式的,非常详细或高度概括的。
- 项目团队资源管理。如何定义、配备、管理和最终遣散资源。
- 培训。针对项目团队成员的培训策略。
- 团队建设。建设项目团队的方法。
- 资源控制。规定合适的方法,以确保合适的实物资源在需要时可用,以及用最优方式获取实物资源,包括在整个项目生命周期中将如何管理库存、设备和用品。
- 认可计划。将给予团队成员哪些认可和奖励,以及何时给予。

2. 团队章程

团队章程指创建团队价值观、共识和工作指南的文件。其可能包括团队价值观,沟通指南,决策标准和过程,冲突处理过程,会议指南,以及团队共识。

团队章程对项目团队成员的可接受行为确定了明确的期望。尽早认可并遵守明确的规则,有助于减少误解,提高生产力;讨论诸如行为规范、沟通、决策、会议礼仪等领域,团队成员可以了解彼此重要的价值观。由团队制定或参与制定的团队章程可发挥最佳效果。所有项目团队成员都分担责任,确保遵守团队章程中规定的规则。可定期审查和更新团队章程,确保团队始终了解团队基本规则,并指导新成员融入团队。

3. 项目文件更新

- 假设日志:更新假设日志时可增加关于实物资源的可用性、物流要求和位置信息以及团队资源的技能集和可用性的假设条件。
- 风险登记册:记录关于团队和实物资源可用性的风险,以及其他已知资源的相关风险。

9.3 估算活动资源

估算活动资源是估算执行项目所需的团队资源,以及材料、设备和用品的类型和数量的过程,如图9-6所示。本过程的主要作用是,明确完成项目所需的资源种类、数量和特性。本过程应根据需要在整个项目期间定期开展。

输入	工具与技术	输出
1 项目管理计划 ·资源管理计划 ·范围基准 2 项目文件 ·活动属性 ·活动清单 ·假设日志 ·成本估算 ·资源日历 ·风险登记册 3 事业环境因素 4 组织过程资产	1 专家判断 2 自下而上估算 3 类比估算 4 参数估算 5 数据分析 ·备选方案分析 6 项目管理信息系统 7 会议	1 资源需求 2 估算依据 3 资源分解结构 4 项目文件更新 ·活动属性 ·假设日志 ·经验教训登记册

图 9-6 估算活动资源:输入、工具与技术和输出

估算活动资源过程与估算成本等过程紧密相关。例如,汽车设计团队需要熟悉新的装配技术,这些知识可以通过聘请顾问、派设计人员参加技术研讨会,或者邀请制造人员加入项目团队等方式来获取。

9.3.1 过程输入

本过程的输入主要包括以下内容。

1. 项目管理计划

- 资源管理计划:定义识别项目所需不同资源的方法,量化各个活动所需的资源并整合这些信息的方法。
- 范围基准:识别实现项目目标所需的项目和产品范围,而范围决定了对团队和实物资源的需求。

2. 项目文件

- 活动属性:为估算活动清单每项活动所需的团队和实物资源提供了主要数据来源,这些属性的例子包括资源需求、强制日期、活动地点、假设条件和制约因素。
- 活动清单:识别需要资源的活动。
- 假设日志:可能包含有关生产力因素、可用性、成本估算以及工作方法的信息,这些因素会影响团队和实物资源的性质和数量。

- 成本估算：资源成本从数量和技能水平方面影响资源选择。
- 资源日历：识别每种具体资源可用时的工作日、班次、正常上下班时间、周末和公共假期。在规划活动期间，潜在的可用资源信息（如团队资源、设备和材料）用于估算资源可用性。还规定了在项目期间确定的团队和实物资源何时可用、可用多久。这些信息可以在活动或项目层面建立，考虑了诸如资源经验或技能水平以及不同地理位置等属性。资源日历需要在整个项目过程中渐进明细和更新。
- 风险登记册：描述可能影响资源选择和可用性的各个风险。

此过程的输入还包括事业环境因素和组织过程资产（见本书第 2 章）。

9.3.2 过程工具与技术

本过程的工具与技术主要包括以下内容。

1. 专家判断

应征求具备团队和实物资源的规划和估算方面的专业知识或接受过相关培训的个人或小组的意见。

2. 自下而上估算

团队和实物资源在活动级别上估算，然后汇总成工作包、控制账户和总体项目层级上的估算。

3. 类比估算

类比估算将以往类似项目的资源相关信息作为估算未来项目的基础。这是一种快速估算方法，适用于项目经理只能识别 WBS 高层级的情况。

4. 参数估算

基于历史数据和项目参数，使用某种算法或历史数据与其他变量之间的统计关系，来计算活动所需的资源数量。参数估算的准确性取决于模型的成熟度和基础数据的可靠性。

5. 数据分析

数据分析包括备选方案分析。这是一种对已识别的可选方案进行评估的技术，用来决定选择哪种方案或使用何种方法来执行项目工作。很多活动有多个备选的实施方案，例如使用能力或技能水平不同的资源、不同规模或类型的机器、不同的工具，以及关于资源自制、租赁或购买的决策，有助于提供在定义的制约因素范围内执行项目活动的最佳方案。

6. 项目管理信息系统（PMIS）

PMIS 可以包括资源管理软件，这些软件有助于规划、组织与管理资源库，以及编制资源估算。根据软件的复杂程度，可以确定资源分解结构、资源可用性、资源费率和各种资源日历，有助于优化资源使用。

7. 会议

举行规划会议以估算每项活动所需的资源、支持型活动、团队资源的技能水平，以及所需材料的数量。参会者可能包括项目经理、项目发起人、选定的项目团队成员、选定的相关方，以及其他必要人员。

9.3.3　过程输出

本过程的输出主要包括以下内容。

1. 资源需求

资源需求识别了各个工作包或工作包中每个活动所需的资源类型和数量，可以汇总这些需求，以估算每个工作包、每个 WBS 分支以及整个项目所需的资源。资源需求描述的细节数量与具体程度因应用领域而异，而资源需求文件也可包含为确定所用资源的类型、可用性和所需数量所做的假设。

2. 估算依据

资源估算所需的支持信息的数量和种类因应用领域而异。但不论其详细程度如何，支持性文件都应该清晰完整地说明资源估算是如何得出的。
- 估算方法。
- 用于估算的资源，如以往类似项目的信息。
- 与估算有关的假设条件。
- 估算范围和已知的制约因素。
- 估算的置信水平。
- 有关影响估算的已识别风险的文件。

3. 资源分解结构

资源分解结构是资源依类别和类型的层级展现文件，如图 9-7 所示。资源类别包括人力、材料、设备和用品，资源类型则包括技能水平、等级水平、持有证书或适用于项目的其他类型。

4. 项目文件更新

- 活动属性：依据资源需求而更新。

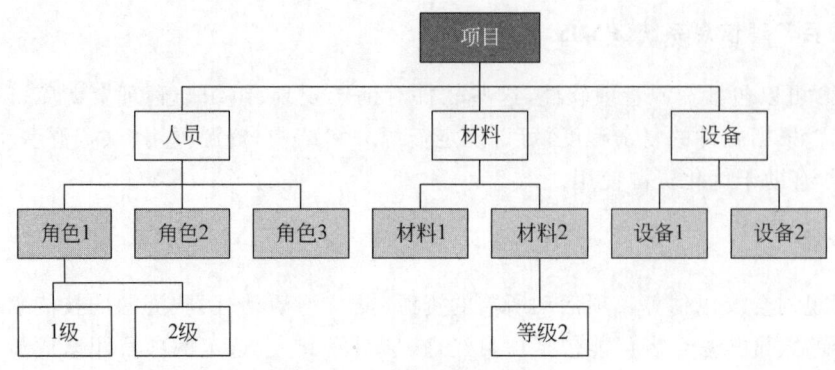

图 9-7　资源分解结构示例

- 假设日志：关于项目所需资源的类型和数量的假设条件，更新在假设日志中。此外，任何资源制约因素，包括集体劳资协议、连续工作时间、计划休假等，也应当相应更新。
- 经验教训登记册：记录能够有效和高效地估算资源的技术，以及有关那些无效或低效的技术信息。

9.4　获取资源

获取资源是获取项目所需的团队成员、设施、设备、材料、用品和其他资源的过程，如图 9-8 所示。本过程主要作用是，概述和指导资源的选择，并将其分配给相应的活动。本过程应根据需要在整个项目期间定期开展。

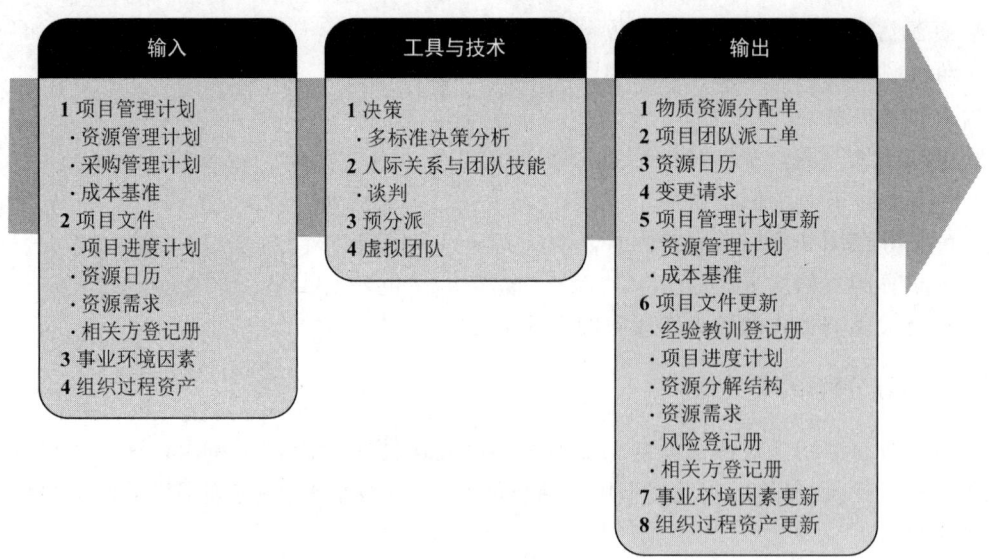

图 9-8　获取资源：输入、工具与技术和输出

项目所需资源可能来自项目执行组织的内部或外部。内部资源由职能经理或资源经

理负责获取(分配),外部资源则通过采购过程获得。

项目管理团队根据集体劳资协议、分包商人员使用、矩阵型项目环境、内外部报告关系或其他原因来控制资源的选择。在获取项目资源过程中应注意下列事项。

(1) 应该进行有效谈判,并影响那些能为项目提供所需团队和实物资源的人员。

(2) 资源或人员能力不足会降低项目成功的概率,影响项目进度、预算、客户满意度、质量和风险,甚至导致项目取消。

(3) 如因制约因素(如经济因素或其他项目对资源的占用)而无法获得所需团队资源,在不违反法律、规章、强制性规定或其他具体标准的前提下可以使用替代资源。

在项目规划阶段,应该对上述因素加以考虑并做出适当安排。应该在项目进度计划、项目预算、项目风险计划、项目质量计划、培训计划及其他相关计划中,说明缺少所需资源的后果。

9.4.1　过程输入

本过程的输入主要包括以下内容。

1. 项目管理计划

- 资源管理计划:为如何获取项目资源提供指南。
- 采购管理计划:提供了将从项目外获取资源的信息,包括如何将采购与其他项目工作整合起来以及涉及资源采购工作的相关方。
- 成本基准:提供了项目活动的总体预算。

2. 项目文件

- 项目进度计划:展示了各项活动及其开始和结束日期,有助于确定需要提供和获取资源的时间。
- 资源日历。
- 资源需求:识别了需要获取的资源。
- 相关方登记册:记录和考虑新发现的相关方对项目特定资源的需求或期望。

此过程的输入还包括事业环境因素和组织过程资产(见本书第2章)。

9.4.2　过程工具与技术

本过程的工具与技术主要包括以下内容。

1. 决策

决策包括多标准决策分析。选择标准常用于选择项目的实物资源或项目团队。使用分析工具制定出标准,用于对潜在资源进行评级或打分。根据相对重要性对标准进行加权。

- 可用性：确认资源能否在项目所需时段内为项目所用。
- 成本：确认增加资源的成本是否在规定的预算内。
- 能力：确认团队成员是否提供了项目所需的能力。

有些选择标准对团队资源来说是独特的，包括以下内容。
- 经验：确认团队成员具备项目成功所需的相关经验。
- 知识：考虑团队成员是否具有关于特定客户、以往类似项目和项目环境细节的知识。
- 技能：确认团队成员拥有使用项目工具的相关技能。
- 态度：确认团队成员能否与他人协同工作，以形成有凝聚力的团队。
- 国际因素：考虑团队成员的位置、时区和沟通能力。

2. 人际关系与团队技能

人际关系与团队技能包括谈判。
- 职能经理：确保项目在要求的时限内获得最佳资源，直到完成职责。
- 执行组织中的其他项目管理团队：合理分配稀缺或特殊资源。
- 外部组织和供应商：提供合适的、稀缺的、特殊的、合格的、经认证的或其他特殊的团队或实物资源。需要注意与谈判有关的政策、做法、流程、指南、法律及其他标准。

在资源分配谈判中，如同政治能力，项目管理团队影响他人的能力很重要。例如，说服职能经理，让他看到项目具有良好的前景，影响他把最佳资源分配给这个项目。

3. 预分派

预分派指事先确定项目的实物或团队资源。例如，在竞标过程中承诺分派特定人员进行项目工作；项目取决于特定人员的专有技能；在编制初始资源管理计划之前，制定项目章程过程或其他过程已经指定某些团队成员的工作分派。

4. 虚拟团队

虚拟团队可定义为具有共同目标在完成角色任务的过程中很少或没有时间面对面工作的一群人。现代沟通技术使虚拟团队成为可行。在虚拟团队的环境中，沟通规划变得日益重要。可能需要花更多时间，来设定明确的期望、促进沟通、制定冲突解决方法、召集人员参与决策、理解文化差异，以及共享成功喜悦。

9.4.3 过程输出

本过程的输出主要包括以下内容。

1. 物质资源分配单

物质资源分配单记录项目将使用的材料、设备、用品、地点和其他物质资源。

2. 项目团队派工单

项目团队派工单记录了团队成员及其在项目中的角色和职责,可包括项目团队名录,还需要把人员姓名插入项目管理计划的其他部分,如项目组织图和进度计划。

3. 资源日历

4. 变更请求

如果获取资源过程中出现变更请求(如影响进度),或者推荐措施、纠正措施或预防措施影响了项目管理计划的任何组成部分或项目文件,项目经理应提交变更请求,且应该通过实施整体变更控制过程对变更请求进行审查和处理。

5. 项目管理计划更新

任何变更都以变更请求的形式提出,且通过变更控制过程处理。

- 资源管理计划:更新资源管理计划,以反映获取项目资源的实际经验,包括在项目早期获取资源的经验教训,这些经验会影响项目后期的资源获取过程。
- 成本基准:在项目资源采购期间,成本基准可能发生变更。

6. 项目文件更新

- 经验教训登记册:记录项目中遇到的挑战、本可以规避这些挑战的方法,以及良好的资源获取方式。
- 项目进度计划:所需资源的可用性可能会导致项目进度的变更。
- 资源分解结构:记录在本过程中获取的资源。
- 资源需求:更新资源需求文件,以反映获取的项目资源。
- 风险登记册:记录新识别的新风险记录,并通过风险管理过程进行管理。
- 相关方登记册:记录增加新相关方,以及在本过程中获得的有关现有相关方的新信息。

7. 事业环境因素更新

- 组织内资源的可用性。
- 组织已使用的消耗资源的数量。

8. 组织过程资产更新

组织过程资产更新包括有关获取、配给和分配资源的文件。

9.5 建设团队

建设团队是提高工作能力、促进团队成员互动、改善团队整体氛围,以提高项目绩效的过程,如图 9-9 所示。本过程的主要作用是,改进团队协作、增强人际关系技能和胜任力、激励员工、减少摩擦以及提升整体项目绩效。本过程需要在整个项目期间开展。

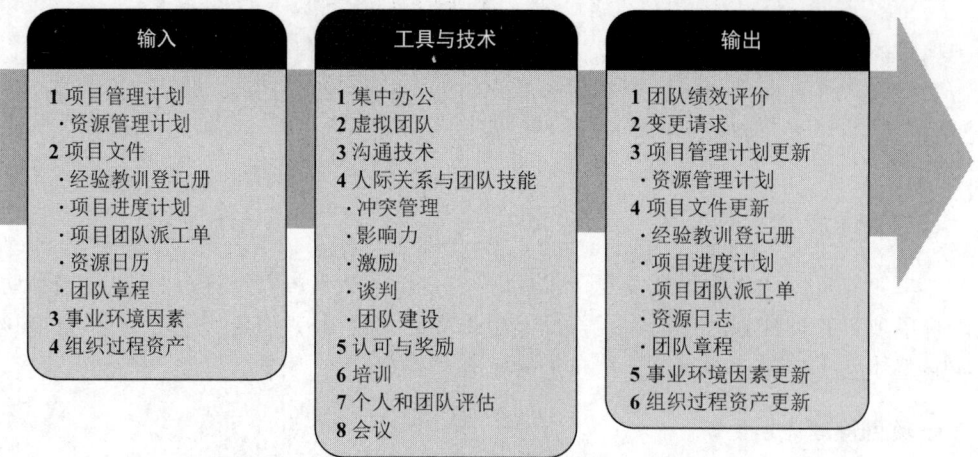

输入	工具与技术	输出
1 项目管理计划 ·资源管理计划 **2** 项目文件 ·经验教训登记册 ·项目进度计划 ·项目团队派工单 ·资源日历 ·团队章程 **3** 事业环境因素 **4** 组织过程资产	**1** 集中办公 **2** 虚拟团队 **3** 沟通技术 **4** 人际关系与团队技能 ·冲突管理 ·影响力 ·激励 ·谈判 ·团队建设 **5** 认可与奖励 **6** 培训 **7** 个人和团队评估 **8** 会议	**1** 团队绩效评价 **2** 变更请求 **3** 项目管理计划更新 ·资源管理计划 **4** 项目文件更新 ·经验教训登记册 ·项目进度计划 ·项目团队派工单 ·资源日志 ·团队章程 **5** 事业环境因素更新 **6** 组织过程资产更新

图 9-9   建设团队：输入、工具与技术和输出

项目经理应该能够定义、建立、维护、激励、领导和鼓舞项目团队，使团队高效运行，并实现项目目标。团队协作是项目成功的关键因素，而建设高效的项目团队是项目经理的主要职责之一。项目经理应创建一个能促进团队协作的环境，通过给予挑战与机会、提供及时反馈与所需支持，以及认可与奖励优秀绩效，不断激励团队。通过以下行为可以实现团队的高效运行。

（1）使用开放与有效的沟通。

（2）创造团队建设机遇。

（3）建立团队成员间的信任。

（4）以建设性方式管理冲突。

（5）鼓励合作型的问题解决方法。

（6）鼓励合作型的决策方法。

项目经理在全球化环境和富有文化多样性的项目中工作，团队成员经常来自不同的行业，讲不同的语言，有时甚至会在工作中使用一种不同于其本土语言的文化或文化规范。项目管理团队应该利用文化差异，在整个项目生命周期中致力于发展和维护项目团队，并促进在相互信任的氛围中充分协作；通过建设项目团队，可以改进人际技巧、技术能力、团队环境及项目绩效。在整个项目生命周期中，团队成员之间都要保持明确、及时、有效（包括效果和效率两个方面）的沟通。建设项目团队的目标包括以下内容。

- 提高团队成员的知识和技能，以提高完成项目可交付成果的能力，并降低成本、缩短工期和提高质量。
- 提高团队成员之间的信任和认同感，以提高士气、减少冲突和增进团队协作。
- 创建富有生气、凝聚力和协作性的团队文化，从而达成以下目标。
  - 提高个人和团队生产率，振奋团队精神，促进团队合作。
  - 促进团队成员之间的交叉培训和辅导，以分享知识和经验。
- 提高团队参与决策的能力，使他们承担起对解决方案的责任，从而提高团队的生产效率,获得更有效和高效的成果。

9.5.1　团队发展阶段模型

在关于团队发展的塔克曼阶梯模型中,团队建设要经历的 5 个阶段。这些阶段通常按顺序进行,如果团队成员曾经共事过,项目团队建设也可跳过某个阶段。

(1)形成阶段。团队成员相互认识,并了解项目情况及他们在项目中的正式角色与职责。在这一阶段,团队成员倾向于相互独立,不会开诚布公。

(2)震荡阶段。团队开始从事项目工作、制定技术决策和讨论项目管理方法。如果团队成员不能用合作和开放的态度对待不同观点和意见,团队环境可能变得事与愿违。

(3)规范阶段。团队成员开始协同工作,并调整各自的工作习惯和行为来支持团队,团队成员会学习相互信任。

(4)成熟阶段。团队就像一个组织有序的单位那样工作,团队成员之间相互依靠,平稳高效地解决问题。

(5)解散阶段。团队完成所有工作,团队成员离开项目。通常在项目可交付成果完成之后,或者在结束项目或阶段过程中,释放人员,解散团队。

某个阶段持续时间的长短,取决于团队活力、团队规模和团队领导力。项目经理应该对团队活力有较好的理解,以便有效地带领团队经历所有阶段。

9.5.2　过程输入

本过程的输入主要包括以下内容。

1. 项目管理计划

项目管理计划包括资源管理计划。通过团队绩效评价和其他形式的团队管理活动,为项目团队成员提供奖励、提出反馈、增加培训或采取惩罚措施提供了指南。

2. 项目文件

- 经验教训登记册:项目早期与团队建设有关的经验教训可以运用到项目后期阶段,以提高团队绩效。
- 项目进度计划:定义如何以及何时为项目团队提供培训,以培养不同阶段所需的能力,并根据项目执行期间的任何差异识别需要的团队建设策略。
- 项目团队派工单:识别团队成员的角色与职责。
- 资源日历:定义项目团队成员何时能参与团队建设活动,有助于说明团队在整个项目期间的可用性。
- 团队章程:包含团队工作指南。团队价值观和工作指南为描述团队合作方式提供架构。

此过程的输入还包括事业环境因素和组织过程资产(见本书第 2 章)。

9.5.3　过程工具与技术

本过程的工具与技术主要包括以下内容。

1. 集中办公

集中办公是指把许多或全部最活跃的项目团队成员安排在同一个物理地点工作,以增强团队工作能力。集中办公既可以是临时的(如仅在项目特别重要的时期),也可以贯穿整个项目。实施集中办公策略,可借助团队会议室、张贴进度计划的场所,以及其他能增进沟通和集体感的设施。

2. 虚拟团队

虚拟团队的使用能带来很多好处,例如,使用更多技术熟练的资源、降低成本、减少出差及搬迁费用,以及拉近团队成员与供应商、客户或其他重要相关方的距离。虚拟团队可以利用技术营造在线环境,以供团队存储文件、使用在线对话以及保存团队日历。

3. 沟通技术

沟通技术对于解决集中办公或虚拟团队的团队建设问题至关重要,有助于为集中办公团队营造一个融洽的环境,促进虚拟团队更好地相互理解。
- 共享门户:共享信息库(如网站、协作软件或内部网)对虚拟项目团队很有帮助。
- 视频会议:是一种可有效地与虚拟团队沟通的重要技术。
- 音频会议:有助于虚拟团队建立融洽和信任的关系。
- 电子邮件/聊天软件:对定期沟通是一种有效的方式。

4. 人际关系与团队技能

- 冲突管理:项目经理应及时地以建设性方式解决冲突,从而创建高绩效团队。
- 影响力:收集关键信息,在维护相互信任的同时,解决重要问题并达成一致意见。
- 激励:提高团队参与决策的能力并鼓励他们独立工作。
- 谈判:旨在就项目需求达成共识,有助于在团队成员之间建立融洽的相互信任的关系。
- 团队建设:通过举办各种活动,强化团队的社交关系,打造积极合作的工作环境。活动既可以是状态审查会上的五分钟议程,也可以是为改善人际关系而设计的、在非工作场所专门举办的专业提升活动,旨在帮助团队成员更加有效地协同工作。如果团队成员的工作地点相隔甚远,无法进行面对面接触,就特别需要有效的团队建设策略。非正式的沟通和活动有助于建立信任和良好的工作关系。团队建设在项目前期必不可少,但它更是个持续的过程。项目环境的变化不可避免,要有效应对这些变化,需要持续不断地开展团队建设。项目经理应该持续地监督团队机能和绩效,确定是否需要采取措施来预防或纠正各种团队问题。

5. 认可与奖励

在建设项目团队过程中,需要对成员的优良行为给予认可与奖励。最初的奖励计划是在规划资源管理过程中编制的,只有能满足被奖励者的某个重要需求的奖励才是有效的奖励。可以正式或非正式的方式做出奖励决定,但在决定认可与奖励时,应考虑文化差异。

当人们感受到自己在组织中的价值,并且可以通过获得奖励来体现这种价值,他们就会受到激励。通常,金钱是奖励制度中的有形奖励,然而也存在各种同样有效、甚至更加有效的无形奖励。大多数项目团队成员会因得到成长机会、获得成就感、得到赞赏以及用专业技能迎接新挑战而受到激励。

6. 培训

培训包括旨在提高项目团队成员能力的全部活动,可以是正式或非正式的。培训方式包括课堂培训、在线培训、计算机辅助培训、在岗培训(即由其他项目团队成员提供)、辅导及训练。

7. 个人和团队评估

使用如态度调查、专项评估、结构化访谈、能力测试及焦点小组等评估工具,能让项目经理和项目团队洞察成员的优势和劣势,帮助项目经理评估团队成员的偏好和愿望、团队成员如何处理和整理信息、如何制定决策,以及团队成员如何与他人打交道,有利于增进团队成员间的理解、信任、承诺和沟通,在整个项目期间不断提高团队成效。

8. 会议

会议用来讨论和解决有关团队建设的问题,参会者包括项目经理和项目团队。会议包括项目说明会、团队建设会议,以及团队发展会议等类型。

9.5.4　过程输出

本过程的输出主要包括以下内容。

1. 团队绩效评价

随着项目团队建设工作(如培训、团队建设和集中办公等)的开展,项目管理团队应该对项目团队的有效性进行正式或非正式的评价。有效的团队建设策略和活动可以提高团队绩效,从而提高实现项目目标的可能性。评价团队有效性的指标可包括以下内容。

- 技能的改进,从而使成员更有效地完成工作任务。
- 胜任力改进,使成员作为一个团队更好地开展工作。
- 团队成员离职率的降低。
- 加强团队凝聚力,从而使团队成员公开分享信息和经验,并互相帮助来提高项目绩效。

通过对团队整体绩效的评价,能够识别出所需的特殊培训、教练、辅导、协助或改变,以提高团队绩效。也应该识别出合适或所需资源,以执行和实现在绩效评价中提出的改进建议。

2. 变更请求

如果建设团队过程中出现变更请求,或者推荐的纠正措施或预防措施影响了项目管理计划的任何组成部分或项目文件,项目经理应提交变更请求并实施整体变更控制过程。

3. 项目管理计划更新

项目管理计划中的任何变更都以变更请求的形式提出,且通过组织的变更控制过程进行处理。

4. 项目文件更新

- 经验教训登记册:记录在项目中遇到的挑战、本可以规避这些挑战的方法,以及良好的团队建设方式。
- 项目进度计划:项目团队建设活动可能会导致项目进度的变更。
- 项目团队派工单:更新以反映团队建设导致的派工单变更。
- 资源日历:更新以反映项目资源的可用性。
- 团队章程:更新以反映因团队建设对团队工作指南做出的变更。

5. 事业环境因素更新

事业环境因素更新包括员工发展计划的记录和技能评估。

6. 组织过程资产更新

组织过程资产更新包括培训需求和人事评测。

9.6　管理团队

管理团队是跟踪团队成员工作表现、提供反馈、解决问题并管理团队变更,以优化项目绩效的过程,如图 9-10 所示。本过程的主要作用是,影响团队行为、管理冲突,以及解决问题。本过程需要在整个项目期间开展。

项目团队需要借助多方面的管理和领导力技能,促进团队协作,整合团队成员的工作,从而创建高效团队。进行团队管理,需要综合运用各种技能,特别是沟通、冲突管理、谈判和领导力技能。项目经理应该向团队成员分配富有挑战性的任务,并对优秀绩效进行表彰。

项目经理应留意团队成员是否有意愿和能力完成工作,然后相应地调整管理和领导力方式。相对那些已展现出能力和有经验的团队成员,技术能力较低的团队成员更需要强化监督。

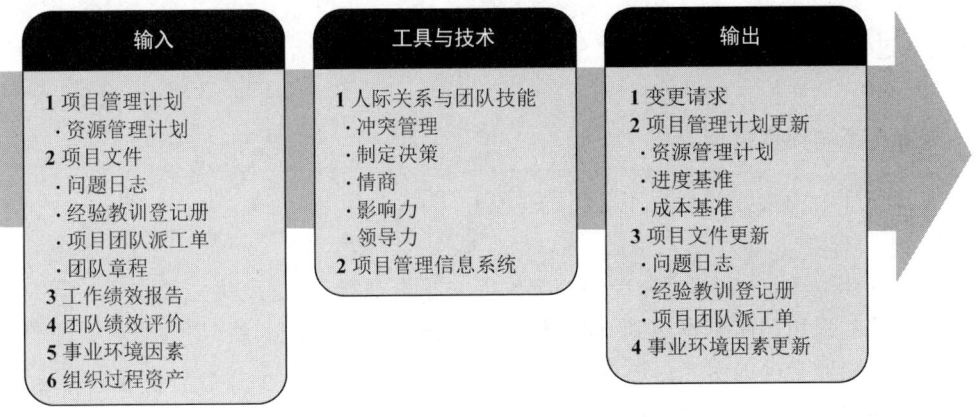

图 9-10 管理团队：输入、工具与技术和输出

9.6.1 过程输入

本过程的输入主要包括以下内容。

1. 项目管理计划

项目管理计划包括资源管理计划，为如何管理和最终遣散项目团队资源提供指南。

2. 项目文件

- 问题日志：在管理项目团队过程中，总会出现各种问题。此时，可用问题日志记录由谁负责在目标日期内解决特定问题，并监督解决情况。
- 经验教训登记册：项目早期的经验教训可以运用到项目后期阶段，以提高团队管理的效率与效果。
- 项目团队派工单：识别团队成员的角色与职责。
- 团队章程：为团队应如何决策、举行会议和解决冲突提供指南。

3. 工作绩效报告

工作绩效报告是为制定决策、采取行动或引起关注所形成的实物或电子工作绩效信息，它包括从进度控制、成本控制、质量控制和范围确认中得到的结果，有助于项目团队管理。绩效报告和相关预测报告中的信息，有助于确定未来的团队资源需求、认可与奖励，以及更新资源管理计划。

4. 团队绩效评价

应该持续地对项目团队绩效进行正式或非正式的评价。不断评价项目团队绩效，有助于采取措施解决问题、调整沟通方式、解决冲突和改进团队互动。

此过程的输入还包括事业环境因素和组织过程资产（见本书第 2 章）。

9.6.2 过程工具与技术

人际关系与团队技能

项目管理中的人际关系与团队技能包括以下内容。

1）冲突管理

在项目环境中，冲突不可避免。冲突来源包括资源稀缺、进度优先级排序和个人工作风格差异等。采用团队基本规则、团队规范及成熟的项目管理实践（如沟通规划和角色定义），可以减少冲突的数量。

成功的冲突管理可提高生产力，改进工作关系。同时，如果管理得当，意见分歧有利于提高创造力和改进决策。假如意见分歧成为负面因素，应该首先由项目团队成员负责解决；如果冲突升级，项目经理应提供协助，促成满意的解决方案，采用直接和合作的方式，尽早并且通常在私下处理冲突。如果破坏性冲突继续存在，则可使用正式程序，包括采取惩戒措施。

项目经理解决冲突的能力往往决定其管理项目团队的成败。不同的项目经理可能采用不同的解决冲突方法。影响冲突解决方法的因素如下。

（1）冲突的重要性与激烈程度，解决冲突的紧迫性。

（2）涉及冲突的人员的相对权利。

（3）维持良好关系的重要性。

（4）永久或暂时解决冲突的动机。

有 5 种常用的冲突解决方法，每种技巧都有各自的作用和用途。

（1）撤退/回避：从实际或潜在冲突中退出，将问题推迟到准备充分的时候，或者将问题推给其他人员解决。

（2）缓和/包容：强调一致而非差异；为维持和谐与关系而退让一步，考虑其他方需要。

（3）妥协/调解：为暂时或部分解决冲突而寻找能让各方在一定程度上都满意的方案，但这种方法有时会导致"双输"局面。

（4）强迫/命令：以牺牲其他方为代价，推行某一方的观点；只提供赢—输方案。通常是利用权力来强行解决紧急问题，这种方法通常会导致"赢输"局面。

（5）合作/解决问题：综合考虑不同的观点和意见，采用合作的态度和开放式对话引导各方达成共识和承诺，这种方法可以带来双赢局面。

2）制定决策

决策包括谈判能力以及影响组织与项目管理团队的能力。有效决策需要着眼于所要达到的目标，遵循决策流程，研究环境因素，分析可用信息，激发团队创造力，以及考虑风险。

3）情商

情商是指了解、评价和管理自我情绪、他人情绪及团体情绪的能力。团队应该使用情商来了解、评估及控制项目团队成员的情绪,预测团队成员的行为,确认团队成员的关注点及跟踪团队成员的问题,从而达到减轻压力、加强合作的目的。

4）影响力

在矩阵环境中,项目经理对团队成员通常没有或仅有很小的命令职权,所以他们适时影响相关方的能力,对保证项目成功非常关键。影响力主要体现在如下各方面。

- 说服他人。
- 清晰表达观点和立场。
- 积极且有效地倾听。
- 在任何情况下都能了解并综合考虑各种观点。
- 收集相关信息,在维护相互信任的同时,解决问题并达成一致意见。

5）领导力

成功的项目需要强有力的领导技能。领导力是领导和激励团队做好工作的能力,包括各种不同的技巧、能力和行动。领导力在项目生命周期中的所有阶段都很重要。许多领导力理论定义了适用于不同情形或团队的领导风格。

本过程的其他工具与技术还有项目管理信息系统,其中包括资源管理或进度计划软件,可用于在各个项目活动中管理和协调团队成员。

9.6.3 过程输出

本过程的输出主要包括以下内容。

1. 变更请求

如果管理团队过程中出现变更请求,或者推荐措施、纠正措施或预防措施影响了项目管理计划的任何组成部分或项目文件,项目经理应提交变更请求,并通过实施整体变更控制过程对变更请求进行审查和处理。

例如,人员配备变更,无论是自主选择还是由不可控事件造成的,都会干扰项目团队,有可能导致进度落后或预算超支。人员配备变更包括转派人员、外包部分工作或替换离职人员。

2. 项目管理计划更新

项目管理计划的变更都以变更请求的形式提出,且通过变更控制过程处理。

- 资源管理计划:根据实际的项目团队管理经验更新。
- 进度基准:可能需要更改项目进度计划,以反映团队的执行方式。
- 成本基准:可能需要更改项目成本基准,以反映团队的执行方式。

3. 项目文件更新

- 问题日志:记录在本过程中提出的新问题。
- 经验教训登记册:记录在项目中遇到的挑战、本应可以规避这些挑战的方法,以及良好的团队管理方式。

- 项目团队派工单：记录对团队做出的变更。

4. 事业环境因素更新

事业环境因素包括对组织绩效评价的输入和个人技能。

9.7 控制资源

控制资源是确保按计划为项目分配实物资源，以及根据资源使用计划监督资源实际使用情况，并采取必要纠正措施的过程，如图 9-11 所示。本过程的主要作用是，确保所分配的资源适时适地可用于项目，且在不再需要时被释放。本过程需要在整个项目期间开展。

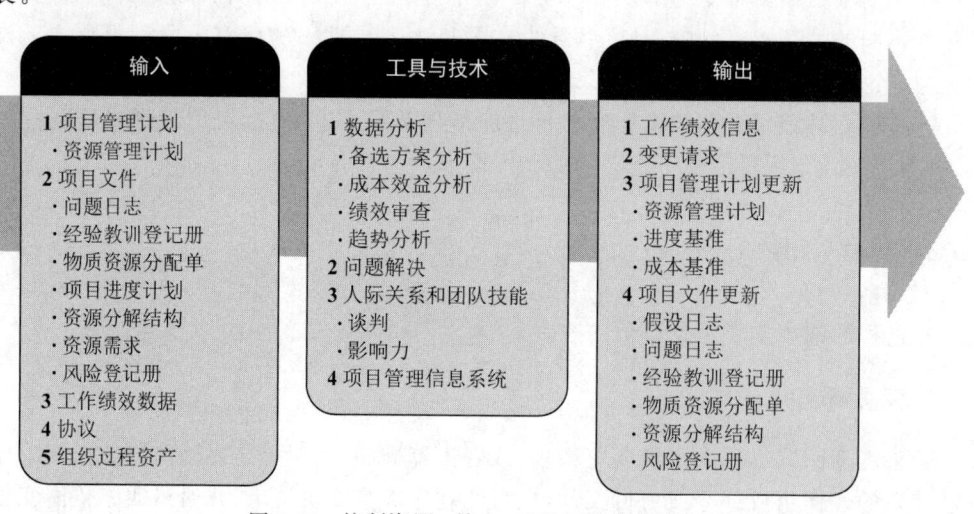

图 9-11　控制资源：输入、工具与技术和输出

应在整个项目生命周期期间持续开展控制资源过程，且适时、适地和适量地分配和释放资源，使项目能够按计划毫无延误地向前推进。控制资源过程关注实物资源，如设备、材料、设施和基础设施。管理团队过程关注团队成员。

更新资源分配时，需要了解已使用的资源和还需要获取的资源。为此，需关注以下几方面内容。

- 应审查至今为止的资源。
- 使用情况。控制资源过程关注。
- 监督资源支出。
- 及时识别和处理资源缺乏/剩余情况。
- 确保根据计划和项目需求使用和释放资源。
- 在出现资源相关问题时通知相应的相关方。
- 影响会导致资源使用变更的因素。
- 在变更实际发生时对其进行管理。

进度基准或成本基准的任何变更,都必须经过实施整体变更控制过程的审批。

9.7.1　过程输入

本过程的输入主要包括以下内容。

1. 项目管理计划

项目管理计划包括资源管理计划,它为如何使用、控制和最终释放实物资源提供指南。

2. 项目文件

- 问题日志:用于识别有关缺乏资源、原材料供应延迟或低等级原材料等问题。
- 经验教训登记册:在项目早期获得的经验教训可以运用到后期阶段,以改进实物资源控制。
- 物质资源分配单:描述资源的预期使用情况以及资源的详细信息,例如,类型、数量、地点以及属于组织内部资源还是外购资源。
- 项目进度计划:展示项目在何时何地需要哪些资源。
- 资源分解结构:为项目过程中需要替换或重新获取资源的情况提供参考。
- 资源需求:识别项目所需的材料、设备、用品和其他资源。
- 风险登记册:识别可能会影响设备、材料或用品的单个风险。

3. 工作绩效数据

工作绩效数据包含有关项目状态的数据,例如已使用的资源的数量和类型。

4. 协议

在项目中签署的协议是获取组织外部资源的依据,应在需要新的和未规划的资源时,或在当前资源出现问题时,在协议里定义相关程序。

此过程的输入还包括组织过程资产(见本书第 2 章)。

9.7.2　过程工具与技术

本过程的工具与技术主要包括以下内容。

1. 数据分析

- 备选方案分析:有助于选择最佳解决方案以纠正资源使用偏差,分析诸如以增加成本为代价而开展加班或新增团队成员等备选方案,并与延迟交付或分期交付相比较,以权衡利弊。
- 成本效益分析:有助于在项目成本出现差异时确定最佳的纠正措施。

- 绩效审查：是测量、比较和分析计划的资源使用和实际资源使用的不同。分析成本和进度工作绩效信息有助于指出可能影响资源使用的问题。
- 趋势分析：基于当前绩效信息来确定未来项目阶段所需的资源。检查项目绩效随时间的变化情况，可用于确定绩效是在改善还是在恶化。

2. 问题解决

问题可能来自组织内部（如组织中另一部门使用的机器或基础设施未及时释放，因存储条件不当造成材料受损等）或来自组织外部（如主要供应商破产或恶劣天气使资源受损）。项目经理应采取如下有条不紊的步骤来解决问题。

- 识别问题。
- 明确问题。
- 定义问题。将问题分解为可管理的小问题。
- 调查。
- 收集数据。
- 分析。找出问题的根本原因。
- 解决。从众多解决方案中选择最合适的一个。
- 检查解决方案。确认是否已解决问题。

3. 人际关系与团队技能

人际关系与团队技能有时被称为"软技能"，属于个人能力。包括以下内容。
- 谈判：需要就增加实物资源、变更实物资源或资源相关成本进行谈判。
- 影响力：有助于及时解决问题并获得所需资源。

4. 项目管理信息系统（PMIS）

PMIS 包括资源管理或进度计划软件，用于监督资源的使用情况，帮助确保合适的资源适时适地用于合适的活动。

9.7.3 过程输出

本过程的输出主要包括以下内容。

1. 工作绩效信息

工作绩效信息包括项目工作进展信息，用于将资源需求和资源分配与项目活动期间的资源使用相比较，从而发现需要处理的资源可用性方面的差异。

2. 变更请求

如果出现变更请求，或者推荐的纠正措施或预防措施影响了项目管理计划的任何组成部分或项目文件，应提交变更请求。并通过实施整体变更控制过程进行审查和处理。

3. 项目管理计划更新

项目管理计划的任何变更都以变更请求的形式提出，且通过组织的变更控制过程进行处理。

- 资源管理计划：根据实际的项目资源管理经验更新。
- 进度基准：可能需要更新项目进度计划，以反映管理项目资源的方式。
- 成本基准：可能需要更新项目成本基准，以反映管理项目资源的方式。

4. 项目文件更新

- 假设日志：记录设备、材料、用品和其他物质资源的新假设条件。
- 问题日志：记录出现的新问题。
- 经验教训登记册：在其中更新有效管理资源物流、废料、使用偏差，以及应对资源偏差的纠正措施的技术。
- 物质资源分配单：动态记录因可用性、项目、组织、环境或其他因素而发生的变更。
- 资源分解结构：可能需要更新资源分解结构，以反映使用项目资源的方式。
- 风险登记册：以记录与资源可用性和资源使用有关的风险，以及其他物质资源风险。

习题

1. 项目资源包括物质资源和团队资源。其中，物质资源包括（　　　）。
   ① 设备　　　　　② 矿物　　　　　③ 材料　　　　　④ 设施
   A. ①③④　　　　B. ②③④　　　　C. ①②③　　　　D. ①②④

2. 项目经理正在从外部引进为完成项目所需的人员，项目经理的活动涉及（　　　）领域的知识。
   A. 质量管理　　　　　　　　　　B. 成本管理
   C. 人力资源管理　　　　　　　　D. 风险管理

3. 一名已经答应参加项目的员工被上级领导分派到另外一个项目中去，项目经理和管理团队积极和上级领导进行沟通，并反复说明该员工对项目的重要性。请判断上述情况属于（　　　）过程。
   A. 制订资源计划　　　　　　　　B. 组建项目团队
   C. 建设项目团队　　　　　　　　D. 管理项目团队

4. 建设团队中的（　　　）输出对管理团队的输入有影响。
   A. 项目人员分派　　　　　　　　B. 团队绩效评价
   C. 资源日历　　　　　　　　　　D. 人力资源计划

5. 在项目规划过程中，让团队成员尽早参与是出于（　　　）方面的考虑。
   A. 确保项目能够按时完成
   B. 避免团队成员被其他项目调用

  C. 利用他们的专业技能和增强他们的责任感

  D. 确保项目能够尽早启动

6. 职责分配矩阵中显示了以下内容,除了(　　　)。

  A. 时间   B. 资源   C. 姓名   D. 任务

7. 项目经理提前制订好遣散计划,对项目团队有很多帮助,除了(　　　)。

  A. 节约成本   B. 提高士气   C. 控制风险   D. 明确职责

8. 在项目竞标过程中,写明有特定人员参加。请判断下述情况中使用了(　　　)工具。

  A. 人力资源配备   B. 预分派

  C. 配置计划   D. 人力资源计划

9. 下列(　　　)不是虚拟团队的使用工具。

  A. 电子邮件   B. 报纸杂志   C. 电话会议   D. 视频会议

10. 下列(　　　)不属于组织项目团队过程的输出。

  A. 项目人员分派   B. 团队绩效

  C. 资源日历   D. 项目管理计划

11. 下列(　　　)不属于建设项目团队的输入。

  A. 组织过程资产   B. 项目人员分派

  C. 项目管理计划   D. 资源日历

12. 项目团队选择集中办公,主要是考虑(　　　)因素。

  A. 将客户集中在一起   B. 团队建设

  C. 减少项目租金费用   D. 缩短项目时间

13. 在项目进行过程中,项目经理对项目成员施加同情心和影响力等影响,大大减少团队成员之间的摩擦并促进合作。该项目经理使用了(　　　)工具。

  A. 人际关系技能   B. 团队建设活动

  C. 认可与奖励   D. 以上都不是

14. 关于团队培训,下列描述不正确的是(　　　)。

  A. 培训可以是正式或非正式的

  B. 培训应该严格按照人力资源计划中的安排来实施,避免计划外培训

  C. 培训方式包括课堂培训、在线培训、计算机辅助培训、在岗培训(即由其他项目团队成员提供)、辅导及指导

  D. 应该根据项目团队管理过程中的观察、会谈和项目绩效评估结果,来开展必要的计划外培训

15. 下列(　　　)不属于建设项目团队的工具。

  A. 培训   B. 团队建设活动

  C. 集中办公   D. 虚拟团队

16. 在项目进行中,项目经理应该对项目团队绩效进行(　　　)。

  A. 正式评价   B. 非正式评价

  C. 不断地进行正式或非正式评价 D. 以上都不对

17. 下列（　　）不属于管理项目团队的输入。
    A. 项目人员分派　　　　　　　　B. 绩效报告
    C. 事业环境因素　　　　　　　　D. 团队绩效评价

18. 你作为项目经理,根据天气预报,未来几个小时将有一场大暴风雨。为了防止损失,项目的关键设备必须加以保护。两个项目团队成员对如何保护这个设备争论不休,以至于很可能延误采取保护措施的时间。这种情况下,你应该（　　）,解决他们之间的冲突。
    A. 深入分析他们之间产生分歧的原因
    B. 允许他们继续争论,直到达成一致意见
    C. 命令他们停止争论,并按你的要求采取保护措施
    D. 请管理层来裁决

19. 你作为项目经理,在项目规划的第一周时,应当采用（　　）管理风格。
    A. 教练　　　　B. 指导　　　　C. 参与　　　　D. 授权

20. 在马斯洛需求层次理论中,以下需求层次最高的是（　　）。
    A. 生理需要　　B. 自我实现　　C. 社会需要　　D. 尊重需要

实验与思考：克兹内办公设备公司周年庆项目团队建设

1.实验目的

本节"实验与思考"的目的如下。
（1）理解和熟悉项目资源管理的基本概念。
（2）阅读案例"克兹内办公设备公司周年庆项目",熟悉规划资源管理过程,尝试为本项目编制资源管理计划。
（3）分析本项目资源管理可能存在的问题,并提出应对措施。

2. 工具/准备工作

在开始本实验之前,请回顾教科书的相关内容。
需要准备一台能够访问因特网的计算机。

3. 实验内容与步骤

案例：克兹内办公设备公司周年庆项目

周立坐在克兹内办公设备公司咖啡厅的一张大桌子前,紧张地看着手表,现在是3：10,14 个成员中只有 10 个来参加克兹内周年庆祝活动任务小组的第一次会议。就在这时,又有两个成员匆匆忙忙赶了进来,嘟囔着为迟到表示道歉。布里格斯清了清喉咙,会议开始了。

克兹内办公设备公司位于苏州工业园区,专门从事高端办公家具和设备的生产与销售。在成立的最初 5 年,克兹内经历了稳定的增长,雇用员工的数量也达到 1400 人的高

水平。但经济衰退,迫使克兹内解雇了其 25% 的职员,这是公司遭受创伤的岁月。王海鸥接任为新的 CEO,从此,事情开始慢慢好转。王海鸥注重员工参与,并围绕自我管理团队的概念对公司运营进行重新设计。公司很快引进一套符合人体工程学的家具生产线,其设计目的是减少后背劳损和腕部扭伤。这一设备生产线被证明是一次巨大的成功,克兹内成了本行业的领导者。公司现在有 1100 名员工,并被主流媒体报连续两次评为最好的 10 家当地企业之一。

周立今年 42 岁,是人力资源方面的专家,她已经为克兹内工作了 5 年。在此期间,她从事的工作包括招聘、培训、薪酬和团队建设。茅於华是公司人力资源部的副总裁,她安排周立负责组织克兹内 10 周年庆祝活动。周立非常高兴,因为她可以直接向高层经理汇报工作了。

CEO 王海鸥简单地向她讲述了本次庆祝活动的目的和目标。王海鸥强调说,这是一次值得纪念的活动,庆祝克兹内自解雇员工以来的黑暗时期到现在所取得的成功是很重要的。另外,他透露道,他刚刚读了一本关于公司文化方面的书,他认为,这样的活动对传达克兹内的价值观很有用。他还说,他打算使这次活动成为全员庆祝——而不是高层领导所想象的庆祝。因此,公司安排她负责一个由 14 人组成的任务小组,小组成员来自各主要部门,由他们组织和计划本次活动。团队要在 3 个月内向高管层递交一份初步计划和预算书。在讨论预算问题时,王海鸥提出,他认为总成本应该控制在 90 万元以内。最后,在会议结束时他表示将不遗余力地向周立提供帮助,使活动取得成功。

很快,周立得到了任务小组的成员名单,她通过电话或电子邮件向他们传达了今天开会的消息。她还得努力寻找合适的会议地点,她所在的人力资源部的小格子太小了,容不下这么多人,而克兹内的会议室不是已经被预定,就是正在装修。最后,她选择了咖啡厅,因为在下午迟些时候,这儿一般没有人打扰。在会议开始之前,她将议事日程写到桌子旁边的悬挂牌上。考虑到每个人都很忙,所以会议的时间限定在一个小时之内。

第一次会议

周立发表了开场白,她说:"欢迎各位。先向不认识我的人自我介绍一下,我是周立,来自人力资源部,这次由我来组织克兹内的 10 周年庆祝活动。高管层希望这个活动特别一点,与此同时,他们希望这成为我们自己的活动。这也是我们聚到一起的原因。在座的各位代表公司的各主要部门,我们的工作就是一起计划并组织这次庆祝活动。"然后,她介绍了会议的日程安排,并要求每位成员自我介绍。坐在周立右边的一个高个儿红发女士首先打破了暂时的沉默,说:"嗨,我是米兰,来自塑料部,我猜老板选我参加这个任务小组的原因可能是因为我有举办大型聚会的名声。"

接下来,各成员依次进行了自我介绍。以下是介绍中的例子。

"嗨,帕尔哈提,来自维修部,我不太清楚来这儿的原因。在我们部门,事情的进展有点缓慢,所以老板让我来参加这次会议。"

"我是柳俊,来自国内销售部。实际上,我是自愿报名参加这次活动的,我认为策划一个大型聚会会乐趣无穷。"

"我叫张泳,来自会计部。老板说必须要有一个人参加这个任务小组,我猜这次轮到我了。"

"嗨,我是王硕苹,我是采购部的唯一成员,从公司创建开始起就在这儿工作。我们经历了艰难的岁月,我认为花点时间庆祝我们所获得的成绩很重要。"

"嗨,我是王立天,来自国际销售部。我认为这是一个很好的想法,但是,我要告诉你们,我下个月的大部分时间都不在国内。"

"我是王金龙,来自工程部。很抱歉我来迟了,因为我的部门出了点麻烦。"

周立将缺席的两名成员的名字圈了起来,然后将花名册传下去,让大家看看电话号码和电子邮件地址是否正确。然后,她简要介绍了一下自己与王海鸥的谈话,并且告诉大家,王海鸥希望他们在10周内向高管层提交一份正式的陈述。她承认大家都很忙,而她的工作就是尽可能有效地管理此项目。与此同时,她重申了项目的重要性及此次活动的公共参与性:"如果我们上紧发条,大家都会知道的。"周立又陈述了基本的规则,并强调说,从现在开始,会议的召开要按时。如果有人因故缺席,她希望能够提前得到通知。她将项目的第一部分集中在5个主要问题上,即时间、地点、内容、人物及花费。回答一个有关成本的问题时,她告诉大家,高管层打算向此次活动投入90万元,这一消息引起了一阵骚动。柳俊挖苦说:"这是打算将聚会打入地狱。"

于是,周立将大家的注意力转到会议时间的确定上,经过15分钟,她终止了讨论,要求每位成员在下周五之前提交一份下个月的空闲时间表,这些信息和一套新的计划软件来确定最佳时间。在会议的最后,她对大家的到来表示感谢,并要求他们就这次庆祝活动的举办方式向周围的同事征求一下建议。她宣布,她将与每位成员单独会谈,以讨论他们在项目中所扮演的角色。会议在下午4:00结束。

作业

(1) 请参考表9-1,为本项目编制提交一份初步的人力资源管理计划。

(2) 请评价周立对第一次会议的管理情况。在哪些事上她应该采取其他的方式?

答:_____

_____

(3) 在完成项目时,她可能会遇到哪些障碍?

答:_____

_____

(4) 她能采取哪些措施来克服这些障碍?

答:_____

_____

(5) 在此次会议和下次会议之间,她应该做些什么?

答:_____

_____

表 9-1 人力资源管理计划

项目名称：_____   日期：_____

角色、职责和职权

角 色	职 责	职 权
1. 2. 3. 4. 5. 6.	1. 2. 对角色的简单描述、定义其职权、职责、资格和能力	1. 2. 3. 4. 5. 6.

项目组织结构

项目组织图可以用图形化的层级形结构或者大纲结构表示，是通用性表格，具有对项目和组织的唯一性。

这种图应该展现项目的组织结构、在组织中项目如何配合，以及各节点如何向组织的其他人汇报

工作人员管理计划

人员招募	人员遣散
描述人员如何被带入项目。描述内部招募的团队成员和外包的团队成员的所有区别，入职过程也需考虑在内	描述如何从团队中遣散团队成员，包括知识转移、对内部或外包的团队成员的鉴定

资源日历

展示所有不寻常的资源日历，例如团队成员被压缩的工作周、假期和导致不能全力投入的时间约束。
资源日历可以用资源柱状图的方式展示每天、每周或每月所需工作人员或工时数量

培训需求

描述所有为了掌握设备、技术或公司流程所需要的培训

认可与奖励

描述所有认可与奖励流程或限制

标准、规则和政策

描述所有必须遵守的规则、标准和政策，并说明应如何遵守

安全

描述所有的安全规则、设备、培训或流程

请用压缩软件对本作业完成的相关文件压缩打包,并将压缩文件命名如下。

<班级>_<姓名>_项目人力资源管理.rar

请将该压缩文件在要求的日期内,以电子邮件、QQ 文件传送或者实验指导老师指定的其他方式交付。

请记录上述实践作业能够顺利完成吗?

_____

4. 实验总结

_____

_____

_____

_____

5. 实验评价(教师)

_____

_____

第 10 章　项目沟通管理

研究发现,与项目成功有关的三个主要因素是用户参与、主管层的支持和需求的清晰表述。所有这些因素都依赖于拥有良好的沟通技能,特别是与非技术人员之间的沟通。

项目沟通管理包括通过开发工件,以及执行用于有效交换信息的各种活动,来确保项目及其相关方的信息需求得以满足的各个过程,如图 10-1 所示。项目沟通管理由两个部分组成:第一部分是制定策略,确保沟通对相关方行之有效;第二部分是执行必要活动,以落实沟通策略。

图 10-1　项目沟通管理概述

为确保及时且恰当地规划、收集、生成、发布、存储、检索、管理、控制、监督和最终处置所需的项目信息,项目经理的大多数时间都用在与团队成员和其他相关方的沟通上,无论这些成员或相关方是来自组织内部(位于组织的各个层级上)还是组织外部。有效的沟通在项目相关方之间架起桥梁,把具有不同文化和组织背景、不同技能水平、不同观点和利益的各类相关方联系起来。

10.1 项目沟通管理概述

沟通是指有意或无意的信息交换,用各种可能的方式来发送或接收信息,或者通过沟通活动(如会议和演讲),或者以工件的方式(如电子邮件、社交媒体、项目报告或项目文档)。交换的信息可以是想法、指示或情绪。

信息交换的方法包括以下内容。

- 书面形式:实物或电子文档。
- 口头形式:面对面或远程交互。
- 正式或非正式形式(如用正式纸质或社交媒体)。
- 手势动作:语调和面部表情。
- 媒体形式:图片、行动,甚至只是遣词造句。
- 遣词造句:表达一种想法的词语往往不止一个,且各词语的含义会存在细微差异。

10.1.1 项目沟通管理的核心概念

项目经理的大多数时间用于与团队成员和其他项目相关方沟通,包括来自组织内部(各个层级)和组织外部的人员。不同相关方可能有不同的文化和组织背景,以及不同的专业水平、观点和兴趣,而有效的沟通能够在他们之间架起一座桥梁。

沟通活动可按多种维度进行分类,包括以下各种形式。

- 内部:针对项目内部或组织内部的相关方。
- 外部:针对外部相关方,如客户、供应商、其他项目、组织、政府、公众和社会等。
- 正式:报告、正式会议(即定期及临时)、会议议程和记录、相关方简报和演示。
- 非正式:采用电子邮件、社交媒体、网站,以及非正式临时讨论的一般沟通活动。
- 层级沟通:相关方群体相对于项目团队的位置会以如下方式影响信息传递形式和内容。
  - 向上沟通,即针对高层相关方。
  - 向下沟通,即针对承担项目工作的团队和其他人员。
  - 横向沟通,即针对项目经理或团队的同级人员。
- 官方沟通:年报,呈交监管机构或政府部门的报告。
- 非官方沟通:采用灵活(往往为非正式)的手段,来建立和维护项目团队及其相关方对项目情况的了解和认可,并在他们之间建立强有力的关系。
- 书面与口头沟通:口头(如用词和音调变化)及非口头(如肢体语言和行为),社交媒体和网站,媒体发布。

沟通可以为成功完成项目与项目集建立必要的关系。用于开展沟通的活动和工件多种多样,从电子邮件和非正式对话,到正式会议和定期项目报告。通过言语、面部表情、手势动作和其他行动有意或无意地发送和接收信息。为了成功管理与相关方的项目关系,沟通既包括制订策略和计划,以便创建合适的沟通工件和开展合适的沟通活动,也包括运用相关技能来提升计划和即兴的沟通效果。

成功的沟通包括两个部分。第一部分是根据项目及其相关方的需求而制定适当的沟通策略。从该策略出发,制订沟通管理计划,来确保用各种形式和手段把恰当的信息传递给相关方。这些信息构成项目沟通,即成功沟通的第二部分。项目沟通是规划过程的产物,在沟通管理计划中有相关规定。沟通管理计划定义了信息的收集、生成、发布、储存、检索、管理、追踪和处置。最终,沟通策略和沟通管理计划将成为监督沟通效果的依据。

在项目沟通中,需要尽力预防理解错误和沟通错误,并从规划过程所规定的各种方法、发送方、接收方和信息中做出谨慎选择。

在编制传统的书面或口头信息时,应用沟通的 5C 原则,可以减轻但无法消除理解错误。

- 正确的语法和拼写。语法不当或拼写错误会分散注意力,还有可能扭曲信息含义,降低可信度。
- 简洁表述和无多余字。简洁且精心组织的信息能降低误解信息意图的可能性。
- 清晰的目的和表述(如适合读者的需要)。确保在信息中包含能满足受众需求与激发其兴趣的内容。
- 连贯的思维逻辑。写作思路连贯,以及在整个书面文件中使用诸如"引言"和"小结"的小标题。
- 受控的想法承接。可能需要使用图表或小结来控制想法的承接。

书面沟通的 5C 原则需要用下列沟通技巧来配合。

- 积极倾听。与说话人保持互动,并总结对话内容,以确保有效的信息交换。
- 理解文化和个人差异。提升团队的认知,以减少误解并提升沟通能力。
- 识别、设定并管理相关方期望。与相关方磋商,减少相关方社区中自相矛盾的期望。
- 强化技能。强化所有团队成员开展以下活动的技能。
  - 说服个人、团队或组织采取行动。
  - 激励和鼓励人们,或帮助人们重塑自信。
  - 指导人们改进绩效和取得期望结果。
  - 通过磋商达成共识以及减轻审批或决策延误。
  - 解决冲突,防止破坏性影响。

有效的沟通活动和工件创建具有如下基本属性。

- 沟通目的明确。
- 尽量了解沟通接收方,满足其需求及偏好。
- 监督并衡量沟通的效果。

10.1.2 发展趋势和新兴实践

在关注相关方,以及认可相关方的有效参与对项目及组织的价值的同时,也要认识到制定和落实适当的沟通策略,对维系与相关方的有效关系至关重要的。项目沟通管理的发展趋势和新兴实践包括以下内容。

（1）将相关方纳入项目评审范围。每个项目的相关方社区中都包括被项目团队确定为对成功达成项目目标和组织成果不可或缺的个人、群体和组织。有效的沟通策略要求定期且及时地评审相关方社区，以管理成员及其态度的变化。

（2）让相关方参加项目会议。邀请项目外部甚至组织外部的相关方参与。敏捷方法中的一些做法适用于任何类型的项目，例如，简短的每日站会，项目团队和主要相关方就前一天的成绩和问题以及当天的工作计划展开讨论。

（3）社交工具的使用日益增多。以硬件平台、社交媒体服务和个人便携设备为代表的社交工具已经改变组织及其人员的沟通和业务方式。在公共 IT 基础设施的支持下，社交工具将不同的协作方式融合在一起。网络社交是指用户建立关系网络，与他人共同拓展兴趣和活动。社交媒体工具不仅能支持信息交换，而且也有助于建立更深层次的信任和社群关系。

（4）多面性沟通方法。制定项目相关方沟通策略时，通常应考虑所有可用技术，并从中做出选择；同时也应尊重文化、实践和个人背景而产生的对沟通语言、媒介、内容和方式的偏好。可以根据需要采用社交媒体和其他先进的信息技术。多面性沟通方法能够提高与不同年代和文化背景的相关方沟通的效果。

10.1.3　裁剪时考虑的因素

因为每个项目都是独特的，所以项目团队需要裁剪项目沟通管理过程。裁剪时应考虑的因素包括以下几方面内容。

（1）相关方：属于组织内部或外部，或者二者都是？

（2）物理地点：团队成员身处何地？是否集中办公？是否位于相同地理区域？是否分散于多个时区？

（3）沟通技术：哪项技术可用于创建、记录、传输、检索、追踪和存储沟通工件？哪些技术最适用于与相关方沟通且成本效益最高？

（4）语言：是沟通活动中要考虑的主要因素。使用一种语言还是多种语言？是否已为适应多语种团队的复杂情况安排了资金？

（5）知识管理：组织是否有正式的知识管理库？是否采用管理库？

在模糊不定的项目环境中，必然需要对不断演变和出现的细节情况进行更频繁和快速的沟通。因此，尽量简化团队成员获取信息的通道，频繁进行团队检查，并让团队成员集中办公。

此外，为了促进与高级管理层和相关方的沟通，还需要以透明的方式发布项目工件，并定期邀请相关方评审项目工件。

10.2　规划沟通管理

规划沟通管理是基于每个相关方或相关方群体的信息需求、可用的组织资产，以及具体项目的需求，为项目沟通活动制订恰当的方法和计划的过程，如图 10-2 所示。本过程的主要作用是,为及时向相关方提供相关信息,引导相关方有效参与项目而编制书面沟通计划。本过程应根据需要在整个项目期间定期开展。

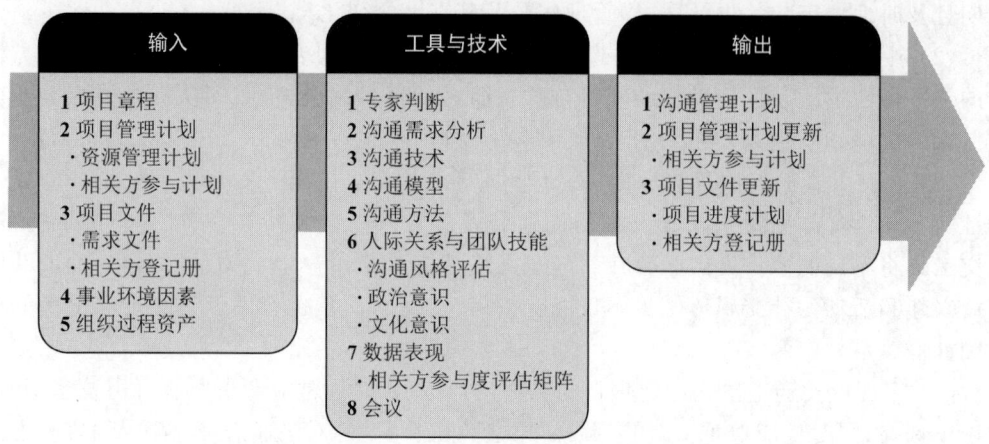

图 10-2　规划沟通管理:输入、工具与技术和输出

在项目生命周期的早期针对项目相关方多样性的信息需求,制订有效的沟通管理计划。应该定期审核沟通管理计划并进行必要的修改,例如,在相关方社区发生变化或新阶段开始时。在大多数项目中,都需要很早就开展沟通规划工作,例如在识别相关方及制订项目管理计划期间。

虽然所有项目都需要进行信息沟通,但是各项目的信息需求和信息发布方式可能差别很大。此外,在本过程中,需要考虑并合理记录用来存储、检索和最终处置项目信息的方法。应该在整个项目期间,定期审查规划沟通管理过程的成果并做必要修改,以确保其持续适用。

10.2.1　过程输入

本过程的输入主要包括以下内容。

1. 项目章程

项目章程列出主要相关方清单,其中可能还包含与相关方角色及职责有关的信息。

2. 项目管理计划

- 资源管理计划:指导如何对项目资源进行分类、分配、管理和释放。团队成员和小组的沟通要求应该在沟通管理计划中列出。
- 相关方参与计划:有效吸引相关方参与所需的管理策略通常通过沟通来落实。

3. 项目文件

- 需求文件:包含项目相关方对沟通的需求。

- 相关方登记册：用于规划与相关方的沟通活动。

此过程的输入还包括事业环境因素和组织过程资产（见本书第 2 章）。

10.2.2　过程工具与技术

本过程的工具与技术主要包括以下内容。

1. 专家判断

应征求具备以下专业知识或接受过相关培训的个人或小组的意见。
- 组织内的政治和权力结构。
- 组织及其他客户组织的环境和文化。
- 组织变革管理方法和实践。
- 项目可交付成果所属的行业或类型。
- 组织沟通技术。
- 关于遵守与企业沟通有关的法律要求的组织政策与程序。
- 与安全有关的组织政策与程序。
- 相关方，包括客户或发起人。

2. 沟通需求分析

分析沟通需求，确定项目相关方的信息需求，包括所需信息的类型和格式，以及信息对相关方的价值。

常用于识别和确定项目沟通需求的信息包括以下内容。
- 相关方登记册及相关方参与计划中的相关信息和沟通需求。
- 潜在沟通渠道或途径数量，包括一对一、一对多和多对多沟通。
- 组织结构图。
- 项目组织与相关方的职责、关系及相互依赖。
- 开发方法。
- 项目所涉及的学科、部门和专业。
- 有多少人在什么地点参与项目。
- 内部信息需要（如何时在组织内部沟通）。
- 外部信息需要（如何时与媒体、公众或承包商沟通）。
- 法律要求。

3. 沟通技术

沟通技术用于在项目相关方之间信息交换和协作。传递信息的方法很多，常见方法包括对话、会议、书面文件、数据库、社交媒体和网站。

可能影响沟通技术选择的因素包括以下几种情况。

（1）信息需求的紧迫性：信息传递的紧迫性、频率和形式可能因项目和阶段而异。

（2）技术的可用性与可靠性：用于发布项目沟通工件的技术，应该在整个项目期间都具备兼容性和可得性，且对所有相关方都可用。

（3）易用性：应适合项目参与者，应在合适的时候安排适当的培训活动。

（4）项目环境：是面对面还是在虚拟环境中开展，成员处于一个还是多个时区，他们是否使用多语种沟通，是否还有影响沟通效率的其他环境因素（如与文化有关的各个方面）？

（5）信息的敏感性和保密性：需要考虑以下方面。

① 拟传递的信息是否属于敏感或机密信息？如果是，则需要采取合理的安全措施。

② 为员工制定社交媒体政策，以确保行为适当、信息安全和知识产权保护。

4. 沟通模型

沟通模型可以是最基本的线性（发送方和接收方）沟通过程，也可以是增加了反馈元素（发送方、接收方和反馈）、更具互动性的沟通形式，甚至可以是融合发送方或接收方的人性因素、试图考虑沟通复杂性的更加复杂的沟通模型。

- 基本的发送方和接收方沟通模型示例。此模型将沟通描述为一个过程，并由发送方和接收方两方参与；其关注的是确保信息送达，而非信息理解。

基本沟通模型中的步骤顺序如下。

① 编码。把信息编码为各种符号，如文本、声音或其他可供传递（发送）的形式。

② 传递信息。通过沟通渠道发送信息。信息传递可能受各种物理因素的不利影响，如不熟悉的技术或不完备的基础设施，可能存在噪声和其他因素。

③ 解码。接收方将收到的数据还原为对自己有用的形式。

- 互动沟通模型示例。此模型将沟通描述为由发送方与接收方参与的沟通过程，但它还强调确保信息理解的必要性。此模型包括任何可能干扰或阻碍信息理解的噪声，如接收方注意力分散、接收方的认知差异，或缺少适当的知识或兴趣。

互动沟通模型中的新增步骤如下。

① 确认已收到。收到信息时接收方需确认。但这并不一定意味着同意或理解信息内容。

② 反馈/响应。对收到的信息进行解码并理解之后，接收方把还原出来的思想或观点编码成信息，再传递给最初的发送方。如果发送方认为反馈与原来的信息相符，代表沟通已成功完成。在沟通中，可以通过积极倾听实现反馈。

5. 沟通方法

项目相关方之间用于分享信息的沟通方法有几种。这些方法可以大致分以下几种。

- 互动沟通。在两方或多方之间进行实时多向信息交换。它使用诸如会议、电话、即时信息、社交媒体和视频会议等沟通工件。

- 推式沟通。向需要接收信息的特定接收方发布信息。这种方法可以确保信息发送，但不能确保送达目标受众或被目标受众理解。在推式沟通中，工件包括信件、备忘录、报告、电子邮件、传真、语音邮件、博客、新闻稿。

- 拉式沟通。适用于大量复杂信息或大量信息受众的情况。要求接收方在遵守有关安全规定的前提之下自行访问相关内容。这种方法包括门户网站、企业内网、电子在线课程、经验教训数据库或知识库。

应该采用不同方法来实现沟通管理计划所规定的主要沟通需求,包括人际沟通、小组沟通、公众沟通、大众传播以及网络和社交工具沟通。

可用的沟通工件和方法包括以下形式。

- 公告板。
- 新闻通信、内部杂志、电子杂志。
- 致员工或志愿者的信件。
- 新闻稿。
- 年度报告。
- 电子邮件和内部局域网。
- 门户网站和其他信息库(适用于拉式沟通)。
- 电话交流。
- 演示。
- 团队简述或小组会议。
- 焦点小组。
- 相关方之间的正式或非正式的面对面会议。
- 咨询小组或员工论坛。
- 社交工具和媒体。

6. 人际关系与团队技能

7. 数据表现

数据表现包括相关方参与度评估矩阵,显示个体相关方当前和期望参与度之间的差距。可进一步分析该评估矩阵,以便为填补参与度差距而识别额外的沟通需求。

8. 会议

可包括虚拟(网络)或面对面会议,且可用文档协同技术进行辅助,包括电子邮件信息和项目网站。在规划沟通管理过程中,需要与项目团队展开讨论,确定最合适的项目信息更新和传递方式,以及回应各相关方的信息请求的方式。

10.2.3 过程输出

本过程的输出主要包括以下内容。

1. 沟通管理计划

沟通管理计划(见表 10-1)是项目管理计划的组成部分,描述将如何规划、结构化、执行与监督项目沟通,以提高沟通的有效性。该计划包括如下信息。

表 10-1　沟通管理计划

项目名称：　　　　　　　　　　　　　　　　　　准备日期：

相关方	信息	方法	时间和频率	发送方
列出将要接收信息的人或组	描述要沟通的信息，如状态报告，项目更新，会议纪要等	描述信息如何被发布，如通过E-mail，会议，网络会议等	列举多久提供一次信息或在何种情形下提供信息	提供信息的人或组

假设条件

列出制约因素和假设条件。制约因素可以包括对专利、敏感信息或保密信息以及相关发布限制的描述

制约因素

术语或缩略语表

列出项目所具有的或被特别使用的独特的术语或缩写

注：请附上相关的沟通图或流程图。

- 相关方的沟通需求。
- 需沟通的信息,包括语言、形式、内容和详细程度。
- 上报步骤。
- 发布信息的原因。
- 发布所需信息、确认已收到,或做出回应的时限和频率。
- 负责沟通相关信息的人员。
- 负责授权保密信息发布的人员。
- 接收信息的人员或群体,包括他们的需要、需求和期望。
- 用于传递信息的方法或技术,如备忘录、电子邮件、新闻稿,或社交媒体。
- 为沟通活动分配的资源,包括时间和预算。
- 随着项目进展,如项目不同阶段相关方社区的变化,而更新与优化沟通方法。
- 通用术语表。
- 项目信息流向图、工作流程(可能包含审批程序)、报告清单和会议计划等。
- 来自法律法规、技术、组织政策等的制约因素。

沟通管理计划中还包括关于项目状态会议、项目团队会议、网络会议和电子邮件等的指南和模板。如果项目要使用项目网站和项目管理软件,那就要把这些写进沟通管理计划。

2. 项目管理计划更新

项目管理计划的任何变更都以变更请求的形式提出,且通过组织的变更控制过程进行处理。可能需要变更的项目管理计划组件包括相关方参与计划。需要更新相关方参与计划,反映会影响相关方参与项目决策和执行的任何过程、程序、工具或技术。

3. 项目文件更新

- 项目进度计划:可能需要更新项目进度计划,以反映沟通活动。
- 相关方登记册:可能需要更新相关方登记册,以反映计划好的沟通。

10.3　管理沟通

管理沟通是确保项目信息及时且恰当地收集、生成、发布、存储、检索、管理、监督和最终处置的过程,如图 10-3 所示。本过程的主要作用是,促成项目团队与相关方之间的有效信息流动。本过程需要在整个项目期间开展。

管理沟通过程会涉及与开展有效沟通有关的所有方面,包括使用适当的技术、方法和技巧。此外,它还应允许沟通活动具有灵活性,允许对方法和技术进行调整,以满足相关方及项目不断变化的需求。

本过程不局限于发布相关信息,它还设法确保信息以适当的格式正确生成和送达目标受众。本过程也为相关方提供机会,允许他们请求更多信息、澄清和讨论。有效的沟通管理需要借助相关技术并考虑相关事宜,包括以下内容。

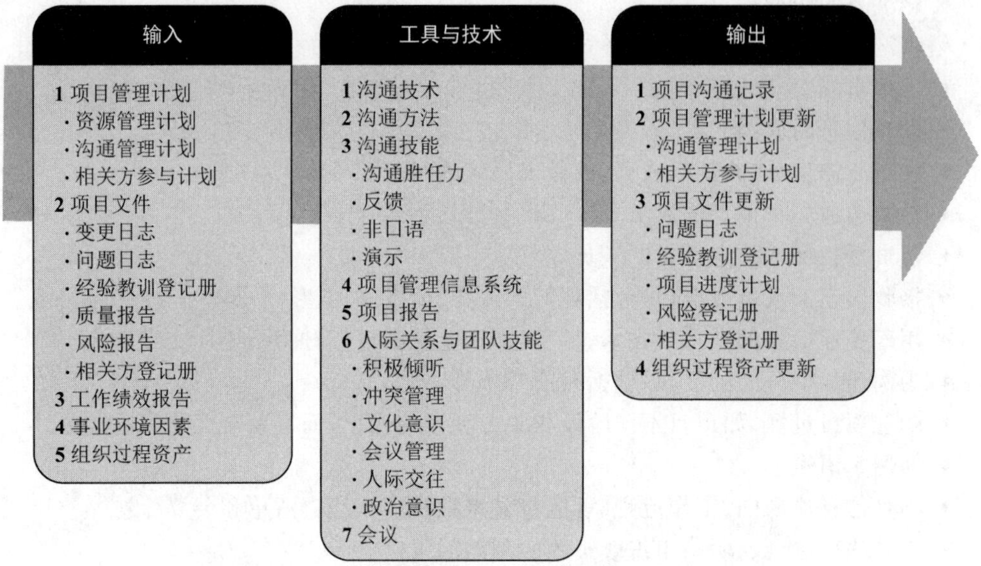

输入	工具与技术	输出
1 项目管理计划 ·资源管理计划 ·沟通管理计划 ·相关方参与计划 **2** 项目文件 ·变更日志 ·问题日志 ·经验教训登记册 ·质量报告 ·风险报告 ·相关方登记册 **3** 工作绩效报告 **4** 事业环境因素 **5** 组织过程资产	**1** 沟通技术 **2** 沟通方法 **3** 沟通技能 ·沟通胜任力 ·反馈 ·非口语 ·演示 **4** 项目管理信息系统 **5** 项目报告 **6** 人际关系与团队技能 ·积极倾听 ·冲突管理 ·文化意识 ·会议管理 ·人际交往 ·政治意识 **7** 会议	**1** 项目沟通记录 **2** 项目管理计划更新 ·沟通管理计划 ·相关方参与计划 **3** 项目文件更新 ·问题日志 ·经验教训登记册 ·项目进度计划 ·风险登记册 ·相关方登记册 **4** 组织过程资产更新

图 10-3　管理沟通：输入、工具与技术和输出

- 发送方—接收方模型。运用反馈循环，为互动和参与提供机会，并清除妨碍有效沟通的障碍。
- 媒介选择。为满足特定的项目需求而使用合理的沟通工件，例如，何时进行书面沟通或口头沟通、何时准备非正式备忘录或正式报告、何时使用推式或拉式沟通，以及该选择何种沟通技术。
- 写作风格。合理使用主动或被动语态，以及合理选择词汇。
- 会议管理。准备议程，邀请重要参会者并确保他们出席；处理会议现场发生的冲突，或因对会议纪要和后续行动跟进不力而导致的冲突，或因不当人员与会而导致的冲突。
- 演示。了解肢体语言和视觉辅助设计的作用。
- 引导。
- 积极倾听。包括告知已收到、澄清与确认信息、理解，以及消除沟通的障碍。

10.3.1　过程输入

本过程的输入主要包括以下内容。

1. 项目管理计划

- 资源管理计划：描述为管理团队或物质资源所需开展的沟通。
- 沟通管理计划：描述将如何对项目沟通进行规划、结构化和监控。
- 相关方参与计划：描述如何用适当的沟通策略引导相关方参与项目。

2. 项目文件

- 变更日志：用于向受影响的相关方传达变更，以及变更请求的批准、推迟和否决情况。
- 问题日志：将与问题有关的信息传达给受影响的相关方。
- 经验教训登记册：项目早期获取的与管理沟通有关的经验教训，可用于项目后期阶段改进沟通过程，提高沟通效率与效果。
- 质量报告：包括与质量问题、项目和产品改进，以及过程改进相关的信息。这些信息应交给能够采取纠正措施的人员，以便达成项目的质量期望。
- 风险报告：提供关于整体项目风险的来源的信息，以及关于已识别的单个项目风险的概述信息。这些信息应传达给风险责任人及其他受影响的相关方。
- 相关方登记册：确定需要各类信息的人员、群体或组织。

3. 工作绩效报告

工作绩效报告会通过本过程传递给项目相关方。工作绩效报告的典型示例包括状态报告和进展报告。其可以包含挣值图表和信息、趋势线和预测、储备燃尽图、缺陷直方图、合同绩效信息以及风险概述信息。可以表现为有助于引起关注、制定决策和采取行动的仪表指示图、热点报告、信号灯图或其他形式。

此过程的输入还包括事业环境因素和组织过程资产（见本书第2章）。

10.3.2 过程工具与技术

本过程的工具与技术主要包括以下内容。

1. 沟通技术

影响沟通技术选用的因素包括团队是否集中办公、需要分享的信息是否需要保密、团队成员的可用资源，以及组织文化如何影响会议和讨论的正常开展。

2. 沟通方法

沟通方法应具有灵活性，以应对相关方社区的成员变化，或成员的需求和期望变化。

3. 沟通技能

- 沟通胜任力：经过裁剪的沟通技能的组合，有助于明确关键信息的目的、建立有效关系、实现信息共享和采取领导行为。
- 反馈：是关于沟通、可交付成果或情况的反应信息。支持项目经理和团队及所有其他项目相关方之间的互动沟通。例如，指导、辅导和磋商。
- 非口语：例如，通过示意、语调、眼神和面部表情等肢体语言来表达意思。团队成员应该知道如何通过说什么和不说什么来表达自己的想法。

- 演示：是信息或文档的正式交付。向项目相关方明确有效地演示项目信息。
  - ◆ 向相关方报告项目进度和信息更新。
  - ◆ 提供背景信息以支持决策制定。
  - ◆ 提供关于项目及其目标的通用信息，以提升项目工作和项目团队的形象。
  - ◆ 提供具体信息，以提升对项目工作和目标的理解和支持力度。

为获得演示成功，应该从内容和形式上考虑以下因素。

① 受众及其期望和需求。

② 项目和项目团队的需求及目标。

4. 项目管理信息系统（PMIS）

PMIS 能够确保相关方及时便利地获取所需信息。用来管理和分发项目信息的工具很多，包括以下内容。

- 电子项目管理工具。项目管理软件、会议和虚拟办公支持软件、网络界面、专门的项目门户网站和状态仪表盘，以及协同工作管理工具。
- 电子沟通管理。电子邮件、传真和语音邮件，音频、视频和网络会议，以及网站和网络发布。
- 社交媒体管理。网站和网络发布，以及为促进相关方参与和形成在线社区而建立博客和应用程序。

5. 项目报告发布

项目报告发布是收集和发布项目信息的行为。项目信息应发布给众多相关方群体，应针对每种相关方来调整项目信息发布的适当层次、形式和细节。从简单的沟通到详尽的定制报告和演示，报告的形式各不相同。可以定期准备信息或基于例外情况准备。虽然工作绩效报告是监控项目工作过程的输出，但本过程会编制临时报告、项目演示、博客，以及其他类型的信息。

6. 人际关系与团队技能

7. 会议

可以召开会议，支持沟通策略和沟通计划所定义的行动。

10.3.3　过程输出

本过程的输出主要包括以下内容。

1. 项目沟通记录

项目沟通记录包括绩效报告、可交付成果的状态、进度进展、产生的成本、演示，以及相关方需要的其他信息。

2. 项目管理计划更新

项目管理计划的任何变更都以变更请求的形式提出,且通过组织的变更控制过程进行处理。

- 沟通管理计划:如果本过程导致项目沟通方法发生变更,就要反映这种变更。
- 相关方参与计划:本过程将导致相关方的沟通需求以及商定的沟通策略需要更新。

3. 项目文件更新

- 问题日志:更新以反映项目的沟通问题,或如何通过沟通来解决实际问题。
- 经验教训登记册:更新以记录在项目中遇到的挑战、本可采取的规避方法,以及适用和不适用于管理沟通的方法。
- 项目进度计划:更新以反映沟通活动的状态。
- 风险登记册:更新以记录与管理沟通相关的风险。
- 相关方登记册:更新以记录关于项目相关方沟通活动的信息。

4. 组织过程资产更新

- 项目记录,例如,往来函件、备忘录、会议记录及项目中使用的其他文档。
- 计划内的和临时的项目报告和演示。

10.4 监督沟通

监督沟通是确保满足项目及其相关方信息需求的过程,如图 10-4 所示。本过程主要作用是,按沟通管理计划和相关方参与计划的要求优化信息传递流程。本过程需要在整个项目期间开展。

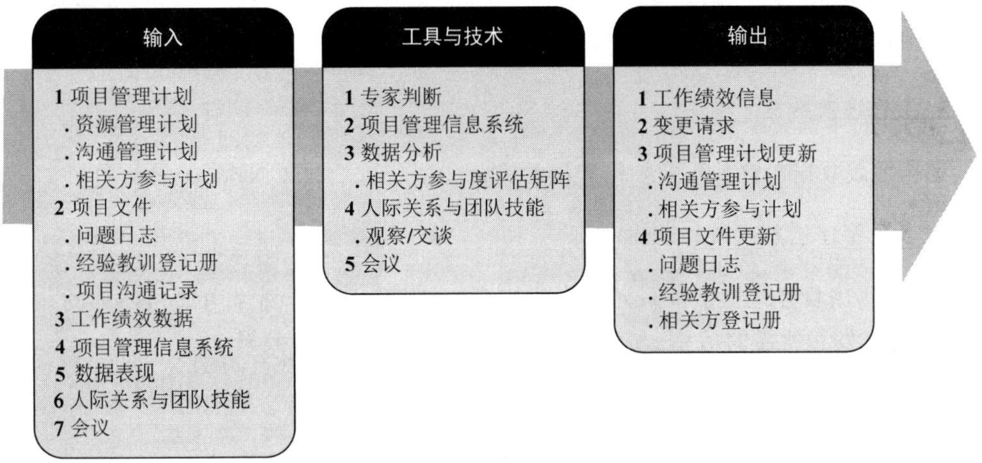

输入	工具与技术	输出
1 项目管理计划 .资源管理计划 .沟通管理计划 .相关方参与计划 2 项目文件 .问题日志 .经验教训登记册 .项目沟通记录 3 工作绩效数据 4 项目管理信息系统 5 数据表现 6 人际关系与团队技能 7 会议	1 专家判断 2 项目管理信息系统 3 数据分析 .相关方参与度评估矩阵 4 人际关系与团队技能 .观察/交谈 5 会议	1 工作绩效信息 2 变更请求 3 项目管理计划更新 .沟通管理计划 .相关方参与计划 4 项目文件更新 .问题日志 .经验教训登记册 .相关方登记册

图 10-4 监督沟通:输入、工具与技术和输出

通过监督沟通过程来确定规划的沟通工件和沟通活动是否如预期提高或保持了相关方对项目可交付成果与预计结果的支持力度。项目沟通的影响和结果应该接受认真的评估和监督,以确保在正确的时间,通过正确的渠道,将正确的内容(即发送方和接收方对其理解一致)传递给正确的受众。监督沟通可能需要采取各种方法,例如,开展客户满意度调查、整理经验教训、开展团队观察、审查问题日志中的数据,或评估相关方参与度评估矩阵中的变更。

监督沟通过程可能触发规划沟通管理和管理沟通过程的迭代,以便修改沟通计划并开展额外的沟通活动,来提升沟通的效果,这种迭代体现了项目沟通管理各过程的持续性。问题、关键绩效指标、风险或冲突,都可能立即触发重新开展这些过程。

10.4.1　过程输入

本过程的输入主要包括以下内容。

1. 项目管理计划

- 资源管理计划:通过描述角色和职责,以及项目组织结构图,可用于理解实际的项目组织及其任何变更。
- 沟通管理计划:是关于及时收集、生成和发布信息的现行计划,它确定了沟通过程中的团队成员、相关方和有关工作。
- 相关方参与计划:确定了计划用以引导相关方参与的沟通策略。

2. 项目文件

- 问题日志:提供项目的历史信息、相关方参与问题的记录,以及它们如何得以解决。
- 经验教训登记册:在项目早期获取的经验教训可用于项目后期阶段,以改进沟通效果。
- 项目沟通记录:提供关于已开展的沟通的信息。

3. 工作绩效数据

工作绩效数据包含关于实际已开展的沟通类型和数量的数据。

4. 项目管理信息系统(PMIS)

PMIS为项目经理提供一系列标准化工具,以根据沟通计划为内部和外部的相关方收集、储存与发布所需的信息。应监控信息以评估其有效性和效果。

5. 数据表现

数据表现形式包括相关方参与度评估矩阵。它可以提供与沟通活动效果有关的信息。应该检查相关方的期望与当前参与度的变化情况,并对沟通进行必要调整。

6. 人际关系与团队技能

人际关系与团队技能包括观察和交谈。与项目团队展开讨论和对话,有助于确定最合适的方法,用于更新和沟通项目绩效,以及回应相关方的信息请求。通过观察和交谈,项目经理能够发现团队内的问题、人员间的冲突或个人绩效问题。

7. 会议

面对面或虚拟会议适用于制定决策,回应相关方请求,与提供方、供应方及其他项目相关方讨论。

10.4.2　过程工具与技术

本过程的工具与技术主要包括以下内容。

1. 专家判断

应征求具备以下专业知识或接受过相关培训的个人或小组的意见。
- 与公众、社区和媒体的沟通,在国际环境中的沟通,以及虚拟小组之间的沟通。
- 沟通和项目管理系统。

2. 项目管理信息系统(PMIS)

PMIS 提供一系列标准化工具,以根据沟通计划为内部和外部的相关方收集、储存与发布所需的信息。应监控该系统中的信息以评估其有效性和效果。

3. 数据分析

数据分析包括相关方参与度评估矩阵。它可以提供与沟通活动效果有关的信息。应该检查相关方的期望与当前参与度的变化情况,并对沟通进行必要调整。

4. 人际关系与团队技能

5. 会议

面对面或虚拟会议适用于制定决策,回应相关方请求,与提供方、供应方及其他项目相关方讨论。

10.4.3　过程输出

本过程的输出主要包括以下内容。

1. 工作绩效信息

工作绩效信息包括与计划相比较的沟通的实际开展情况,它也包括对沟通的反馈,例如关于沟通效果的调查结果。

2. 变更请求

监督沟通过程往往会导致需要对沟通管理计划所定义的沟通活动进行调整、采取行动和进行干预。变更请求需要通过实施整体变更控制过程进行处理。

此类变更请求可能导致以下两种结果。

- 修正相关方的沟通要求，包括相关方对信息发布、内容或形式，以及发布方式的要求。
- 建立消除瓶颈的新程序。

3. 项目管理计划更新

项目管理计划的任何变更都以变更请求的形式提出，且通过组织的变更控制过程进行处理。

- 沟通管理计划：需要更新以记录能够让沟通更有效的新信息。
- 相关方参与计划：需要更新以反映相关方的实际情况、沟通需求和重要性。

4. 项目文件更新

- 问题日志：更新问题以记录出现的问题及其处理进展和解决办法相关的新信息。
- 经验教训登记册：更新以记录问题的原因、所选纠正措施的理由，以及其他与沟通有关的经验教训。
- 相关方登记册：更新以加入修订的相关方沟通要求。

习题

1. 项目沟通管理不涉及以下（　　）。

　　A. 监控过程组　　　B. 规划过程组　　　C. 执行过程组　　　D. 收尾过程组

2. 某项目将近结束时，由于没有考虑一些相关方的信息需求，相关方了解到该项目可能损害他们的利益，进而采取了一系列措施，阻碍了项目的顺利进行。这种情况的出现是管理的（　　）过程出现了问题。

　　A. 规划沟通管理　　　　　　　　B. 沟通管理

　　C. 控制沟通　　　　　　　　　　D. 报告绩效

3. 项目经理应该具备的最重要的技能是（　　）。

　　A. 谈判　　　　　B. 影响　　　　　C. 沟通　　　　　D. 解决问题

4. 下列有关有效的沟通的说法不正确的是（　　）。

　　A. 用正确的形式、在正确的时间把信息提供给正确的受众

　　B. 沟通使信息产生正确的影响

　　C. 只提供所需要的信息

　　D. 沟通管理计划中有记录、有效果地进行沟通的方法

5. 某项目一个关键相关方要求项目经理发布整个项目生命周期中所做的测试总量的报告,然而测试只是质量控制计划的一个小的方面。项目经理要( )才能恰到好处。

    A. 发布报告,因为这是个主要相关方,他的需求早该包含在人员管理计划中

    B. 不发布报告,项目资源应该花费在沟通有利于项目成功的信息上

    C. 寻求该相关方要求的报告中的详细信息,向负责项目质量控制职能的主管人员提供这些信息

    D. 安排该相关方与项目出资人会面,征得出资人同意将项目资金花在该项工作上

6. 以下( )不是影响项目沟通技术的因素。

    A. 对信息需求的紧迫性   B. 项目组织结构图

    C. 项目环境   D. 信息的敏感性

7. 确保所有参与者对某一话题达成共识的最有效的方法是( )。

    A. 交互式沟通   B. 推式沟通   C. 拉式沟通   D. 正式沟通

8. 当发送或接收信息时,沟通障碍可能会影响沟通效果。下面( )不属于沟通障碍。

    A. 偏见   B. 态度和情绪

    C. 人身攻击与兴趣   D. 反馈

9. 项目经理口头向团队成员 A 描述了一个特殊测试的说明,但没有经过他的确认。后来,项目经理发现这个测试并没有按照他的要求执行。出现这样的错误的原因最可能是( )。

    A. 编码不正确   B. 解码错误

    C. 信息的形式不恰当   D. 缺乏反馈

10. 下述( )方法,能确保信息发布,但不能确保信息到达目标受众。

    A. 交互式沟通   B. 推式沟通   C. 拉式沟通   D. 面对面沟通

11. 面对面会议是与相关方讨论、解决问题的有效方法,属于( )方法。

    A. 推式沟通   B. 拉式沟通   C. 交互式沟通   D. 水平沟通

12. 下述( )是规划沟通管理过程的工具。

    A. 沟通管理计划   B. 相关方分析

    C. 沟通需求分析   D. 相关方登记册

13. 沟通管理计划是( )的输出。

    A. 规划沟通管理   B. 识别相关方

    C. 管理沟通   D. 管理相关方

14. 你管理一个面向 20 岁以下市场的营养饮料的开发项目,最近听说客户把你的进展报告称为"天书",难以理解。这种情况可以通过( )来避免。

    A. 在项目开始的时候告诉客户他们将收到的报告类型

    B. 使用风险管理技巧来识别客户报告

    C. 雇佣专家撰写标准报告

    D. 制订一个沟通计划

15. 项目 A 的团队成员主要来自 3 个国家,假设你刚被任命为这个项目的项目经理,

（   ）才能尽快找到有效果和有效率的沟通的方法。

    A. 尽快识别出所有项目相关方   B. 查看沟通管理计划

    C. 查看绩效报告   D. 对相关方期望进行管理

16. 用来发布项目绩效和状态信息的是（   ）。

    A. 沟通管理计划   B. 工作绩效报告

    C. 项目绩效信息   D. 工作绩效

17. 下列（   ）是管理沟通的工具与技术。

    A. 偏差分析   B. 预测方法

    C. 信息发布工具   D. 沟通需求分析

18. 项目经理在项目执行过程中，最好使用（   ）工具与技术向相关方发布项目的信息。

    A. 偏差分析   B. 报告绩效   C. 相关方分析   D. 沟通需求分析

19. 项目经理通常使用（   ）技术来发布绩效报告。

    A. 交互式沟通   B. 推式沟通

    C. 拉式沟通   D. 非正式口头沟通

20. 管理沟通过程输出的内容不包括（   ）。

    A. 函件、备忘录、描述该项目的文档

    B. 正式或非正式地提供给任何或所有项目相关方的信息

    C. 由卖方准备的、描述卖方能够并愿意提供所要求产品的文档

    D. 项目的最终产品

实验与思考：Ajax 项目的沟通管理计划

1. 实验目的

本节"实验与思考"的目的如下。

（1）理解和熟悉项目沟通管理的基本概念。

（2）阅读并熟悉案例"Ajax 项目"，尝试为本项目编制沟通管理计划。

（3）分析本项目中人力资源管理和沟通管理可能存在的问题，并提出应对措施。

2. 工具/准备工作

在开始本实验之前，请回顾教科书的相关内容。

需要准备一台能够访问因特网的计算机。

3. 实验内容与步骤

案例：Ajax 项目

夕阳落向海平面时，特朗正带着他的爱犬宅宅散步。他很享受这样一段平和与宁静的过程。可是，他还要回顾 Ajax 项目的进展，并琢磨下一步要怎么走。

Ajax 是 CEBEX 起的代号,指代一个美国国防部发起的高科技安保系统项目。特朗是这个项目的项目经理,他的核心团队由 30 个全职的软硬件工程师组成。

特朗 18 岁加入美国空军,用奖学金进入华盛顿州立大学深造。在获得机械与电气工程双学位后,他进入 CEBEX 公司。10 年来,特朗参与了许多项目,此后他决心进入管理层。他去华盛顿大学上夜校,获得了 MBA 学位。

特朗成了项目经理,他也觉得自己能够胜任。他喜欢和别人一起工作,一起做正确的事。这是他的第 5 个项目,到目前为止,他的成绩还不错,他负责的项目中有一半是提前完成的。特朗很自豪,因为他现在已经有能力送他最大的孩子去斯坦福大学上学。

Ajax 是 CEBEX 与国防部合作的众多项目中的一个。CEBEX 是一个年收入超过 300 亿美元、在全球范围内拥有超过 12 万职员的大型国防事业单位。CEBEX 的主要商业领域有 5 个,即航空、电子系统、信息技术服务、集成系统与解决方案以及空间系统。Ajax 是由集成系统与解决方案部门发起的新项目中的一个,定位于国土安全事业。CEBEX 相信,通过综合其技术专长与政治联系,一定可以在这个不断发展的市场占据重要位置。Ajax 就是定位于在重要的政府部门设计、开发和建设一个安全系统的多个项目中的一个。

接手 Ajax 项目时,特朗就有两点特别担心。第一点是项目内在的技术风险。理论上说,设计原则是可行的,且项目使用的是已被证明的技术。但是这个技术还没有应用在这个领域的先例。从过去的经验来看,特朗明白实验室得到的结论与现实世界存在巨大差异。他也清楚,综合听觉、视觉、触觉和激光子系统将考验其团队的耐性与创造力。

第二个担心来源于他的团队。团队内硬件工程师与电气工程师严重分裂。这些工程师不仅有不同的工作技巧和看问题的不同角度,而且存在明显的代沟。硬件工程师们以前大多是忠于家庭的军人,他们穿着保守,信念坚定。电气工程师们则混杂得多。他们大多年轻、单身,有时特别自信。当硬件工程师谈论教育孩子或者去棕榈沙漠打高尔夫时,电气工程师却在谈论耐克 Vapor 运动鞋、峡谷圆形剧场的最新音乐会。

更糟糕的是,CEBEX 内部的这两个小团体间的紧张气氛随着薪水问题的出现进一步恶化。电气工程师的薪水较高,硬件工程师觉得很难接受这样的工资待遇,因为电气工程师的工资与他们的工资差不多,而他们已经为 CEBEX 工作了 20 年。同时为激励团队,工资还要与项目的绩效挂钩。这些都取决于实现项目里程碑和最终完成日期的目标。

在正式开展项目工作之前,特朗在半岛旅馆安排了 2 天的团队建设活动,邀请整个团队成员和政府建设部门的重要官员参加。他利用这个机会宣布了项目的主要目标,介绍了项目的基本计划安排,并通过一次内部咨询确定了多项有助于缓解代沟的团队建设活动。特朗逐渐感受到团队内部的友谊。

团队建设活动产生的好感被带入项目工作。整个团队接受项目任务并面临的技术挑战。硬件和电气工程师们一起工作,解决难题并建立子系统。

项目计划的建立主要基于 5 个测试,每次测试都需要对整个系统表现进行严格审查。每通过一次测试表示项目进展中的一个重要里程碑。比计划提前一个星期进行第一次 Alpha 测试使得团队非常兴奋,不过仍然存在一些小的技术故障,用 2 个星期才解决,这一点让团队稍微失望。接下来团队更加努力工作以弥补进度。看到团队成员一起努力工作,特朗非常自豪。

第二次 Alpha 测试按计划进行,但这次系统表现依然达不到要求。这次的故障排查用了 3 个星期才得到继续到下一阶段的许可。这次,团队的意志面临考验,情绪容易波动。由于项目进度落后计划进度太多,获得奖金的希望消失,失望的阴影笼罩着整个团队。这种情绪被尖刻的人进一步放大,他们认为计划表本身就是不公平的,设定的截止日期根本无法达到。

作为回应,特朗开始每天举行一次项目状态报告会议,会上让团队成员回顾上一天完成的任务,并设定当天新的目标。他相信这些会议能增强团队工作的积极性并强化团队身份。他也改变工作风格,花更多时间和团队一起,帮助他们解决问题,提供激励,并在适当的时候真诚地拍拍后背。

进行第三次 Alpha 测试时,他保持审慎乐观的态度。当合上开关而什么问题也没发生时,已经到了这一天的晚上。几分钟后整个团队都收到消息。走廊尽头都能听到尖叫声。

当宅宅去追逐野兔时,特朗开始思考下一步的计划。

作业

(1) 请参考表 10-1,为本项目编制提交一份初步的沟通管理计划。

(2) 你认为作为项目经理,特朗是否能有效带领团队?为什么?

答: _____

_____

_____

(3) 特朗遇到了哪些问题?

答: _____

_____

_____

(4) 如果是你,你会如何做?为什么?

答: _____

_____

_____

请用 WinRAR 等压缩软件对本作业完成的相关文件压缩打包,并将压缩文件命名如下。

<班级>_<姓名>_项目沟通管理.rar

请将压缩文件在要求的日期内,以电子邮件、QQ 文件传送或者实验指导老师指定的其他方式交付。

请记录上述实践作业能够顺利完成吗?

_____

_____

4. 实验总结

_____

_____

_____

_____

5. 实验评价（教师）

_____

_____

第 11 章 项目风险管理

　　风险是项目所固有的。在项目背景下,风险是一个不确定的事件或者条件,一旦发生,就会对一个或多个项目目标(如范围、进度、成本和质量)造成积极或消极的影响。一些潜在的风险事件可以在项目开始之前识别出来,如设备故障或技术需求上的改变。风险可能是可预期的结果,如进度延迟或者成本超支。有些风险也可能超出想象,如 2001年 9 月 11 日的纽约双子塔遭恐怖袭击。所谓风险管理就是尽可能地识别和管理项目实施过程中潜在的和未曾预料的问题,将风险事件的影响降到最低。

　　项目风险管理包括规划风险管理、识别风险、实施定性和定量风险分析、规划风险应对、实施风险应对和监督风险等各个过程如图 11-1 所示,其目的是提高正面风险事件的

项目风险管理

11.2 规划风险管理	11.3 识别风险	11.4 实施定性风险分析	11.5 实施定量风险分析
1 输入 · 项目章程 · 项目管理计划 · 项目文件 · 事业环境因素 · 组织过程资产 **2 工具与技术** · 专家判断 · 数据分析 · 会议 **3 输出** 风险管理计划	**1 输入** · 项目管理计划 · 项目文件 · 协议 · 采购文档 · 事业环境因素 · 组织过程资产 **2 工具与技术** · 专家判断 · 数据收集 · 数据分析 · 人际关系与团队技能 · 提示清单 · 会议 **3 输出** · 风险登记册 · 风险报告 · 项目文件更新	**1 输入** · 项目管理计划 · 项目文件 · 事业环境因素 · 组织过程资产 **2 工具与技术** · 专家判断 · 数据收集 · 数据分析 · 人际关系与团队技能 · 风险分类 · 数据表现 · 会议 **3 输出** 项目文件更新	**1 输入** · 项目管理计划 · 项目文件 · 事业环境因素 · 组织过程资产 **2 工具与技术** · 专家判断 · 数据收集 · 人际关系与团队技能 · 不确定性表现方式 · 数据分析 **3 输出** 项目文件更新

11.6 规划风险应对	11.7 实施风险应对	11.8 监督风险	
1 输入 · 项目管理计划 · 项目文件 · 事业环境因素 · 组织过程资产 **2 工具与技术** · 专家判断 · 数据收集 · 人际关系与团队技能 · 威胁应对策略 · 机会应对策略 · 应急应对策略 · 整体项目风险应对策略 · 数据分析 · 决策 **3 输出** · 变更请求 · 项目管理计划更新 · 项目文件更新	**1 输入** · 项目管理计划 · 项目文件 · 组织过程资产 **2 工具与技术** · 专家判断 · 人际关系与团队技能 · 项目管理信息系统 **3 输出** · 变更请求 · 项目文件更新	**1 输入** · 项目管理计划 · 项目文件 · 工作绩效数据 · 工作绩效报告 **2 工具与技术** · 数据分析 · 审计 · 会议 **3 输出** · 工作绩效信息 · 变更请求 · 项目管理计划更新 · 项目文件更新 · 组织过程资产更新	

图 11-1　项目风险管理概述

概率和影响,降低负面风险事件的概率和影响,从而提高项目成功的可能性。

11.1　项目风险管理概述

风险可能有一种或多种起因,起因可以是已知或潜在的需求、假设条件、制约因素或某种状况。例如,项目需要先申请环境许可证,与之相对应的风险是,颁证机构可能延误许可证的颁发;或者分配给项目的设计人员有限,而与之对应的机会是,可能获得更多的开发人员参与项目设计。这两个不确定性事件无论发生哪一个,都可能对项目的范围、成本、进度、质量或绩效产生影响。

项目风险源于任何项目中都存在不确定性。已知风险是指已经识别并分析过的风险,可对这些风险规划应对措施;对于那些已知但又无法主动管理的风险,要分配一定的应急储备。未知风险无法进行主动管理,因此需要分配一定的管理储备。

单个项目风险不同于整体项目风险。整体项目风险代表不确定性对一个整体项目的影响,它大于项目中单个风险之和,因为其包含项目不确定性的所有来源,代表项目成果的变化可能给相关方造成的潜在影响,包括积极和消极的影响。

基于不同的风险态度,组织和相关方愿意接受不同程度的风险。组织和相关方的风险态度受多种因素影响,这些因素大体可分为以下 3 类。

(1)风险偏好。为了预期的回报,一个实体愿意承受不确定性的程度。

(2)风险承受力。组织或个人能承受的风险程度、数量或容量。

(3)风险临界值。相关方特别关注的特定的不确定性程度或影响程度。低于风险临界值,组织会接受风险;高于风险临界值,组织将不能承受风险。

积极和消极风险通常被称为机会和威胁。如果风险在可承受范围之内,并且与冒这些风险可能得到的回报相平衡,那么项目就是可接受的。为了增加价值,可以在风险承受力允许的范围内,追求那些能带来机会的积极风险。例如,采取激进的资源优化技术,就是为减少资源使用量而冒风险。

个人和团体的风险态度影响其应对风险的方式,其风险态度会受认知、承受力和各种成见的左右。应该为每个项目制定统一的风险管理方法,并就风险及其应对措施进行沟通。

11.1.1　项目风险管理的核心概念

开展项目不仅要面对各种制约因素和假设条件,而且还要应对可能相互冲突和不断变化的相关方期望。组织应该有目的地以可控方式去冒项目风险,以便平衡风险和回报,并创造价值。如果不妥善管理,风险有可能导致项目偏离计划,无法达成既定的项目目标。因此,项目风险管理的有效性直接关乎项目成功与否。

项目风险管理过程同时兼顾单个和整体两个层面的风险,其定义如下。

(1)单个项目风险是一旦发生,会对一个或多个项目目标产生正面或负面影响的不确定事件或条件。

(2)整体项目风险是不确定性对项目整体的影响,是相关方面临的项目结果正面和负面变异区间,它源于包括单个风险在内的所有不确定性。

项目风险管理旨在利用或强化正面风险(即机会),规避或减轻负面风险(即威胁)。未妥善管理的威胁可能引发各种问题,如工期延误、成本超支、绩效不佳或声誉受损。把握好机会则能够获得众多好处,如工期缩短、成本节约、绩效改善或声誉提升。

整体项目风险也有正面或负面之分。管理整体项目风险旨在削弱负面变异因素,加强正面变异因素,以及最大化实现整体项目目标的概率,把项目风险敞口①保持在可接受的范围之内。

因为风险会在项目生命周期内持续发生,所以,项目风险管理过程也应不断迭代开展。在项目规划期间就应该通过调整项目策略对风险做初步处理。接着,应该随项目进展监督和管理风险,确保项目处于正轨,并且突发性风险得到及时处理。

为有效管理特定项目的风险,项目团队需要知道相对于要追求的项目目标,可接受的风险敞口究竟是多大。这通常用可测量的风险临界值来定义,它反映了组织与项目相关方的风险偏好程度,是项目目标的可接受的变异程度。应该明确规定风险临界值,并传达给项目团队,同时反映在项目的风险影响级别定义中。

11.1.2　发展趋势和新兴实践

项目风险管理的关注面正在扩大,以便确保考虑所有类型的风险,并在更广泛的背景中理解项目风险。项目风险管理的发展趋势和新兴实践包括以下内容。

(1)非事件类风险。大多数项目只关注可能发生或不发生的不确定性未来事件的风险。例如,关键卖方可能在项目期间停业,客户可能在设计完成后变更需求,或分包商可能要求对标准化操作流程进行优化。不过,识别并管理非事件类风险的意识正在不断加强。非事件类风险有以下两种主要类型。

① 变异性风险。已规划事件、活动或决策的某些关键方面存在不确定性,就导致变异性风险。例如,生产率可能高于或低于目标值,测试发现的错误数量可能多于或少于预期,或施工阶段可能出现反常的天气情况。

② 模糊性风险。对未来可能发生什么存在不确定性。知识不足可能影响项目达成目标的能力,例如,不了解需求或技术方案要素、法规框架的未来发展或项目内在的系统复杂性。

变异性风险可以用概率分布表示变异的可能区间,然后采取行动去缩小可能结果的区间。管理模糊性风险则需要先定义认知或理解不足之处,进而通过获取专家意见或以最佳实践为标杆来填补差距。也可以采用增量开发、原型搭建或模拟等方法来处理模糊性风险。

(2)项目韧性。人们越来越明确地知道确实存在突发性风险,这种风险只有在发生后才能被发现。可以通过加强项目韧性来应对突发性风险。这就要求每个项目做好以下工作。

① 风险敞口:又称风险暴露,指实际承担的风险,一般与特定风险相连。例如,因债务人违约行为导致的可能承受风险的信贷余额。

- 为已知风险列出具体风险预算,还要为突发性风险预留合理的应急预算和时间。
- 采用灵活的项目过程,包括强有力的变更管理,以便在保持朝项目目标推进的正确方向的同时,应对突发性风险。
- 授权目标明确且值得信赖的项目团队在商定限制范围内完成工作。
- 经常留意预警信号,以尽早识别突发性风险。
- 明确征求相关方的意见,以明确为应对突发性风险而可以调整项目范围或策略的领域。

（3）整合式风险管理。在项目、项目集、项目组合和组织这些层面上都存在风险。应该在适当的层面上承担和管理风险。在较高层面识别出的某些风险,将被授权给项目团队去管理;而在较低层面识别出的某些风险,又可能上交给较高层面去管理。应该采用协调式企业级风险管理方法,来确保所有层面的风险管理工作的一致性和连贯性,以使项目集和项目组合的结构具有风险效率,有利于在给定的风险敞口水平下创造最大的整体价值。

11.1.3　裁剪时考虑的因素

因为每个项目都是独特的,所以有必要对项目风险管理过程的应用方式进行裁剪。裁剪时应考虑以下几个因素。

（1）项目规模。由预算、持续时间、范围或团队人数所体现的项目规模,要求采取更详细的风险管理方法吗？或者项目小到只需要用简化的风险管理过程吗？

（2）项目复杂性。由高水平创新、新技术采用、商务安排、界面或外部依赖关系导致的项目复杂性提高,是否要求采用更稳健的风险管理方法？或者项目是否简单到只需要用简化的风险管理过程？

（3）项目重要性。项目的战略重要性有多大？项目的风险级别因旨在创造突破性机会、克服组织经营的重大障碍或涉及重大产品创新而提高了吗？

（4）开发方法。是否为瀑布式项目,风险管理过程可以相继或重复开展;或者此项目是否采取敏捷型方法,需要在每个重复过程的开始阶段以及执行期间处理风险？

根据上述因素考虑裁剪项目风险管理过程,裁剪结果将记录在风险管理计划中。

从本质上讲,越是变化的环境,不确定性和风险就越多。要应对快速变化,就需要采用适应型方法管理项目,即通过跨职能项目团队和经常审查增量式工作产品,来加快知识分享,确保对风险的认知和管理。在选择每个迭代期的工作内容时,应该考虑风险;在每个迭代期间应该识别、分析和管理风险。此外,应该根据对当前风险敞口的理解的加深,定期更新需求文件,并随项目进展重新排列工作优先级。

11.2　规划风险管理

规划风险管理是定义如何实施项目风险管理活动的过程,如图 11-2 所示。本过程的主要作用是,确保风险管理的水平、方法和可见度与项目风险程度,以及项目对组织和其他相关方的重要程度相匹配。本过程仅开展一次或仅在项目的预定义点开展。

规划风险管理过程在项目构思阶段就应开始,并在项目规划阶段的早期完成。在项

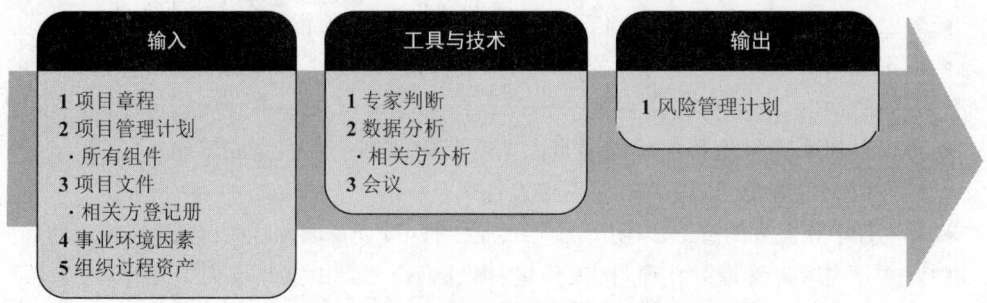

图 11-2　规划风险管理：输入、工具与技术和输出

目生命周期的后期，可能有必要重新开展本过程，例如，在发生重大阶段变更时，在项目范围显著变化时，或者后续对风险管理有效性进行审查，且确定需要调整项目风险管理过程时。仔细周密地规划风险管理可以提高风险管理过程的成功率，其重要性还在于为风险管理活动安排充足的资源和时间，并为评估风险奠定一个共同认可的基础。

11.2.1　过程输入

本过程的输入主要包括以下内容。

1. 项目章程

项目章程提供高层级的项目描述和边界，以及高层级的需求和风险。

2. 项目管理计划

在规划风险管理时，应该考虑所有已批准的子管理计划和基准，使风险管理计划与之相协调。

3. 项目文件

项目文件包括相关方登记册，项目相关方的详细信息概述了在项目中的角色和对项目风险的态度；可用于确定项目风险管理的角色和职责，以及为项目设定风险临界值。

此过程的输入还包括事业环境因素和组织过程资产（见本书第 2 章）。

11.2.2　过程工具与技术

本过程的工具与技术主要包括以下内容。

1. 专家判断

为了编制全面的风险管理计划，应考虑具备以下专业知识或接受过相关培训的个人或小组的意见。

- 熟悉组织所采取的管理风险的方法，包括该方法所在的企业风险管理体系。
- 裁剪风险管理以适应项目的具体需求。

- 在相同领域的项目上可能遇到的风险类型。

2. 数据分析

数据分析包括相关方分析。由此确定项目相关方的风险偏好。

3. 会议

风险管理计划的编制可以是项目开工会议上的一项工作,或者可以举办专门的规划会议来编制风险管理计划。参会者可能包括项目经理、指定项目团队成员、关键相关方,或负责管理项目风险管理过程的团队成员;如果需要,也可邀请其他外部人员参加,包括客户、卖方和监管机构。在此类会议上确定开展风险管理活动的计划,并将其记录在风险管理计划中。

11.2.3　过程输出

本过程的输出主要包括以下内容。

风险管理计划

风险管理计划(见表 11-1)是项目管理计划的组成部分,描述将如何安排与实施风险管理活动。

表 11-1　风险管理计划

项目名称:＿＿＿＿＿＿＿＿＿＿＿＿＿＿＿＿＿＿＿＿＿　　日期:＿＿＿＿＿＿＿＿＿＿＿＿＿

方法
描述风险管理的方法。提供每个风险管理过程如何实施的信息,包括是否进行风险定量分析,以及在什么环境下进行 指出用于每个过程的工具(如风险分解结构)和技术(如访谈法、德尔菲法等) 指出所有在项目中执行风险管理的必要数据资源
角色和职责
记录不同风险管理活动的角色和职责
风险的分类
识别用于归类和组织风险的分类方法。它可以将风险分类,用于风险登记册或风险分解结构
风险管理资金
记录实施各种风险管理活动所需的资金,如使用专家建议,或把风险转移给第三方
应急储备议定书
描述建立、测量和配备预算应急储备及进度应急储备的指南

频率和时间
确定实施常规风险管理活动的频率和其他特别活动的时间

相关方的风险承受力
识别项目组织或关键相关方对风险的承受水平,应该考虑到每个目标,至少涵盖范围、质量、进度和成本目标

风险跟踪与审计
确定风险管理活动,如风险定量分析和应急管理如何被记录和跟踪 描述每隔多久审计风险管理活动,审计哪些方面,以及如何表述偏差

概率的定义

非常高	记录如何测量和定义概率,包括引入几个级别以及定义每个级别的概率范围。例如:
	非常高——事件发生概率在 80% 或以上
高	高——事件发生概率在 60%～80%
	中——事件发生概率在 40%～60%
中	低——事件发生概率在 20%～40%
	非常低——事件发生概率在 1%～20%
低	
非常低	

对目标影响的定义

	范　围	质　量	时　间	成　本
非常高	记录如何测量影响,并为项目确定整体或逐目标定义,包括引入几个级别以及定义每个级别的影响跨度。例如,对于成本影响:			
高	非常高——预算在控制账户上超支超过 20%			
中	高——预算在控制账户上超支 15%～20% 中——预算在控制账户上超支 10%～15%			
低	低——预算在控制账户上超支 5%～10% 非常低——预算在控制账户上超支少于 5%			
非常低				

概率和影响矩阵

非常高	描述表示高风险、中风险以及低风险的概率和影响的组合			
高				
中				
低				
非常低				
	非常高	高	中	低	非常低

- 风险管理战略:描述用于管理本项目风险的一般方法。
- 方法论:确定项目风险管理将使用的方法、工具及数据来源。

- 角色与职责：确定风险管理中每项活动的领导者、支持者和参与者，明确职责。
- 资金：根据分配的资源估算风险管理所需资金，将其纳入成本基准，制定应急储备和管理储备的使用方案。
- 时间安排：确定实施风险管理过程的时间和频率，建立进度应急储备的使用方案，确定风险管理活动并纳入项目进度计划中。
- 风险类别：规定对潜在风险成因的分类方法。例如，基于项目目标的分类方法。风险分解结构（Risk Breakdown Structure，RBS）是按风险类别排列的一种层级结构，如图 11-3 所示，它有助于在识别风险过程中发现可能引起风险的多种原因。

RBS 0级	RBS 1级	RBS 2级
0. 项目风险 所有来源	1. 技术风险	1.1 范围定义
		1.2 需求定义
		1.3 估算、假设和制约因素
		1.4 技术过程
		1.5 技术
		1.6 技术联系
		等等
	2. 管理风险	2.1 项目管理
		2.2 项目集/项目组合管理
		2.3 运营管理
		2.4 组织
		2.5 提供资源
		2.6 沟通
		等等
	3. 商业风险	3.1 合同条款和条件
		3.2 内部采购
		3.3 供应商与卖方
		3.4 分包合同
		3.5 客户稳定性
		3.6 合伙企业与合资企业
		等等
	4. 外部风险	4.1 法律
		4.2 汇率
		4.3 地点/设施
		4.4 环境/天气
		4.5 竞争
		4.6 监管
		等等

图 11-3　风险分解结构（RBS）示例

不同的 RBS 适用于不同类型的项目。组织可使用预先准备好的分类框架,可以是简易的分类清单或结构化的风险分解结构。

- 相关方风险偏好:应在风险管理计划中记录项目关键相关方的风险偏好。特别是,应该针对每个项目目标,把相关方的风险偏好表述成可测量的风险临界值。这些临界值不仅将联合决定可接受的整体项目风险敞口水平,而且也用于制定概率和影响定义,据此对单个项目风险进行评估和排序。
- 概率和影响定义:为了确保风险分析的质量和可信度,需要对项目环境中特定的风险概率和影响的不同层次进行定义。应根据具体项目的需要,裁剪通用的风险概率和影响定义,供后续过程使用。
- 概率和影响矩阵:如图 11-4 所示,组织可在项目开始前确定优先级排序规则,并将其纳入组织过程资产,或者也可为具体项目量身定制优先级排序规则。在常见的概率和影响矩阵中,会同时列出机会和威胁;以正面影响定义机会,以负面影响定义威胁。

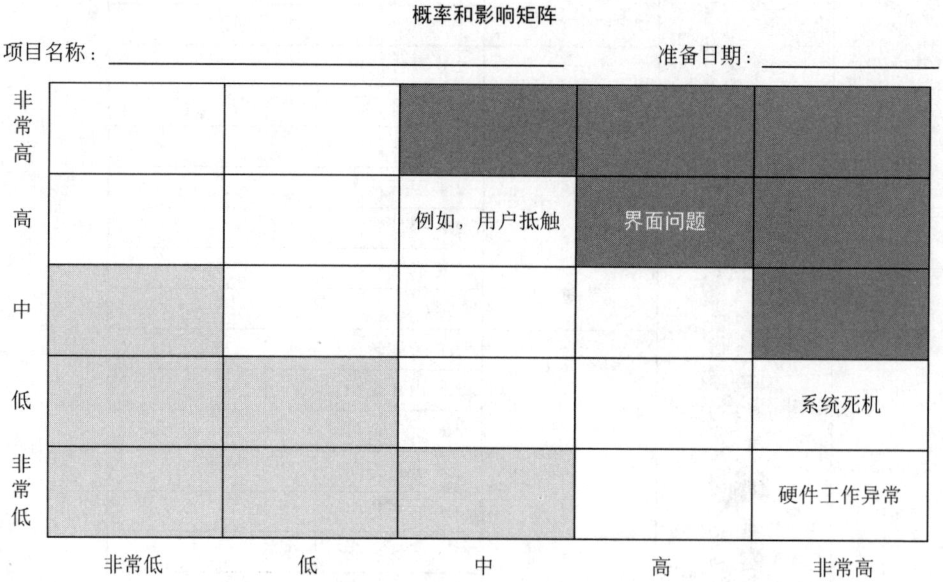

概率和影响矩阵

项目名称:_____   准备日期:_____

图 11-4　概率和影响矩阵

图 11-5 是概率和影响矩阵的示例,其中也有数值风险评分的可能方法。

- 报告格式:确定将如何记录、分析和沟通项目风险管理过程的结果;描述风险登记册、风险报告以及项目风险管理过程的其他输出的内容和格式。
- 跟踪:是确定将如何记录风险活动,以及将如何审计风险的管理过程。

概率	威胁					机会				
0.90	0.05	0.09	0.18	0.36	0.72	0.72	0.36	0.18	0.09	0.05
0.70	0.04	0.07	0.14	0.28	0.56	0.56	0.28	0.14	0.07	0.04
0.50	0.03	0.05	0.10	0.20	0.40	0.40	0.20	0.10	0.05	0.03
0.30	0.02	0.03	0.06	0.12	0.24	0.24	0.12	0.06	0.03	0.02
0.10	0.01	0.01	0.02	0.04	0.08	0.08	0.04	0.02	0.01	0.01
	0.05/ 非常低	0.10/ 低	0.20/ 中等	0.40/ 高	0.80/ 非常高	0.80/ 非常高	0.40/ 高	0.20/ 中等	0.10/ 低	0.05/ 非常低

对目标（如成本、时间、范围或质量）的影响（数字量表）

按发生概率及一旦发生所造成的影响，对每个风险进行评级。在矩阵中显示组织对低风险、中等风险与高风险所规定的临界值。根据这些临界值，把每个风险分别归入高风险、中等风险或低风险。

图 11-5　概率和影响矩阵示例（有评分方法）

11.3　识别风险

识别风险是识别单个项目风险以及整体项目风险的来源，并记录风险特征的过程，如图 11-6 所示。本过程的主要作用是，记录现有风险来源，同时，汇集相关信息，以便项目

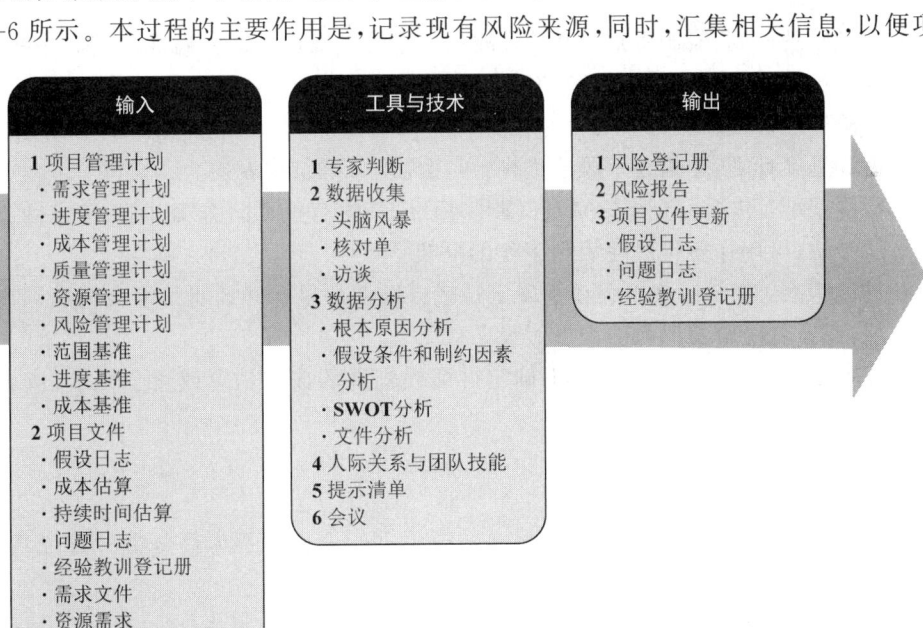

图 11-6　识别风险：输入、工具与技术和输出

团队能够恰当应对已识别的风险。本过程需要在整个项目期间开展。

识别风险时，要同时考虑单个项目风险，以及整体项目风险的来源。风险识别活动的参与者可能包括项目经理、项目团队成员、项目风险专家、客户、项目团队外部的主题专家、最终用户、其他项目经理、运营经理、相关方和组织内的风险管理专家。项目团队的参与尤其重要，以便培养和保持他们对已识别单个项目风险、整体项目风险级别和相关风险应对措施的主人翁意识和责任感。

在整个项目生命周期中，单个项目风险可能随项目进展而不断出现，整体项目风险的级别也会发生变化。因此，识别风险是一个迭代的过程。迭代的频率和每次迭代所需的参与程度因情况而异，应在风险管理计划中做出相应规定。

11.3.1 过程输入

本过程的输入主要包括以下内容。

1. 项目管理计划

- 需求管理计划：可能指出了特别有风险的项目目标。
- 进度管理计划、成本管理计划：可能列出了受不确定性或模糊性影响的一些领域。
- 质量管理计划、资源管理计划：可能列出了受不确定性或模糊性影响的一些领域，或者关键假设可能引发风险的一些领域。
- 风险管理计划：规定了风险管理的角色和职责，说明如何将风险管理活动纳入预算和进度计划，并描述了风险类别（可用风险分解结构表述）。
- 范围基准：包括可交付成果及其验收标准，其中有些可能引发风险；还包括工作分解结构，可用作安排风险识别工作的框架。
- 进度基准：查看以找出存在不确定性或模糊性的里程碑日期和可交付成果交付日期，或者可能引发风险的关键假设条件。
- 成本基准：可以以找出存在不确定性或模糊性的成本估算或资金需求，或者关键假设可能引发风险的方面。

2. 项目文件

- 假设日志：所记录的假设条件和制约因素可能引发单个项目风险，还可能影响整体项目风险的级别。
- 成本估算：对项目成本的定量评估，理想情况下用区间表示，区间的大小预示风险程度。对成本估算文件进行结构化审查，可能显示当前估算不足，从而引发项目风险。
- 持续时间估算：对项目持续时间的定量评估，理想情况下用区间表示，区间的大小预示风险程度。对估算文件进行结构化审查，可能显示当前估算不足，从而引发项目风险。

- 问题日志：所记录的问题可能引发单个项目风险，还可能影响整体项目风险的级别。
- 经验教训登记册：可以查看与项目早期所识别的风险相关的经验教训，以确定类似风险是否可能在项目的剩余时间再次出现。
- 需求文件：列明了项目需求，使团队能够确定哪些需求存在风险。
- 资源需求：对项目所需资源的定量评估，理想情况下用区间表示，区间的大小预示风险程度。对资源需求文件进行结构化审查，可能显示当前估算不足，从而引发项目风险。
- 相关方登记册：规定了哪些个人或小组可能参与项目的风险识别工作，还会详细说明哪些个人适合扮演风险责任人角色。

3. 协议

如果需要从外部采购项目资源，协议所规定的里程碑日期、合同类型、验收标准和奖罚条款等，都可能造成威胁或创造机会。

4. 采购文档

如果需要从外部采购项目资源，就应该审查初始采购文档，因为从组织外部采购商品和服务可能提高或降低整体项目风险，并可能引发更多的单个项目风险。还应该审查最新的文档，例如，卖方绩效报告、核准的变更请求和与检查相关的信息。

此过程的输入还包括事业环境因素和组织过程资产（见本书第 2 章）。

11.3.2 过程工具与技术

本过程的工具与技术主要包括以下内容。

1. 专家判断

应考虑了解类似项目或业务领域的个人或小组的专业意见。项目经理应该选择相关专家，邀请他们根据以往经验和专业知识来考虑单个项目风险的方方面面，以及整体项目风险的各种来源。

2. 数据收集

- 头脑风暴：其目标是获取一份全面的单个项目风险和整体项目风险来源的清单。通常由项目团队开展头脑风暴，同时邀请团队以外的多学科专家参与。可以用风险类别（如风险分解结构）作为识别风险的框架。应该特别注意对识别的风险进行清晰描述。
- 核对单：包括需要考虑的项目、行动或要点的清单，常被用作提醒。基于从类似项目和其他信息来源积累的历史信息和知识来编制核对单。编制核对单，列出过去曾出现且可能与当前项目相关的具体单个项目风险，这是吸取已完成的类似项目的经验教训的有效方式。组织可能基于自己已完成的项目来编制核对单,或者可能采用特定行业的通用风险核对单。

- 访谈:可以通过对资深项目参与者、相关方和主题专家的访谈,来识别单个以及整体项目风险的来源。

3. 数据分析

- 根本原因分析:常用于发现问题的深层次原因并制定预防措施。可以用问题陈述(如项目可能延误或超支)作为出发点,来探讨哪些威胁可能导致该问题,从而识别出相应的威胁。也可以用收益陈述(如提前交付或低于预算)作为出发点,来探讨哪些机会可能有利于实现该效益,从而识别出相应的机会。

- 假设条件和制约因素分析:每个项目及其项目管理计划的构思和开发都基于一系列的假设条件,并受一系列制约因素的限制。这些假设条件和制约因素往往都已纳入范围基准和项目估算。开展假设条件和制约因素分析,来探索其有效性,确定其中哪些会引发项目风险。从假设条件的不准确、不稳定、不一致或不完整,可以识别出威胁,通过清除或放松会影响项目或过程执行的制约因素,来创造机会。

- SWOT分析:这是对项目的优势、劣势、机会和威胁(SWOT)进行逐个检查。在识别风险时,会包含内部产生的风险,从而拓宽识别风险的范围。首先,关注项目、组织或一般业务领域,识别出组织的优势和劣势;然后,找出组织优势可能为项目带来的机会和组织劣势可能造成的威胁。还可以分析优势能在多大程度上克服威胁,劣势是否会妨碍机会的产生。

- 文件分析:通过对项目文件的结构化审查,可以识别出一些风险。审查的文件可以包括计划、假设条件、制约因素、以往项目档案、合同、协议和技术文件等。项目文件中的不确定性或模糊性,以及同一文件内部或不同文件之间的不一致,都可能是项目风险的信号。

4. 人际关系与团队技能

人际关系与团队技能包括引导。引导能提高用于识别单个项目风险和整体项目风险来源的许多技术的有效性。熟练的引导者可以帮助参会者专注于风险识别任务、准确遵循与技术相关的方法,有助于确保风险描述清晰、找到并克服偏见,以及解决可能出现的分歧。

5. 提示清单

提示清单是关于可能引发单个项目风险以及可作为整体项目风险来源的风险类别的预设清单。在采用风险识别技术时,提示清单用于协助项目团队形成想法。可以用风险分解结构底层的风险类别作为提示清单,来识别单个项目风险。常见的战略框架适用于识别整体项目风险的来源,如 PESTLE(政治、经济、社会、技术、法律、环境)、TECOP(技术、环境、商业、运营、政治),或者 VUCA(易变性、不确定性、复杂性、模糊性)。

6. 会议

为开展风险识别，项目团队要召开风险研讨会。大多数风险研讨会都会开展某种形式的头脑风暴。根据风险管理计划中对开展风险管理过程的要求，还有可能采用其他风险识别技术。对于较大型项目，可能需要邀请项目发起人、主题专家、卖方、客户代表，或其他项目相关方参加会议；而较小型项目可能仅限部分项目团队成员参加。

11.3.3　过程输出

本过程的输出主要包括以下内容。

1. 风险登记册

风险登记册记录已识别单个项目风险的详细信息，见表 11-2。随着实施定性风险分析、规划风险应对、实施风险应对和监督风险等过程的开展，这些过程的结果也要记入风险登记册。

当完成识别风险过程时，风险登记册可能包括以下内容。

- 已识别风险的清单：每项单个项目风险都被赋予一个独特的标识号，以所需要的详细程度对已识别风险进行描述，确保明确理解。
- 潜在风险责任人：如果已经识别出潜在的风险责任人，要把该责任人记录到风险登记册中。随后将由实施定性风险分析过程予以确认。
- 潜在风险应对措施清单：如果已经识别出某种潜在的风险应对措施，要把它记录到风险登记册中。随后将由规划风险应对过程予以确认。

根据风险管理计划规定的风险登记册格式，可能还要记录关于每项已识别风险的其他数据，包括风险名称、风险类别、当前风险状态、一项或多项原因、一项或多项对目标的影响、风险触发条件（如显示风险即将发生的事件或条件）、受影响的 WBS 组件，以及时间信息（如风险何时识别、可能何时发生、何时可能不再相关，以及采取行动的最后期限）。

2. 风险报告

风险报告提供关于整体项目风险的信息，以及关于已识别的单个项目风险的概述信息。在项目风险管理过程中，风险报告的编制是一项渐进式的工作。随着实施定性风险分析、定量风险分析、规划风险应对、实施风险应对和监督风险过程的完成，这些过程的结果也需要记录在风险登记册中。在完成识别风险过程时，风险报告可能包括以下内容。

- 整体项目风险的来源：说明哪些是整体项目风险敞口的最重要驱动因素。
- 关于已识别单个项目风险的概述信息：例如，已识别的威胁与机会的数量、风险在风险类别中的分布情况、测量指标和发展趋势。

根据风险管理计划中规定的报告要求，风险报告中可能还包含其他信息。

表 11-2 风险登记册

项目名称： 准备日期：

风险编号	风险描述	概率	影响			等级	应对
			范围	质量	进度		成本
确定唯一编号	描述风险事件或条件。风险情形通常用如下两种形式之一表达："如果...会发生，引发影响"或"事件可能成立，事件可能会发生，导致影响"	确定事件或条件出现的可能性	描述对一个或多个项目目标的影响			如果采用打分评价，用概率乘以影响确定使用风险等级。如果使用相对等级，则比较两个等级（如高一低或中一高）	描述规划好风险或条件应对策略

修订后的概率	修订后的影响		修订后的等级	责任		措施	状态	说明
	范围	质量		方	进度	成本		
确定实施应对策略后风险或条件出现的可能性	描述应对措施实施之后的影响	确定应对措施实施后的风险等级		识别管理相关风险的责任人			确定状态是开环或闭环	提供所有风险或条件有帮助的说明或附加信息

3. 项目文件更新

- 假设日志：在识别风险过程中，可能做出新的假设，识别出新的制约因素，或者现有的假设条件或制约因素可能被重新审查和修改，应该为此更新假设日志。
- 问题日志：应该更新以记录发现的新问题或当前问题的变化。
- 经验教训登记册：更新以改善后期阶段或其他项目的绩效，记录行之有效的风险识别技术的信息。

11.4　实施定性风险分析

实施定性风险分析是通过评估单个项目风险发生的概率和影响以及其他特征，对风险进行优先级排序，从而为后续分析或行动提供基础的过程。本过程的主要作用是重点关注高优先级的风险。本过程需要在整个项目期间开展，如图 11-7 所示。

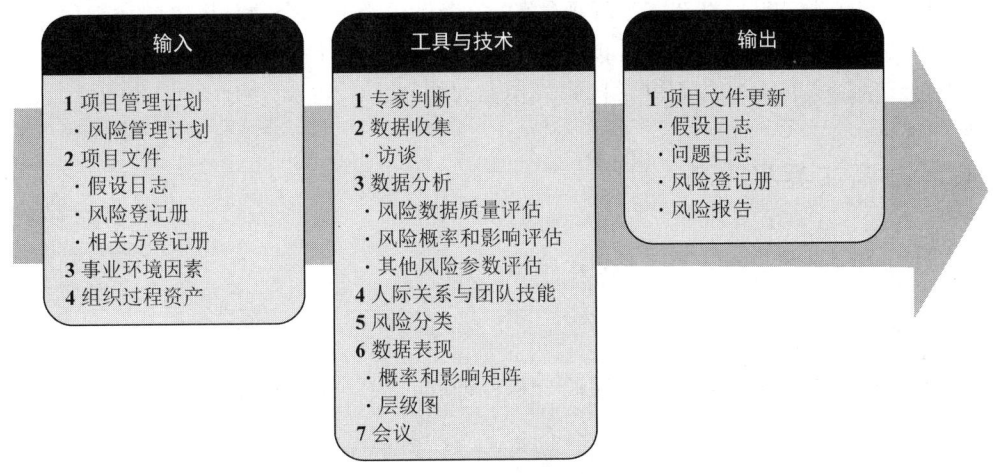

图 11-7　实施定性风险分析：输入、工具与技术和输出

实施定性风险分析，是基于项目团队和其他相关方对风险的感知程度，使用项目风险的发生概率、风险发生时对项目目标的相应影响以及其他因素，来评估已识别单个项目风险的优先级，从而具有主观性。所以，为了实现有效评估，需要认清和管理本过程关键参与者对风险所持的态度。同时，评估单个项目风险现有信息的质量，也有助于澄清每个风险对项目的重要性。

本过程能为规划风险应对过程确定单个项目风险的相对优先级，会为每个风险识别出责任人，以便由他们负责规划和实施风险应对措施。本过程可以为实施定量风险分析过程奠定基础。

在整个项目生命周期中要定期开展实施定性风险分析过程。在敏捷开发环境中，实施定性风险分析过程通常在每次迭代开始前进行。

11.4.1 过程输入

本过程的输入主要包括以下内容。

1. 项目管理计划

项目管理计划包括风险管理计划。本过程中需要特别注意风险管理的角色和职责、预算和进度活动安排，以及风险类别、概率和影响定义、概率和影响矩阵、相关方的风险临界值。通常已经在规划风险管理过程中把这些内容裁剪成适合具体项目的需要。

2. 项目文件

- 假设日志：用于识别、管理和监督可能影响项目的关键假设条件和制约因素，它们可能影响对单个项目风险的优先级评估。
- 风险登记册：包括将在本过程评估的、每个已识别的单个项目风险的详细信息。
- 相关方登记册：包括可能被指定为风险责任人的项目相关方的详细信息。

此过程的输入还包括事业环境因素和组织过程资产（见本书第 2 章）。

11.4.2 过程工具与技术

本过程的工具与技术主要包括以下内容。

1. 专家判断

应考虑具备以往类似项目定性风险分析专业知识或接受过相关培训的个人或小组的意见。

2. 数据收集

数据收集包括访谈。可用于评估单个项目风险的概率和影响等。

3. 数据分析

- 风险数据质量评估：旨在评价关于单个项目风险的数据的准确性和可靠性。可以开展问卷调查，了解项目相关方对数据质量各方面的评价，包括数据的完整性、客观性、相关性和及时性，进而对风险数据质量进行综合评估。风险数据是开展定性风险分析的基础。
- 风险概率和影响评估：见表 11-3，考虑特定风险发生的可能性，评估风险对一项或多项项目目标的潜在影响，如进度、成本、质量或绩效。要对每个已识别的单个项目风险进行概率和影响评估。风险评估可以采用访谈或会议的形式，参加者将依照他们对风险类型的熟悉程度而定。项目团队成员和项目外部资深人员应该参加访谈或会议，来评估每个风险的概率水平及其对每项目标的影响级别。如果相关方对概率水平和影响级别的感知存在差异,则应对差异进行探讨。此外,还应记录相应的说明性细节,例如,确定概率水平或影响级别所依据的假设条件。应该采用风险管理计划中的概率和影响定义,来评估风险的概率和影响。低概率和影响的风险将被列入风险登记册中的观察清单,以供未来监控。

表 11-3 风险概率和影响评估

项目名称:_____   日期:_____

范围影响

等　级	描　　述	
	威　　胁	机　　会
非常高	产品没有达到目标,没用	范围需求遇到工作量或成本的显著下降
高	产品在多个重要需求上存在缺陷	范围需求遇到工作量或成本的明显改进
中	产品在一个重要需求或几个次要需求上存在缺陷	范围需求遇到工作量或成本的最小改进
低	产品在少量次要需求上存在缺陷	无显著影响
非常低	与需求基本无偏差	无显著影响

质量影响

非常高	产品性能严重低于目标,没用	一次成品率或返工成品率显著提高
高	性能的主要方面不能满足需求	一次成品率或返工成品率明显提高
中	至少一项主要性能需求存在显著缺陷	返工率出现降低
低	存在少量性能偏差	无显著影响
非常低	性能基本无偏差	无显著影响

进度影响

非常高	总工期增加超过20%	总工期减少超过20%
高	总工期增加10%~20%	总工期减少10%~20%
中	总工期增加5%~10%	总工期减少5%~10%
低	非关键路径用完时间余量,或者总工期增加1%~5%	非关键路径用完时间余量,或者总工期减少1%~5%
非常低	非关键路径出现延误但是仍有剩余时间余量	对关键路径进度无影响

成本影响

非常高	成本增加超过20%	成本降低超过20%
高	成本增加10%~20%	成本降低10%~20%
中	成本增加5%~10%	成本降低5%~10%
低	成本增加,用完所有应急储备金	成本降低不超过5%

非常低	成本增加,使用了部分应急储备金,仍有部分应急储备金剩余	无显著影响

概率

非常高	事件很可能会发生,概率在80%或者以上
高	事件可能会发生,概率在61%~80%
中	事件有可能会发生,概率在41%~60%
低	事件也许可能会发生,概率在21%~40%
非常低	事件不太可能会发生,概率在1%~20%

风险等级

高	当一个中度或以上发生概率的事件能对任一目标造成非常高的影响时 当一个高度或以上发生概率的事件对任一目标造成高度影响时 当一个非常高度概率发生的事件对任一目标造成中度影响时 当一个事件同时对两个以上的目标造成中度影响时
中	当一个非常低发生概率的事件能对任一目标造成高度或者以上的影响时 当一个低发生概率的事件对任一目标造成中度或以上影响时 当一个中度概率发生的事件能对任一目标造成低至高的影响时 当一个高度概率发生的事件对任一目标造成非常低至中度影响时 当一个非常高度概率发生的事件对任一目标造成非常低至低度影响时 当一个事件同时以非常低度的概率对两个以上的目标造成中度影响时
低	当一个中度发生概率事件对任一目标造成非常低的影响时 当一个低发生概率事件对任一目标造成低或非常低的影响时 当一个非常低发生概率的事件对任一目标造成中度或以下的影响时

- 其他风险参数评估:在对单个项目风险进行优先级排序时,项目团队可能考虑以下风险特征。
  - 紧迫性:为有效应对风险而必须采取应对措施的时间段。
  - 邻近性:风险在多长时间后会影响一项或多项项目目标。
  - 潜伏期:从风险发生到影响显现之间可能的时间段。
  - 可管理性:风险责任人或责任组织管理风险发生或影响的容易程度。
  - 可控性:风险责任人或责任组织能够控制风险后果的程度。
  - 可监测性:对风险发生或即将发生进行监测的容易程度。
  - 连通性:风险与其他单个项目风险存在关联的程度大小。
  - 战略影响力:风险对组织战略目标潜在的正面或负面影响。
  - 密切度:风险被一名或多名相关方认为要紧的程度。

考虑上述某些特征有助于进行更稳健的风险优先级排序。

4. 人际关系与团队技能

人际关系与团队技能包括引导。

5. 风险分类

项目风险可依据风险来源(如采用风险分解结构 RBS)、受影响的项目领域(如采用 WBS),以及其他实用类别(如项目阶段、项目预算、角色和职责)来分类,确定哪些项目领域最容易被不确定性影响;风险还可以根据共同的根本原因进行分类。应该在风险管理计划中规定可用于项目的风险分类方法。

对风险进行分类,有助于把注意力和精力集中到风险敞口最大的领域,或针对一组相关的风险制定通用的风险应对措施,从而有利于更有效地开展风险应对。

6. 数据表现

- 概率和影响矩阵。
- 层级图:如果使用了两个以上的参数对风险进行分类,需要使用其他图形。例如,气泡图能显示三维数据。在气泡图中,把每个风险都绘制成一个气泡,并用 X 轴值、Y 轴值和气泡大小来表示风险的三个参数。图 11-8 是气泡图示例,其中,X 轴代表可监测性,Y 轴代表邻近性,影响值则以气泡大小表示。

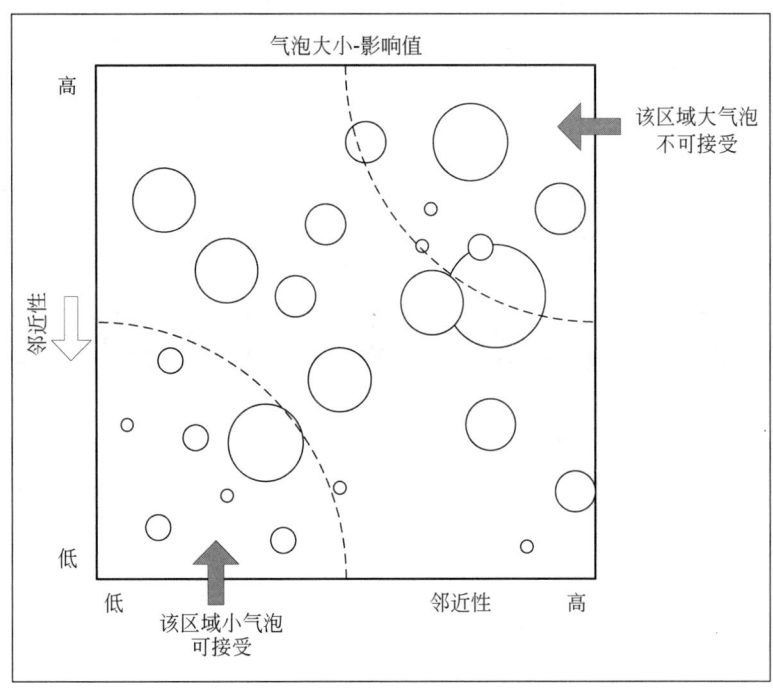

图 11-8 列出可监测性、邻近性和影响值的气泡图示例

7. 会议

会议是指风险研讨会。

11.4.3　过程输出

本过程的输出主要包括以下内容。

项目文件更新

- 假设日志：更新以记录实施定性风险分析过程中做出的新假设、识别出的新制约因素，或者重新审查和修改现有的假设条件或制约因素。
- 问题日志：更新以记录发现的新问题或当前问题的变化。
- 风险登记册：更新以记录实施定性风险分析过程中生成的新信息。更新内容可能包括每项单个项目风险的概率和影响评估、优先级别或风险分值、指定风险责任人、风险紧迫性信息或风险类别，以及低优先级风险的观察清单或需要进一步分析的风险。
- 风险报告：更新以记录最重要的单个项目风险（通常为概率和影响最高的风险）、所有已识别风险的优先级列表以及简要的结论。

11.5　实施定量风险分析

实施定量风险分析是就已识别的单个项目风险和不确定性的其他来源对整体项目目标的影响进行定量分析的过程，如图 11-9 所示。本过程的主要作用是，量化整体项目风险敞口，并提供额外的定量风险信息，以支持风险应对规划。本过程并非每个项目必需，但如果采用，它会在整个项目期间持续开展。

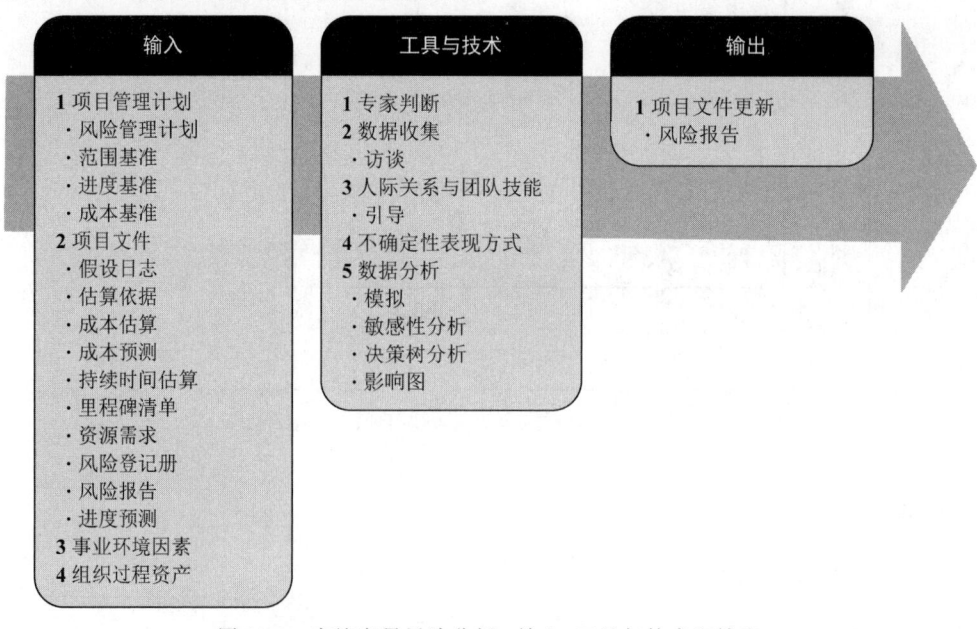

图 11-9　实施定量风险分析：输入、工具与技术和输出

实施定量风险分析取决于是否有关于单个项目风险和其他不确定性来源的高质量数据，以及与范围、进度和成本相关的扎实项目基准。通常需要运用专门的风险分析软件，以及编制和解释风险模式的专业知识，还需要额外的时间和成本投入。由项目风险管理计划规定是否需要使用定量风险分析，它适用于大型或复杂、具有战略重要性的项目、合同要求进行定量分析的项目，或主要相关方要求进行定量分析的项目。通过评估所有单个项目风险和其他不确定性来源对项目结果的综合影响，定量风险分析就成为评估整体项目风险的唯一可靠的方法。

实施定量风险分析过程的输出要用作规划风险应对过程的输入，特别是要据此为整体项目风险和关键单个项目风险推荐应对措施。定量风险分析也可以在规划风险应对过程之后开展。

11.5.1　过程输入

本过程的输入主要包括以下内容。

1. 项目管理计划

- 风险管理计划：确定项目是否需要定量风险分析，还会详述可用于分析的资源以及预期的分析频率。
- 范围基准、进度基准、成本基准：提供对单个项目风险和其他不确定性来源的影响开展评估的起始点。

2. 项目文件

- 假设日志：如果认为假设条件会引发项目风险，就应该把它们列作定量风险分析的输入。在定量风险分析期间，也可以建立模型来分析制约因素的影响。
- 估算依据：可以把用于项目规划的估算依据反映在所建立的变异性模型中。估算依据可能包括估算目的、分类、准确性、方法论和资料来源。
- 成本估算：提供了对成本变化性进行评估的起始点。
- 成本预测：包括项目的完工尚需估算（ETC）、完工估算（EAC）、完工预算（BAC）和完工尚需绩效指数（TCPI）。把这些预测指标与定量成本风险分析的结果进行比较，以确定与实现这些指标相关的置信水平。
- 持续时间估算：提供了对进度变化性进行评估的起始点。
- 里程碑清单：项目的重大事件决定进度目标。把这些进度目标与定量进度风险分析的结果进行比较，以确定与实现这些目标相关的置信水平。
- 资源需求：提供了对变化性进行评估的起始点。
- 风险登记册：包含用作定量风险分析输入的单个项目风险的详细信息。
- 风险报告：描述整体项目风险的来源，以及当前的整体项目风险状态。
- 进度预测：可以将预测与定量进度风险分析的结果进行比较，以确定与实现预测目标相关的置信水平。

此过程的输入还包括事业环境因素和组织过程资产（见本书第 2 章）。

11.5.2　过程工具与技术

本过程的工具与技术主要包括以下内容。

1. 专家判断

应征求具备以下专业知识或接受过相关培训的个人或小组的意见。
- 将单个项目风险和其他不确定性来源的信息转化成用于定量风险分析模型的数值输入。
- 选择最适当的方式表示不确定性，以便为特定风险或其他不确定性来源建立模型。
- 用适合项目环境的技术建立模型。
- 识别最适用于所选建模技术的工具。
- 解释定量风险分析的输出。

2. 数据收集

访谈可用于针对单个项目风险和其他不确定性来源，生成定量风险分析的输入。

3. 人际关系与团队技能

人际关系与团队技能包括引导。

4. 不确定性表现方式

要开展定量风险分析，就需要建立能反映单个项目风险和其他不确定性来源的定量风险分析模型，并为其提供输入。

如果活动的持续时间、成本或资源需求是不确定的，可以在模型中用概率分布来表示其数值的可能区间。概率分布可能有多种形式，最常用的有三角分布、正态分布、对数正态分布、贝塔分布、均匀分布或离散分布。应该谨慎选择用于表示活动数值的可能区间的概率分布形式。

单个项目风险可以用概率分布图表示，或者也可以作为概率分支包括在定量分析模型中。在后一种情况下，应在概率分支上添加风险发生的时间和成本影响，以及在特定模拟中风险发生的概率情况。

5. 数据分析

- 模拟：在定量风险分析中，使用模型来模拟单个项目风险和其他不确定性来源的综合影响，以评估它们对项目目标的潜在影响。模拟通常采用蒙特卡罗分析（或称计算机随机模拟方法，是基于"随机数"的计算方法）。对成本风险进行蒙特卡罗分析时，使用项目成本估算作为模拟输入；对进度风险进行蒙特卡罗分析时，使用进度网络图和持续时间估算作为模拟输入。开展综合定量成本—进度风险分析时，同时使用这两种输入。其输出就是定量风险分析模型。

用计算机软件数千次迭代运行定量风险分析模型。每次运行,都要随机选择输入值(如成本估算、持续时间估算或概率分布频率)。这些运行的输出构成项目可能的结果(如项目结束日期、项目完工成本)的区间。典型的输出包括(蒙特卡罗)定量成本风险分析所得到的 S 曲线示例,如图 11-10 所示。

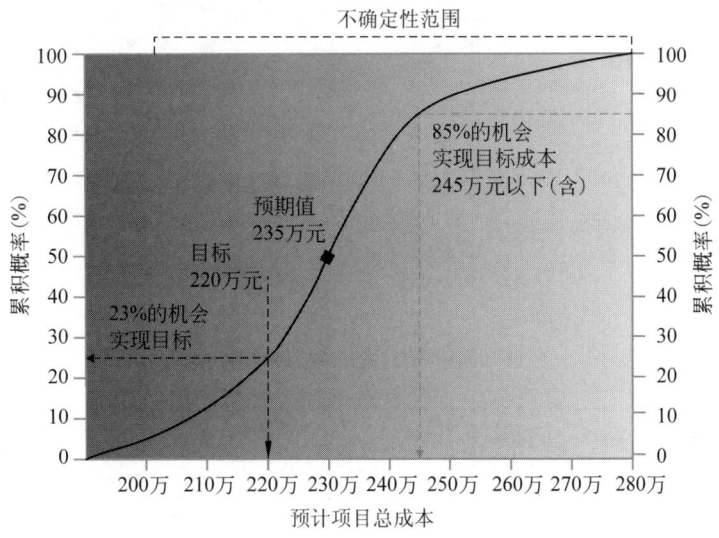

图 11-10　定量成本风险分析 S 曲线示例

- 敏感性分析:有助于确定哪些单个项目风险或其他不确定性来源对项目结果具有最大的潜在影响。它在项目结果变异与定量风险分析模型中的要素变异之间建立联系。敏感性分析的结果通常用龙卷风图来表示,如图 11-11 所示,在图 11-11 中标出定量风险分析模型中的每项要素与其能影响的项目结果之间的关联系数。这些要素可包括单个项目风险、易变的项目活动或具体的不明确性来源。每个要素按关联强度降序排列。

- 决策树分析:用来在若干备选行动方案中选择一个最佳方案。决策树中用不同分支代表不同的决策或事件,即项目的备选路径。每个决策或事件都有相关的成本和单个项目风险(包括威胁和机会)。决策树分支的终点表示沿特定路径发展的最后结果,可以是负面或正面的结果。在决策树分析中,通过计算每条分支的预期货币价值,就可以选出最优的路径,如图 11-12 所示。

- 影响图:是不确定条件下决策制定的图形辅助工具,它将一个项目或项目中的一种情境表现为一系列实体、结果和影响,以及它们之间的关系和相互影响。如果因为存在单个项目风险或其他不确定性来源而使影响图中的某些要素不确定,就在影响图中以区间或概率分布的形式表示这些要素;然后,借助模拟技术(如蒙特卡罗分析)分析哪些要素对重要结果具有最大的影响。

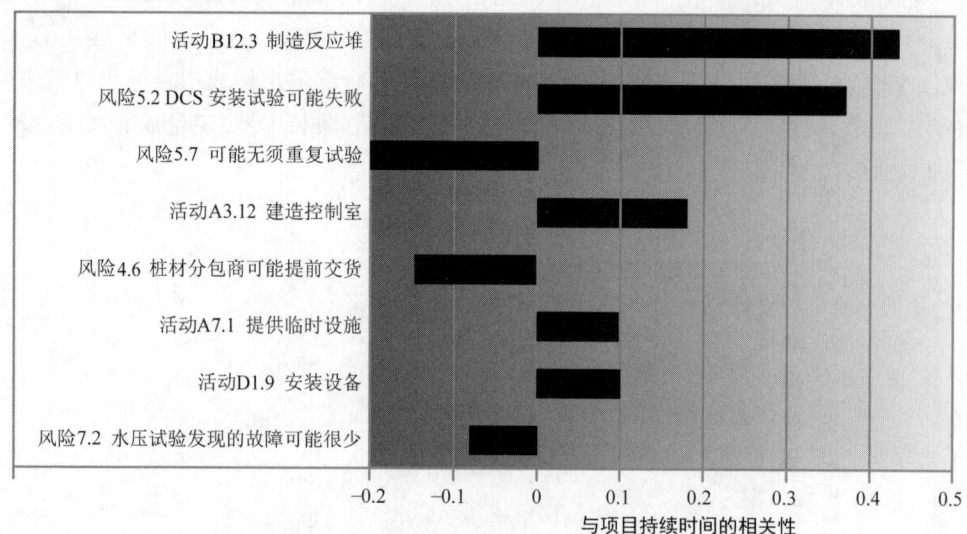

图 11-11　龙卷风图示例

决策定义	决策节点	机会节点	净路径价值
决策待定	输入：每个方案的成本 输出：做出的决策	输入：情景概率；发生后的收益 输出：预期货币价值（EMV）	计算： 沿每条路径把收益减去成本

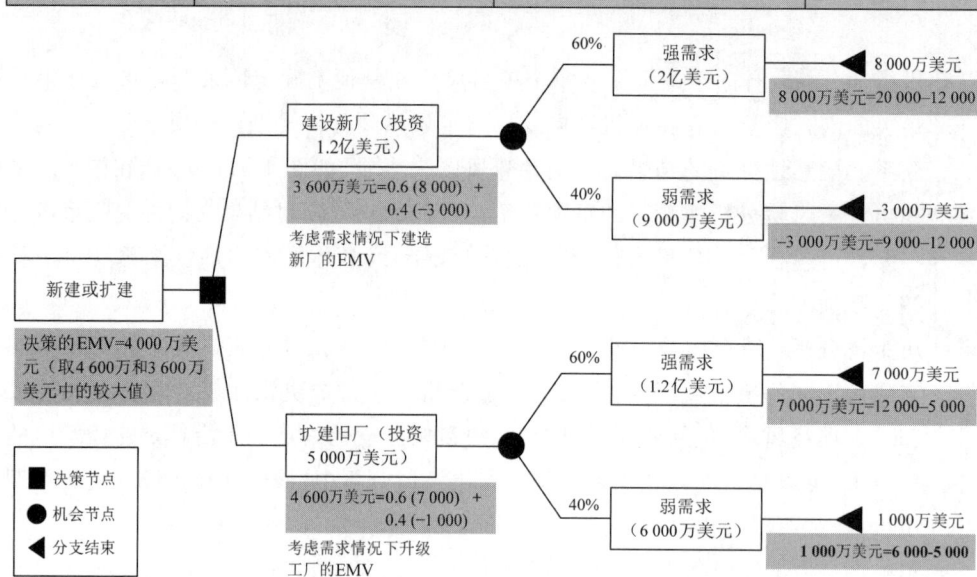

注：1　此决策树反映了在环境中存在不确定性因素（机会节点）时，如何在各种可选投资方案中进行选拔（决策节点）。
　　2　本例中，需要就投资1.2亿美元建设新厂或投资5 000万美元扩建旧厂进行决策。进行决策时，必须考虑需求（因具有不确定性，所以是"机会节点"）。例如，在强需求情况下，建设新厂可得到2亿美元收入，而扩建旧厂只能得到1.2亿美元收入（可能因为生产能力有限）。每个分支的末端列出了收益减去成本后的净值。对于每条决策分支，把每种情况的净值与其概率相乘，然后再相加，就得到该方案的整体EMV（见阴影区域）。计算时要记得考虑=投资成本。从阴影区域的计算结果看，扩建旧厂方案的EMV较高，即4 600万美元——也是整个决策的EMV。（选择扩建旧厂，也代表了风险最低的方案，避免了可能损失3 000万美元的最坏结果。）

图 11-12　决策树分析示例

11.5.3　过程输出

本过程的输出主要包括以下内容。

项目文件更新

项目文件更新包括风险报告。更新以反映定量风险分析的结果,通常包括以下内容。
- 对整体项目风险敞口的评估结果。

整体项目风险有以下两种主要的测量方式。

① 项目成功的可能性。基于已识别的单个项目风险和其他不确定性来源,项目实现其主要目标(如既定的结束日期或中间里程碑、既定的成本目标)的概率。

② 项目固有的变异性。在开展定量分析之时,可能的项目结果的分布区间。
- 项目详细概率分析的结果。列出定量风险分析的重要输出,如 S 曲线、龙卷风图和关键性指标,以及对它们的叙述性解释。

详细结果可能包括以下内容。

① 所需的应急储备,以达到实现目标的特定置信水平。

② 对项目关键路径有最大影响的单个项目风险或其他不确定性来源的清单。

③ 整体项目风险的主要驱动因素,即对项目结果的不确定性有最大影响的因素。
- 单个项目风险优先级清单。根据敏感性分析的结果,列出对项目造成最大威胁或产生最大机会的单个项目风险。
- 定量风险分析结果的趋势。随着在项目生命周期的不同时间重复开展定量风险分析,风险的发展趋势可能逐渐清晰。发展趋势会影响对风险应对措施的规划。
- 风险应对建议。风险报告可能根据定量风险分析的结果,针对整体项目风险敞口或关键单个项目风险提出应对建议。这些建议将成为规划风险应对过程的输入。

11.6　规划风险应对

规划风险应对是为处理整体项目风险敞口,以及应对单个项目风险,而制定可选方案、选择应对策略并商定应对行动的过程,如图 11-13 所示。本过程的主要作用是,制定应对整体项目风险和单个项目风险的适当方法;本过程还将分配资源,并根据需要将相关活动添加到项目文件和项目管理计划中。本过程需要在整个项目期间开展。

有效和适当风险应对可以最小化单个威胁,最大化单个机会,并降低整体项目风险敞口;不恰当的风险应对则会适得其反。一旦完成对风险的识别、分析和排序,风险责任人就应该编制计划,以应对项目团队认为足够重要的每项单个项目风险。这些风险会对项目目标的实现造成威胁或提供机会。项目经理也应该思考如何针对整体项目风险的当前级别做出适当的应对。

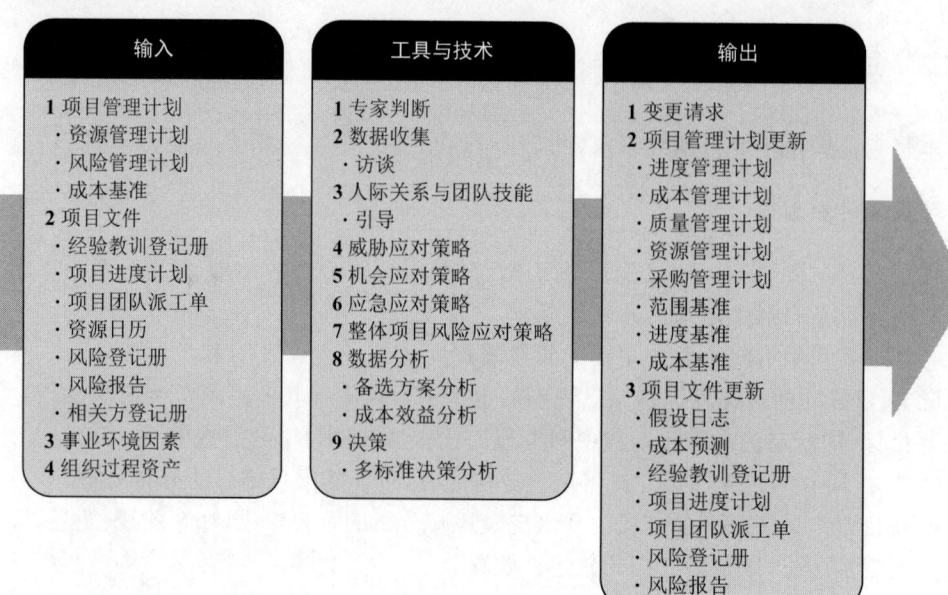

图 11-13　规划风险应对：输入、工具与技术和输出

11.6.1　过程输入

本过程的输入主要包括以下内容。

1. 项目管理计划

- 资源管理计划：有助于确定该如何协调用于风险应对的资源和其他项目资源。
- 风险管理计划：本过程会用到其中的风险管理角色和职责，以及风险临界值。
- 成本基准：包含拟用于风险应对的应急资金的信息。

2. 项目文件

- 经验教训登记册：查看关于项目早期的风险应对的经验教训，确定类似的应对是否适用于项目后期。
- 项目进度计划：可用于确定如何同时规划商定的风险应对活动和其他项目活动。
- 项目团队派工单：列明了可用于风险应对的人力资源。
- 资源日历：确定了潜在的资源何时可用于风险应对。
- 风险登记册。
- 风险报告。
- 相关方登记册：列出了风险应对的潜在责任人。

此过程的输入还包括事业环境因素和组织过程资产（见本书第 2 章）。

11.6.2　过程工具与技术

本过程工具与技术中的应对策略分别针对威胁、机会、应急和整体项目风险。

1. 威胁应对策略

针对威胁，可以考虑下列 5 种备选策略。

（1）上报。如果项目团队或项目发起人认为某威胁不在项目范围内，或提议的应对措施超出项目经理的权限，就应该采用上报策略。被上报的风险将在项目集层面、项目组合层面或组织的其他相关部门加以管理，而不在项目层面。项目经理应确定就威胁通知哪些人员，并向该人员或组织部门传达关于该威胁的详细信息。对于被上报的威胁，组织中的相关人员必须愿意承担应对责任，这一点非常重要。威胁通常要上报给其目标会受该威胁影响的那个层级。威胁一旦上报，就不再由项目团队做进一步监督，虽然仍可出现在风险登记册中供参考。

（2）规避。风险规避是指项目团队采取行动来消除威胁，或保护项目免受威胁的影响。它可能适用于发生概率较高，且具有严重负面影响的高优先级威胁。规避策略可能涉及变更项目管理计划的某些方面，或改变会受负面影响的目标，以便于彻底消除威胁，将它的发生概率降低到零。风险责任人也可以采取措施，来分离项目目标与风险万一发生的影响。规避措施可能包括消除威胁的原因、延长进度计划、改变项目策略或缩小范围。有些风险可以通过澄清需求、获取信息、改变沟通方式或取得专有技能来加以规避。

（3）转移。转移涉及将应对威胁的责任转移给第三方，让第三方管理风险并承担威胁发生的影响。采用转移策略，通常需要向承担威胁的一方支付风险转移费用。风险转移可能需要通过一系列行动才得以实现，包括（但不限于）购买保险、使用履约保函、使用担保书、使用保证书等；也可以通过签订协议，把具体风险的归属和责任转移给第三方。

（4）减轻。风险减轻是指采取措施来降低威胁发生的概率和影响。提前采取减轻措施通常比威胁出现后尝试进行弥补更加有效。减轻措施包括采用较简单的流程，进行更多次测试，或者选用更可靠的卖方。还可能涉及原型开发，以降低从实验台模型放大到实际工艺或产品中的风险。如果无法降低概率，也许可以从决定风险严重性的因素入手，来减轻风险发生的影响。例如，在一个系统中加入冗余部件，可以减轻原始部件故障所造成的影响。

（5）接受。风险接受是指承认威胁的存在，但不主动采取措施。此策略可用于低优先级威胁，也可用于无法以任何其他方式加以经济有效地应对的威胁。接受策略又分为主动或被动方式。最常见的主动接受策略是建立应急储备，包括预留时间、资金或资源以应对出现的威胁；被动接受策略则不会主动采取行动，而只是定期对威胁进行审查，确保其并未发生重大改变。

2. 机会应对策略

针对机会,可以考虑下列 5 种备选策略。

(1)上报。如果项目团队或项目发起人认为机会不在项目范围内,或提议的应对措施超出项目经理的权限,就应该采用上报策略。被上报的机会将在项目集层面、项目组合层面或组织的其他相关部门加以管理,而不在项目层面。项目经理应确定就机会通知哪些人员,并向该人员或组织部门传达关于该机会的详细信息。对于被上报的机会,组织中的相关人员必须愿意承担应对责任,这一点非常重要,机会通常要上报给其目标会受该机会影响的那个层级。机会一旦上报,就不再由项目团队做进一步监督,虽然仍可出现在风险登记册中供参考。

(2)开拓。如果组织想确保把握高优先级的机会,就可以选择开拓策略。此策略将特定机会的出现概率提高到100%,确保其肯定出现,从而获得与其相关的收益。开拓措施可能包括把组织中最有能力的资源分配给项目来缩短完工时间,或采用全新技术或技术升级来节约项目成本并缩短项目持续时间。

(3)分享。分享涉及将应对机会的责任转移给第三方,使其享有机会所带来的部分收益。必须仔细为已分享的机会安排新的风险责任人,让那些最有能力为项目抓住机会的人担任新的风险责任人。采用风险分享策略,通常需要向承担机会应对责任的一方支付风险费用。分享措施包括建立合伙关系、合作团队、特殊公司或合资企业来分享机会。

(4)提高。提高策略用于提高机会出现的概率和影响。提前采取提高措施通常比机会出现后尝试改善收益更加有效。通过关注其原因,可以提高机会出现的概率;如果无法提高概率,也许可以针对决定其潜在收益规模的因素来提高机会发生的影响。机会提高措施包括为早日完成活动而增加资源。

(5)接受。接受机会是指承认机会的存在,但不主动采取措施。此策略可用于低优先级机会,也可用于无法以任何其他方式加以经济有效地应对的机会。接受策略又分为主动或被动方式。最常见的主动接受策略是建立应急储备,包括预留时间、资金或资源,以便在机会出现时加以利用;被动接受策略则不会主动采取行动,而只是定期对机会进行审查,确保其并未发生重大改变。

3. 应急应对策略

可以设计一些仅在特定事件发生时才采用的应对措施。对于某些风险,如果项目团队相信其发生会有充分的预警信号,那么就应该制定仅在某些预定条件出现时才执行的应对计划。应该定义并跟踪应急应对策略的触发条件,例如,未实现中间的里程碑,或获得卖方更高程度的重视。采用此技术制订的风险应对计划,通常称为应急计划或弹回计划,其中包括已识别的、用于启动计划的触发事件。

4. 整体项目风险应对策略

风险应对措施的规划和实施不应只针对单个项目风险,还应针对整体项目风险。用于应对单个项目风险的策略也适用于整体项目风险。

（1）规避。如果整体项目风险有严重的负面影响，并已超出商定的项目风险临界值，就可以采用规避策略。此策略涉及采取集中行动，弱化不确定性对项目整体的负面影响，并将项目拉回临界值以内。例如，取消项目范围中的高风险工作，就是一种整个项目层面的规避措施。如果无法将项目拉回临界值以内，则可能取消项目。这是最极端的风险规避措施，仅适用于威胁的整体级别在当前和未来都不可接受。

（2）开拓。如果整体项目风险有显著的正面影响，并已超出商定的项目风险临界值，就可以采用开拓策略。此策略涉及采取集中行动，去获得不确定性对整体项目的正面影响。例如，在项目范围中增加高收益的工作，以提高项目对相关方的价值或效益；或者也可以与关键相关方协商修改项目的风险临界值，以便将机会包含在内。

（3）转移或分享。如果整体项目风险的级别很高，组织无法有效加以应对，就可能需要让第三方代表组织对风险进行管理。若整体项目风险是负面的，就需要采取转移策略，这可能涉及支付风险费用；如果整体项目风险高度正面，则由多方分享，以获得相关收益。整体项目风险的转移和分享策略包括建立买方和卖方分享整体项目风险的协作式业务结构、成立合资企业或特殊目的公司，或对项目的关键工作进行分包。

（4）减轻或提高。本策略涉及变更整体项目风险的级别，以优化实现项目目标的可能性。减轻策略适用于负面的整体项目风险，而提高策略则适用于正面的整体项目风险。减轻或提高策略包括重新规划项目、改变项目范围和边界、调整项目优先级、改变资源配置、调整交付时间等。

（5）接受。即使整体项目风险已超出商定的临界值，如果无法针对整体项目风险采取主动的应对策略，组织可能选择继续按当前的定义推动项目进展。接受策略又分为主动或被动方式。最常见的主动接受策略是为项目建立整体应急储备，包括预留时间、资金或资源，以便在项目风险超出临界值时使用；被动接受策略则不会主动采取行动，而只是定期对整体项目风险的级别进行审查，确保其未发生重大改变。

11.6.3　其他工具与技术

本过程的其他工具与技术主要包括以下内容。

1. 专家判断

应征求具备以下专业知识的个人或小组的意见：威胁、机会、应急和整体项目风险应对策略。可以就单个项目风险向特定主题专家征求意见。

2. 数据收集

数据收集包括访谈。单个项目风险和整体项目风险的应对措施可以在与风险责任人的结构化或半结构化的访谈中制定。

3. 人际关系与团队技能

人际关系与团队技能包括引导。

4. 数据分析

可以考虑以下多种备选风险应对策略。

- 备选方案分析。对方案的特征和要求进行简单比较,进而确定哪个应对方案最为适用。
- 成本收益分析。如果能够把单个项目风险的影响进行货币量化,就可以通过成本收益分析来确定备选风险应对策略的成本有效性。把应对策略将导致的风险影响级别变更除以策略的实施成本,所得到的比率,代表应对策略的成本有效性。比率越高,有效性就越高。

5. 决策

决策包括多标准决策分析,列入考虑范围的风险应对策略可能是一种或多种。决策技术有助于对多种风险应对策略进行优先级排序。多标准决策分析借助决策矩阵,提供建立关键决策标准、评估备选方案并加以评级,以及选择首选方案的系统分析方法。风险应对策略的选择标准可能包括应对成本、应对策略在改变概率和影响方面的预计有效性、资源可用性、时间限制(如紧迫性、邻近性和潜伏期)、风险发生的影响级别、应对措施对相关风险的作用、导致的次生风险等。如果原定的应对策略被证明无效,可在项目后期采取不同的应对策略。

11.6.4 过程输出

本过程的输出主要包括以下内容。

1. 变更请求

规划风险应对后,可能会就成本基准和进度基准,或项目管理计划的其他组件提出变更请求,应该通过实施整体变更控制过程对变更请求进行审查和处理。

2. 项目管理计划更新

项目管理计划的任何变更都以变更请求的形式提出,且通过组织的变更控制过程进行处理。

- 进度管理计划:包括资源负荷和资源平衡变更,或进度策略更新等。
- 成本管理计划:包括成本会计、跟踪和报告变更,以及预算策略和应急储备使用方法更新等。
- 质量管理计划:包括满足需求的方法、质量管理方法,或质量控制过程的变更等。
- 资源管理计划:包括资源配置变更,以及资源策略更新等。

- 采购管理计划：包括自制或外购决策或合同类型的更改等。
- 范围基准、进度基准、成本基准：如果商定的风险应对策略导致范围、进度或者成本变更，且这种变更已经获得批准，那么就要对相关基准做出相应的变更。

3. 项目文件更新

- 假设日志：在规划风险应对过程中，可能做出新的假设、识别出新的制约因素，或者现有的假设条件或制约因素可能被重新审查和修改。应该更新假设日志，记录这些新信息。
- 成本预测：可能因规划的风险应对策略而发生变更。
- 经验教训登记册：更新以记录适用于项目的未来阶段或未来项目的风险应对信息。
- 项目进度计划：可以把用于执行已商定的风险应对策略的活动添加到项目进度计划中。
- 项目团队派工单：一旦确定应对策略，应为每项与风险应对计划相关的措施分配必要的资源，包括用于执行商定的措施的具有适当资质和经验的人员（通常在项目团队中）、合理的资金和时间，以及必要的技术手段。
- 风险登记册。需要更新以记录选择和商定的风险应对措施。可能包括以下内容。
  - ◆ 商定的应对策略。
  - ◆ 实施所选应对策略所需要的具体行动。
  - ◆ 风险发生的触发条件、征兆和预警信号。
  - ◆ 实施所选应对策略所需要的预算和进度活动。
  - ◆ 应急计划，以及启动该计划所需的风险触发条件。
  - ◆ 弹回计划，供风险发生且主要应对措施不足以应对时使用。
  - ◆ 在采取预定应对措施之后仍然存在的残余风险，以及被有意接受的风险。
  - ◆ 由实施风险应对措施而直接导致的次生风险。
- 风险报告：更新以记录针对当前整体项目风险敞口和高优先级风险的经商定的应对措施，以及实施这些措施之后的预期变化。

11.7 实施风险应对

　　实施风险应对是执行商定的风险应对计划的过程，如图 11-14 所示。本过程的主要作用是，确保按计划执行商定的风险应对措施，来管理整体项目风险敞口、最小化单个项目威胁，以及最大化单个项目机会。本过程需要在整个项目期间开展。

　　适当关注实施风险应对过程，能够确保已商定的风险应对措施得到实际执行。项目风险管理的一个常见问题是，项目团队努力识别和分析风险并制定应对措施，然后把经商定的应对措施记录在风险登记册和风险报告中，但是不采取实际行动去管理风险。

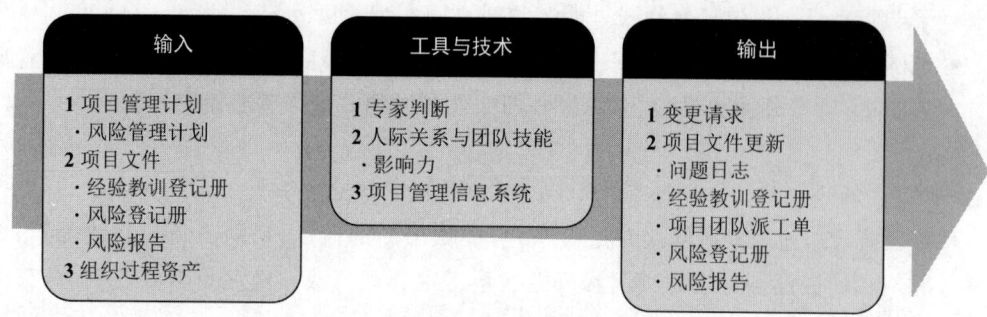

图 11-14　实施风险应对：输入、工具与技术和输出

11.7.1　过程输入

本过程的输入主要包括以下内容。

1. 项目管理计划

项目管理计划的组件包括风险管理计划，列明了与风险管理相关的项目团队成员和其他相关方的角色和职责。应根据这些信息为已商定的风险应对措施分配责任人。风险管理计划还会定义适用于本项目的风险管理方法论的详细程度，基于关键相关方的风险偏好规定项目的风险临界值。风险临界值代表实施风险应对所需实现的可接受目标。

2. 项目文件

- 经验教训登记册：项目早期获得的与实施风险应对有关的经验教训，可用于项目后期提高本过程的有效性。
- 风险登记册：记录每项单个风险的商定风险应对措施，以及负责应对的指定责任人。
- 风险报告：包括对当前整体项目风险敞口的评估，以及商定的风险应对策略，还会描述重要的单个项目风险及其应对计划。

此过程的输入还包括组织过程资产（见本书第 2 章）。

11.7.2　过程工具与技术

本过程的工具与技术主要包括以下内容。

1. 专家判断

在确认或修改风险应对措施，以及决定如何以最有效率和最有效果的方式加以实施时，应征求具备相应专业知识的个人或小组的意见。

2. 人际关系与团队技能

人际关系与团队技能包括影响力。有些风险应对措施可能由直属项目团队以外的人员执行，或由存在其他竞争性需求的人员执行。这种情况下，负责引导风险管理过程的项目经理或人员就需要施展影响力，去鼓励指定的风险责任人采取所需的行动。

3. 项目管理信息系统（PMIS）

PMIS 可能包括进度、资源和成本软件，用于确保把商定的风险应对计划及其相关活动，连同其他项目活动一并纳入整个项目。

11.7.3　过程输出

本过程的输出主要包括以下内容。

1. 变更请求

实施风险应对后，可能会就成本基准和进度基准，或项目管理计划的其他组件提出变更请求。应该通过实施整体变更控制过程对变更请求进行审查和处理。

2. 项目文件更新

- 问题日志：将已识别的问题会被记录到问题日志中。
- 经验教训登记册：更新以记录在实施风险应对时遇到的挑战、本可采取的规避方法，以及实施风险应对的有效方式。
- 项目团队派工单：一旦确定风险应对策略，应为相关的措施分配必要的资源，包括用于执行商定的措施的具有适当资质和经验的人员、合理的资金和时间，以及必要的技术手段。
- 风险登记册：更新以反映本过程导致的对单个项目风险的已商定应对措施的任何变更。
- 风险报告：需要此报告以反映本过程导致的对整体项目风险敞口商定的任何变更。

11.8　监督风险

监督风险是在整个项目期间，监督商定的风险应对计划的实施、跟踪已识别风险、识别和分析新风险，以及评估风险管理过程有效性的过程，如图 11-15 所示。

本过程的主要作用是，使项目决策都基于关于整体项目风险敞口和单个项目风险的当前信息。本过程要在整个项目期间开展。

为了确保项目团队和关键相关方了解当前的风险敞口级别，应该通过监督风险过程对项目工作进行持续监督，来发现新出现、正变化和已过时的单个项目风险。监督风险过

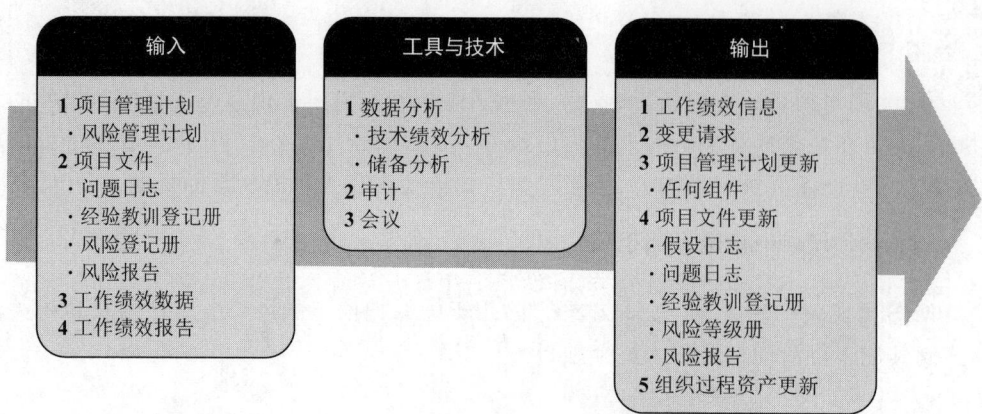

图 11-15 监督风险：输入、工具与技术和输出

程采用项目执行期间生成的绩效信息，以确定下面问题。

- 实施的风险应对是否有效。
- 整体项目风险级别是否已改变。
- 已识别单个项目风险的状态是否已改变。
- 是否出现新的单个项目风险。
- 风险管理方法是否依然适用。
- 项目假设条件是否仍然成立。
- 风险管理政策和程序是否已得到遵守。
- 成本或进度应急储备是否需要修改。
- 项目策略是否仍然有效。

11.8.1 过程输入

本过程的输入主要包括以下内容。

1. 项目管理计划

项目管理计划中包括风险管理计划，规定了应如何及何时审查风险，应遵守哪些政策和程序，与本过程有关的角色和职责安排，以及报告格式。

2. 项目文件

- 问题日志：用于检查未决问题是否已更新，并对风险登记册进行必要更新。
- 经验教训登记册：在项目早期获得的与风险相关的经验教训可用于项目后期阶段。
- 风险登记册：主要包括已识别单个项目风险、风险责任人、商定的风险应对策略，以及具体的应对措施。其他详细信息包括用于评估应对计划有效性的控制措施、风险的症状和预警信号、残余及次生风险，以及低优先级风险观察清单。

- 风险报告：包括对当前整体项目风险敞口的评估，以及商定的风险应对策略，还会描述重要的单个项目风险及其应对计划和风险责任人。

3. 工作绩效数据

工作绩效数据包含项目状态信息，例如，已实施的风险应对措施、已发生的风险、仍活跃及已关闭的风险。

4. 工作绩效报告

工作绩效报告是通过分析绩效测量结果而得到的，能够提供关于项目工作绩效的信息，包括偏差分析结果、挣值数据和预测数据，用于监督与绩效相关的风险。

11.8.2 过程工具与技术

本过程的工具与技术主要包括以下内容。

1. 数据分析

- 技术绩效分析：把项目执行期间所取得的技术成果与取得相关技术成果的计划进行比较。要求定义关于技术绩效的客观的、量化的测量指标，以便据此比较实际结果与计划要求。技术绩效测量指标可能包括处理时间、缺陷数量、储存容量等。实际结果偏离计划的程度可以代表威胁或机会的潜在影响。
- 储备分析：在整个项目执行期间，可能发生某些单个项目风险，对预算和进度应急储备产生正面或负面的影响。储备分析是指在项目的任一时点比较剩余应急储备与剩余风险量，从而确定剩余储备是否仍然合理。可以用各种图形（如燃尽图）来显示应急储备的消耗情况。

2. 审计

风险审计可用于评估风险管理过程的有效性。项目经理负责确保按项目风险管理计划所规定的频率开展风险审计。可以在日常项目审查会、风险审查会上开展，团队也可以召开专门的风险审计会。在实施审计前，应明确定义风险审计的程序和目标。

3. 会议

会议包括风险审查会。应该定期安排风险审查，检查和记录风险应对在处理整体项目风险和已识别单个项目风险方面的有效性。在风险审查中，还可以识别出新的单个项目风险（包括已商定应对措施所引发的次生风险），重新评估当前风险，关闭已过时风险，讨论风险发生所引发的问题，以及总结可用于当前项目后续阶段或未来类似项目的经验教训。

11.8.3 过程输出

本过程的输出主要包括以下内容。

1. 工作绩效信息

工作绩效信息是经过比较单个风险的实际发生情况和预计发生情况，所得到的关于项目风险管理执行绩效的信息。它可以说明风险应对规划和应对实施过程的有效性。

2. 变更请求

执行监督风险过程后，可能会就成本基准和进度基准，或项目管理计划的其他组件提出变更请求，应该通过实施整体变更控制过程对变更请求进行审查和处理。

变更请求可能包括建议的纠正与预防措施，以处理当前整体项目风险级别或单个项目风险。

3. 项目管理计划更新

项目管理计划的任何变更都以变更请求的形式提出，且通过组织的变更控制过程进行处理。

4. 项目文件更新

- 假设日志：更新以记录新的假设、识别新的制约因素，或者现有假设条件或制约因素可能被重新审查和修改。
- 问题日志：作为监督风险过程的一部分，记录已识别的问题。
- 经验教训登记册：记录风险审查期间得到的任何与风险相关的经验教训，以便用于项目的后期阶段或未来项目。
- 风险登记册：记录在监督风险过程中产生的关于单个项目风险的信息，可能包括添加新风险、更新已过时风险或已发生风险，以及更新风险应对措施，等等。
- 风险报告：更新以反映重要单个项目风险的当前状态，以及整体项目风险的当前级别。还可能包括有关的详细信息，诸如最高优先级单个项目风险、已商定的应对措施和责任人，以及结论与建议；也可以收录风险审计给出的关于风险管理过程有效性的结论。

5. 组织过程资产更新

组织过程资产更新包括风险管理计划、风险登记册和风险报告的模板，以及风险分解结构。

习题

1. 风险管理知识领域各过程属于哪两个过程组？（　　　）
   A. 启动过程组和规划过程组　　　　B. 启动过程组和执行过程组
   C. 规划过程组和监控过程组　　　　D. 规划过程组和执行过程组
2. 你的项目团队正在判断哪些风险会影响项目，并且记录这些风险的特征。请问你

们处于什么过程?(　　)

  A. 规划风险管理   B. 识别风险

  C. 规划风险应对   D. 风险评估

3. 以下哪个过程需要项目成员对已识别风险进行跟踪,对采取预定应对措施之后仍然存在的残余风险进行监测?(　　)

  A. 规划风险管理   B. 风险评估

  C. 规划风险应对   D. 控制风险

4. "股市有风险,入市要谨慎",但是相对于把钱存入银行,很多人更乐意用来炒股。我们趋向于把这类人归为(　　)。

  A. 风险厌恶型 B. 风险中立型 C. 风险喜好型 D. 以上均不是

5. 风险的两要素是(　　)。

  A. 时间和成本 B. 概率和影响 C. 起因和结果 D. 条件和影响

6. 风险与项目生命周期的关系是(　　)。

  A. 项目早期是风险高发、高影响期 B. 项目早期是风险低发、高影响期

  C. 项目后期是风险低发、高影响期 D. 项目后期是风险高发、低影响期

7. 通常称可能引发项目风险的各种项目或组织环境因素(如不成熟的项目管理实践、缺乏综合管理系统)为(　　)。

  A. 不确定性 B. 风险起因 C. 风险条件 D. 风险触发因素

8. 项目风险管理的目标是(　　)。

  A. 提高决策的合理性

  B. 制定提高机会、降低威胁的方案和措施

  C. 减少项目管理中的不确定性

  D. 提高项目积极事件的概率和影响,降低项目消极事件的概率和影响

9. 关于风险承受力的说法,以下哪项是不正确的?(　　)

  A. 能够承受的风险严重性的量化控制界限

  B. 对不同风险的种类和内容接受的程度

  C. 组织和相关方具有不同的风险承受力

  D. 不同于风险临界值

10. 规划风险管理和规划风险应对的主要区别是(　　)。

  A. 前者针对整个项目的风险管理活动,后者针对具体的风险

  B. 前者针对具体的风险,后者针对整个项目的风险管理

  C. 前者在风险发生前进行,后者在风险发生后进行

  D. 前者在风险发生后进行,后者在风险发生前进行

11. 根据风险可能对项目目标产生的影响,对风险进行优先排序的典型方法有(　　)。

  A. 访谈   B. 建模和模拟

  C. 决策树分析   D. 概率和影响矩阵

12. 你正在为你的项目识别可能的风险,你需要首先识别并列出所有可能的风险,再对这些风险进行定性和定量的分析。虽然可以利用许多技术,但是在风险识别中可能最

常用的是哪种?（　　　）

  A. 访谈   B. 概率和影响分析

  C. 根本原因分析   D. 头脑风暴法

13. 从项目的每个优势、劣势、机会和威胁出发,对项目进行考察,把产生于内部的风险都包括在内,从而更全面地考虑风险的技术是(　　　)。

  A. 敏感性分析   B. SWOT 分析   C. 图解技术   D. 核对单分析

14. 定义风险的高、中、低是属于哪种类型的风险估计?（　　　）

  A. 风险的不确定性   B. 风险的不利性

  C. 风险的定性分析   D. 风险的定量

15. 项目团队考察风险数据的准确性、质量、可靠性和完整性。他们处于以下哪个过程?（　　　）

  A. 识别风险   B. 实施定性风险分析

  C. 实施定量风险分析   D. 规划风险应对

16. 在实施定性风险分析过程中被评定为不重要的风险是(　　　)。

  A. 置之不理   B. 整理之后发给相关方

  C. 列入观察清单,加以持续监测   D. 作为经验教训写入组织过程

17. 数据收集时,你们项目团队要求收集最乐观(低)、最悲观(高)与最可能情况的信息。请问你们采用了何种分布?（　　　）

  A. 三角分布   B. 均匀分布   C. 对数分布   D. 正态分布

18. 实施定量风险分析过程的数据收集和展示技术包括(　　　)。

  A. 头脑风暴   B. 德尔菲技术   C. 访谈   D. 根本原因分析

19. 如果在具体的最高值和最低值之间,没有哪个数值的可能性比其他数值更高,应该用何种概率分布类型?（　　　）

  A. 三角分布   B. 均匀分布   C. 贝塔分布   D. 正态分布

20. 使用敏感性分析有助于(　　　)。

  A. 判断管理层对风险的敏感程度

  B. 确定哪些风险对项目具有最大的潜在影响

  C. 确定实现项目目标的概率

  D. 计算某种情况的平均结果

21. 用于比较很不确定的变量与相对稳定的变量之间的相对重要性和相对影响的是(　　　)。

  A. 因果图   B. 系统或过程流程图

  C. 影响图   D. 龙卷风图

22. 项目的概率分析是下面哪个过程的输出?（　　　）

  A. 识别风险   B. 实施定性风险分析

  C. 实施定量风险分析   D. 规划风险应对

23. 你是一家养鸡场建设项目的经理,该项目受到当地居民的强烈反对。他们认为鸡的粪便等排泄物会污染环境,从而危害当地居民健康。他们已经威胁要将公司告上法

庭。你已经花费了很多时间与他们交涉,但进展不大。最终,你只好决定建议你的管理层将养鸡场建在其他地方。这是哪种风险应对方式?(   )

  A. 接受   B. 规避   C. 减轻   D. 转移

24. 你是一个咨询项目的项目经理。在咨询过程中,客户提出市场营销方面的培训需求。满足客户这一需求不仅可以获得培训方面的收益,而且有利于咨询项目目标的实现,但市场营销并不是你所在公司的专长。此时你可以采取何种风险应对措施?(   )

  A. 转移   B. 开拓   C. 分享   D. 提高

25. 你是一个工程建设项目的项目经理,由于项目设计很稳定,你在考虑运用固定总价合同来应对费用方面的风险。你采取的风险应对措施是(   )。

  A. 规避   B. 转移   C. 减轻   D. 应急应对

26. 在规划风险管理过程中,你的团队找出434个风险和引发风险的16个主要原因。这个项目是团队在一起做的一系列项目中的最后一个。项目出资人非常支持,项目投入大量时间确保项目工作完成后能获得所有关键相关方的签字。在项目规划期间,团队不能使用有效的方式针对某个风险来减轻或买保险。这个风险既不能外包也不能删除,最好的解决方案是什么?(   )

  A. 接受这个风险   B. 继续研究减轻这个风险

  C. 找出规避这个风险的方式   D. 找出转移这个风险的方式

27. 在识别你的项目的风险之后,你发现有个风险发生概率很高但结果对项目影响较小。针对此风险,你会采取何种风险应对策略?(   )

  A. 消除风险的影响   B. 避免此风险

  C. 添加此风险到非关键风险列表中 D. 给此风险购买保险

28. 事先制订好的在所选策略无效或发生已接受的风险时加以实施的应对计划是(   )。

  A. 减轻策略 B. 弹回计划 C. 应急计划 D. 权变措施

29. 你是负责一个建筑项目的项目经理,你的一个成员向你报告:目前的应急储备紧缺,不足以应付剩余的风险,应当增加应急储备。请问他是使用何种技术得到这个判断的?(   )

  A. 风险再评估   B. 技术绩效测量

  C. 储备分析   D. 状态审查会

30. 针对以往未曾识别或被动接受的、目前正在发生的不利风险,而做出的未经事先计划的措施称为(   )。

  A. 应急计划 B. 权变措施 C. 风险规避 D. 风险接受策略

实验与思考:山峰公司局域网项目

1. 实验目的

本节"实验与思考"的目的如下。

（1）理解和熟悉项目风险管理的基本概念。

（2）熟悉案例"山峰公司局域网项目"，讨论分析该项目可能存在的风险问题。

（3）尝试为该项目编制风险管理计划，建立风险登记册，完成初步的项目风险管理实践。

2. 工具/准备工作

在开始本实验之前，请回顾教科书的相关内容。

需要准备一台能够访问因特网的计算机。

3. 实验内容与步骤

案例：山峰公司局域网项目（A）

山峰公司是一家位于杭州萧山的小型信息系统咨询企业，该地一家社会福利机构聘请其为自己设计和安装局域网（LAN）。你是该项目的项目经理，项目组包括两个专业人员和一个大学实习生。你刚刚结束项目的初步范围陈述（见下文），现在要进行头脑风暴，思考与项目相关的可能风险。

项目目标

在 1 个月内为萧山区民政局设计和安装局域网，预算不超过 54 万元。

交付物

- 20 个工作站和 20 台笔记本电脑。
- 带多核处理器的服务器。
- 两套彩色激光打印机。
- Windows 服务器和工作站操作系统。
- 对客服人员进行 4 个小时的初步培训。
- 对客户网络管理员进行 16 个小时的培训。
- 完全可操作的 LAN 系统。

里程碑

（1）1 月 22 日硬件。

（2）1 月 26 日设定用户优先级和授权。

（3）2 月 1 日完成内部整体网络检验。

（4）2 月 2 日客户现场检验。

（5）2 月 16 日完成培训。

技术要求

（1）工作站配置为：17 英寸显示器、多核处理器、4GB RAM、DVD＋RW、无线网卡、以太网卡、500GB 硬盘。

（2）笔记本电脑要求：14 英寸显示器、多核处理器、4GB RAM、DVD＋RW、无线网卡、以太网卡、1TB 硬盘。

（3）无线网络接口和以太网连接。

（4）系统必须支持 Windows 平台。

（5）系统要为该领域工作者提供安全的外部连接。

以上技术指标可以正偏离。

限制和例外

（1）系统维护和修理仅持续到验收后的 1 个月。

（2）保修单移交给客户。

（3）仅负责安装客户在项目开始 2 周前指定的软件。

（4）客户必须为超出合同指定的额外培训付费。

客户评价

萧山区民政局分管局长。

作业

（1）识别与这一项目相关的风险，力争想到至少 5 个不同风险。为项目编制风险管理计划（见表 11-1）和风险登记册（见表 11-2）。

（2）使用表 11-3，为本项目进行概率和影响评估，分析识别出来的风险。

（3）使用图 11-4，建立本项目的概率和影响矩阵，并概述你如何处理每种风险。

请用压缩软件对本作业完成的相关文件压缩打包，并将压缩文件命名如下。

<班级>_<姓名>_项目风险管理.rar

请将该压缩文件在要求的日期内，以电子邮件、微信文件传送或者实验指导老师指定的其他方式交付。

请记录该项实践作业能够顺利完成吗？

_____

_____

4. 实验总结

_____

_____

_____

5. 实验评价（教师）

_____

_____

第12章 项目采购管理

采购就是从外界获得产品或服务。企业选择采购服务，是为了达成以下目标。

- 降低固定成本和经常性成本。采购供应商常可以利用规模经济效应来节省成本。
- 可以使组织把重点放在自己的核心业务上。
- 通过从外界获取资源，可以在需要的时候获得专门的技能和技术。
- 提供经营的灵活性。在企业工作高峰期利用外部人员，比给整个项目都配备内部人员要经济得多。
- 提高责任性。合同是一份买卖双方承担责任互相约束的协议。由于合同的法律约束力，所以卖方对按合同规定交付的工作更能负起责任。

项目采购管理包括从项目团队外部采购或获得所需产品、服务或成果的各个过程，如图 12-1 所示。项目采购管理包括编制和管理协议所需的管理和控制过程，例如，合同、订

项目采购管理		
12.2 规划采购管理 **1 输入** · 项目章程 · 商业文件 · 项目管理计划 · 项目文件 · 事业环境因素 · 组织过程资产 **2 工具与技术** · 专家判断 · 数据收集 · 数据分析 · 供方选择分析 · 会议 **3 输出** · 采购管理计划 · 采购策略 · 招标文件 · 采购工作说明书 · 供方选择标准 · 自制或外购决策 · 独立成本估算 · 变更请求 · 项目文件更新 · 组织过程资产更新	**12.3 实施采购** **1 输入** · 项目管理计划 · 项目文件 · 采购文档 · 卖方建议书 · 事业环境因素 · 组织过程资产 **2 工具与技术** · 专家判断 · 广告 · 投标人会议 · 数据分析 · 人际关系与团队技能 **3 输出** · 投标人会议 · 协议 · 变更请求 · 项目管理计划更新 · 项目文件更新 · 组织过程资产更新	**12.4 控制采购** **1 输入** · 项目管理计划 · 项目文件 · 协议 · 采购文档 · 批准的变更请求 · 工作绩效数据 · 事业环境因素 · 组织过程资产 **2 工具与技术** · 专家判断 · 索赔管理 · 数据分析 · 检查 · 审计 **3 输出** · 结束的采购 · 工作绩效信息 · 采购文档更新 · 变更请求 · 项目管理计划更新 · 项目文件更新 · 组织过程资产更新

图 12-1 项目采购管理概述

购单、协议备忘录或服务水平协议。被授权采购项目所需货物和服务的人员可以是项目团队、管理层或组织采购部的成员。

12.1 项目采购管理概述

项目采购管理过程围绕包括合同在内的协议来进行。合同是对买卖双方都有法律约束力的协议,规定卖方有义务提供有价值的东西,如规定的产品、服务或成果,买方有义务支付货币或其他有价值的补偿。协议应该与可交付成果和所需工作的简繁程度相适应。因应用领域不同,合同也可称作协议、谅解、分包合同或订购单。大多数组织都有相关的书面政策和程序,来专门定义采购规则,并规定谁有权代表组织签署和管理协议。

12.1.1 项目采购管理的核心概念

与采购过程相关的重大法律义务和惩罚,通常超出大多数其他的项目管理过程。项目经理应该对采购过程有足够了解,以便做出与合同及合同关系相关的明智决定。

项目采购管理过程涉及用协议来描述买卖双方之间的关系。协议可以很简单,如以特定人工单价购买所需的工时,也可以很复杂,如多年的国际施工合同。合同签署的方法和合同本身应体现可交付成果或所需人力投入的简单性或复杂性,其书写形式也应符合当地、所在国或国际法中关于合同签署的规定。

合同应明确说明预期的可交付成果和结果,包括从卖方到买方的任何知识转移。合同中未规定的任何事项则不具法律强制力。在国际合作中,无论合同规定如何详尽,文化和当地法律对合同及其可执行性均有影响。

采购合同中包括条款和条件,也可包括买方就卖方应实施工作或应交付产品的其他规定。在与采购办公室协作确保遵守组织的采购政策的同时,项目管理团队必须确定所有采购都能满足项目的具体需要。大多数组织都有相关的书面政策和程序,专门定义采购规则,并规定谁有权代表组织签署和管理协议。

虽然所有项目文件可能都要经过某种形式的审查与批准,但是,鉴于其法律约束力,合同或协议需要经过更多的审批程序,而且通常会涉及法务部。在任何情况下,审批程序的主要目标都是确保合同充分描述将由卖方提供的产品、服务或成果,且符合法律法规关于采购的规定。通常把描述产品、服务或成果的文件作为独立的附件或附录,以便合同正文使用标准化的法律合同用语。

假设项目所需物品或服务的买方是项目团队,或者是组织内部的某个部门,同时假设卖方是为项目提供物品或服务的一方,且通常来自组织外部。在小型组织或初创企业,以及未设置购买、合同或采购部门的组织,项目经理可以拥有采购职权,能够直接谈判并签署合同(如分散式采购)。在签署国际合同时,应该在合同中明确规定对合同的法律管辖权。

12.1.2 发展趋势和新兴实践

不同行业各方面(如软件工具、风险、过程、物流和技术)的一些重大趋势,会影响项目的成功率。项目采购管理的发展趋势和新兴实践包括以下内容。

(1)工具的改进。买方能够使用在线工具集中发布采购广告;卖方也能够使用在线工具集中查找采购文件,并直接在线填写。在施工、工程和基础设施领域,建筑信息模型(BIM)软件的应用日益广泛,为工程项目节省了大量时间和资金。它能够大幅减少施工索赔,从而降低成本、缩短工期,因此要求在大型项目中使用 BIM。

(2)更先进的风险管理。在编制合同时准确地将具体风险分配给最有能力对其加以管理的一方。没有任何承包商有能力管理项目的所有重大风险,买方因而必须接受承包商无法掌控的风险。在合同中可以明确规定风险管理是合同工作的一部分。

(3)变化中的合同签署实践。承包商越来越重视在采购过程中与客户开展密切合作,以便对批量采购或有其他特殊关系的客户给予折扣优惠。对于此类项目来说,为了减少执行过程中的问题和索赔,采用国际公认的标准合同范本也日益普遍。

(4)物流和供应链管理。对采购周期较长的产品,制造环节和运输(即到项目现场)环节都是项目进度的决定因素。在这些项目上,可能需要在签订其他采购合同之前就采购这些订购周期长的产品,以便项目如期完成。在产品的最终设计完成之前,可能需要根据总体设计中已确定的要求开始订购采购周期较长的材料、用品或设备。在项目早期,不仅要明确主要的采购渠道,通常还需要明确次要和备选渠道。

(5)技术和相关方关系。有些项目显示,使用网络摄像机记录现场情况,能够避免对事实的分歧,从而能够把与现场施工有关的争议降到最低程度。

(6)试用采购。并非每一个卖方都能很好地适应买方组织的环境,因此,在决定大批量采购之前,有些项目会试用多个候选卖方,向他们采购少量的可交付成果和工作产品。这样一来,买方可以在推进项目工作的同时,对潜在合作伙伴进行评估。

12.1.3 裁剪时考虑的因素

因为每个项目都是独特的,所以项目经理需要裁剪项目采购管理过程。裁剪因素包括以下内容。

(1)采购的复杂性。是只开展一次主要的采购,还是需要在不同时间向不同卖方进行多次采购(会提高采购的复杂性)?

(2)物理地点。买方和卖方在同一或邻近地点,还是位于不同时区、国家或洲?

(3)治理和法规环境。组织的采购政策是否和当地相关的法律法规兼容?当地的法律法规会如何影响合同审计工作?

(4)承包商的可用性。是否有具备工作执行能力的承包商可供选择?

在敏捷型环境中,可能需要与特定卖方协作来扩充团队。这种协作关系能够营造风险共担式采购模型,让买方和卖方共担项目风险和共享项目奖励。

在大型项目上,可能针对某些可交付成果采用适应型方法,而对其他部分则采用更稳定的方法。在这种情况下,可以通过主体协议,如主要服务协议,来管辖整体协作关系,而将适应型工作写入附录或补充文件。这样,变更只针对适应型工作,而不会对主体协议造成影响。

12.2 规划采购管理

规划采购管理是记录项目采购决策、明确采购方法、识别潜在卖方的过程,如图 12-2 所示。本过程的主要作用是,确定是否需要从项目外部获取货物和服务,如果是,则还要确定将在什么时间、以什么方式获取什么货物和服务。货物和服务可从执行组织的其他部门采购,或者从外部渠道采购。本过程仅开展一次或仅在项目的预定义点开展。

输入	工具与技术	输出

1 项目章程
2 商业文件
  .商业论证
  .效益管理计划
3 项目管理计划
  ·范围管理计划
  ·质量管理计划
  ·资源管理计划
  .范围基准
4 项目文件
  ·里程碑清单
  ·项目团队派工单
  ·需求文件
  .需求跟踪矩阵
  .资源需求
  ·风险登记册
  ·相关方登记册
5 事业环境因素
6 组织过程资产
	1 专家判断
	2 数据收集
	  ·市场调研
	3 数据分析
	  ·自制或外购分析
	4 供方选择分析
	5 会议
		1 采购管理计划
		2 采购策略
		3 招标文件
		4 采购工作说明书
		5 供方选择标准
		6 自制或外购决策
		7 独立成本估算
		8 变更请求
		9 项目文件更新
		  ·经验教训登记册
		  ·里程碑清单
		  .需求文件
		  .需求跟踪矩阵
		  .风险登记册
		  ·相关方登记册
		10 组织过程资产更新

图 12-2 规划采购管理:输入、工具与技术和输出

应该在规划采购管理过程的早期,确定与采购有关的角色和职责。项目经理应确保在项目团队中配备具有所需采购专业知识的人员。采购过程的参与者可能包括采购部门以及采购组织法务部的人员。这些人员的职责也应记录在采购管理计划中。

典型的步骤可能包括以下内容。

- 准备采购工作说明书(SOW)或工作大纲。
- 准备高层级的成本估算,制定预算。
- 发布招标广告。
- 确定合格卖方的短名单。
- 准备并发布招标文件。
- 由卖方准备并提交建议书。

- 对建议书开展技术(包括质量)评估和成本评估。
- 准备最终的综合评估报告(包括质量及成本),选出中标建议书。
- 结束谈判,买方和卖方签署合同。

项目进度计划对规划采购管理过程中的采购策略制定有重要影响。在制订采购管理计划时所做出的决定也会影响项目进度计划。在开展制订进度计划过程、估算活动资源过程以及自制或外购决策制定时,都需要考虑这些决定。

12.2.1 过程输入

本过程的输入主要包括以下内容。

1. 项目章程

项目章程包括目标、项目描述、总体里程碑,以及预先批准的财务资源。

2. 商业文件

- 商业论证:采购策略需要和商业论证保持一致,以确保商业论证的有效性。
- 效益管理计划:描述应在何时产出具体项目效益,将影响采购日期和合同条款的确定。

3. 项目管理计划

- 范围管理计划:说明如何在项目的实施阶段管理承包商的工作范围。
- 质量管理计划:包含项目需要遵循的行业标准与准则。这些标准与准则应写入招标文件,如建议邀请书,并将最终在合同中引用。这些标准与准则也可用于供应商资格预审,或作为供应商甄选标准的一部分。
- 资源管理计划:包括关于哪些资源需要采购或租赁的信息,以及任何可能影响采购的假设条件或制约因素。
- 范围基准:包含范围说明书、WBS 和 WBS 词典。在项目早期,项目范围可能仍要继续演进。应该针对项目范围中已知的工作,编制工作说明书(SOW)和工作大纲。

4. 项目文件

- 里程碑清单:说明卖方需要在何时交付成果。
- 项目团队派工单:包含关于项目团队技能和能力的信息,以及他们可用于支持采购活动的时间。如果项目团队不具备开展采购活动的能力,则需要外聘人员或对现有人员进行培训,或者二者同时进行。
- 需求文件:可能包括以下两方面内容。
  - 卖方需要满足的技术要求。
  - 具有合同和法律意义的需求,如健康、安全、安保、绩效、环境、保险、知识产权、同等就业机会、执照、许可证,以及其他非技术要求。

- 需求跟踪矩阵：将产品需求从其来源连接到能满足需求的可交付成果。
- 资源需求：包含关于某些特定需求的信息，例如，可能需要采购的团队及物质资源。
- 风险登记册：列明风险清单，以及风险分析和风险应对规划的结果。有些风险应通过采购协议转移给第三方。
- 相关方登记册：提供有关项目参与者及其项目利益的详细信息，包括监管机构、合同签署人员和法务人员。

5. 组织过程资产

组织使用的各种合同协议类型也会影响规划采购管理过程中的决策。

- 预先批准的卖方清单：经过适当审查的卖方清单可以简化招标所需的步骤，并缩短卖方甄选过程的时间。
- 正式的采购政策、程序和指南：如果没有正式的采购政策和采购机构，项目团队应该配备相关的资源和专业技能，来实施采购活动。
- 合同类型：所有法律合同关系通常可分为总价和成本补偿两大类。此外，还有第三种常用的混合类型，即工料合同。
  - ◆ 总价合同：此类合同为既定产品、服务或成果的采购设定一个总价。这种合同应在已明确定义需求，且不会出现重大范围变更的情况下使用。总价合同包括以下几种类型。
    - 固定总价（FFP）合同。FFP 是最常用的合同类型。大多数买方都喜欢这种合同，因为货物采购的价格在一开始就已确定，并且不允许改变（除非工作范围发生变更）。
    - 总价加激励费用（FPIF）合同。这种总价合同为买方和卖方提供了一定的灵活性，允许一定的绩效偏离，并对实现既定目标给予相关的财务奖励（通常取决于卖方的成本、进度或技术绩效）。FPIF 合同中会设置价格上限，高于此价格上限的全部成本将由卖方承担。
    - 总价加经济价格调整（FPEPA）合同。这种合同适用于两种情况：卖方履约期将跨越几年时间，或将以不同货币支付价款。它是总价合同的一种类型，但合同中包含特殊条款，允许根据条件变化，如通货膨胀、某些特殊商品的成本增加（或降低），以事先确定的方式对合同价格进行最终调整。
  - ◆ 成本补偿合同：此类合同向卖方支付为完成工作而发生的全部合法实际成本（可报销成本），外加一笔费用作为卖方的利益。这种合同适用于工作范围预计合同执行期间发生重大变更。成本补偿合同又可分为以下几种类型。
    - 成本加固定费用（CPFF）合同。为卖方报销履行合同工作所发生的一切可列支成本，并向卖方支付一笔固定费用。该费用以项目初始估算成本的某一百分比计列。除非项目范围发生变更，否则费用金额维持不变。
    - 成本加激励费用（CPIF）合同。为卖方报销履行合同工作所发生的一切可列支成本，并在卖方达到合同规定的绩效目标时，向卖方支付预先确定的激励费用。在 CPIF 合同中,如果最终成本低于或高于原始估算成本,则买方和卖方需要根据事先商定的成本分摊比例分享节约部分或分担超支部分。例如,基于卖方的实际成本,按照 80/20 的比例分担超过或分享低于目标成本的部分。

- 成本加奖励费用(CPAF)合同。为卖方报销一切合法成本,但只有在卖方满足合同规定的、某些笼统主观的绩效标准的情况下,才向卖方支付大部分费用。奖励费用完全由买方根据自己对卖方绩效的主观判断来决定,并且通常不允许申诉。

◆ 工料合同(T&M):又称时间和手段合同,是兼具成本补偿合同和总价合同特点的混合型合同。这种合同往往适用于在无法快速编制出准确的工作说明书的情况下扩充人员、聘用专家或寻求外部支持。

此过程的输入还包括事业环境因素(见本书第 2 章)。

12.2.2 过程工具与技术

本过程的工具与技术主要包括以下内容。

1. 专家判断

应征求具备以下专业知识或接受过相关培训的个人或小组的意见:采购与购买;合同类型和合同文件;法规及合规性。

2. 数据收集

数据收集包括市场调研,即考察行业情况和具体卖方的能力。采购团队可运用从会议、在线评论和各种其他渠道得到的信息,来了解市场情况。采购团队也可以调整具体的采购目标,以便在平衡与有能力提供所需材料或服务的卖方的范围有关的风险的同时,利用成熟技术。

3. 数据分析

数据分析包括自制或外购分析,用于确定某项工作或可交付成果最好由项目团队自行完成,还是应该从外部采购。制定自制或外购决策时应考虑的因素包括组织当前的资源配置及其技能和能力、对专业技术的需求、不愿承担永久雇佣的义务,以及对独特技术专长的需求;还要评估与每个自制或外购决策相关的风险。

在自制或外购决策分析中,可以使用回收期、投资回报率(ROI)、内部报酬率(IRR)、现金流贴现、净现值(NPV)、收益成本(BCA)或其他分析技术,来确定某种货物或服务是应该在项目内部自制,还是从外部购买。

4. 供方选择分析

在确定选择方法前,有必要审查项目竞争性需求的优先级。由于竞争性选择方法可能要求卖方在事前投入大量时间和资源,因此,应该在采购文件中写明评估方法,让投标人了解将会被如何评估。常用的选择方法包括以下几种。

- 最低成本：适用于标准化或常规采购。此类采购有成熟的实践与标准，有具体明确的预期成果，可以用不同的成本来取得。
- 仅凭资质：适用于采购价值相对较小，不值得花时间和成本开展完整选择过程的情况。买方会确定短名单，然后根据可信度、相关资质、经验、专业知识、专长领域和参考资料选择最佳的投标人。
- 基于质量或技术方案得分：邀请一些公司提交建议书，同时列明技术和成本详情；如果技术建议书可以接受，再邀请它们进行合同谈判。采用此方法，会先对技术建议书进行评估，考察技术方案的质量。如果经过谈判，证明它们的财务建议书是可接受的，那么就会选择技术建议书得分最高的卖方。
- 基于质量和成本：成本是选择卖方的一个考虑因素。一般而言，如果项目的风险和不确定性较高，相对于成本而言，质量就应该是一个关键因素。
- 单一来源：买方要求特定卖方准备技术和财务建议书，然后针对建议书开展谈判。由于没有竞争，因此仅在有适当理由时才可采用此方法，而且应将其视为特殊情况。
- 固定预算：要求在建议邀请书中向受邀的卖方披露可用预算，然后在此预算内选择技术建议书得分最高的卖方。因为有成本限制，所以卖方会在建议书中调整工作的范围和质量，以适应该预算。买方应该确保固定预算与工作说明书相符，且卖方能够在该预算内完成相关任务。此方法适用于工作说明书定义精确、预期不会发生变更，而且预算固定且不得超出的情况。

5. 会议

会议可用于确定管理和监督采购的策略。采购方与潜在投标人合作，有利于卖方以互惠的方法提供产品或服务，从而使采购方从中受益。

12.2.3 过程输出

本过程的输出主要包括以下内容。

1. 采购管理计划

采购管理计划（见表 12-1）包含要在采购过程中开展的各种活动。它应该记录是否要开展竞争性招标等。如果项目由外部资助，资金的来源和可用性应符合采购管理计划和项目进度计划的规定。

采购管理计划可包括以下内容。

- 如何协调采购与项目的其他工作，例如，项目进度计划的制订和控制。
- 开展重要采购活动的时间表。
- 用于管理合同的采购测量指标。
- 与采购有关的相关方角色和职责；如果执行组织有采购部，项目团队拥有的职权和受到的限制。

表 12-1　采购管理计划

项目名称：_____　　　　**日期**：_____

采购职权

描述项目经理的决策权和所受到的限制，至少包括预算、签字的权限、合同变更、谈判和技术监督

角色和职责

项目经理	采购部门
1. 定义项目经理和他的团队的责任 2. 3. 4. 5.	1. 描述采购或合同代表和部门的责任 2. 3. 4. 5.

标准采购文件

1. 列出所有标准采购表格、文件、政策或与采购相关的程序
2.
3.
4.
5.

合同类型

识别合同类型、激励或奖金，以及这些费用的标准

担保和保险需求

定义投标方必须满足的担保和保险需求

选择标准

权　重	标　　准
权重/标准：识别选择标准和相应的权重	

续表

采购假设条件和制约因素	
识别和记录与采购过程有关的假设条件和制约因素	

选择标准	
WBS	定义合同方的 WBS 如何与项目 WBS 整合
进度	定义合同方的进度计划如何与项目进度计划整合,包括里程碑和时间提前量等内容
文档	明确来自合同方所有的文件,以及这些文件如何与项目文档整合
风险	定义风险的识别、分析和跟踪如何与项目风险管理整合
绩效报告	定义合同方的绩效报告如何与项目状态报告整合,包括范围、进度和成本状态报告

绩效测量指标

内　　　容	测　量　方　法
记录所有用于评估供货方在合同上的绩效的测量指标,包括成本、进度和质量指标	

- 可能影响采购工作的制约因素和假设条件。
- 司法管辖权和付款货币。
- 是否需要编制独立估算,以及是否应将其作为评价标准。
- 风险管理事项,包括对履约保函或保险合同的要求,以减轻某些项目风险。
- 拟使用的预审合的卖方。
- 根据每个项目的需要,采购管理计划可以是正式或非正式的,非常详细或高度概括的。

2. 采购策略

一旦完成自制或外购决策分析,并决定从项目外部渠道采购,就应制定一套采购策略。应该从中规定项目交付方法、具有法律约束力的协议类型,以及在采购阶段推动进展。

- 交付方法:对专业服务项目和建筑施工项目,应该采用不同的交付方法。

- ◆ 专业服务项目的交付方法包括买方或服务提供方不得分包、买方或服务提供方可以分包、买方和服务提供方设立合资企业、买方或服务提供方仅充当代表。
- ◆ 工业或商业施工项目的交付方法包括交钥匙式、设计—建造（DB）、设计—招标—建造（DBB）、设计—建造—运营（DBO）、建造—拥有—运营—转让（BOOT），及其他。
- 合同支付类型：需要与采购组织的内部财务系统相协调。其包括的合同类型及其变种有总价、固定总价、成本加奖励费用、成本加激励费用、工料、目标成本及其他。
  - ◆ 总价合同适用于工作类型可预知、需求能清晰定义且不太可能变更的情况。
  - ◆ 成本补偿合同适用于工作不断演进、很可能变更或未明确定义的情况。
  - ◆ 激励和奖励费用可用于协调买方和卖方的目标。
- 采购阶段：采购策略也可以包括与采购阶段有关的信息。
  - ◆ 采购工作的顺序安排或阶段划分，每个阶段的描述，以及每个阶段的具体目标。
  - ◆ 用于监督的采购绩效指标和里程碑。
  - ◆ 从一个阶段过渡到下一个阶段的标准。
  - ◆ 用于追踪采购进展的监督和评估计划。
  - ◆ 向后续阶段转移知识的过程。

3. 采购工作说明书

依据项目范围基准，为每次采购编制工作说明书（SOW）（见表 12-2），仅对将要包含在相关合同中的那一部分项目范围进行定义。SOW 会充分详细地描述拟采购的产品、服务或成果，以便潜在卖方确定是否有能力提供此类产品、服务或成果。根据采购品的性质、买方的需求，或拟采用的合同形式，SOW 的详细程度会有较大不同。SOW 的内容包括规格、所需数量、质量水平、绩效数据、履约期间、工作地点和其他要求。

表 12-2　SOW 模板

1. 工作范围：详细描述所要完成的工作，说明工作的确切性质。
2. 工作地点：描述工作进行的具体地点，以及员工必须在哪儿工作。
3. 执行期限：详细说明工作何时开始、何时结束、每周收费的工作时间以及相关进度信息等。
4. 可交付成果时间表：列出具体的可交付成果，并详细说明它们何时能到位。
5. 适用标准：详细说明与执行该项工作有关的任何特定公司或特定行业的标准。
6. 验收标准：描述买方组织如何确定工作是否能被接受。
7. 特殊要求：详细说明任何特殊的要求，比如产品质量保证书、人员最低学历或工作经验、差旅费要求等。

采购 SOW 应力求清晰、完整和简练，它需要说明所需的附加服务，例如，报告绩效，或对采购品的后续运营支持。在采购过程中，应根据需要对 SOW 进行修订，直到它成为所签协议的一部分。

4. 供方选择标准

供方选择标准（见表 12-3）在确定评估标准时，买方要努力确保选出的建议书将提供最佳质量的所需服务。

表 12-3　供方选择标准

项目名称：_____

准备日期：_____

	1	2	3	4	5
标准 1	以经验为例，意味着投标方以前没有经验	以经验为例，意味着投标方曾经做过 1 项类似的工作	以经验为例，意味着投标方曾经做过 3～5 项类似的工作	以经验为例，意味着投标方曾经做过 5～10 项类似的工作	以经验为例，意味着这种工作是投标方的核心能力
标准 2					
标准 3					
标准 4					
标准 5					

	权重	候选人 1 等级	候选人 1 得分	候选人 2 等级	候选人 2 得分	候选人 3 等级	候选人 3 得分
标准 1	对每个标准输入权重。所有标准的权重和必须于 100%	每个标准的等级	权重乘以等级				
标准 2							
标准 3							
标准 4							
标准 5							
总分			每个候选人的分数之和				

- 能力和潜能。
- 产品成本和生命周期成本。
- 交付日期。
- 技术专长和方法。
- 具体的相关经验。
- 用于响应 SOW 的工作方法和工作计划。
- 关键员工的资质、可用性和胜任力。
- 公司的财务稳定性。
- 管理经验。
- 知识转移计划,包括培训计划。

5. 自制或外购决策

通过自制或外购决策分析,做出某项特定工作最好是由项目团队自己完成,还是需要从外部渠道采购的决策。

6. 独立成本估算

对于大型的采购,采购组织可以自行准备独立估算,或聘用外部专业估算师做出成本估算,并将其作为评价卖方报价的对照基准。如果二者之间存在明显差异,则可能表明采购 SOW 存在缺陷或模糊,或者潜在卖方误解或未能完全响应采购 SOW。

7. 变更请求

关于采购货物、服务或资源的决策,可能导致变更请求;规划采购期间的其他决策,也可能导致变更请求。对项目管理计划及其子计划和其他组件的修改都可能导致会影响采购行为的变更请求。应该通过实施整体变更控制过程对变更请求进行审查和处理。

8. 项目文件更新

- 经验教训登记册:更新以记录任何与法规和合规性、数据收集、数据分析和供方选择分析相关的经验教训。
- 里程碑清单:说明卖方需要在何时交付成果。
- 需求文件。
  - 卖方需要满足的技术要求。
  - 具有合同和法律意义的需求,如健康、安全、安保、绩效、环境、保险、知识产权、同等就业机会、执照、许可证,以及其他非技术要求。
- 需求跟踪矩阵。
- 风险登记册:取决于卖方的组织、合同的持续时间、外部环境、项目交付方法、所选合同类型,以及最终商定的价格,任何被选中的卖方都会带来特殊的风险。
- 相关方登记册:更新以记录任何关于相关方的补充信息,尤其是监管机构、合同签署人员,以及法务人员的信息。

9. 组织过程资产更新

组织过程资产更新包括关于合格卖方的信息。

对于采购次数少且相对简单的项目,有些输出文件可以合并。不过,对于采购规模较大、较复杂,而且大部分工作需由承包商完成的项目,就需要使用几种不同类型的文件。

12.2.4　输出:招标文件

招标文件是用于征求潜在卖方的建议书。如果主要依据价格来选择卖方(如购买商业或标准产品时),通常使用标书、投标或报价等术语。如果主要依据如技术方面来选择卖方,通常使用诸如建议书的术语。不同类型的招标文件有不同的名称,可能包括信息邀请书(RFI)、投标邀请书(IFB)、建议邀请书(RFP)、报价邀请书(RFQ)、投标通知、谈判邀请书以及卖方初始应答邀请书。具体的采购术语可能因行业或采购地点而异。

买方拟定的招标文件不仅应便于潜在卖方做出准确、完整的应答,还要便于对卖方应答进行评价。招标文件中应该包括应答格式要求、相关的采购工作说明书(SOW)及所需的合同条款。对于政府采购,法规可能规定了招标文件的部分甚至全部内容和结构。

买方通常应该按照所在组织的相关政策,邀请潜在卖方提交建议书或投标书。可通过公开发行的报纸、商业期刊,或者利用公共登记机关或因特网来发布邀请。

撰写一份好的 RFP 是项目采购管理的关键组成部分。可以从不同的公司、潜在的承包商或者政府机构获得许多 RFP 范例。发出 RFP 和审查建议书常会涉及一些法律要求。表 12-4 提供了 RFP 的基本框架。

表 12-4　RFP 的基本框架

Ⅰ. RFP 的目的
Ⅱ. 组织背景
Ⅲ. 基本要求
Ⅳ. 硬件与软件环境
Ⅴ. RFP 过程的具体描述
Ⅵ. 工作说明书和工作进度信息
Ⅶ. 可能的附录
　A. 当前系统概览
　B. 系统要求
　C. 规模与大小数据
　D. 承包商答复 RFP 的要求内容
　E. 合同样本

组织应该准备一些固定格式的评价标准,它更适宜在发出正式的 RFP 或 RFQ 之前完成。可以使用标准来给建议书评级或打分,而且他们常常给每一项标准加上一定的权重,来表示该项标准的重要程度。例如,技术手段(权重 30%);管理方法(权重 30%),历史绩效(权重 20%)以及价格(权重 20%)等。标准要定得具体、明确和客观。比如,如果买方希望卖方的项目经理是一位 PMP,那么就应在采购文件中以及随后签合同的过程中清楚地表述这项要求。如果买方没有执行公平合理、一致的程序,落选的投标方就可以追究其法律责任。

RFP 应当要求投标者列出他们曾做过的其他类似项目,并附上这些项目的客户。买方通过了解卖方历史绩效记录和了解客户的意见,可以降低选择记录不良公司的风险。卖方也应向买方展示他们对买方需求的了解,展示他们的技术水平和资金实力、他们的项目管理方法以及他们交付的所需求产品和服务的价格。

12.3　实施采购

实施采购是获取卖方应答、选择卖方并授予合同的过程,如图 12-3 所示。本过程的主要作用是,选定合格卖方并签署关于货物或服务支付的法律协议。本过程的最后成果是签订的协议,包括正式合同。本过程应根据需要在整个项目期间定期开展。

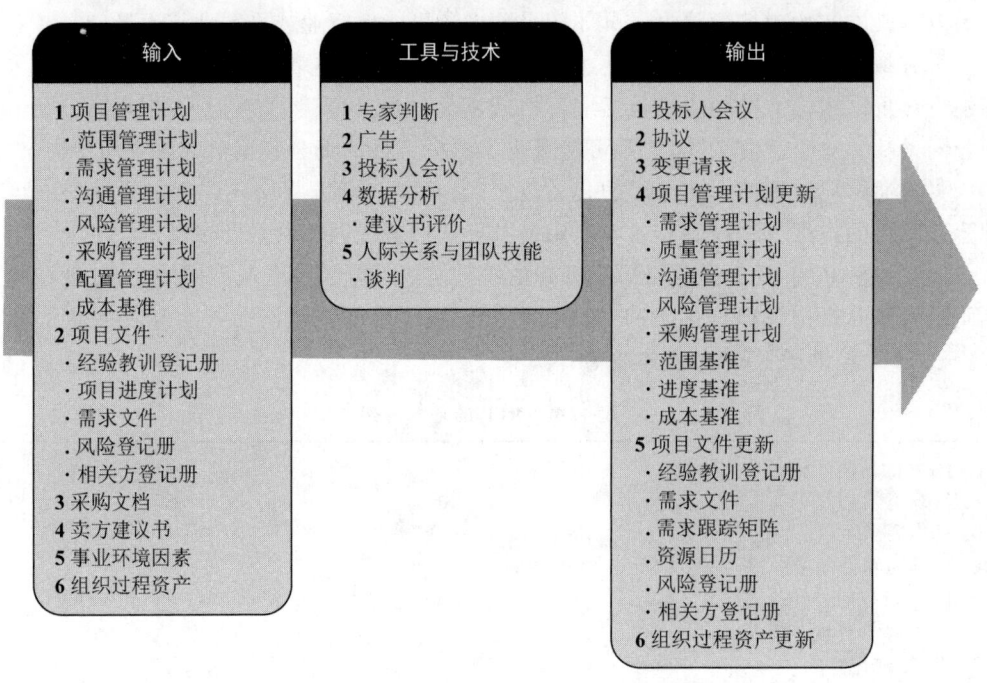

图 12-3　实施采购:输入、工具与技术和输出

12.3.1　过程输入

本过程的输入主要包括以下内容。

1. 项目管理计划

- 范围管理计划:描述如何管理总体工作范围,包括由卖方负责的工作范围。
- 需求管理计划:描述将如何分析、记录和管理需求。它可能还包括卖方将如何管理按协议规定应该实现的需求。

- 沟通管理计划：描述买方和卖方之间如何开展沟通。
- 风险管理计划：描述如何安排和实施项目风险管理活动。
- 采购管理计划：包含在实施采购过程中应该开展的活动。
- 配置管理计划：定义哪些是配置项，哪些配置项需要正式变更控制，以及针对这些配置项的变更控制过程。包括卖方开展配置管理的形式和过程，以便与买方采取的方法保持一致。
- 成本基准：包括用于开展采购的预算、用于管理采购过程以及用于管理卖方的成本。

2. 项目文件

- 经验教训登记册：在项目早期获取的与实施采购有关的经验教训，可用于项目后期阶段，以提高本过程的效率。
- 项目进度计划：确定项目活动的开始和结束日期，包括采购活动。它还会规定承包商最终的交付日期。
- 需求文件。
  - ◆ 卖方需要满足的技术要求。
  - ◆ 具有合同和法律意义的需求，如健康、安全、安保、绩效、环境、保险、知识产权、同等就业机会、执照、许可证，以及其他非技术要求。
- 风险登记册：取决于卖方的组织、合同的持续时间、外部环境、项目交付方法、所选合同类型，以及最终商定的价格，任何被选中的卖方都会带来特殊的风险。
- 相关方登记册：此文件包含与已识别相关方有关的所有详细信息。

3. 采购文档

采购文档是用于达成法律协议的各种文件，其中可能包括当前项目启动之前的文件。

- 招标文件：包括发给卖方的信息邀请书、建议邀请书、报价邀请书，或其他文件，以便卖方编制应答文件。
- 采购工作说明书：向卖方清晰地说明目标、需求及成果，以便卖方据此做出量化应答。
- 独立成本估算：可由内部或外部人员编制，用于评价投标人提交的建议书的合理性。
- 供方选择标准：此类标准描述如何评估投标人的建议书，包括评估标准和权重。为了减轻风险，买方可能决定与多个卖方签署协议，以便在单个卖方出问题并影响整体项目时，降低由此导致的损失。

4. 卖方建议书

卖方为响应采购文件包而编制的建议书，其中包含的基本信息将被评估团队用于选定一个或多个投标人（卖方）。如果卖方将提交价格建议书，最好要求他们将价格建议书与技术建议书分开。评估团队会根据供方选择标准审查每一份建议书，然后选出最能满足采购组织需求的卖方。

此过程的输入还包括事业环境因素和组织过程资产(见本书第 2 章)。

12.3.2　过程工具与技术

本过程的工具与技术主要包括以下内容。

1. 专家判断

应征求具备以下专业知识或接受过相关培训的个人或小组的意见。
- 建议书评估。
- 技术或相关主题事宜。
- 相关的职能领域,如财务、工程、设计、开发、供应链管理等。
- 行业监管环境。
- 法律法规和合规性要求。
- 谈判。

2. 广告

广告是就产品、服务或成果与用户或潜在用户进行的沟通。在大众出版物(如指定的报纸)或专门行业出版物上刊登广告,往往可以扩充现有的潜在卖方名单。大多数政府机构都要求公开发布采购广告,或在网上公布拟签署的政府合同的信息。

3. 投标人会议

投标人会议又称承包商会议、供应商会议或投标前会议,是在卖方提交建议书之前,在买方和潜在卖方之间召开的会议,其目的是确保所有潜在投标人对采购要求都有清楚且一致的理解,并确保没有任何投标人会得到特别优待。

4. 数据分析

数据分析包括建议书评估。对建议书进行评估,确定它们是否对包含在招标文件包中的招标文件、采购工作说明书、供方选择标准和其他文件,都做出了完整且充分的响应。

5. 人际关系与团队技能

人际关系与团队技能包括谈判。是指在合同签署之前,对合同的结构、各方的权利和义务,以及其他条款加以澄清,以便双方达成共识。谈判以签署买方和卖方均执行的合同文件或其他正式协议而结束。谈判应由采购团队中拥有合同签署职权的成员主导。项目经理和项目管理团队的其他成员可以参加谈判并提供必要的协助。

12.3.3　过程输出

本过程的输出主要包括以下内容。

1. 选定的卖方

选定的卖方是在建议书评估或投标评估中被判断为最有竞争力的投标人。对于较复杂、高价值和高风险的采购，在授予合同前，要把选定的卖方报请组织高级管理人员审批。

2. 协议

合同是对双方都有约束力的协议。它强制卖方提供规定的产品、服务或成果，强制买方向卖方支付相应的报酬。合同建立了受法律保护的买卖双方的关系。协议文本的主要内容会有所不同，可包括以下方面。

- 采购工作说明书或主要的可交付成果。
- 进度计划、里程碑，或进度计划中规定的日期。
- 绩效报告。
- 定价和支付条款。
- 检查、质量和验收标准。
- 担保和后续产品支持。
- 激励和惩罚。
- 保险和履约保函。
- 下属分包商批准。
- 一般条款和条件。
- 变更请求处理。
- 终止条款和代争议解决方法。

3. 变更请求

通过实施整体变更控制过程，来审查和处理对项目管理计划及其子计划和其他组件的变更请求。

4. 项目管理计划更新

以变更请求的形式提出，且通过组织的变更控制过程进行处理。

- 需求管理计划：项目需求可能因卖方的要求而变更。
- 质量管理计划：卖方可能提出备选质量标准或备选解决方案，从而影响质量管理计划中规定的质量管理方法。
- 沟通管理计划：在选定卖方后，需要更新沟通管理计划，记录卖方的沟通需求和方法。
- 风险管理计划：每个协议和卖方都会带来独特的风险，从而需要更新风险管理计划。具体的风险应该记录到风险登记册中。
- 采购管理计划：可能需要基于合同谈判和签署的结果，而更新采购管理计划。
- 范围基准：在执行采购活动时，需明确考虑范围基准中的项目工作分解结构和可交付成果。本过程可能导致对任何一个或全部可交付成果的变更。

- 进度基准：如果卖方交付成果方面的变更影响了项目的整体进度绩效，则可能需要更新并审批进度基准计划，以反映当前的期望。
- 成本基准：在项目交付期间，承包商的材料价格和人力价格可能随外部经济环境而频繁变动。这种变动需要反映到成本基准中。

5. 项目文件更新

- 经验教训登记册：更新以记录在实施采购期间所遇到的挑战、本可采取的规避方法，以及有效的方法。
- 需求文件。
  - 卖方需要满足的技术要求。
  - 具有合同和法律意义的需求，如健康、安全、安保、绩效、环境、保险、知识产权、同等就业机会、执照、许可证，以及其他非技术要求。
- 需求跟踪矩阵：随着将卖方纳入项目计划，可能需要根据特定卖方的能力，变更需求登记册及跟踪矩阵。
- 资源日历：根据卖方的可用性与进度计划有关的资源予以更新。
- 风险登记册：取决于卖方的组织、合同的持续时间、外部环境、项目交付方法、所选合同类型，以及最终商定的价格，每个被选中的卖方都会带来特殊的风险。在合同签署过程中，应该对风险登记册进行变更，以反映每个卖方带来的具体风险。
- 相关方登记册：与具体卖方签订协议后需要更新相关方登记册。文件包含与已识别相关方有关的所有详细信息。

6. 组织过程资产更新

- 潜在和预审合格的卖方清单。
- 与卖方合作的相关经验，包括正反两方面。

12.4　控制采购

控制采购是管理采购关系、监督合同绩效、实施必要的变更和纠偏，以及关闭合同的过程，如图 12-4 所示。本过程的主要作用是，确保买卖双方履行法律协议，满足项目需求。本过程应根据需要在整个项目期间开展。

买方和卖方都出于相似的目的来管理采购合同，每方都必须确保双方履行合同义务，确保各自的合法权利得到保护。合同关系的法律性质，要求项目管理团队必须了解在控制采购期间所采取的任何行动的法律后果。对于有多个供应商的较大项目，合同管理的一个重要方面就是管理各个供应商之间的沟通。

鉴于其法律意义，很多组织都将合同管理视为独立于项目的一种组织职能。虽然采购管理员可以是项目团队成员，但通常还向另一部门的经理报告。

在控制采购过程中，需要把适当的项目管理过程应用于合同关系，并且需要整合这些

图 12-4　控制采购：输入、工具与技术和输出

过程的输出,以用于对项目的整体管理。如果涉及多个卖方,以及多种产品、服务或成果,就往往需要在多个层级上开展这种整合。

合同管理可能包括以下活动。

- 收集数据和管理项目记录,包括维护对实体和财务绩效的详细记录,以及建立可测量的采购绩效指标。
- 完善采购计划和进度计划。
- 建立与采购相关的项目数据的收集、分析和报告机制,并为组织编制定期报告。
- 监督采购环境,以便引导或调整实施。
- 向卖方付款。

控制措施的质量包括采购审计的独立性和可信度,是采购系统可靠性的关键决定因素。组织的道德规范、内部法律顾问和外部法律咨询,包括持续的反腐计划,都有助于实现适当的采购控制。

在控制采购过程中,需要开展财务管理工作,包括监督向卖方付款。这是要确保合同中的支付条款得到遵循,确保按合同规定,把付款与卖方的工作进展联系起来。需要重点关注的是,确保向卖方的付款与卖方实际已经完成的工作量之间有密切的关系。如果合同规定了基于项目输出及可交付成果来付款,而不是基于项目输入(如工时),那么就可以更有效地开展采购控制。

在合同收尾前,若双方达成共识,可以根据协议中的变更控制条款,随时对协议进行修改。通常要书面记录对协议的修改。

12.4.1　过程输入

本过程的输入主要包括以下内容。

1. 项目管理计划

- 需求管理计划：描述将如何分析、记录和管理承包商需求。
- 风险管理计划：描述如何安排和实施由卖方引发的项目风险管理活动。
- 采购管理计划：规定了在控制采购过程中需要开展的活动。
- 变更管理计划：包含关于如何处理由卖方引发的变更的信息。
- 进度基准：如果卖方的进度拖后影响了项目的整体进度绩效，则可能需要更新并审批进度计划，以反映当前的期望。

2. 项目文件

- 假设日志：记录了采购过程中做出的假设。
- 经验教训登记册：在项目早期获取的经验教训可供项目未来使用，以改进承包商绩效和采购过程。
- 里程碑清单：说明卖方需要在何时交付成果。
- 质量报证：用于识别不合规的卖方过程、程序或产品。
- 需求文件。
  - 卖方需要满足的技术要求。
  - 具有合同和法律意义的需求，如健康、安全、安保、绩效、环境、保险、知识产权、同等就业机会、执照、许可证，以及其他非技术要求。
- 需求跟踪矩阵。
- 风险登记册：取决于卖方的组织、合同的持续时间、外部环境、项目交付方法、所选合同类型，以及最终商定的价格，每个被选中的卖方都会带来特殊的风险。
- 相关方登记册：包括关于已识别相关方的信息，例如，合同团队成员、选定的卖方、签署合同的专员，以及参与采购的其他相关方。

3. 协议

协议是双方之间达成的谅解，包括对各方义务的一致理解。对照相关协议，确认其中的条款和条件的遵守情况。

4. 采购文档

采购文档包含用于管理采购过程的完整支持性记录，包括工作说明书、支付信息、承包商工作绩效信息、计划、图纸和其他往来函件。

5. 批准的变更请求

批准的变更请求可能包括对合同条款和条件的修改,例如,修改采购工作说明书、定价,以及对产品、服务或成果的描述。与采购相关的任何变更,在通过控制采购过程实施之前,都需要以书面形式正式记录,并取得正式批准。在复杂的项目和项目集中,变更请求可能由参与项目的卖方提出,并对参与项目的其他卖方造成影响。项目团队应该有能力去识别、沟通和解决会影响多个卖方的工作的变更。

6. 工作绩效数据

工作绩效数据包含与项目状态有关的卖方数据,例如,技术绩效,已启动、进展中或已结束的活动,已产生或投入的成本。工作绩效数据还可能包括已向卖方付款的情况。

此过程的输入还包括事业环境因素和组织过程资产(见本书第 2 章)。

12.4.2 过程工具与技术

本过程的工具与技术主要包括以下内容。

1. 专家判断

应征求具备以下专业知识或接受过相关培训的个人或小组的意见。
- 相关的职能领域,如财务、工程、设计、开发、供应链管理等。
- 法律法规和合规性要求。
- 索赔管理。

2. 索赔管理

如果买卖双方不能就变更补偿达成一致意见,或对变更是否发生存在分歧,那么被请求的变更就成为有争议的变更或潜在的推定变更。此类有争议的变更称为索赔。如果不能妥善解决,它们会成为争议并最终引发申诉。在整个合同生命周期中,通常会按照合同条款对索赔进行记录、处理、监督和管理。如果合同双方无法自行解决索赔问题,则可能不得不按合同中规定的程序,用替代争议解决方法去处理。谈判是解决所有索赔和争议的首选方法。

3. 数据分析

- 绩效审查:对照协议,对质量、资源、进度和成本绩效进行测量、比较和分析,以审查合同工作的绩效。其中包括确定工作包提前或落后于进度计划、超出或低于预算,以及是否存在资源或质量问题。
- 挣值分析(EVA):计算进度和成本偏差,以及进度和成本绩效指数,以确定偏离目标的程度。
- 趋势分析:用于编制成本绩效完工估算(EAC),以确定绩效是正在改善还是恶化。

4. 检查

检查是指对承包商正在执行的工作进行结构化审查,可能涉及对可交付成果的简单审查,或对工作本身的实地审查。在施工、工程和基础设施建设项目中,检查包括买方和承包商联合巡检现场,以确保双方对正在进行的工作有共同的认识。

5. 审计

审计是对采购过程的结构化审查。应该在采购合同中明确规定与审计有关的权利和义务。买方的项目经理和卖方的项目经理都应该关注审计结果,以便对项目进行必要调整。

12.4.3　过程输出

本过程的输出主要包括以下内容。

1. 结束的采购

买方通常通过其授权的采购管理员,向卖方发出合同已经完成的正式书面通知。关于正式关闭采购的要求,通常已在合同条款和条件中规定,并包括在采购管理计划中。一般而言,这些要求包括已按时按质按技术要求交付全部可交付成果,没有未决索赔或发票,全部最终款项已经付清。项目管理团队应该在关闭采购之前批准所有的可交付成果。

2. 工作绩效信息

工作绩效信息是卖方正在履行的工作的绩效情况,包括与合同要求相比较的可交付成果完成情况和技术绩效达成情况,以及与 SOW 预算相比较的已完工作的成本产生和认可情况。

3. 采购文档更新

采购文档更新包括用于支持合同的全部进度计划、已提出但未批准的合同变更,以及已批准的变更请求。采购文档还包括由卖方编制的技术文件,以及其他工作绩效信息,例如,可交付成果的状况、卖方绩效报告和担保、财务文件(包括发票和支付记录),以及与合同相关的检查结果。

4. 变更请求

在控制采购过程中,可能提出对项目管理计划及其子计划和其他组件的变更请求,例如,成本基准、进度基准和采购管理计划。应该通过实施整体变更控制过程对变更请求进行审查和处理。

已提出而未解决的变更,可能包括买方发布的指示或卖方采取的行动,而对方认为该指示或行动已构成对合同的推定变更。因为双方可能对推定变更存在争议,并可能引起一方向另一方索赔,所以通常应该在项目往来函件中对推定变更进行专门识别和记录。

5. 项目管理计划更新

任何变更都以变更请求的形式提出,且通过组织的变更控制过程进行处理。

- 风险管理计划:每个协议和卖方都会带来独特的风险,因此可能需要更新风险管理计划。如果在执行合同期间发生重大的意外风险,则风险管理计划可能需要更新。应该把具体的风险记录到风险登记册中。
- 采购管理计划:包含在采购过程中需要开展的活动。可能需要基于卖方执行工作的绩效情况,对采购管理计划进行更新。
- 进度基准:如果卖方的重大进度变更影响项目的整体进度绩效,则可能需要更新并审批基准进度计划,以反映当前的期望。买方应该注意某个卖方的进度拖延,可能对其他卖方的工作造成连锁影响。
- 成本基准:在项目交付期间,承包商的材料价格和人力价格可能随外部经济环境而频繁变动。这种变动需要反映到成本基准中。

6. 项目文件更新

- 经验教训登记册:更新以记录能有效维护采购工作的范围。
- 进度和成本的技术:对于出现的偏差,经验教训登记册应该记录曾采取的纠正措施及其有效性。如果已经发生索赔,则应记录相关信息以避免重蹈覆辙,其他关于如何改善采购过程的信息也应记录在内。
- 资源需求:随着承包商的工作进展,可能因工作执行不符合原定计划而变更资源需求。
- 需求跟踪矩阵:更新以记录已实现的需求。
- 风险登记册:取决于卖方的组织、合同的持续时间、外部环境、项目交付方法、所选合同类型,以及最终商定的价格,每个被选中的卖方都会带来特殊的风险。随着早期风险的过时以及新风险的出现,在项目执行期间对风险登记册进行变更。
- 相关方登记册:随着执行阶段的工作进展,承包商和供应商可能发生变更,应该把承包商和供应商的变更情况记录在相关方登记册中。

7. 组织过程资产更新

- 支付计划和请求:所有支付都应按合同条款和条件进行。
- 卖方绩效评估文件:卖方绩效评估文件由买方准备,用于记录卖方继续执行当前合同工作的能力,说明是否允许卖方承接未来的项目,或对卖方现在的项目执行工作或过去的执行工作进行评级。
- 预审合格卖方清单更新:是以前已经通过资格审查的潜在卖方的清单。卖方可能因绩效不佳而被取消资格并从清单中删除,所以应该根据控制采购过程的结果来更新这个清单。
- 经验教训知识库:经验教训应该归档到经验教训知识库中,以改善未来项目的采购工作。在合同执行完毕时,应把采购的实际成果与原始采购管理计划中的预期成果进行比较。应该在经验教训中说明项目目标是否达成;若未达成,则说明原因。

- 采购档案:应该准备好带索引的全套合同文档,包括已关闭的合同,并将其纳入最终的项目档案。

习题

1. 为了更好地完成采购目标,作为项目经理的你正和选出的供应条件较为不错的几个供应商主动协商,打算等充分沟通后再确定最为合适的供应商。目前你的项目组处于采购管理中的(　　)过程。

    A. 规划采购管理　　　　　　　　　　B. 实施采购

    C. 控制采购　　　　　　　　　　　　D. 结束采购

2. 供方选择标准在下列(　　)过程中产生。

    A. 规划采购管理　　　　　　　　　　B. 实施采购

    C. 控制采购　　　　　　　　　　　　D. 结束采购

3. 合同的激励条款的主要目的是(　　)。

    A. 减少买方的成本　　　　　　　　　B. 转移部分卖方风险到买方身上

    C. 帮助卖方控制成本　　　　　　　　D. 使合同双方目标协调一致

4. (　　)既是估算活动资源的输出,又是规划采购管理的输入。

    A. 活动资源需求　　　　　　　　　　B. 活动成本估算

    C. 成本绩效基准　　　　　　　　　　D. 范围基准

5. 下列(　　)可以用于评价潜在卖方提交的投标书或建议书的合理性。

    A. 成本绩效基准　　　　　　　　　　B. 活动资源需求

    C. 合作协议　　　　　　　　　　　　D. 活动成本估算

6. 在下列情境下,选择最合适的合同类型。

情　境	合 同 类 型
买方确切地知道需要完成的工作	
买方希望卖方立即开始工作	
工作范围在开始时无法准确定义	
买方需要从外部引入新的员工	

    ① 总价类合同　　　② 成本补偿类合同　　　③ 工料合同

    A. ①③②③　　　　B. ①②③③　　　　C. ①②②③　　　　D. ③①②③

7. 假如你是一个系统集成项目的经理,你的项目中需要一个适用的软件。在决定自制或外购时,尽管从外面购买的成本要比你们公司自己制作的低,但你仍然决定自己制作。下列各项均有可能是你考虑的因素,除了(　　)。

A. 因为该项目涉及很多自主数据

B. 你希望对产品有足够的控制

C. 项目很重要,为了避免不可靠的供应商

D. 你喜欢挑战自己

8. 你的公司目前需要向外部采购一批建筑材料。你的外包管理员建议你准备一份用于征求潜在卖方的建议书,该建议书被称为(　　)。

A. 采购文件　　　　　　　　　　B. 卖方建议书

C. 需求文件　　　　　　　　　　D. 合作协议

9. (　　)既是实施采购过程的输入,又是制订项目管理计划过程的输出。

A. 活动成本估算　　　　　　　　B. 成本绩效基准

C. 采购管理计划　　　　　　　　D. 与风险相关的合同决策

10. (　　)是卖方为响应采购文件包而编制的建议书。

A. 项目文件　　　　　　　　　　B. 卖方建议书

C. 风险登记册　　　　　　　　　D. 采购文件

11. 你想要为你的项目买一台大型的纺织设备,在采购文件中,你要求卖方至少有 3 年的类似制造经验。这是一个(　　)的例子。

A. 独立估算　　　　　　　　　　B. 筛选系统

C. 自制或外购分析　　　　　　　D. 加权系统

12. 你身处一个复杂的谈判过程中,这时候,对方说:"只有我老板才可以同意这个要求,但我现在联系不上他。"他们是在用(　　)策略。

A. 黑脸白脸　　　　　　　　　　B. 最后期限

C. 拖延　　　　　　　　　　　　D. 关键人物缺席

13. (　　)记载了签约资源的数量和可用性,以及每个特定资源的工作日或休息日。

A. 采购管理计划　　　　　　　　B. 资源日历

C. 成本绩效基准　　　　　　　　D. 需求文件

14. (　　)既是控制采购过程的输入,又是指导与管理项目执行的输出。

A. 活动成本估算　　　　　　　　B. 工作绩效信息

C. 采购管理计划　　　　　　　　D. 与风险相关的合同决策

15. 你负责保证卖方的绩效满足合同的需要。为了有效地管理合同,你应该(　　)。

A. 确定适当的合同类型　　　　　B. 执行合同变更控制系统

C. 举行投标人大会　　　　　　　D. 进行采购审计

16. 你的项目是在一个成本补偿(CR)合同下进行的。在管理该项目的过程中买方必须做好下列各项,除了(　　)。

A. 留意卖方是否会增加一些对实际工作没有价值的资源到你的项目中

B. 确保所有的支出是有意义的和必要的

C. 检查工作范围说明书中的全部工作是否都已进行,检查卖方是否存在缩小工作范围、降低质量的情况

D. 审计每张发票

17. 在控制采购过程中,可能需要更新的组织过程资产包括以下各项,除了(　　　)。

    A. 进度基准　　　　　　　　　　　　B. 往来函件

    C. 支付计划和请求　　　　　　　　　D. 卖方绩效评估文件

18. 为了采购审计的需要,你最需要(　　　)信息。

    A. 采购文件　　　　B. 需求文件　　　　C. 采购文档　　　　D. 合作协议

19. 合同收尾与行政收尾的不同是(　　　)。

    A. 记录和最后结果的更新　　　　　　B. 范围核实

    C. 产品核实　　　　　　　　　　　　D. 收集所得经验

20. 在结束采购过程中,可能需要更新的组织过程资产包括以下各项,除了(　　　)。

    A. 采购档案　　　　　　　　　　　　B. 可交付成果验收

    C. 经验教训文档　　　　　　　　　　D. 采购文件

实验与思考:山峰公司局域网项目的采购

1. 实验目的

本节"实验与思考"的目的如下。

(1) 理解和熟悉项目采购管理的基本概念。

(2) 通过为案例"山峰公司局域网项目"编制采购文件,尝试完成项目采购管理实践。

2. 工具/准备工作

在开始本实验之前,请回顾教科书的相关内容。

需要准备一台能够访问因特网的计算机。

3. 实验内容与步骤

案例:山峰公司局域网项目(B)

回顾本书第11章"实验与思考"中的案例:山峰公司局域网项目(A)中的相关背景资料,尤其是其中的交付物和技术要求部分。

作业

(1) 请参照表12-1,编制本项目的采购管理计划。

(2) 请参照表12-3,建立本项目的供方选择标准。

请用压缩软件对本作业完成的相关文件压缩打包,并将压缩文件命名如下。

<班级>_<姓名>_项目采购管理.rar

请将该压缩文件在要求的日期内,以电子邮件、QQ文件传送或者实验指导老师指定的其他方式交付。

请记录该项实践作业能够顺利完成吗?

4. 实验总结

———————————————————————————————

———————————————————————————————

———————————————————————————————

———————————————————————————————

5. 实验评价（教师）

———————————————————————————————

———————————————————————————————

第 13 章 项目相关方管理

项目相关方管理包括用于开展下列工作的各个过程：识别能够影响项目或会受项目影响的人员、团体或组织，分析相关方对项目的期望和影响，以及制定合适的管理策略来有效调动相关方参与项目决策和执行，如图 13-1 所示。用这些过程分析相关方期望，评估他们对项目或受项目影响的程度，以及制定策略来有效引导相关方支持项目决策、规划和执行。

图 13-1 项目相关方管理概述

13.1 项目相关方

每个项目都有相关方，他们是指能影响项目决策、活动或结果的个人、群体或组织，以及会受或自认为会受项目决策、活动或结果影响的个人、群体或组织。有些相关方影响项目工作或成果的能力有限，而有些相关方可能对项目及其期望成果有重大影响。相关方可能主动参与项目，不同的相关方可能有相互竞争的期望，因而会在项目中引发冲突。为了取得能满足战略业务目标或其他需要的期望成果，相关方可能对项目、项目可交付成果及项目团队施加影响。

项目治理确保项目符合相关方的需要或目标，对成功管理相关方参与和实现组织目标都非常重要。采用项目治理,组织就能够规范地管理项目,最大化项目价值,保证项目符合业务战略。项目治理提供了一个框架,便于项目经理和发起人制定既满足相关方需要和期望、又符合组织战略目标的决策,也便于他们及时发现和应对偏离的情况。

13.1.1　谁是项目相关方

相关方包括所有项目团队成员,以及组织内部或外部与项目有利益关系的实体。为了明确项目要求和各参与方的期望,项目团队需要识别内部和外部、正面和负面、执行工作和提供建议的相关方。为了确保项目成功,项目经理应该针对项目要求来管理各种相关方对项目的影响。图 13-2 显示了项目、项目团队和不同相关方之间的关系。

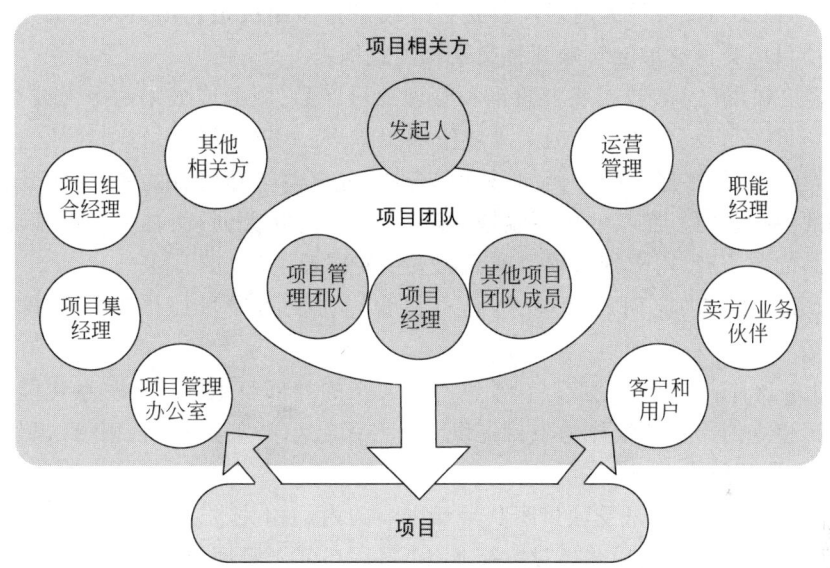

图 13-2　项目、项目团队和不同相关方之间的关系

不同相关方在项目中的责任和职权各不相同,并且可随项目生命周期的进展而变化。他们参与项目的程度可能差别很大,有些只是偶尔参与项目调查或焦点小组活动,有些则为项目提供全方位资助,包括资金支持、政治支持或其他支持。有些相关方有可能会被动或主动地干扰项目取得成功。项目经理应该在整个项目生命周期内特别关注这部分相关方,并提前做好计划,以应对他们可能导致的任何问题。

在整个项目生命周期中,识别相关方是一个持续的过程。识别相关方,了解他们对项目的影响能力,并平衡他们的要求、需求和期望,这对项目成功至关重要。这项工作没做好,可能导致项目工期延长、成本增加、意外问题及其他不利结果,甚至可能导致项目被取消。例如,未及时将法律部门列为重要相关方,最终导致工期延误、费用增加,因为在项目完成或产品交付之前才发现必须满足某些法律方面的要求。

项目经理的重要职责之一就是管理相关方的期望。由于相关方的期望往往差别很大,甚至相互冲突,所以这项工作困难重重。项目经理的另一项职责是平衡相关方的不同利益,并确保项目团队以专业和合作的方式与相关方打交道。项目经理可以邀请项目发起人或来自不同地区的团队成员,共同识别和管理可能分布在各地的相关方。

以下是项目相关方的一些例子。

(1) 发起人:又称为项目主办者,是为项目提供资源和支持的个人或团体,负责为成功创造条件。发起人可能来自项目经理所在组织的内部或外部。从提出初始概念到项目收尾,发起人一直都在推动项目的进展,包括游说更高层的管理人员,以获得组织的支持,并宣传项目给组织带来的利益。在整个启动过程中,发起人始终领导项目,直到项目得到正式批准。

发起人对制定项目初步范围与章程也起着重要的作用。对于那些超出项目经理控制范围的事项,将向上汇报给发起人。发起人可能还参与其他重要事项,如范围变更审批、阶段末评审,以及当风险很大时对项目是否继续进行做出决定。项目发起人还要保证项目结束后项目可交付成果能够顺利移交给相关组织。

(2) 客户和用户:客户是将要批准和管理项目产品、服务或成果的个人或组织,用户是要使用项目产品、服务或成果的个人或组织。客户和用户可能来自项目执行组织的内部或外部,也可能是多层次的。例如,某种新药的客户包括开处方的医生、用药的病人和为其付款的保险公司。在某些应用领域,客户与用户是同义词;而在另一些领域,客户是指项目产品的购买者,用户则指项目产品的直接使用者。

(3) 卖方:又称供应商或承包方,是根据合同协议为项目提供组件或服务的外部公司。

(4) 业务伙伴:是与本企业存在某种特定关系的外部组织。这种关系可能是通过某个认证过程建立的。业务伙伴为项目提供专业技术或填补某种空白,例如,提供安装、定制、培训或支持等特定服务。

(5) 组织内的团体:是受项目团队活动影响的内部相关方。例如,市场营销、人力资源、法律、财务、运营、制造和客户服务等业务部门,都可能受项目影响。它们为项目执行提供业务环境,项目活动又对它们产生影响。因此,在为实现项目目标而共同努力的过程中,业务部门和项目团队之间通常都有大量的合作。为了使项目成果能顺利移交生产或运营,业务部门可以对项目需求提出意见,并参与项目可交付成果的验收。

(6) 职能经理:是在企业的行政或职能领域(如人力资源、财务、会计或采购)承担管理角色的重要人物。他们配有固定员工以开展持续性工作,对所辖职能领域中的所有任务有明确的指挥权。职能经理可为项目提供相关领域的专业技术,或者可为项目提供相关服务。

(7) 其他相关方:如采购单位、金融机构、政府机构、主题专家、顾问和其他人,在项目中有财务利益,可能向项目提供建议,或者对项目结果感兴趣。

13.1.2 项目团队

项目团队是为实现项目目标而一起工作的一群人,包括项目经理、项目管理人员,以及其他执行项目工作但不一定参与项目管理的团队成员。项目团队由来自不同团体的个人组成,他们拥有执行项目工作所需的专业知识或特定技能。项目团队的结构和特点可以相差很大,但项目经理作为团队领导者的角色是固定不变的。

项目团队中的角色有以下几种类型。

(1)项目管理人员:指开展项目管理活动的团队成员,其工作内容包括规划进度、制定预算、报告与控制、管理沟通、管理风险、提供行政支持等。项目管理办公室(PMO)可以履行或支持这些工作。

(2)项目人员:执行工作以创造项目可交付成果的团队成员。

(3)支持专家:为项目管理计划的制订或执行提供支持,如合同、财务管理、物流、法律、安全、工程、测试或质量控制等方面的支持。根据项目的规模大小和所需的支持程度,支持专家可以全职参与项目工作,或者只在项目需要他们的特殊技能时才参与团队工作。

(4)用户或客户代表:将要接受项目可交付成果或产品的组织,可以派代表或联络员参与项目,协调相关工作,提出需求建议,或者确认项目结果的可接受性。

(5)卖方:通常项目团队负责监管卖方的工作绩效,并验收卖方的可交付成果或服务。如果卖方对交付项目结果承担大部分风险,那么他们就在项目团队中扮演重要角色。

(6)业务伙伴:是外部组织,但是与本企业存在某种特定关系,这种关系可能是通过某个认证过程建立的。业务伙伴为项目提供专业技术或填补某种空白,如提供安装、定制、培训或支持等特定服务。业务伙伴组织可以派代表参与项目团队,来协调相关工作。

专职团队和兼职团队可存在于任何组织结构中。专职项目管理团队经常出现在项目型组织中,在这种组织中,大部分组织资源都用于项目工作,项目经理拥有很大的自主性和职权。兼职项目团队通常出现在职能型组织中。矩阵型组织中既有专职项目管理团队,也有兼职项目团队。那些在项目各阶段有限地参与项目工作的人员,可以被看作兼职项目团队成员。

项目团队的组成会因组织结构而发生变化,也会因成员所处的地理位置而发生变化。借助于沟通技术,处于不同地理位置或国家的人员,可以组成虚拟团队开展工作。

13.2 项目相关方管理概述

关于重大项目灾难的学术研究及分析强调结构化方法对识别所有相关方、进行相关方优先级排序,以及引导相关方参与的重要性。为提高成功的可能性,项目经理和团队应该在项目章程被批准、项目经理被委任,以及团队开始组建之后,尽早开始识别相关方并引导相关方参与。

13.2.1 项目相关方管理的核心概念

项目经理正确识别并合理管理相关方的能力,甚至能决定项目的成败。相关方管理还关注与相关方的持续沟通,以便了解相关方的需要和期望,解决实际发生的问题,管理利益冲突,促进相关方合理参与项目决策和活动。应该把相关方满意度作为项目的一个关键项目目标加以识别和管理。重视与所有相关方保持持续沟通（包括团队成员），以理解他们的需求和期望、处理所发生的问题、管理利益冲突，并促进相关方参与项目决策和活动。

识别相关方和引导相关方参与的过程需要迭代开展。应该经常开展识别相关方、排列其优先级以及引导其参与等活动。至少要在以下时点开展这些活动。

（1）项目进入其生命周期的不同阶段。

（2）相关方不再与项目工作有关，或者在项目的相关方社区中出现新的相关方成员。

（3）组织内部或更大区域的相关方社区发生重大变化。

13.2.2　发展趋势和新兴实践

"相关方"一词的外延还在扩大，从传统意义上的员工、供应商和股东扩展到涵盖各种群体，包括监管机构、游说团体、环保人士、金融组织、媒体，以及那些自认为是相关方的人员（他们认为自己会受项目工作或成果的影响）。

项目相关方管理的发展趋势和新兴实践包括以下内容。

（1）识别所有相关方，而非在限定范围内。

（2）确保所有团队成员都涉及引导相关方参与的活动。

（3）定期审查相关方社区，往往与单个项目风险的审查并行开展。

（4）应用"共创"概念，咨询最受项目工作或成果影响的相关方。该概念的重点是将团队内受影响的相关方视为合作伙伴。

（5）关注与相关方有效参与程度有关的正面及负面价值。正面价值是相关方（尤其是强大相关方）对项目的更积极支持所带来的效益；负面价值是因相关方未有效参与而造成的真实成本，包括产品召回、组织信誉损失或项目信誉损失。

13.2.3　裁剪时考虑的因素

因为每个项目都是独特的，项目经理需要裁剪项目相关方管理过程，应考虑以下因素。

（1）相关方多样性。现有多少相关方？相关方群体中的文化多样性如何？

（2）相关方关系的复杂性。相关方社区内的关系有多复杂？相关方或相关方群体加入的网络越多，与其相关的信息或误传网络就越复杂。

（3）沟通技术。有哪些可用的沟通技术？为了实现技术的最大价值，目前采用怎样的支持机制？

13.2.4　敏捷或适应型环境的考虑因素

高度变化的项目更需要项目相关方的有效互动和参与。为了开展及时且高效的讨论及决策，适应型团队会直接与相关方互动，而不是通过层层的管理级别。客户、用户和开发人员在动态的共创过程中交换信息,通常能实现更高的相关方参与和满意程度。在整个项目期间保持与相关方社区的互动,有利于降低风险、建立信任和尽早做出项目调整,从而节约成本,提高项目成功的可能性。

为加快组织内部和组织之间的信息分享,敏捷型方法提倡高度透明。例如,邀请所有相关方参与项目会议和审查,或将项目工件发布到公共空间,其目的在于让各方之间的不一致和依赖关系,或者与不断变化的项目有关的其他问题,都尽快浮现。

13.3　识别相关方

识别相关方是定期识别项目相关方,分析和记录他们的利益、参与度、相互依赖性、影响力和对项目成功的潜在影响的过程,如图 13-3 所示。本过程的主要作用是,使项目团队能够建立对每个相关方或相关方群体的适度关注。本过程应根据需要在整个项目期间定期开展。

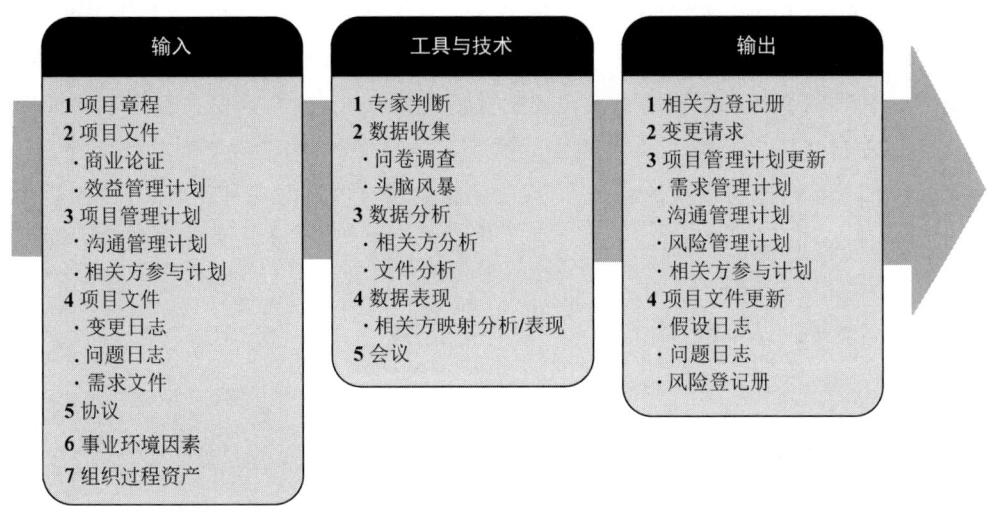

输入	工具与技术	输出
1 项目章程 2 项目文件 　·商业论证 　·效益管理计划 3 项目管理计划 　·沟通管理计划 　·相关方参与计划 4 项目文件 　·变更日志 　·问题日志 　·需求文件 5 协议 6 事业环境因素 7 组织过程资产	1 专家判断 2 数据收集 　·问卷调查 　·头脑风暴 3 数据分析 　·相关方分析 　·文件分析 4 数据表现 　·相关方映射分析/表现 5 会议	1 相关方登记册 2 变更请求 3 项目管理计划更新 　·需求管理计划 　·沟通管理计划 　·风险管理计划 　·相关方参与计划 4 项目文件更新 　·假设日志 　·问题日志 　·风险登记册

图 13-3　识别相关方:输入、工具与技术和输出

本过程通常在编制和批准项目章程之前或同时首次开展,并且在必要时需要重复开展,至少应在每个阶段开始时,以及项目或组织出现重大变化时重复开展。每次重复开展本过程,都应通过查阅项目管理计划组件及项目文件,来识别有关的项目相关方。

13.3.1　过程输入

本过程的输入主要包括以下内容。

1. 项目章程

项目章程会列出关键相关方清单,还可能包含与相关方职责有关的信息。

2. 项目文件

在首次开展识别相关方过程时,商业文件和收益管理计划是项目相关方信息的来源。

- 商业论证:确定项目目标,以及受项目影响的相关方的最初清单。
- 效益管理计划:描述如何实现商业论证中所述效益,指出将从项目成果交付中获益并因此被视为相关方的个人及群体。

3. 项目管理计划

在首次识别相关方时,项目管理计划并不存在。一旦编制完成,项目管理计划包括以下相关组件。

- 沟通管理计划:沟通与相关方参与之间存在密切联系,其信息是了解项目相关方的主要依据。
- 相关方参与计划:确定用于有效引导相关方参与的管理策略和措施。

4. 项目文件

并非任何项目文件都将成为首次识别相关方的输入。然而,需要在整个项目期间识别相关方。项目经历启动阶段以后,将会生成更多项目文件,用于后续的项目阶段。

- 变更日志:可能引入新的相关方,或改变相关方与项目的现有关系的性质。
- 问题日志:所记录的问题可能为项目带来新的相关方,或改变现有相关方的参与类型。
- 需求文件:可以提供关于潜在相关方的信息。

5. 协议

协议各方都是项目相关方,还可涉及其他相关方。

此过程的输入还包括事业环境因素和组织过程资产(见本书第2章)。

13.3.2 过程工具与技术

本过程的工具与技术主要包括以下内容。

1. 专家判断

应征求具备以下专业知识或接受过相关培训的个人或小组的意见。

- 理解组织内的政治和权力结构。
- 了解所在组织和其他受影响组织(包括客户及其他组织)的环境和文化。
- 了解项目所在行业或项目可交付成果类型。
- 了解个体团队成员的贡献和专长。

2. 数据收集

- 问卷调查：可以包括一对一调查、焦点小组讨论，或其他大规模信息收集技术。
- 头脑风暴。

3. 数据分析

- 相关方分析：会产生相关方清单和关于相关方的各种信息，例如，在组织内的位置、在项目中的角色、与项目的利害关系、期望、态度（对项目的支持程度），以及对项目信息的兴趣。相关方的利害关系可包括以下各条的组合。
  - 兴趣：个人或群体会受与项目有关的决策或成果的影响。
  - 权利（合法权利或道德权利）：国家的法律框架可能已就相关方的合法权利做出规定，如职业健康和安全。道德权利可能涉及保护历史遗迹或环境的可持续性。
  - 所有权：人员或群体对资产或财产拥有的法定所有权。
  - 知识：专业知识有助于更有效地达成项目目标和组织成果，或有助于了解组织的权力结构，从而有益于项目。
  - 贡献：提供资金或其他资源，包括人力资源，或者以无形方式为项目提供支持，例如，宣传项目目标，或在项目与组织权力结构及政治之间扮演缓冲角色。
- 文件分析：评估项目文件及以往项目的经验教训，以识别相关方和其他支持性信息。

4. 数据表现

数据表现包括相关方映射分析/表现。这是一种利用不同方法对相关方进行分类的方法。对相关方进行分类有助于团队与已识别的项目相关方建立关系。常见以下几种分类方法。

- 权力/利益方格、权力影响方格，或作用影响方格，如图 13-4 所示：基于相关方的职权级别（权力）、对项目成果的关心程度（利益）、对项目成果的影响能力（影响），或改变项目计划或执行的能力，每一种方格都可用于对相关方进行分类。对于小型项目、相关方与项目的关系很简单的项目，或相关方之间的关系很简单的项目，这些分类模型非常实用。
- 相关方立方体：是上述方格模型的改良形式。本立方体把上述方格中的要素组合成三维模型，项目经理和团队可据此分析相关方并引导相关方参与项目，有助于沟通策略的制定。
- 凸显模型：如图 13-5 所示，可用于确定已识别相关方的相对重要性。通过评估相关方的权力（职权级别或对项目成果的影响能力）、紧迫性（因时间约束或相关方对项目成果有重大利益诉求而导致需立即加以关注）和合法性（参与的适当性），对相关方进行分类。在凸显模型中，也可以用邻近性取代合法性，以便考察相关方参与项目工作的程度。这种凸显模型适用于复杂的相关方大型社区，或在相关方社区内部存在复杂的关系网络。

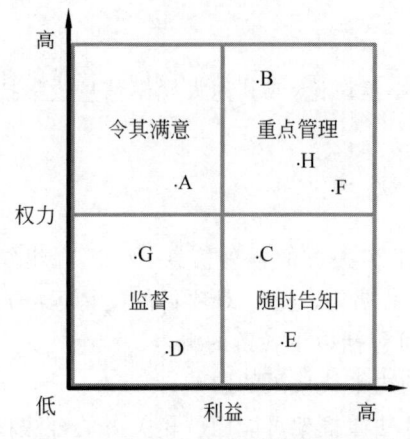

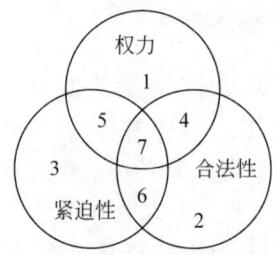

图 13-4　相关方权力/利益方格示例　　　　图 13-5　凸显模型的维恩图

- 影响方向：可以根据相关方对项目工作或项目团队本身的影响方向，对相关方进行分类。
  - 向上（执行组织或客户组织、发起人和指导委员会的高级管理层）。
  - 向下（临时贡献知识或技能的团队或专家）。
  - 向外（项目团队外的相关方群体及其代表，如供应商、政府部门、公众、最终用户和监管部门）。
  - 横向（项目经理的同级人员，如其他项目经理或中层管理人员，他们与项目经理竞争稀缺项目资源或者合作共享资源或信息）。
- 优先级排序：如果项目有大量相关方、相关方社区的成员频繁变化，相关方和项目团队之间或相关方社区内部的关系复杂，可能有必要对相关方进行优先级排序。

5. 会议

会议可用于在重要项目相关方之间达成谅解。既可以召开引导式研讨会、指导式小组讨论会，也可以通过电子技术或媒体技术进行虚拟小组讨论，来分享想法和分析数据。

13.3.3　过程输出

本过程的输出主要包括以下内容。

1. 相关方登记册

相关方登记册（见表 13-1）是识别相关方过程的主要输出。它记录关于已识别相关方的信息。

- 身份信息：姓名、组织职位、地点、联系方式，以及在项目中扮演的角色。
- 评估信息：主要需求、期望、影响项目成果的潜力，以及相关方最能影响或冲击的项目生命周期阶段。

表 13-1 相关方登记册

项目名称: _____   准备日期: _____

姓 名	职 位	角 色	联系信息	需 求	期 望	影 响 力	分 类
在知道姓名之前可以用相关方所属组织或职位名称代替	在组织中的职位，例如，程序员，人力资源分析师，质量专家	在项目团队中所起的作用。例如资源主管，测试主管，项目经理，计划员	例如，电话号码，电子邮箱，地址	对项目或产品的高层次需求	对项目或产品的主要期望，与生命周期的哪个阶段最密切	对项目的潜在影响力，可以是叙述性描述，或者高，中，低影响力	可以是：内部，外部；支持者，中立者，反对者；高，中，低作用

- 相关方分类：根据内部或外部，作用、影响、权力或利益，上级、下级、外围或横向，或者项目经理选择的其他分类模型，进行分类的结果。

2. 变更请求

首次开展识别相关方过程，不会提出任何变更请求。但随着在后续项目期间继续识别相关方，新出现的相关方或关于现有相关方的新信息可能导致对产品、项目管理计划或项目文件提出变更请求。

应该通过实施整体变更控制过程对变更请求进行审查和处理。

3. 项目管理计划更新

在项目初始时识别相关方，不会导致项目管理计划更新。但随着项目进展，项目管理计划的任何变更都以变更请求的形式提出，且通过组织的变更控制过程进行处理。

- 需求管理计划：新识别的相关方可能会影响规划、跟踪和报告需求活动的方式。
- 沟通管理计划：记录相关方的沟通要求和已商定的沟通策略。
- 风险管理计划：如果相关方的沟通要求和已商定的沟通策略会影响管理项目风险的方法，就应在风险管理计划中加以反映。
- 相关方参与计划：记录针对已识别相关方的商定的沟通策略。

4. 项目文件更新

- 假设日志：大量关于相对权力、利益和相关方参与度的信息，都是基于一定的假设条件的，应该记录在假设日志中。此外，还要记录会影响与具体相关方互动的各种制约因素。
- 问题日志：记录在本过程中产生的新问题。
- 风险登记册：记录在本过程中识别，并通过风险管理过程加以管理的新风险。

13.4 规划相关方参与

规划相关方参与是根据相关方的需求、期望、利益和对项目的潜在影响，制定项目相关方参与项目的方法的过程，如图 13-6 所示。本过程的主要作用是，提供与相关方进行有效互动的可行计划。本过程应根据需要在整个项目期间定期开展。

为满足项目相关方的多样性信息需求，应该在项目生命周期的早期制订一份有效的计划；然后，随着相关方社区的变化，定期审查和更新该计划。在通过识别相关方过程明确最初的相关方社区之后，就应该编制第一版的相关方参与计划，然后定期更新相关方参与计划，以反映相关方社区的变化。以下是几种会触发该计划更新的典型情况。

（1）项目新阶段开始。

（2）组织结构或行业部发生变化。

（3）新的个人或群体成为相关方，现有相关方不再是相关方社区的成员，或特定相关

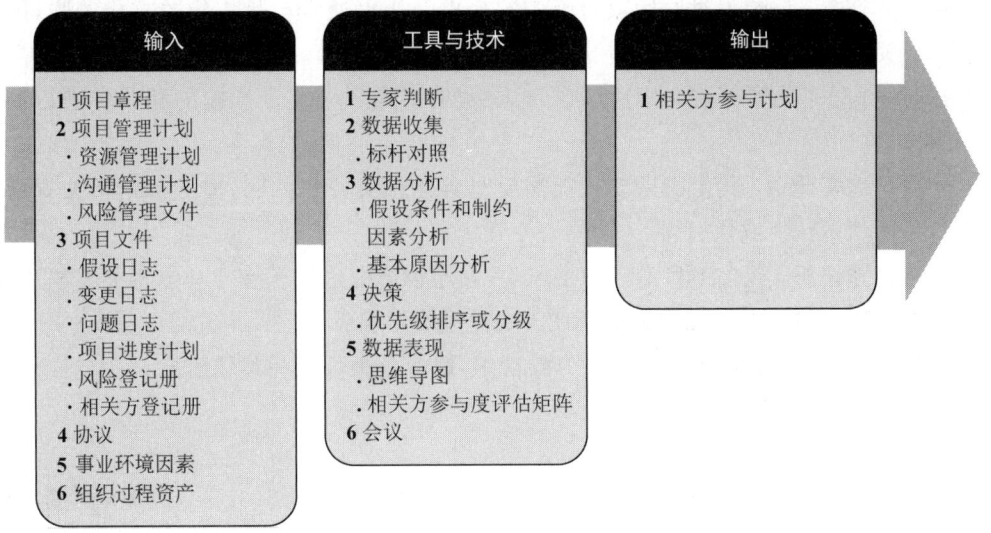

图 13-6　规划相关方参与：输入、工具与技术和输出

方对项目成功的重要性发生变化。

（4）当其他项目过程（如变更管理、风险管理或问题管理）的输出导致需要重新审查相关方参与策略。

这些情况都可能导致已识别相关方的相对重要性发生变化。

13.4.1　过程输入

本过程的输入主要包括以下内容。

1. 项目章程

项目章程包含与项目目的、目标和成功标准有关的信息，在规划如何引导相关方参与项目时应该考虑这些信息。

2. 项目管理计划

- 资源管理计划：可能包含关于团队成员及其他相关方的角色和职责的信息。
- 沟通管理计划：用于相关方管理的沟通策略以及用于实施策略的计划，既是项目相关方管理中的各个过程的输入，又会收录来自这些过程的相关信息。
- 风险管理计划：包含风险临界值或风险态度，有助于选择最佳的相关方参与策略组合。

3. 项目文件

尤其在初始规划之后，项目文件包括以下几方面内容。

- 假设日志：其中关于假设条件和制约因素的信息，可能与特定相关方相关联。

- 变更日志：记录了对原始项目范围的变更。变更通常与具体相关方相关联,因为相关方可能是变更请求的提出者、变更请求的审批者,或受变更实施影响者。
- 问题日志：为了管理和解决问题日志中的问题,需要与受影响的相关方进行额外沟通。
- 项目进度计划：其中的活动可能需要与具体相关方相关联,即把特定相关方指定为活动责任人或执行者。
- 风险登记册：包含项目的已识别风险,它通常会把这些风险与具体相关方相关联,即把特定相关方指定为风险责任人或受风险影响者。
- 相关方登记册：提供项目相关方的清单,以及分类情况和其他信息。

4. 协议

在规划承包商及供应商参与时,通常涉及与组织内的采购小组和合同签署小组开展合作,以确保对承包商和供应商进行有效管理。

此过程的输入还包括事业环境因素和组织过程资产(见本书第 2 章)。

13.4.2 过程工具与技术

本过程的工具与技术主要包括以下内容。

1. 专家判断

应征求具备以下专业知识或接受过相关培训的个人或小组的意见。
- 组织内部及外部的政治和权力结构。
- 组织及组织外部的环境和文化。
- 相关方参与过程使用的分析和评估技术。
- 沟通手段和策略。
- 来自以往项目的关于相关方、相关方群体及相关组织(他们可能参与过以往的类似项目)的特征的知识。

2. 数据收集

数据收集包括标杆对照。将相关方分析的结果与其他组织或项目的信息进行比较。

3. 数据分析

- 假设条件和制约因素分析：可能需要分析当前的假设条件和制约因素,以合理裁剪相关方参与策略。
- 基本原因分析：识别是什么基本原因导致相关方对项目的某种支持水平,以便选择适当策略来改进其参与水平。

4. 决策

决策包括优先级排序或分级。应该对相关方需求以及相关方本身进行优先级排序或分级。具有最大利益和最高影响的相关方,通常应该排在优先级清单的最前面。

5. 数据表现

- 思维导图:用于对相关方信息、相互关系以及他们与组织的关系进行可视化整理。
- 相关方参与度评估矩阵:用于将相关方当前参与水平与期望参与水平进行比较。对相关方参与水平进行分类的方式之一(图 13-7)。

相关方	不知晓	抵制	中立	支持	领导
相关方 1	C			D	
相关方 2			C	D	
相关方 3				D C	

图 13-7 相关方参与度评估矩阵

相关方参与水平可分为如下几种类型。

① 不了解型:不知道项目及其潜在影响。

② 抵制型:知道项目及其潜在影响,但抵制项目工作或成果可能引发的任何变更。此类相关方不会支持项目工作或项目成果。

③ 中立型:了解项目,但既不支持,也不反对。

④ 支持型:了解项目及其潜在影响,并且会支持项目工作及其成果。

⑤ 领导型:了解项目及其潜在影响,而且积极参与以确保项目取得成功。

在图 13-7 中,C 代表每个相关方的当前参与水平,而 D 是项目团队评估出来的、为确保项目成功所必不可少的参与水平(期望的)。应根据每个相关方的当前与期望参与水平的差距,开展必要的沟通。弥合当前与期望参与水平的差距是监督相关方参与中的一项基本工作。

6. 会议

会议用于讨论与分析规划相关方参与过程所需的输入数据,以便制订良好的相关方参与计划。

13.4.3 过程输出

相关方参与计划

相关方参与计划(见表 13-2)是项目管理计划的组成部分。它确定用于促进相关方有效参与决策和执行的策略和行动。基于项目的需要和相关方的期望,相关方参与计划可以是正式或非正式的,非常详细或高度概括的。

表 13-2 相关方参与计划

项目名称:_____ 准备日期:_____

相 关 方	不 知 晓	抵 制	中 立	支 持	领 导
相关方参与评价矩阵					

相 关 方	沟 通 需 求	方法或媒介	时间或频率

沟通需求:描述每个相关方需要沟通的信息,包括内容、详细级别、发布方法、发布原因

方法或媒介:识别沟通信息所用的方法或媒介

时间与频率:列举信息以何种频率发布或在何种情形下发布

即将发生的相关方变更

描述所有即将发生的相关方新增、减少和变动,以及对项目的潜在影响

内部关系

列举所有相关方群体之间的关系

相关方参与途径

相 关 方	途 径
	描述将来让每个相关方调整到期望的参与级别的途径

　　相关方参与计划可包括调动个人或相关方参与的特定策略或方法。

13.5　管理相关方参与

　　管理相关方参与是与相关方进行沟通和协作以满足其需求与期望、处理问题,并促进相关方合理参与的过程,如图 13-8 所示。本过程的主要作用是,让项目经理能够提高相

关方的支持,并尽可能降低相关方的抵制。本过程需要在整个项目期间开展。

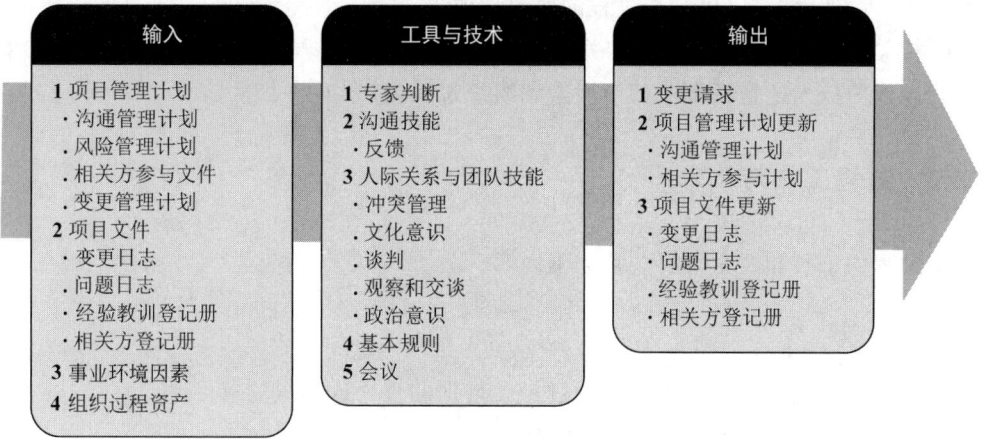

图 13-8 管理相关方:输入、工具与技术和输出

在管理相关方参与过程中,需要开展多项活动,例如以下各项活动。

- 在适当的项目阶段引导相关方参与,以便获取、确认或维持对项目成功的持续承诺。
- 通过谈判和沟通管理相关方期望。
- 处理与相关方管理有关的任何风险或潜在关注点,预测相关方可能在未来引发的问题。
- 澄清和解决已识别的问题。

管理相关方参与有助于确保相关方明确了解项目目的、目标、收益和风险,以及他们的贡献将如何促进项目成功。

13.5.1 过程输入

本过程的输入主要包括以下内容。

1. 项目管理计划

- 沟通管理计划:描述与相关方沟通的方法、形式和技术。
- 风险管理计划:描述风险类别、风险偏好和报告格式。这些内容都可用于管理相关方参与。
- 相关方参与计划:为管理相关方期望提供指导和信息。
- 变更管理计划:描述提交、评估和执行项目变更的过程。

2. 项目文件

- 变更日志:记录变更请求及其状态,并将其传递给适当的相关方。
- 问题日志:记录项目或相关方的关注点,以及关于处理问题的行动方案。

- 经验教训登记册：在项目早期获取的与管理相关方参与有关的经验教训，可用于项目后期阶段，以提高本过程的效率和效果。
- 相关方登记册：提供项目相关方清单，以及执行相关方参与计划所需的任何信息。

此过程的输入还包括事业环境因素和组织过程资产（见本书第 2 章）。

13.5.2　过程工具与技术

本过程的工具和技术主要包括以下内容。

1. 专家判断

应征求具备以下专业知识或接受过相关培训的个人或小组的意见。

- 组织内部及外部的政治和权力结构。
- 组织及组织外部的环境和文化。
- 相关方参与过程使用的分析和评估技术。
- 沟通方法和策略。
- 可能参与过以往类似项目的相关方、相关方群体及相关方组织的特征。
- 需求管理、供应商管理和变更管理。

2. 沟通技能

在开展管理相关方参与过程时，应该根据沟通管理计划，针对每个相关方采取相应的沟通方法。项目管理团队应该使用反馈机制，来了解相关方对各种项目管理活动和关键决策的反应。反馈的收集方式包括正式与非正式对话，问题识别和讨论，会议，进展报告和调查。

3. 人际关系与团队技能

- 冲突管理：项目经理应确保及时解决冲突。
- 文化意识：有助于项目经理和团队通过考虑文化差异和相关方需求，来实现有效沟通。
- 谈判：用于获得支持或达成关于支持项目工作或成果的协议，并解决团队内部或团队与其他相关方之间的冲突。
- 观察和交谈：通过观察和交谈，及时了解项目团队成员和其他相关方的工作和态度。
- 政治意识：通过了解项目内外的权力关系，建立政治意识。

4. 基本规则

根据团队章程中定义的基本规则，来明确项目团队成员和其他相关方应该采取什么行为去引导相关方参与。

5. 会议

会议用于讨论和处理任何与相关方参与有关的问题或关注点。在本过程中需要召开的会议类型包括决策,问题解决,经验教训和回顾总结,项目开工,迭代规划和状态更新。

13.5.3 过程输出

本过程的输出主要包括以下内容。

1. 变更请求

作为管理相关方参与的结果,项目范围或产品范围可能需要变更。应该通过实施整体变更控制过程对所有变更请求进行审查和处理。

2. 项目管理计划更新

项目管理计划的任何变更都以变更请求的形式提出,且通过组织的变更控制过程进行处理。

- 沟通管理计划:需要更新以反映新的或已变更的相关方需求。
- 相关方参与计划:需要更新以反映为有效引导相关方参与所需的新的管理策略。

3. 项目文件更新

- 变更日志:根据变更请求更新变更日志。
- 问题日志:可能需要更新问题日志,以反映问题日志条目的更新或添加。
- 经验教训登记册:更新以记录管理相关方参与的有效或无效方法,以供当前或未来项目借鉴。
- 相关方登记册:可能需要基于提供给相关方的关于问题解决、变更审批和项目状态的新信息,来更新相关方的登记册。

13.6 监督相关方参与

监督相关方参与是监督项目相关方关系,并通过修订参与策略和计划来引导相关方合理参与项目的过程,如图 13-9 所示。本过程的主要作用是,随着项目进展和环境变化,维持或提升相关方参与活动的效率和效果。本过程需要在整个项目期间开展。

13.6.1 过程输入

本过程的输入主要包括以下内容。

图 13-9　监督相关方参与：输入、工具与技术和输出

1. 项目管理计划

- 资源管理计划：确定对团队成员的管理方法。
- 沟通管理计划：描述适用于项目相关方的沟通计划和策略。
- 相关方参与计划：定义管理相关方需求和期望的计划。

2. 项目文件

- 问题日志：记录所有与项目和相关方有关的已知问题。
- 经验教训登记册：在项目早期获取的经验教训，可用于项目后期阶段，以提高引导相关方参与的效率和效果。
- 项目沟通记录：根据沟通管理计划和相关方参与计划而与相关方开展的项目沟通，都已包括在项目沟通记录中。
- 风险登记册：记录与相关方参与及互动有关的风险、分类，以及潜在的应对措施。
- 相关方登记册：记录各种相关方信息，包括相关方名单、评估结果和分类情况。

3. 工作绩效数据

工作绩效数据包含项目状态数据，例如，哪些相关方支持项目，他们的参与水平和类型。

此过程的输入还包括事业环境因素和组织过程资产（见本书第 2 章）。

13.6.2 过程工具与技术

本过程的工具与技术主要包括以下内容。

1. 数据分析

- 备选方案分析：在相关方参与效果没有达到期望要求时，应该开展备选方案分析，评估应对偏差的各种备选方案。
- 根本原因分析：确定相关方参与未达预期效果的根本原因。
- 相关方分析：确定相关方群体和个人在项目任何特定时间的状态。

2. 决策

- 多标准决策分析：对考察相关方参与的成功程度的多种标准进行优先级排序和加权，识别出最适当的选项。
- 投票：选出应对相关方参与水平偏差的最佳方案。

3. 数据表现

数据表现包括相关方参与度评估矩阵。用来跟踪每个相关方参与水平的变化，对相关方参与加以监督。

4. 沟通技能

- 反馈：用于确保发送给相关方的信息被接收和理解。
- 演示：为相关方提供清晰的信息。

5. 人际关系与团队技能

- 积极倾听：通过倾听以减少理解错误和沟通错误。
- 文化意识：文化意识和文化敏感性有助于项目经理依据相关方和团队成员的文化差异和文化需求对沟通进行规划。
- 领导力：成功的相关方参与，需要强有力的领导技能，以传递愿景并激励相关方支持项目工作和成果。
- 人际交往：通过人际交往了解关于相关方参与水平的信息。
- 政治意识：有助于理解组织战略，理解谁能行使权力和施加影响，以及培养与这些相关方沟通的能力。

6. 会议

会议类型包括为监督和评估相关方的参与水平而召开的状态会议、站会、回顾会，以及相关方参与计划中规定的其他任何会议。会议不再局限于面对面或声音互动。虽然面对面互动最为理想,但可能成本很高。电话会议和电信技术可以降低成本,并提供丰富的联系方法和会议方式。

13.6.3 过程输出

本过程的输出主要包括以下内容。

1. 工作绩效信息

工作绩效信息包括与相关方参与状态有关的信息,如相关方对项目的当前支持水平,以及与相关方参与度评估矩阵、相关方立方体或其他工具所确定的期望参与水平相比较的结果。

2. 变更请求

变更请求可能包括用于改善相关方当前参与水平的纠正及预防措施。应该通过实施整体变更控制过程对变更请求进行审查和处理。

3. 项目管理计划更新

项目管理计划的任何变更都以变更请求的形式提出,且通过组织的变更控制过程进行处理。

- 资源管理计划:更新团队对引导相关方参与的职责。
- 沟通管理计划:更新项目的沟通策略。
- 相关方参与计划:更新关于项目相关方社区的信息。

4. 项目文件更新

- 问题日志:更新问题日志中与相关方态度有关的信息。
- 经验教训登记册:更新在质量规划过程中遇到的挑战及其本可采取的规避方法。调动相关方参与效果好以及效果不佳的方法也要更新在经验教训登记册中。
- 风险登记册:更新以记录相关方风险应对措施。
- 相关方登记册:更新以记录从监督相关方参与中得到的信息。

习题

1. 识别相关方输入中,能够提供参与项目和受项目影响的内外部各方面信息的是(　　)。

  A. 项目章程   B. 采购文件

  C. 事业环境因素   D. 组织过程资产

2. 以下(　　)识别相关方过程的输入。

  A. 人力资源管理计划   B. 组织机构图

    C. 采购文件　　　　　　　　　　　　D. 活动资源需求

3. 为了进行相关方分析,你首先应当进行的工作是(　　)。

    A. 识别全部潜在的项目相关方及其相关信息

    B. 识别每个相关方可能产生的影响或提供的支持,并把它们分类,以便制定管理策略

    C. 沟通需求分析

    D. 评估关键相关方对不同情况可能做出的反应或应对

4. 下述(　　)不是相关方分类的方法。

    A. 权利/利益　　　　　　　　　　　　B. 权利/影响

    C. 权利/作用　　　　　　　　　　　　D. 凸显模型

5. 一个项目计划在某农场附近开展,该项目的高级总工认为这将影响到该农场而表示反对。以下(　　)可以避免这种情况。

    A. 蒙特卡罗模拟　　　　　　　　　　B. 风险分析

    C. 相关方分析　　　　　　　　　　　D. 职责分配矩阵

6. 在项目规划过程中,下列(　　)是最适当的做法。

    A. 邀请所有项目相关方参与　　　　　B. 确定最初的项目团队成员

    C. 确定项目控制的临界值　　　　　　D. 确认范围

7. 使用凸显模型对相关方进行分析,以下(　　)不需要考虑。

    A. 相关方在项目上的利益　　　　　　B. 相关方对项目施加影响的能力

    C. 相关方的紧急程度　　　　　　　　D. 相关方参与项目的合法性

8. 你负责管理某个新产品开发项目。高级管理层已经签发项目章程,批准项目计划。项目的进度和预算都十分紧张,质量要求也很高。在项目执行阶段,项目相关方一直通过项目沟通计划所规定的方法了解项目进展情况。项目的范围、进度、成本和质量都符合项目计划的要求。突然,你得知整个项目很可能被取消,因为项目产品完全无法被接受。导致这种情况的原因是(　　)。

    A. 项目遇到了技术上的重大难题　　　B. 项目相关方误解了项目执行情况

    C. 高级管理层不再支持项目　　　　　D. 没有识别出某个关键项目相关方

9. 某停车场能容纳1 000辆车。停车场业主刚刚启动一个改造项目,升级车辆进出管理系统和停车引导系统。为了确保项目成功实施,必须记录详细的需求。作为项目经理,你应该(　　)。

    A. 鼓励项目相关方尽早参与进来　　　B. 根据需求确定项目目标

    C. 对需求变化进行实时监控　　　　　D. 定期召开项目进展评审会议

10. 识别相关方,最好采用(　　)方法。

    A. 启动项目时识别所有的相关方

    B. 与相关方一起解决问题

    C. 对已识别的相关方进行访谈,识别出更多的相关方

    D. 对相关方的技能进行评估

11. 相关方登记册中通常包括(　　)。

    A. 相关方的基本信息、评估信息和分类

    B. 相关方的基本信息、分类和管理策略

    C. 相关方的基本信息、所在位置和分类

    D. 相关方的基本信息、在项目中的角色和分类

12. 作为规划相关方管理过程的输入,下列项目管理计划中的(　　)不是项目经理需要考虑的要素。

    A. 相关方之间的沟通需要和沟通技术

    B. 项目所选用的生命周期以及各阶段拟采用的过程

    C. 项目的范围基准

    D. 对如何执行项目以实现项目目标的描述

13. 记录相关方分组以及按组别的管理措施记录在下列(　　)文件中。

    A. 相关方登记册　　　　　　　　　　B. 相关方管理计划

    C. 项目管理计划　　　　　　　　　　D. 变更日志

14. 项目经理正在试图发现相关方首选的沟通方法。项目经理从下列(　　)可以找到这样的信息。

    A. RACI 矩阵　　　　　　　　　　　　B. 相关方参与度评估矩阵

    C. 相关方管理计划　　　　　　　　　D. 人力资源管理计划

15. 以下(　　)是管理相关方参与过程的输入。

    A. 变更日志　　　　　　　　　　　　B. 变更请求

    C. 问题日志　　　　　　　　　　　　D. 相关方登记册

16. 用来记录和监督问题的解决情况的是(　　)。

    A. 相关方登记册　　　　　　　　　　B. 相关方管理计划

    C. 问题日志　　　　　　　　　　　　D. 变更日志

17. 管理相关方参与过程的输出中可能需要更新的组织过程资产不包括下列(　　)。

    A. 项目报告　　　　　　　　　　　　B. 相关方的反馈意见

    C. 给相关方的通知　　　　　　　　　D. 问题日志

18. 以下(　　)不是控制相关方参与过程的输入。

    A. 工作绩效信息　　　　　　　　　　B. 问题日志

    C. 变更管理计划　　　　　　　　　　D. 相关方管理计划

19. 项目经理通常使用(　　)工具向相关方发布有关项目成本、进展和绩效等方面的信息。

    A. 记录管理系统　　　　　　　　　　B. 绩效报告

    C. 信息管理系统　　　　　　　　　　D. 会议

20. 在控制相关方参与过程中,更新了下列项目文件的(　　)内容。

    A. 相关方登记册　　　　　　　　　　B. 变更日志

    C. 风险登记册　　　　　　　　　　　D. 需求文件

实验与思考：喀纳斯湖垂钓项目——识别相关方

1. 实验目的

本节"实验与思考"的目的如下。

（1）理解和熟悉项目相关方管理的基本知识。

（2）尝试完成项目相关方管理实践，识别项目相关方并编制相应的相关方管理计划。

2. 工具/准备工作

在开始本实验之前，请回顾教科书的相关内容。

需要准备一台能够访问因特网，在网上详细了解新疆喀纳斯湖景区及其旅游接待工作的相关信息。

3. 实验内容与步骤

案例

喀纳斯湖（意为"美丽富饶、神秘莫测"）地处新疆阿勒泰山脉中，是布尔津县北部一处著名的淡水湖，如图 13-10 所示，面积 45.73 平方千米，平均水深 120 米，最深处达到 188.5 米。外形呈月牙状，被推测为古冰川强烈运动阻塞山谷积水而成。传说喀纳斯湖有湖怪"大红鱼"出没，据称该湖怪身长可达到 10 米。喀纳斯湖风景优美，林木茂盛，为国家 5A 级旅游景区。

图 13-10 新疆喀纳斯湖

你们在喀纳斯湖畔的一座小屋里围着火堆而坐，一起讨论一项"喀纳斯湖垂钓休闲游"活动。在这天上午，你们收到来自杭州某公司总裁的一份传真，她希望奖励她的高管团队，让他们参加一次费用全包的"喀纳斯湖垂钓休闲游"。她希望贵旅行社能组织这次活动。

你已经结束了项目的初步范围陈述，现在进行头脑风暴，思考和项目相关的可能风险。

项目目标

组织一次为期 5 天的喀纳斯湖垂钓休闲项目，地点在新疆喀纳斯湖 5A 级旅游景区，时间为 6 月 21 日到 25 日,成本不超过 27 000 元,客人不超过 10 人。

交付物

- 提供喀纳斯机场至景区的往返豪华旅游中巴包车。
- 提供湖上游览交通工具,由带有外侧马达的 8 人漂流艇组成。
- 提供 5 天的一日三餐。
- 提供 4 小时的垂钓说明。
- 提供湖畔小木屋的过夜住宿,加上 3 顶 4 人帐篷,帐篷带帆布床、被褥和提灯。
- 提供 2 个有经验的湖泊向导,他们同时也是渔夫。
- 为所有客人提供钓鱼许可证。

里程碑

(1) 合同在 1 月 22 日签字。

(2) 客人在 6 月 20 日抵达喀纳斯机场。

(3) 6 月 25 日从喀纳斯飞回杭州。

技术要求

(1) 喀纳斯机场至喀纳斯湖景区的公路交通。

(2) 喀纳斯湖上的船舶交通。

(3) 数字移动电话设备。

(4) 符合喀纳斯湖景区要求的宿营与钓鱼。

限制和例外

(1) 客人负责到喀纳斯以及离开的交通安排。

(2) 客人负责自己的钓鱼设备和衣物。

(3) 喀纳斯机场与喀纳斯湖景区的地方交通要外包。

(4) 向导不保证客人捕获的鲜鱼的数量。

客户评价

杭州某公司总裁。

作业

(1) 小组讨论研究和熟悉这个项目的具体服务内容。

(2) 为本项目建立类似于表 13-1 的"相关方登记册"。

(3) 为本项目建立类似于表 13-2 的"相关方参与计划"。

将上述内容整理形成正式的项目相关方管理文件并适当命名。

请用压缩软件对本作业完成的相关文件压缩打包,并将压缩文件命名如下。

`<班级>_<姓名>_项目相关方管理.rar`

请将该压缩文件在要求的日期内,以电子邮件、QQ 文件传送或者实验指导老师指定的其他方式交付。

请记录该项实验作业能够顺利完成吗?若有困难请分析原因。

4. 实验总结

_____

_____

_____

5. 实验评价（教师）

_____

_____

第 14 章 结束项目或阶段

结束项目或阶段是终结项目、阶段或合同的所有活动的过程,如图 14-1 所示。本过程的主要作用是,存档项目或阶段信息,完成计划的工作,释放组织团队资源以展开新的工作。它仅开展一次或仅在项目的预定义点开展。

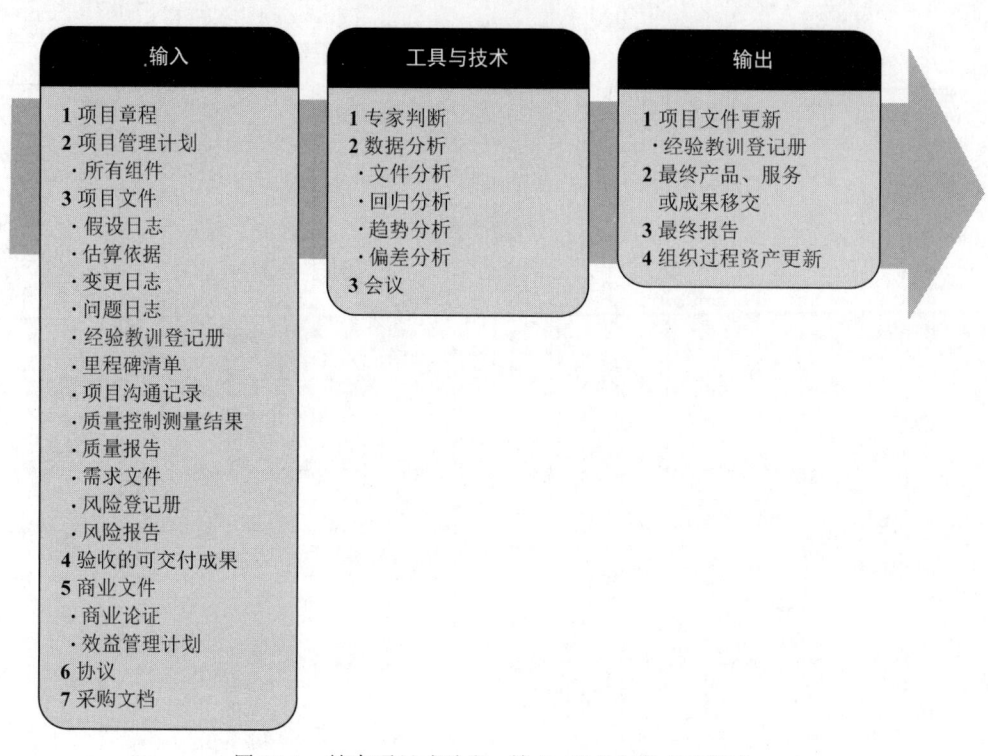

输入	工具与技术	输出
1 项目章程 **2** 项目管理计划 ·所有组件 **3** 项目文件 ·假设日志 ·估算依据 ·变更日志 ·问题日志 ·经验教训登记册 ·里程碑清单 ·项目沟通记录 ·质量控制测量结果 ·质量报告 ·需求文件 ·风险登记册 ·风险报告 **4** 验收的可交付成果 **5** 商业文件 ·商业论证 ·效益管理计划 **6** 协议 **7** 采购文档	**1** 专家判断 **2** 数据分析 ·文件分析 ·回归分析 ·趋势分析 ·偏差分析 **3** 会议	**1** 项目文件更新 ·经验教训登记册 **2** 最终产品、服务 或成果移交 **3** 最终报告 **4** 组织过程资产更新

图 14-1　结束项目或阶段:输入、工具与技术和输出

14.1 结束活动

在结束项目时,项目经理需要回顾项目管理计划,确保所有项目工作都已完成以及项目目标均已实现。

14.1.1 结束项目或阶段的活动

项目或阶段行政收尾所需的必要活动包括以下内容。

(1)为达到阶段或项目的完工或退出标准所必需的行动和活动。

● 确保所有文件和可交付成果都已是最新版本,且所有问题都已得到解决。

- 确认可交付成果已交付给客户并已获得客户的正式验收。
- 确保所有成本都已记入项目成本账。
- 关闭项目账户。
- 重新分配人员。
- 处理多余的项目材料。
- 重新分配项目设施、设备和其他资源。
- 根据组织政策编制详尽的最终项目报告。

（2）为关闭项目合同协议或项目阶段合同协议所必须开展的活动。

- 确认卖方的工作已通过正式验收。
- 最终处置未决索赔。
- 更新记录以反映最后的结果。
- 存档相关信息供未来使用。

（3）为完成下列工作所必须开展的活动。

- 收集项目或阶段记录。
- 审计项目成败。
- 管理知识分享和传递。
- 总结经验教训。
- 存档项目信息以供组织未来使用。

（4）为向下一个阶段，或者向生产和运营部门移交项目的产品、服务或成果所必须开展的行动和活动。

（5）收集关于改进或更新组织政策和程序的建议，并将它们发送给相应的组织部门。

（6）测量相关方的满意程度。

如果项目在完工前就提前终止，结束项目或阶段过程还需要制定程序，来调查和记录提前终止的原因。为了实现上述目的，项目经理应该引导所有合适的相关方参与本过程。

14.1.2　过程输入

本过程的输入主要包括以下内容。

1. 项目章程

项目章程记录项目成功标准、审批要求，以及由谁来签署项目结束。

2. 项目管理计划

项目管理计划所有组成部分均为本过程的输入。

3. 项目文件

- 假设日志：记录与技术规范、估算、进度和风险等有关的全部假设条件和制约因素。

- 估算依据：用于根据实际结果来评估持续时间、成本和资源估算，以及成本控制。
- 变更日志：包含整个项目或阶段期间的所有变更请求的状态。
- 问题日志：用于确认没有未决问题。
- 经验教训登记册：在归入经验教训知识库之前，完成对阶段或项目经验教训的总结。
- 里程碑清单：列出完成项目里程碑的最终日期。
- 项目沟通记录：包含整个项目期间所有的沟通。
- 质量控制测量结果：记录控制质量活动的结果，证明符合质量要求。
- 质量报告：可包括由团队管理或需上报的全部质量保证事项、改进建议，以及在控制质量过程中发现的情况的概述。
- 需求文件：用于证明符合项目范围。
- 风险登记册：提供了有关项目期间发生的风险的信息。
- 风险报告：提供了有关风险状态的信息，用于确认项目结束时没有未关闭的风险。

4. 验收的可交付成果

可交付成果包括批准的产品规范、交货收据和工作绩效文件。对于分阶段实施的项目或提前取消的项目，还可能包括部分完成或中间的可交付成果。

5. 商业文件

- 商业论证：记录作为项目依据的商业需求和成本效益分析。
- 效益管理计划：概述项目的目标效益。

商业论证用于确定项目是否达到经济可行性研究的预期结果。效益管理计划用于测量项目是否达到计划的效益。

6. 协议

协议是通常在合同条款和条件中定义对正式关闭采购的要求，并包括在采购管理计划中。在复杂项目中，可能需要同时或先后管理多个合同。

7. 采购文档

为关闭合同，需收集全部采购文档，并建立索引和加以归档。有关合同进度、范围、质量和成本绩效的信息，以及全部合同变更文档、支付记录和检查结果，都要归类收录。在项目结束时，应将"实际执行的"计划（图纸）或"初始编制的"文档、手册、故障排除文档和其他技术文档视为采购文档的组成部分。这些信息可用于总结经验教训，并为签署以后的合同而用作评价承包商的基础。

此过程的输入还包括组织过程资产（见本书第 2 章）。

14.1.3 过程工具与技术

本过程的工具与技术主要包括以下内容。

1. 专家判断

应该就以下主题,考虑具备相关专业知识或接受过相关培训的个人或小组的意见:管理控制,审计,法规与采购,以及法律法规。

2. 数据分析

- 文件分析:评估现有文件有助于总结经验教训和分享知识,改进未来项目和组织资产。
- 回归分析:作用于项目结果的不同项目变量之间的相互关系,以提高未来项目的绩效。
- 趋势分析:用于确认组织所用模式的有效性,并为了未来项目而进行相应的模式调整。
- 偏差分析:可通过比较最初计划目标与最终结果来改进组织的测量指标。

3. 会议

会议用于确认可交付成果已通过验收,确定已达到退出标准,正式关闭合同,评估相关方满意度,收集经验教训,传递项目知识和信息,以及庆祝成功。参会者可包括项目团队成员,以及参与项目或受项目影响的其他相关方。会议可以是面对面或虚拟会议,正式或非正式会议。会议的类型包括收尾报告会、客户总结会、经验教训总结会,以及庆祝会。

14.1.4 过程输出

本过程的输出主要包括以下内容。

1. 项目文件更新

更新所有项目文件并标记为最终版本。特别值得注意的是,经验教训登记册的最终版本要包含阶段或项目收尾的最终信息。最终版本的经验教训登记册可包含关于以下事项的信息,例如,效益管理、商业论证的准确性、项目和开发生命周期、风险和问题管理、相关方参与,以及其他项目管理过程。

2. 最终产品、服务或成果移交

最终产品、服务或成果移交是指把项目交付的最终产品、服务或成果(对于阶段收尾,则是所在阶段的中间产品、服务或成果)从一个团队转交到另一个团队,并由其在整个生命周期中进行运营、维护和支持。

3. 最终报告

最终报告总结项目绩效,其中可包含以下内容。

- 项目或阶段的概述。
- 范围目标、范围的评估标准,以及证明达到完工标准的证据。
- 质量目标、项目和产品质量的评估标准、相关核实信息和实际里程碑交付日期以及偏差原因。
- 成本目标,包括可接受的成本区间、实际成本,以及产生任何偏差的原因。
- 最终产品、服务或成果的确认信息的总结。
- 进度计划目标包括成果是否实现项目所预期的效益。如果在项目结束时未能实现效益,则指出效益实现程度并预计未来实现情况。
- 关于最终产品、服务或成果如何满足商业计划所述业务需求的概述。如果在项目结束时未能满足业务需求,则指出需求满足程度并预计业务需求何时能够得到满足。
- 关于项目过程中发生的风险或问题及其解决情况的概述。

4. 组织过程资产更新

- 项目文件:在项目活动中产生的各种文件,例如,项目管理计划,范围文件、成本文件、进度文件和项目日历,以及变更管理文件。
- 运营和支持文件:组织维护、运营和支持项目交付的产品或服务时所需的文件;可以是新生成的文件,或对已有文件的更新。
- 项目或阶段收尾文件:包括表明项目或阶段完工的正式文件,以及用来将完成的项目或阶段可交付成果移交给他人(如运营部门或下一阶段)的正式文件。在项目收尾期间,项目经理应该回顾以往的阶段文件,确认范围过程所产生的客户验收文件,以及合同协议(如果有的话),以确保在达到全部项目要求之后才正式关闭项目。如果项目在完工前提前终止,则需要在正式的收尾文件中说明项目终止的原因,并规定正式程序,把该项目的已完成和未完成的可交付成果移交他人。
- 经验教训知识库:将在整个项目期间获得的经验教训和知识归入经验教训知识库,供未来项目使用。

14.1.5　项目或阶段签收

项目签收(见表14-1)涉及记录与项目目标相比,项目的最终绩效如何。要根据项目章程审核项目目标并记录目标被实现的证据。如果有项目目标没有实现,或者有偏差,也要被记录。项目签收中要记录的信息包括项目或阶段描述、项目或阶段目标、完成标准、是否满足、偏差、合同信息、批准。

表 14-1 项目签收

项目名称：_____ 准备日期：_____ 项目经理：_____

项目或阶段描述

提供项目总体水平的描述,可以从项目章程中摘录信息。在迭代式开发工作的情况下,可将每个项目阶段认为是整个项目发展阶段中的已完成小型项目。迭代式开发工作应是在整个迭代项目生命周期中敏捷过程或主要阶段的一部分

绩效总结

	项 目 目 标	完 成 标 准	是否满足
范围	描述计划好的必须获得的项目或阶段收益的范围目标 记录必须完成范围目标的详细的、可测量的标准,提供符合成功标准的证据		
质量	描述计划好的必须获得的项目或阶段收益的质量目标和标准 记录必须满足产品和项目或阶段质量目标的详细的、可测量的标准 输入来自产品验收表的检验和确认信息		
进度	描述项目应该完成的进度目标 记录必须满足进度目标的具体日期,这可能包括里程碑交付物日期 识别可交付成果的实现日期		
成本	描述项目或阶段花费的目标 记录标明预算成功的具体数额或范围 输入项目或阶段的最终成本		

偏差信息

记录和解释来自任何项目或阶段目标的偏差信息

合同信息

提供合同绩效信息。输入或参考来自合同签收报告的信息,并提供如何获取信息的方向

项目签收可从以下方面获得信息：项目管理计划、产品验收表格。

项目或阶段签收过程报告和合同签收报告以及经验教训文档有关。

14.2 管理发布早期版本的请求

项目经理如果一直在使用敏捷生命周期(而且一直随着项目进展进行测试),就不用担心发布早期版本的请求,因为软件在每个迭代结束时都是可以发布的。如果提供的功能不够,可能客户不愿意付钱,不过产品总是可以发布的。要是使用其他生命周期,项目经理就应该尽早知道是否需要发布早期版本。

要是开发人员做不到按功能逐个实现,项目经理可以让开发人员使用持续集成,由测试人员按功能逐个测试。如果这些方案都不适用,就得准备两次结束方案。第一次是发布早期版本,第二次发布实际版本。这样做的成本很高。要想避免类似情况,项目经理就要与团队沟通。

14.3　管理 β 版本

项目经理要弄清楚关于 β 版本[①]的几个问题：希望发布几个版本、对产品完成度的要求、哪些客户将会使用 β 版本？当然，这些问题的回答都基于 β 版本的持续时间和目的。

可以试着将发布 β 版本作为一个子项目。如果使用敏捷生命周期，在版本计划中要预估从哪个迭代开始发布 β 版本。有了更多信息之后，项目经理还要及时更新版本计划。

一个 β 测试模板包括以下内容。

（1） β 测试目的：简要描述产品版本，为什么要进行 β 测试，给公司带来哪些好处等。

（2） β 测试客户选择：包括如何选择 β 客户、初始客户名单、文书工作负责人等信息。

（3） β 测试入口条件：这是一个里程碑条件，表明项目经理知道已经准备好开始 β 测试。类似于发布条件，或是系统测试入口/出口条件。

（4） β 测试出口条件：也是一个里程碑条件，表明项目经理知道已经准备好结束 β 测试。也就是说，要说明怎么样才能知道自己已经到达 β 测试阶段的尾声。

（5）总体 β 测试日程：说明谁是 β 测试协调人，或者每周选一个人负责。说明谁将负责回答 β 测试客户的电话和邮件。一个总体日程实例如表 14-2 所示。

表 14-2　一个总体日程实例

周　数	主　要　任　务
第 1 周	与客户验证系统安装过程
第 2 周	确认客户已运行功能 3 和功能 4。询问性能情况
第 3 周	开始索要参考信息

14.4　指导项目走向完成

假如一切顺利，项目经理现在所要做的就是结束项目。

看起来，项目将会准时完成（或是接近准时），即项目可以在期望的发布日期前达成所有的发布条件。此时，应该继续收集缺陷相关的数据。如果为了满足项目日期要求，项目经理打算接受更多技术债务的存在，也没关系。不过要保证这是一个深思熟虑的决定。

如果项目经理一直在牢牢掌控项目，接下来的任务就是规划回顾，然后就可以庆祝了。

14.4.1　规划回顾

项目经理一定要在项目结束时举行回顾。即使一直在举行中期回顾，也要保证在项

[①]　α 版本指的是内测，即开发团队内部测试的版本或者有限用户的体验测试版本；β 版本指的是公测，即针对所有用户公开的测试版本。

目结束时举行回顾,应该为最后的回顾寻找另外的推动者。项目经理和团队对于可交付物和项目工作过于了解,以至于项目经理很难作为推动者来推动回顾。

回顾既不是"经验教训"批评会,也不是对项目的盖棺论定。它是一个结构分明的会议,其目的是要回顾项目的进展过程、人们有哪些经验教训、他们在这个项目中工作时的感觉如何。经过用心设计和推进的回顾,可以为下个项目节省好几周的时间。

如果项目持续长达三个月甚至更长时间,则建议应该花上一整天的时间来反思并分析刚完成的项目。如果上个项目团队的大部分人要一起参加下一个项目,就更应该这么做。更长的项目甚至需要时间更长的回顾。

在项目团队超过 20 个人,而且有两个或两个以上地点的人参与的情况下,以团队为小组安排小规模的回顾也是可以的,不过要把所有的团队集中到一个地点。如果团队拆得越零散,收集的数据可用性就越低,从而项目或工程能从中得到的好处也就越少。

如果项目经理管理的项目规模很大,或是管理多地点项目,这时,首先看看能不能把所有的人聚集到一个地方进行回顾,这个地方不属于任何团队所在的地点。还可以让管理层解决某些由于跨团队造成的问题。让每个团队推选一位代表,展示他们的经验和教训。还要让这些选举出来的代表分享他们的经验和体会,同时考虑由于跨地点造成的问题(这些不是管理层面的问题)。

还有一种变通方案,即与所有的团队进行虚拟回顾。例如,借助 QQ 视频聊天方式,让每个人都能看到各个团队的房间,收集和书写交流信息,同时每个人都能看到其中的内容,这样就可以一组人共同发表意见了。

有些问题存在于不同站点的某些人之间。管理层无法解决这些问题。项目经理要把这些人带到同一个物理地点,再解决这些问题。

14.4.2 规划庆祝

在项目结束时也应该有个庆祝仪式。聚会或庆祝不一定要花多少钱,但必须让项目的参与者们感到舒服。当然,即使项目失败,至少也要庆祝一下项目结束。

在认定项目失败之前,要安排一次回顾。项目失败的原因常常来自管理层——包括出资人、高级管理层,甚至是项目经理。有时,出资人会在项目进行到一半时改变项目的总体目标。有时,组织需要项目采用阶段—关卡式的生命周期,却又希望项目可以像敏捷项目那样快速应对变化。有时,项目经理根本不收集任何测量数据,所以项目团队也根本不知道自己现在的工作状况。项目失败有很多原因,却很少是因为技术人员能力不足,无法完成技术工作。

14.5 取消项目

取消项目也是一种结束项目的方式。如果组织决定取消项目,那就准备中止这个项目。下面这些方式可以让项目工作停下来。

(1) 首先,向参与项目的人解释项目的取消原因以及对他们的影响。他们想知道接下来要做哪些工作。

（2）感谢团队每个人为项目付出的努力。如果团队人员很少，可以在宣布取消项目的会议上向大家表示感谢。对于人比较多或者是工程团队来说，让子项目经理或技术带头人去感谢他们的团队成员。

（3）给人们时间，让他们先理清手上的事情，再开始新的工作。这可能包括签入之前签出的代码，并注明目前的代码状态，或是注明哪些设计正在讨论变通方案，也可能是要说明哪些测试已经执行、哪些没有执行。

（4）取消与该项目相关的所有定期会议。人们不再为这个项目的相关会议安排时间后，他们就可以为新的工作安排其他时间。

（5）找一个人专门处理取消项目带来的一些不可回避的问题，最好是某个管理层级比较高的人。如果某个搞技术的人知道项目信息之后，他很有可能再次从事项目的某些工作。要是指派一个经理来处理这些问题，这位经理大概不会再去做这个项目。

（6）如果要取消的项目已经开始一个星期甚至更多的时间，那就得花时间去做项目回顾，然后看看人们从项目中取得了哪些经验教训。

（7）当人们整理完各自手上的工作之后，尽快让他们投入到新项目的工作中。

取消项目并不容易。不过要是项目经理可以干净利落地取消一个项目，就能帮助组织尽快投入到下一个应该做的项目之中。

14.6 项目收尾

项目或项目的阶段（概念，开发，执行或结束）需要收尾。

14.6.1 合同收尾

许多项目都有合同约束，而合同往往规定了这些成果应该包含什么内容。合同收尾针对外包形式的项目，通常在管理收尾之前进行，一个合同只需要一次合同收尾，是由项目经理向卖方签发的合同结束的书面确认。合同收尾程序既涉及产品核实，又涉及管理收尾。只有当项目的管理收尾完成后，项目才算结束。

14.6.2 管理收尾

管理收尾，包括生成、收集和分发信息来使阶段或项目的完成正规化。为结束项目，项目经理需要完成相关活动，如项目回顾、发行早期版本、主导 β 测试、指导项目走向尾声等。

管理收尾就是发起人和客户对项目产品的正式接受，要花费时间来汇集项目的记录，分析经验教训（包括偏差的根本原因、纠正措施选择的原因与依据等），收集、整理、分发和归档各种项目文件，以便正式确认项目产品合格性等，确保这些记录反映最终的规范，分析项目的有效性，将信息存档以供将来使用。同时，伴随着组织过程资产的更新和人力及非人力资源的释放。

　　管理收尾的主要输出是项目档案、正式接受和取得的教训。项目档案包括整理好的项目记录,提供了一个项目准确的历史;正式接受是项目发起人或客户签发的表明他们接受项目产品的文件;取得的教训是项目经理及其项目组成员经过思考写下的经验总结。

　　项目档案常常在项目结束许多年以后还有用。例如,一个新的项目经理可能想知道以前项目在某一方面使用过的手段和技术上的更多细节。项目档案中的文件能为当前的项目节省时间和资金;有时可能要对组织进行审计,良好的项目档案能为此快速提供有价值的信息。

　　企业内部项目也要与外部项目一样进行正式接受,这个过程有助于项目的正式结束,避免项目终止的推迟。在合同条件下,买主必须合法地接收作为合同一部分的产品。如果合同没有按计划完成的话,通常存在附加成本。在没有合同的条件下,工作完成后各方必须就此达成一致,以便重新分配人员和其他资源。

　　另外,项目收尾的一项重要工作是,对项目团队成员进行绩效评价(这里仅评价团队成员在本项目中的绩效表现,至于个人的整体绩效评价应该由职能经理在综合所有项目绩效的基础上,做出整体评价)。项目团队成员在项目中的绩效评价结果应记录在个人档案中,而非项目档案中。

习题

　　1. (　　　)是终结项目、阶段或合同的所有活动的过程,其主要作用是存档项目或阶段信息,完成计划的工作,释放组织团队资源以展开新的工作。

　　　　A. 项目范围管理　　　　　　　　　B. 项目整合管理
　　　　C. 项目进度管理　　　　　　　　　D. 结束项目或阶段

　　2. 在结束项目时,项目经理需要回顾(　　　),确保所有项目工作都已完成以及项目目标均已实现。

　　　　A. 项目管理计划　　　　　　　　　B. 工作分解结构
　　　　C. 项目进度计划　　　　　　　　　D. 相关方管理计划

　　3. (　　　)可包括批准的产品规范、交货收据和工作绩效文件。

　　　　A. 组织过程资产　　　　　　　　　B. 工作分解结构
　　　　C. 验收的可交付成果　　　　　　　D. 事业环境因素

　　4. 你负责的项目现在处于计划阶段,项目需要定期追加资金投入,但是现在项目发起人告诉你,公司对项目重新进行了评价并决定不再追加任何资金。在这种情况下,你应该(　　　)。

　　　　A. 简化流程,降低成本　　　　　　B. 进行合适的收尾工作
　　　　C. 缩减团队支出　　　　　　　　　D. 停止一切工作

　　5. (　　　)不会在项目完工时收入项目文件档案。

　　　　A. 项目成本计划　　　　　　　　　B. 范围计划
　　　　C. 项目进度计划　　　　　　　　　D. 项目组成员的绩效评估

6. 在项目收尾时最后应该做的是(　　)。
    A. 完成经验总结　　　　　　　　B. 提供给客户所有相关的文档
    C. 更新档案　　　　　　　　　　D. 解散团队

7. 项目已完成行政与合同收尾,但别忘记(　　)。
    A. 与团队成员举行庆功会　　　　B. 文件归档
    C. 组织过程资产更新　　　　　　D. 经验教训总结

8. (　　)最好地描述了项目的正式接受。
    A. 确实已经完成项目　　　　　　B. 客户签收项目产品的交付文档
    C. 最终付款完成　　　　　　　　D. 最终可交付成果送达客户

9. 项目收尾过程的输出中,组织过程资产的更新不包括(　　)。
    A. 项目档案
    B. 最终产品、服务或成果的正式验收文件
    C. 经验总结
    D. 项目成员的绩效评价

10. 有关合同收尾与管理收尾说法错误的是(　　)。
    A. 合同收尾针对的是外包形式的项目
    B. 合同收尾与管理收尾相比的关键差别在于,前者还包括产品核实
    C. 合同收尾和管理收尾都是在项目结束的时候进行
    D. 管理收尾完成后项目才算结束

11. 以下(　　)问题不会在项目收尾审计中得到答案。
    A. 项目基准是否符合行业标准
    B. 项目完成程度是否符合预定的目标
    C. 项目成本有没有超出预算
    D. 项目进行中利用的技术是否发挥作用

12. 作为项目经理的你,在项目开发阶段即将结束的时候,接到上级管理者的通知,要求把一个核心的设计人员调离项目组。这时的你应该(　　)。
    A. 立即通知该设计人员调离
    B. 与该人员沟通,记录这次项目的经验教训等主要信息,之后将其调离
    C. 立即完成此人在本次项目中的绩效考核
    D. 立即与此人沟通,确保其愿意调离

13. 作为项目经理的你,在结束项目过程中发现轮班制度的实行有利于加快项目的进度和节省成本,面对这种情形,你应该(　　)。
    A. 纳入个人经验库,在下次从事相似工作时,向上级建议
    B. 将这个信息认真调查核实后,记入公司的经验教训库,并提交给上级主管部门,供组织未来使用
    C. 告知客户,提醒客户以后为此节省资金
    D. 告知项目小组成员,征求大家意见

14. 在收尾一个项目的下列4个活动中,选择最有效的顺序是(　　)。

① 收集经验教训   ② 移交项目的产品

③ 存档项目信息   ④ 收集项目记录

    A. ①②③④   B. ②④①③   C. ①②④③   D. ③②①④

15. 在项目结束过程中,项目经理需要记录(   )。

    A. 工作说明书   B. 付款计划

    C. 变更控制程序   D. 正式验收过程

16. 以下(   )是项目收尾阶段的重要活动。

    A. 分发进展报告和风险评估

    B. 将项目收尾文件分发给相关方

    C. 监控项目具体结果以确定是否与相关质量标准相符

    D. 转交项目的所有记录给项目所有者

17. 取消项目也是一种结束项目的方式,但下列(   )不是取消项目的必要工作。

    A. 向参与项目的人解释项目的取消原因以及对他们的影响

    B. 考虑为项目追加经费以尝试继续完成这个项目

    C. 取消与该项目相关的所有定期会议

    D. 处理取消项目带来的一些不可回避的问题

18. (   )不是项目收尾所要求的。

    A. 与团队成员完成项目反馈   B. 从客户处获得签名

    C. 回顾所有项目文件   D. 更新项目计划

19. 项目收尾的最后工作是(   )。

    A. 团队成员的重新分配   B. 新的培训资源计划

    C. 团队绩效考核评估   D. 个人考核评估

20. 项目在(   )时完工。

    A. 项目管理收尾已经完成   B. 顾客已接受成果

    C. 所有计划从属关系已经整合   D. 最后项目成本数据已经核对

课程学习与实验总结

至此,我们顺利完成了本课程的教学任务以及相关的全部实验。为巩固通过实验所了解和掌握的相关知识和技术,请就所做的全部学习和实验做一个系统的总结。由于篇幅有限,如果书中预留的空白不够,请另外附纸张粘贴在边上。

1. 实验的基本内容

(1) 本学期完成的项目管理学习和实验主要有(请根据实际完成情况填写)。

第 1 章:主要内容是_____

_____

第 2 章:主要内容是_____

第 3 章：主要内容是

第 4 章：主要内容是

第 5 章：主要内容是

第 6 章：主要内容是

第 7 章：主要内容是

第 8 章：主要内容是

第 9 章：主要内容是

第 10 章：主要内容是

第 11 章：主要内容是

第 12 章：主要内容是

第 13 章：主要内容是

第 14 章：主要内容是

（2）请回顾并简述：通过实验，你初步了解了哪些有关项目管理的重要概念（至少3项）。

① 名称：_____

简述：_____

_____

_____

② 名称：_____

简述：_____

_____

_____

③ 名称：_____

简述：_____

_____

_____

④ 名称：_____

简述：_____

_____

_____

⑤ 名称：_____

简述：_____

_____

_____

2. 实验的基本评价

（1）在全部实验中，你印象最深，或者相比较而言你认为最有价值的实验是：

① _____

你的理由是：_____

_____

_____

② _____

你的理由是：_____

_____

_____

（2）在所有实验中，你认为应该得到加强的实验是：

① _____

你的理由是： _____

_____

_____

② _____

你的理由是： _____

_____

_____

（3）对于本课程和本书的实验内容，你认为应该改进的其他意见和建议是：

_____

_____

3. 课程学习能力测评

请根据你在本课程中的学习情况，客观地对自己在项目管理知识方面做一个能力测评。请在表 14-3 的"测评结果"栏中合适的项下打"√"。

表 14-3　课程学习能力测评

关键能力	评价指标	测评结果					备　注
		很好	较好	一般	勉强	较差	
课程主要内容	1. 了解本课程的知识体系、理论基础及其发展						
	2. 熟悉项目经理的职业素质要求						
	3. 熟悉本课程的网络计算环境						
项目管理知识领域	1. 熟悉项目整合管理知识						
	2. 熟悉项目范围管理知识						
	3. 熟悉项目成本管理知识						
	4. 熟悉项目进度管理知识						
	5. 熟悉项目质量管理知识						
	6. 熟悉项目资源管理						
	7. 熟悉项目沟通和相关方管理						
	8. 熟悉项目风险管理						
	9. 熟悉项目采购管理						

关键能力	评 价 指 标	测评结果					备　　注
		很好	较好	一般	勉强	较差	
项目管理技术、软件与Project	1. 熟悉多种项目管理技术，能较好地开展项目管理实践活动						
	2. 掌握项目管理软件的基本操作						
网络学习能力	1. 了解网络自主学习的必要性和可行性						
	2. 掌握通过网络提高专业能力、丰富专业知识的学习方法						
自我管理与交流能力	1. 培养自己的责任心，掌握、管理自己的时间						
	2. 知道尊重他人观点，能开展有效沟通，在团队合作中表现积极						
解决问题与创新能力	1. 能根据现有的知识与技能创新地提出有价值的观点						
	2. 能运用不同思维方式发现并解决一般问题						

说明："很好"5分，"较好"4分，其余类推。全表满分为100分，你的测评总分为：_____分。

4.课程学习与实验总结

_____

_____

_____

_____

_____

_____

_____

_____

5. 实验总结评价（教师）

_____

_____

附录 习题参考答案

第1章 项目管理概述

1. C	2. C	3. B	4. D	5. B
6. D	7. B	8. D	9. C	10. C
11. B	12. D	13. A	14. D	15. D
16. D	17. D	18.	D19. C	20. D

第2章 项目运行环境

1. B	2. B	3. D	4. D	5. C
6. D	7. A	8. D	9. A	10. C
11. D	12. A	13. D	14. C	15. C
16. A	17. D	18. B	19. D	20. A

实验与思考

案例 A：

（1）许多公司一般不只拥有一个项目管理方法论。一个是为特定的产品和服务设计的，另一个用来保证系统的发展。

（2）程序持续的时间通常比项目持续时间要长，并且程序由一些项目组成。

（3）项目管理方法论在程序和项目中都可以运用。

案例 B：

（1）所有的项目都应该用到项目管理，但不一定需要用到项目管理方法论。

（2）只有工期短、资金价值低、涉及职能部门范围比较窄的项目不需要项目管理方法论。

（3）一般大型项目中都需要用到项目管理方法论，只有运用管理方法论的成本比较低或管理方法论比较简单时，可以考虑将该管理方法论应用到所有项目中。

（4）项目管理原则应该被应用于所有项目中，而不须考虑限制。

第3章 项目经理角色

1. A	2. A	3. D	4. B	5. D
6. C	7. B	8. C	9. D	10. D

| 11. C | 12. A | 13. B | 14. C | 15. B |
| 16. A | 17. C | 18. C | 19. B | 20. B |

第 4 章　项目整合管理

1. B	2. C	3. D	4. C	5. D
6. B	7. B	8. D	9. A	10. A
11. B	12. A	13. A	14. C	15. A
16. C	17. D	18. D	19. A	20. B
21. D	22. A	23. B	24. B	25. D

第 5 章　项目范围管理

1. D	2. B	3. C	4. A	5. A
6. C	7. C	8. A	9. A	10. D
11. C	12. A	13. A	14. B	15. C
16. B	17. D	18. C	19. C	20. A
21. C	22. A	23. A	24. A	25. A

第 6 章　项目进度管理

1. D	2. B	3. B	4. C	5. A
6. C	7. B	8. D	9. B	10. D
11. C	12. A	13. C	14. D	15. D
16. D	17. B	18. A	19. D	20. D
21. B	22. A	23. A	24. A	25. A

第 7 章　项目成本管理

1. D	2. B	3. C	4. B	5. D
6. D	7. A	8. C	9. D	10. D
11. C	12. D	13. B	14. A	15. B
16. A	17. B	18. B	19. A	20. B

第 8 章　项目质量管理

| 1. C | 2. D | 3. A | 4. B | 5. C |
| 6. D | 7. C | 8. D | 9. B | 10. B |

11. A	12. C	13. C	14. B	15. D
16. B	17. B	18. D	19. C	20. D

第 9 章　项目资源管理

1.A	2. C	3. B	4. B	5. C
6. A	7. D	8. B	9. D	10. B
11. A	12. B	13. A	14. B	15. D
16. C	17. C	18. C	19. B	20. B

第 10 章　项目沟通管理

1. D	2. A	3. C	4. C	5. B
6. B	7. A	8. D	9. D	10. B
11. C	12. C	13. A	14. D	15. B
16. B	17. C	18. B	19. B	20. D

第 11 章　项目风险管理

1. C	2. B	3. D	4. C	5. B
6. C	7. C	8. D	9. A	10. A
11. D	12. D	13. B	14. C	15. B
16. C	17. A	18. C	19. B	20. B
21. D	22. C	23. B	24. C	25. B
26. A	27. C	28. B	29. C	30. B

第 12 章　项目采购管理

1. B	2. A	3. D	4. A	5. D
6. A	7. D	8. A	9. C	10. B
11. B	12. D	13. B	14. B	15. B
16. C	17. A	18. C	19. C	20. D

第 13 章　项目相关方管理

1. A	2. C	3. A	4. C	5. C
6. A	7. A	8. D	9. A	10. C
11. A	12. C	13. B	14. C	15. B

16.　　　　C17.　　　　D18. A　　　19. C　　　20. A

第 14 章　结束项目或阶段

1. D	2. A	3. C	4. B	5. D
6. D	7. A	8. B	8. D	10. C
11. A	12. B	13. B	14. B	15. D
16. B	17. B	18. D	19. A	20. A

参 考 文 献

[1] 项目管理协会. 项目管理知识体系指南(PMBOK®)[M]. 王勇,张斌,译. 6 版. 北京:电子工业出版社,2018.

[2] 辛西娅·斯奈德·斯塔克波尔. 项目管理实用表格与应用 [M]. 刘露明,译. 北京:电子工业出版社,2010.

[3] 张斌,贺光成. 题解《PMBOK®指南》PMP®备考指南[M]. 3 版. 北京:电子工业出版社,2014.

[4] 魏金岭,周苏. 软件项目管理与实践 [M]. 北京:清华大学出版社,2018.

[5] 周苏. 项目管理与应用 [M]. 北京:机械工业出版社,2015.

[6] 周苏. 项目管理与应用 [M]. 北京:中国铁道出版社,2013.

[7] 周苏. 项目管理与实践[M]. 2 版. 北京:科学出版社,2009.

[8] 周苏. 系统集成与项目管理 [M]. 北京:科学出版社,2004.

[9] 克利福德·格雷,埃里克·拉森. 项目管理[M]. 郝金生,袁胜南,徐泽,等译. 4 版. 北京:人民邮电出版社,2013.

[10] 周苏. 软件工程学实验[M]. 3 版. 北京:科学出版社,2012.

[11] 周苏. 软件工程学教程[M]. 4 版. 北京:科学出版社,2011.

图书资源支持

感谢您一直以来对清华版图书的支持和爱护。为了配合本书的使用，本书提供配套的资源，有需求的读者请扫描下方的"书圈"微信公众号二维码，在图书专区下载，也可以拨打电话或发送电子邮件咨询。

如果您在使用本书的过程中遇到了什么问题，或者有相关图书出版计划，也请您发邮件告诉我们，以便我们更好地为您服务。

我们的联系方式：

地　　址：北京市海淀区双清路学研大厦 A 座 714

邮　　编：100084

电　　话：010-83470236　010-83470237

客服邮箱：2301891038@qq.com

QQ：2301891038（请写明您的单位和姓名）

资源下载：关注公众号"书圈"下载配套资源。

资源下载、样书申请

书 圈

图书案例

清华计算机学堂

观看课程直播